Florens Sauerbruch

Das Freigabeverfahren gemäß § 246 a Aktiengesetz

GABLER EDITION WISSENSCHAFT

Ökonomische Analyse des Rechts

Die ökonomische Analyse des Rechts untersucht Rechtsnormen auf ihre gesellschaftlichen Folgewirkungen und bedient sich dabei des methodischen Instrumentariums der Wirtschaftswissenschaften, insbesondere der Mikroökonomie, der Neuen Institutionen- und Konstitutionenökonomie. Sie ist ein interdisziplinäres Forschungsgebiet, in dem sowohl Rechtswissenschaftler als auch Wirtschaftswissenschaftler tätig sind und das zu wesentlichen neuen Erkenntnissen über Funktion und Wirkungen von Rechtsnormen geführt hat.

Die Schriftenreihe enthält Monographien zu verschiedenen Rechtsgebieten und Rechtsentwicklungen. Sie behandelt Fragestellungen aus den Bereichen Wirtschaftsrecht, Vertragsrecht, Haftungsrecht, Sachenrecht und verwaltungsrechtliche Regulierung.

Florens Sauerbruch

Das Freigabeverfahren gemäß § 246 a Aktiengesetz

Eine rechtsökonomische Untersuchung

Mit einem Geleitwort von
Prof. Dr. Heribert Hirte, LL.M. (Berkeley)

GABLER EDITION WISSENSCHAFT

Bibliografische Information der Deutschen Nationalbibliothek
Die Deutsche Nationalbibliothek verzeichnet diese Publikation in der Deutschen Nationalbibliografie; detaillierte bibliografische Daten sind im Internet über <http://dnb.d-nb.de> abrufbar.

Dissertation Universität Hamburg, 2008

1. Auflage 2008

Lektorat: Frauke Schindler / Sabine Schöller

Gabler ist Teil der Fachverlagsgruppe Springer Science+Business Media.
www.gabler.de

Umschlaggestaltung: Regine Zimmer, Dipl.-Designerin, Frankfurt/Main
Gedruckt auf säurefreiem und chlorfrei gebleichtem Papier
Printed in Germany

ISBN 978-3-8349-1451-4

Geleitwort

Aktienrechtliche Anfechtungsklagen begründen die Möglichkeit, dass die zunächst bestehende Richtigkeitsgewähr einer Mehrheitsentscheidung durch Gerichtsurteil dauerhaft beseitigt wird. Dieses – infolge langer Prozessdauer unter Umständen mehrere Jahre währende – Risiko belastet die Gesellschaften erheblich, wenn und weil sie die auf angefochtenen Hauptversammlungsbeschlüssen beruhenden Maßnahmen nicht umsetzen können. Dieses Risiko steigt noch, wenn – wie im Umwandlungsrecht – das Gesetz die Erledigung von Anfechtungsklagen ausdrücklich zur Voraussetzung einer etwa erforderlichen Handelsregistereintragung macht. Es begründet auf der anderen Seite geradezu eine Einladung an Aktionäre, solche Klagen auch dann zu erheben, wenn sie in der Sache nicht begründet sind oder die etwaige Rechtswidrigkeit des Beschlusses für den Kläger eine deutlich geringere Bedeutung hat als die Durchführung des Beschlusses für die Gesellschaft. Auf diese „Asymmetrie" der Parteirollen hat der Gesetzgeber schon vor einiger Zeit im Umwandlungsgesetz durch die Einführung des heutigen § 16 Abs. 3 UmwG reagiert, der ein sogenanntes Freigabeverfahren vorsieht. Es erlaubt dem Prozessgericht, vor dem eine Anfechtungsklage anhängig ist, die Eintragung einer angefochtenen Umwandlungsmaßnahme in das Handelsregister auch dann vornehmen zu lassen, wenn die Anfechtungsklage noch nicht endgültig erledigt ist. Durch das „Gesetz zur Unternehmensintegrität und Modernisierung des Anfechtungsrechts" (UMAG) hat der Gesetzgeber dieses Konzept auch auf Klagen übertragen, mit denen Kapitalmaßnahmen nach § 182 bis § 240 AktG angegriffen werden.

Sauerbruch wendet sich diesem neuen Freigabeverfahren zu, um einige herausgegriffene Einzelfragen des Verfahrens mittels der ökonomischen Analyse des Rechts auf ihre Zweckmäßigkeit zu untersuchen. Dabei ist es ihm gelungen, diese Fragen mit Hilfe der ökonomischen Analyse des Rechts einer Lösung zuzuführen, die sich in vielen Fällen von der bislang geführten Diskussion löst und vollständig neue Überlegungen präsentiert.

Die Erkenntnisse, die die Untersuchung liefert, gehen aber über die Analyse des aktienrechtlichen Freigabeverfahrens weit hinaus. Der Verfasser liefert Antworten auf zahlreiche Fragen, die die derzeitige gesellschaftsrechtliche Debatte bestimmen: Wann sollte Rechtsdurchsetzung durch die Anteilseigner, wann durch Aufsichtsbehörden erfolgen? Unter welchen Umständen sollte Rechtsschutz auf ein „Dulde und Liquidiere" begrenzt sein? Welche Vor- und Nachteile hat die kollektive Rechtsdurchsetzung und wie kann sie effizient gestaltet werden?

Die klar geschriebene und gut verständliche Arbeit stellt darüber hinaus vor allen Dingen eins unter Beweis: dass die ökonomische Analyse des Rechts durchaus praktisch verwertbare Ergebnisse für konkrete Rechtsfragen liefern kann. Dass manche der Ergebnisse – man denke an die Diskussion zur Alternativität von privater und öffentlicher Rechtsdurchsetzung – auch der „Intuition" entsprechen und demgemäß auch schon die staatliche Regelungstechnik beeinflusst haben, als es „die" ökonomische Analyse des Rechts noch gar nicht gab, steht dem nicht entgegen. Die klaren Ergebnisse sind durchaus geeignet, den gerade begonnenen Reformprozess im Bereich von Aktionärsklage und Freigabeverfahren zu beeinflussen. Der Gesetzgeber kann insoweit sogleich auf die präzisen Kodifikationsvorschläge der Arbeit zurückgreifen.

Heribert Hirte

Vorwort

Die vorliegende Arbeit untersucht mithilfe rechtsökonomischer Methodik die Auswirkungen des durch das am 1. November 2005 in Kraft getretene Gesetz zur Unternehmensintegrität und Modernisierung des Anfechtungsrechts (UMAG)[1] Freigabeverfahrens gem. § 246a AktG. Das Freigabeverfahren wird von Teilen der rechtswissenschaftlichen Literatur als großer Fortschritt im Kampf gegen „räuberische Aktionäre" begrüßt[2], während andere Stimmen hierdurch eine Verkürzung von Aktionärsrechten befürchten[3]. Zugleich ist die Diskussion über weitere Maßnahmen gegen missbräuchliche Klagen trotz der Gesetzesreform nicht abgerissen. Die vorliegende Untersuchung analysiert aus diesem Anlass, inwiefern die beiden primären Ziele des Gesetzgebers erreicht wurden, nämlich räuberische Klagen zu verringern und trotzdem das Beschlussmängelrecht zu erhalten[4]. Die Ergebnisse der ökonomischen Analyse werden genutzt, um die Tatbestandsvoraussetzungen der Freigabeentscheidung einzugrenzen. Zudem entwickelt der Verfasser aus den wirtschaftswissenschaftlichen Erkenntnissen ein alternatives Regelungskonzept, mit dem Effizienzgewinne erzielt werden können. Schließlich wird gezeigt, dass die ökonomische Analyse Ergebnisse liefert, die über den konkreten Untersuchungsgegenstand hinausgehen. Es werden allgemeine Voraussetzungen abgeleitet, unter denen das Anfechtungsrecht zugunsten eines monetären Schadenersatzanspruchs ersetzt werden soll und wie ein solcher ausgestaltet sein muss.

Die Arbeit teilt sich gedanklich in drei Abschnitte:

In dem ersten Teil wird das Freigabeverfahren aus juristischer Perspektive dargestellt: Der Hintergrund und die Reformvorschläge, auf denen der Gesetzgeber aufgebaut hat, werden erörtert (1. Kapitel). Das folgende Kapitel beleuchtet Voraussetzungen und Rechtsfolgen des neuen Freigabeverfahrens (2. Kapitel). Die Untersuchung beschränkt sich insoweit auf eine deskriptive Darstellung. Zwar werden die wichtigen Streitfragen

---

[1] BGBl. I 2005, S. 2802.

[2] Vgl. z.B. *Bungert*, in: Gesellschaftsrechtliche Vereinigung (Hrsg.), Gesellschaftsrecht in der Diskussion 2004, 2005, S. 59 (101); *Hüffer*, AktG, 7. Auflage (2006), § 246a Rn. 1; *Jahn*, BB 2005, 5 (9); *Veil*, AG 2005, 567 (577ff).

[3] *Heidel*, in: Heidel, Aktienrecht und Kapitalmarktrecht, 2. Auflage (2007), § 246 a Rn. 1; *Meilicke/Heidel*, DB 2004, 1479 (1484).

[4] *Regierungsentwurf UMAG*, BT-Drucks. 15/5092, S. 2.

erörtert, jedoch fällt die Stellungnahme zurückhaltend aus, um nicht der rechtsökonomischen Untersuchung vorzugreifen.

Der zweite Teil widmet sich der positiven und normativen ökonomischen Analyse des Freigabeverfahrens, wobei mit modelltheoretischen Instrumenten gearbeitet wird. Bereits existierende empirische Untersuchungen und Berichte aus der Praxis werden jedoch herangezogen, um die gefundenen theoretischen Ergebnisse zu überprüfen. Im Einzelnen wird folgendermaßen vorgegangen: Der Verfasser erläutert die Grundlagen der ökonomischen Rechtstheorie im Allgemeinen (3. Kapitel) und diskutiert sodann die verschiedenen wirtschaftswissenschaftlichen Konzepte zur Analyse der Kapitalgesellschaft (4. Kapitel). Im Anschluss wird untersucht, welche Funktion die Hauptversammlungszuständigkeit, die Beschlussmängelklage und das Freigabeverfahren aus ökonomischer Sicht erfüllen. Der Verfasser prüft, inwieweit sich die Anreize zur Erhebung missbräuchlicher Klagen durch die Einführung des Freigabeverfahrens verringern (5. Kapitel). Des Weiteren werden die vier faktischen Wirkungen des Freigabebeschlusses analysiert:

- An die Stelle der Beschlussvernichtung tritt ein Anspruch auf Schadenersatz.
- Die kollektive Wirkung der Anfechtungsklage wird beseitigt. Erfolg in der Hauptsache wirkt nur noch individuell.
- Die Haftung für fehlerhafte Beschlüsse verlagert sich von der beschlusstragenden Mehrheit auf die Gesellschaft.
- Die Kontrollkompetenz verlagert sich von dem Registergericht auf das Prozessgericht.

Zu jeder dieser Wirkungen gibt es bereits reichhaltiges rechtsökonomisches Schrifttum, das zur Beurteilung der positiven und normativen Konsequenzen herangezogen werden kann: Mithilfe des rechtsökonomischen Konzeptes der Autoren *Calabresi/Melamed* zu *property rules vs. liability rules* wird die Beseitigung der kassatorischen Wirkung der Beschlussmängelklage durch den Freigabebeschluss untersucht (6. Kapitel). Der Schadenersatzanspruch gem. § 246a Abs. 4 AktG führt auch zu einer Haftungsverschiebung, die anhand der ökonomischen Theorie der Haftung analysiert wird (7. Kapitel). Um die Beseitigung der kollektiven Wirkung der Anfechtungsklage durch den Freigabebeschluss zu untersuchen, nutzt der Verfasser die rechtsökonomischen Erkenntnisse über die Vor- und Nachteile der kollektiven und der individuellen Rechtsdurchsetzung (8. Kapitel). Schließlich werden die volkswirtschaftlichen Kosten privater und öffentlicher Rechtsdurchsetzung gegenübergestellt, um die Kompetenzverlagerung vom Registergericht auf das Prozessgericht zu bewerten (9. Kapitel).

Im dritten Teil entwickelt der Autor aus den Erkenntnissen der ökonomischen Analyse einen eigenen Ansatz zu den Streitfragen, die im ersten Teil aufgeworfen wurden. Der Verfasser empfiehlt *de lege lata* bei der Auslegung der Tatbestandsmerkmale die Ergebnisse der Untersuchung zu berücksichtigen (10. Kapitel). Darüber hinaus präsentiert er mehrere Reformvorschläge, mit deren Hilfe die Effizienzverluste des derzeitigen Regelungsregimes verringert werden können (11. Kapitel).

Die vorliegende Arbeit richtet sich in erster Linie an Juristen, die keine oder nur geringe Vorkenntnisse in der ökonomischen Analyse haben. Dementsprechend enthält der Text zahlreiche Einführungen und Erläuterungen wirtschaftswissenschaftlicher Konzepte. Der Verfasser, selbst Jurist, hofft mit der vorliegenden Arbeit die Akzeptanz der ökonomischen Analyse vor allem im rechtswissenschaftlichen Bereich zu erhöhen. Die Untersuchung soll zugleich eine Werbung für den gewählten methodischen Ansatz sein, indem sie belegt, dass bereits einfache rechtsökonomische Konzepte die juristische Debatte bereichern können und zugleich Einsichten zulassen, die mit traditioneller rechtswissenschaftlicher Dogmatik nicht zu erlangen sind.

Der breite Raum, der den wirtschaftswissenschaftlichen Konzepten eingeräumt wird, hat es im Laufe des Projektes notwendig gemacht, den Untersuchungsgegenstand stark einzugrenzen. Das ursprüngliche Ziel, alle Änderungen des Aktiengesetzes, die auf das UMAG zurückgehen, zu beleuchten, musste deshalb zugunsten einer Fokussierung auf das Freigabeverfahren als dem „Kernstück der Reform“[5] aufgegeben werden.

Um die Lesbarkeit zu erleichtern, beginnt jedes Kapitel mit einem kurzen *Abstract,* in dem der Inhalt und der Gang der Untersuchung erläutert werden, und endet mit einer Zusammenfassung der wesentlichen Ergebnisse. Wichtige Termini sind im Text optisch hervorgehoben.

Die Dissertation entstand während der Teilnahme des Verfassers am Graduiertenkolleg Recht und Ökonomik der Universität Hamburg im Zeitraum zwischen September 2004 und Juli 2007 sowie während eines Aufenthalts als Visiting Researcher an der Boalt Hall School of Law, University of California in Berkeley zu Beginn des Jahres 2007. Die Arbeit wurde im September 2007 an der Universität Hamburg eingereicht. Das 12. Kapitel und einige Hinweise auf aktuellere Literatur und Rechtsprechung sind erst für die Drucklegung aufgenommen worden.

Der Verfasser dankt Herrn Professor Dr. Heribert Hirte herzlich für die Betreuung der Arbeit und Herrn Professor Dr. Hans-Bernd Schäfer für die Erstellung des Zweitgutachtens, für die Aufnahme des Verfassers ins Graduiertenkolleg Recht und Ökonomik

---

[5] *Seibert/Schütz*, ZIP 2004, 252 (256); ähnlich *Göz/Holzborn*, WM 2006, 157 (161): „einschneidendste Änderung“.

und für seine unermüdliche Förderung der Doktoranden des Kollegs. Dank geht auch an Herrn Professor Dr. Eberhard Fees und Herrn Professor Dr. Andreas Schwartze für die Ratschläge im frühen Stadium der Arbeit. Zudem möchte sich der Verfasser bei Herrn Professor Robert Cooter für die Aufnahme in das Visiting Researcher Programm in Berkeley bedanken. Herrn Professor Dr. Peter Behrens, Herrn Professor Dr. Thomas Eger, Herrn Professor Dr. Manfred Holler und Herrn Professor Dr. Claus Ott sei für die Aufnahme der Dissertation in die Schriftenreihe gedankt. Nicht zuletzt dankt der Verfasser den anderen Graduierten für die gemeinsame Zeit, der Deutschen Forschungsgemeinschaft für das drei Jahre währende Stipendium, Tilman Sauerbruch für ein dreißig Jahre währendes Stipendium und Jakobine Sauerbruch für alles andere.

Die Arbeit ist Christoph und Heilwig Freiherrn und Freifrau von Plettenberg gewidmet.

Florens Sauerbruch

Inhaltsverzeichnis

Abkürzungsverzeichnis

a. A.	andere Ansicht
AcP	Archiv für die civilistische Praxis
AG	Amtsgericht, Aktiengesellschaft, Die Aktiengesellschaft (Zeitschrift)
AktG	Aktiengesetz
Am. Econ. Rev.	American Economic Review
Am. Econ. Rev.	American Economic Review
Anm.	Anmerkung
ARUG	Gesetz zur Umsetzung der Aktionärsrechterichtlinie
BB	Betriebs-Berater
Bd.	Band
Begr.	Begründung
BGB	Bürgerliches Gesetzbuch
BGBl.	Bundesgesetzblatt
BGH	Bundesgerichtshof
BGHZ	Entscheidungen des Bundesgerichtshof in Zivilsachen
BKR	Zeitschrift für Bank- und Kapitalmarktrecht
bsp.	Beispielsweise
BT-Drucks.	Bundestagsdrucksache
C.C.	Codice Civile
Chi. L. Rev.	Chicago Law Review
Colum. L. Rev.	Columbia Law Review
DAV	Deutscher Anwaltsverein
DB	Der Betrieb

ders.	Derselbe
dies.	dieselbe, dieselben
DJT	Deutscher Juristentag
DStR	Deutsches Steuerrecht
DZWiR	Deutsche Zeitschrift für Wirtschaftsrecht
e. A.	eine Ansicht
Europ. J. L. Econ.	European Journal of Law and Economics
EWiR	Entscheidungen zum Wirtschaftsrecht
f.	folgende (Einzahl)
ff.	folgende (Mehrzahl)
FGG	Gesetz über die Angelegenheiten der freiwilligen Gerichtsbarkeit
FS	Festschrift
Geo. Wash. L. Rev.	George Washington Law Review
GmbH	Gesellschaft mit beschränkter Haftung
GmbHG	Gesetz betreffend die Gesellschaften mit beschränkter Haftung
GmbHR	GmbH-Rundschau
GroßkommAktG	Großkommentar zum Aktiengesetz
h. M.	herrschende Meinung
Harv. L. Rev.	Harvard Law Review
Hrsg.	Herausgeber
HRV	Handelsregisterverordnung
Hs.	Halbsatz
i. H. v.	in Höhe von
Int. Rev. L. Econ.	International Review of Law and Economics
J. Corp. L.	Journal of Corporation Law

J. Econ. Lit	Journal of Economic Literature
J. Econ. Persp.	Journal of Economic Perspectives
J. Econ. Th.	Journal of Economic Theory
J. Fin.	Journal of Finance
J. Fin. Econ.	Journal of Financial Economics
J. L. & Econ.	Journal of Law & Economics
J. Leg. Studies	Journal of Legal Studies
J. Pol. Econ.	Journal of Political Economy
J. Risk Uncertainty	Journal of Risk and Uncertainty
JZ	Juristen-Zeitung
KK-AktG	Kölner Kommentar zum Aktiengesetz
m. w. Nachw.	mit weiteren Nachweisen
Mich. L. Rev.	Michigan Law Review
MittRhNotK	Mitteilungen der Rheinischen Notarkammern
Münch.Hdb.GesR.	Münchener Handbuch zum Gesellschaftsrecht
MünchKommAktG	Münchener Kommentar zum Aktiengesetz
MünchKommBGB	Münchener Kommentar zum Bürgerlichen Gesetzbuch
MünchKommHGB	Münchener Kommentar zum Handelsgesetzbuch
N.Y.U. L. Rev.	New York University Law Review
NJW	Neue Juristische Wochenschrift
NJW-RR	Neue Juristische Wochenschrift, Rechtsreport
Nr.	Nummer
Nw. U. L. Rev.	Northwestern University Law Review

NZG	Neue Zeitschrift für Gesellschaftsrecht
OLG	Oberlandesgericht
Quaterly J. Econ.	Quaterly Journal of Economics
RefE	Referentenentwurf
RegE	Regierungsentwurf
RGZ	Entscheidungen des Reichsgericht in Zivilsachen
S.	Seite, Satz
s.	siehe
SpruchG	Spruchverfahrensgesetz
Tex. L. Rev.	Texas Law Review
U. Cin. L. Rev.	University of Cincinnati Law Review
U. Pa. L. Rev.	University of Pensylvania Law Review
u. a.	unter anderem
UMAG	Gesetz zur Unternehmensintegrität und Modernisierung des Anfechtungsrechts
UmwG	Umwandlungsgesetz
Univ. Chi. L. Rev.	University of Chicago Law Review
Univ. Chi. L. Roundtable	University of Chicago Law Roundtable
Va. L. Rev.	Virginia Law Review
Var.	Variante
vgl.	vergleiche
WiSt	Wirtschaftswissenschaftliches Studium
WM	Wertpapier-Mitteilungen
WP	Wirtschaftsprüfer
Yale L. & Pol'y Rev	Yale Law and Policy Review
Yale L. J.	Yale Law Journal

z. B.	zum Beispiel
ZGR	Zeitschrift für Unternehmens- und Gesellschaftsrecht
ZHR	Zeitschrift für das gesamte Handelsrecht und Wirtschaftsrecht
ZIP	Zeitschrift für Wirtschaftsrecht
ZPO	Zivilprozeßordnung

1. Kapitel: Einführung

Nach einem kurzen Überblick über den Inhalt des neuen § 246a AktG widmet sich dieses Kapitel der gesetzgeberischen Intention für die Neuregelung. Mit dem Freigabeverfahren soll die faktische Registersperre überwunden werden, die eine Beschlussmängelklage auslöst. Professionelle Kläger, die nur über wenige Aktien verfügen, nutzen die faktische Registersperre dazu, den Vollzug wichtiger Hauptversammlungsbeschlüsse zu blockieren. Die Klagen lassen sie sich von der beklagten Gesellschaft gegen eine Abstandszahlung abkaufen. Neben dem Freigabeverfahren, das auf Antrag der Gesellschaft eine vorzeitige Eintragung anordnen kann, wurden im Vorfeld der Reform weitere Ansätze diskutiert, die knapp dargestellt werden. Der Gesetzgeber hat sich vornehmlich an den bereits existierenden Unbedenklichkeitsverfahren für die Umwandlung und die Eingliederung orientiert. Es wird jedoch gezeigt, dass sich das neue Freigabeverfahren in einigen Punkten davon unterscheidet.

A. Überblick über das Freigabeverfahren gem. § 246a AktG

Das Gesetz zur Unternehmensintegrität und Modernisierung des Anfechtungsrechts (UMAG)[6] hat das aktienrechtliche Beschlussmängelrecht zum 1. November 2005 erheblich modifiziert. Durch den neuen § 246a AktG wird für eintragungsbedürftige Hauptversammlungsbeschlüsse, die Kapitalmaßnahmen oder die Zustimmung zu Unternehmensverträgen zum Gegenstand haben, ein Freigabeverfahren eingeführt, mit dem die Blockade der Registereintragung durch eine Anfechtungs- oder Nichtigkeitsklage aufgelöst werden kann. Ohne Freigabebeschluss hat das Registergericht die Möglichkeit die Eintragung gem. § 127 FGG auszusetzen, bis das Prozessgericht über die Beschlussmängelklage entschieden hat.

Erhebt ein Aktionär Anfechtungs- oder Nichtigkeitsklage gegen einen Hauptversammlungsbeschluss über eine Kapitalmaßnahme oder einen Unternehmensvertrag, kann die beklagte Gesellschaft nunmehr bei dem für die Klage zuständigen Prozessgericht einen Freigabebeschluss beantragen.

In dem erfolgreichen Freigabeverfahren stellt das Prozessgericht durch Beschluss fest, dass die Erhebung der Klage der Eintragung nicht entgegensteht und Mängel des Hauptversammlungsbeschlusses die Wirkung der Eintragung unberührt lassen (§ 246a Abs. 1 AktG).

Durch den rechtskräftigen Beschluss wird das Registergericht gebunden (§ 246a Abs. 3 S. 5 AktG). Es kann den Beschluss nunmehr eintragen, ohne zu riskieren, für Schä-

---

[6] Vom 22.9.2005 (BGBl. I 2005, S. 2802), vgl. hierzu: *Regierungsentwurf UMAG*, BT-Drucks. 15/5092; *Beschlussempfehlung und Bericht des Rechtsausschusses*, BT-Drucks. 15/5693.

den infolge der Eintragung zu haften. Seine Befugnis zur Aussetzung gem. § 127 FGG endet mit der Freigabeentscheidung. Da die Eintragung für diese Beschlüsse konstitutive Wirksamkeitsvoraussetzung ist, wird dadurch der Vollzug des Beschlusses ermöglicht und eine Blockade verhindert.

Zum anderen führt die Eintragung infolge des rechtskräftigen Freigabebeschlusses zur endgültigen Bestandskraft des Hauptversammlungsbeschlusses. Stellt sich im weiterhin rechtshängigen Anfechtungs- oder Nichtigkeitsprozess heraus, dass die Anfechtungs- oder Nichtigkeitsklage begründet ist, bleibt der Beschluss auch für die Zukunft durchführbar (§ 246a Abs. 4 S. 2 AktG). Der Tenor der erfolgreichen Anfechtungs- oder Nichtigkeitsklage, der trotz Vorliegens des Freigabebeschlusses weiterhin auf Erklärung oder Feststellung der Nichtigkeit lautet, entfaltet keinerlei Wirkung mehr, weil das Urteil die einmal erlangte Bestandskraft nicht mehr beseitigen kann.[7] Als Ausgleich für die dauerhafte Bestandskraft eines mängelbehafteten Beschlusses erhält der Kläger im Falle des Erfolges in der Hauptsache einen rein monetären Anspruch auf Ersatz des durch die Eintragung entstandenen Schadens (§ 246a Abs. 4 AktG). Naturalrestitution im Sinne von § 249 Abs. 1 BGB ist gem. § 246a Abs. 4 S. 4 AktG ausgeschlossen, um zu verhindern, dass über diesen Umweg die Bestandskraft ausgehebelt wird.

Der Freigabebeschluss kann auf Antrag der beklagten Gesellschaft gem. § 246a Abs. 2 AktG in drei Fällen ergehen:

- wenn die Anfechtungsklage oder die Nichtigkeitsklage unzulässig ist;
- wenn sich die Klage als offensichtlich unbegründet darstellt;
- wenn dem Gericht nach seiner freien Überzeugung unter besonderer Berücksichtigung der Schwere der mit der Klage geltend gemachten Rechtsverletzung das alsbaldige Wirksamwerden zur Abwendung wesentlicher Nachteile für die Gesellschaft und ihre Aktionäre als vorrangig erscheint.

B. Motiv des Gesetzgebers

Der Gesetzgeber bezweckt mit den Änderungen des Aktiengesetzes durch das UMAG, die Anfechtungsklage gegen Beschlüsse der Hauptversammlung als „wichtiges Schutzinstrument“ zu erhalten und gleichzeitig eine „missbräuchliche Ausnutzung“

---

[7] Die Bestandskraft wird dabei über den modifizierten § 242 Abs. 2 AktG erreicht, der normiert, dass das stattgebende Urteil entgegen §§ 248 Abs. 1 S. 3, 249 Abs. 1 S. 1 AktG nicht mehr im Wege des Vermerks nach § 44 HRV in das Handelsregister eingetragen werden kann, wenn ein Freigabebeschluss erfolgt ist.

des Rechtsbehelfs zu unterbinden.[8] Der Missbrauch des Beschlussmängelklagerechts, auf den der Gesetzgeber hier Bezug nimmt, ist ein Phänomen, das die gesellschaftsrechtliche Praxis und Literatur in hohem Maße in den letzten 25 Jahren in Atem gehalten hat:[9] Professionelle Kläger erheben Widerspruch und Beschlussmängelklagen, um sich von den Gesellschaften die Klage „abkaufen" zu lassen. Primäres Ziel ist also nicht einen rechtswidrigen Hauptversammlungsbeschluss im Wege eines stattgebenden Urteils zu beseitigen, sondern die Gesellschaft – gegen Rücknahme der Klage – zu einer Abstandszahlung zu nötigen.

I. Blockade durch Ausnutzen der Registersperre

Am erfolgversprechendsten ist diese Strategie bei Hauptversammlungsbeschlüssen, die erst mit der Eintragung im Handelsregister wirksam werden. Denn in diesen Fällen blockiert die Klage aufgrund der so genannten rechtlichen oder faktischen Registersperre den Vollzug der Strukturmaßnahme.

1) Rechtliche Registersperre

Von einer rechtlichen Registersperre wird gesprochen, wenn das Gesetz anordnet, dass bei Anhängigkeit eines Widerspruchs oder einer Beschlussmängelklage der Hauptversammlungsbeschluss nicht im Handelsregister eingetragen werden darf (vgl. § 16 Abs. 2 S. 2 UmwG). Da die Eintragung Wirksamkeitsvoraussetzung ist, wird mit Erhebung eines Rechtsbehelfs zugleich der Vollzug des Beschlusses gehemmt.

---

[8] *Regierungsentwurf UMAG*, BT-Drucks. 15/5092, S. 2, 10.

[9] Entsprechend umfangreich ist mittlerweile die rechtswissenschaftliche Literatur zu diesem Thema: *Baums*, in: Timm (Hrsg.), Mißbräuchliches Aktionärsverhalten, 1990, S. 85; *ders.*, Gutachten F für den 63. Deutschen Juristentag, in: Ständige Deputation des Deutschen Juristentages (Hrsg.), Verhandlungen des Dreiundsechzigsten Deutschen Juristentages, Bd. I, 2000, S. F 1ff.; *Baums/Vogel/Tacheva*, Rechtstatsachen zur Beschlusskontrolle im Aktienrecht, *Institut für Bankrecht,* Arbeitspapiere Nr. 86, 1999; *Bayer*, in: Gesellschaftsrechtliche Vereinigung (Hrsg.), Gesellschaftsrecht in der Diskussion 1999, 2000, S.35ff.; *ders.*, NJW 2000, 2609ff.; *Bison*, Mißbrauch der Anfechtungsklage durch den Aktionär, 1997; *Bokelmann*, Rechtsmissbrauch durch den Aktionär, 1970; *Bokelmann*, BB 1972, 733ff.; *Boujong*, in: FS Kellermann, S. 1; *Diekgräf*, Sonderzahlungen an opponierende Kleinaktionäre im Rahmen von Anfechtungs- und Spruchstellenverfahren, 1990; *Götz*, DB 1989, 261ff.; *Hirte,* BB 1988, 1469ff.; *ders.*, DB 1989, 267ff.; *ders.*, DB 1993, 77ff.; *Hommelhoff/Timm*, AG 1989, 168ff.; *Hüffer,* in: FS Brandner, S. 57ff.; *Kiethe*, NZG 2004, 489ff.; *Jahn*, BB 2005, 5ff.; *Lutter*, ZGR 1978, 347ff.; *ders.,* in: FS 40 Jahre der Betrieb, 1988, S. 193ff.; *ders.*, JZ 2000, 837; *ders.*, WP 1988, 292 ff; *Martens*, AG 1988, 118ff.; *ders.*, in: *Timm* (Hrsg.), Mißbräuchliches Aktionärsverhalten, 1990, S. 63ff.; *Mertens*, AG 1990, 49ff.; *Noack*, AG 1989, 78ff.; *Schlaus*, AG 1988, 113ff.; *v. Schnurbein*, Missbrauch von Minderheitsrechten im deutschen und italienischen Aktienrecht, 2005; *Waclawik*, DStR 2006, 2177ff.; *Weiler*, Aktienrechtliches Anfechtungsrecht und Rechtsmissbrauch, 1996; *Windbichler*, in: Timm (Hrsg.), Missbräuchliches Aktionärsverhalten, 1990, S. 35ff.; *Zöllner*, AG 2000, 145.

Mehrere Fälle sind dokumentiert, in denen sich professionelle Beschlussmängelkläger diesen Effekt der faktischen Registersperre zunutze gemacht haben.[10] Zur Veranschaulichung kann aber noch einmal an das Vorgehen einiger professioneller Kläger gegen die Hauptversammlungsbeschlüsse der Deutsch-Atlantischen Telegraphen AG am 19. Juni 1987 erinnert werden, wo die Verschmelzung mit der Altana Industrie-Aktien- und Anlagen AG beschlossen werden sollte.[11] Nach den Feststellungen des Berufungsgerichts forderte ein Kläger, der über zehn Aktien verfügte, die einen Börsenwert von 800-850 DM hatten, eine Übernahme der Aktien durch die beklagte Gesellschaft gegen Zahlung von 21.000 DM je Aktie und versprach dafür im Gegenzug die Rücknahme der Klage. Dieses Ansinnen unterstrich er mit dem Hinweis auf seine Erfahrungen bei 20 anderen Verfahren, bei denen er sechs- bis siebenstellige Beträge erzielt habe.[12] Zwar stellte der BGH fest, dass in diesem Fall rechtsmissbräuchliches Verhalten vorliege, das – auch bei einem rechtswidrigen Verschmelzungsbeschluss –zur Unbegründetheit der Klage führe.[13] Jedoch verzögerte sich das Verfahren aufgrund einer weiteren Anfechtungsklage noch länger, so dass schließlich nach jahrelangen Verzögerungen die Verschmelzung im Wege der Eingliederung realisiert wurde.[14]

Der Gesetzgeber schuf 1994 – im Anschluss an den BGH, der die gesetzliche Registersperre für offensichtlich unbegründete Klagen im Wege der richterlichen Rechtsfortbildung aufhob[15] – ein Unbedenklichkeitsverfahren, mit dem das für die Beschlussmängelklage zuständige Prozessgericht eine Eintragung trotz anhängiger Klage anordnen kann (§§ 16 Abs. 3 UmwG; 319 Abs. 6 AktG).

2) *Faktische Registersperre*

Damit war jedoch noch keine Lösung für die Fälle der so genannten faktischen Registersperre gefunden. Von einer solchen spricht die rechtswissenschaftliche Literatur, wenn der Registerrichter trotz fehlender rechtlicher Registersperre die Eintragung des Hauptversammlungsbeschlusses bei Anhängigkeit eines Widerspruchs oder einer Beschlussmängelklage gem. § 127 S. 1 FGG aussetzt, sobald er Kenntnis von der Klage

---

[10] Vgl. insofern *Bison*, Mißbrauch der Anfechtungsklage durch den Aktionär, 1997, S. 343 ff.; *Hirte*, BB 1988, 1469ff.; *Timm*, in: Timm (Hrsg.), Missbräuchliches Aktionärsverhalten, 1990, S. 1 (9ff.); *Schlaus*, AG 1988, 113 ff.

[11] BGH ZIP 1990, 168; BGH ZIP 89, 1388; OLG Köln AG 1988, 145; LG Köln AG 1988, 145.

[12] OLG Köln ZIP 1988, 1391 (1394).

[13] BGH ZIP 1989, 1388 (1389).

[14] Vgl. Darstellung bei *Bison*, Mißbrauch der Anfechtungsklage durch den Aktionär, 1997, S. 343.

[15] BGH ZIP 1990, 985 – Hypothekenbankenschwestern.

bekommt. In diesen Fällen ist die Eintragung ebenfalls konstitutive Wirksamkeitsvoraussetzung (so bei Hauptversammlungsbeschlüssen über Kapitalmaßnahmen oder Unternehmensverträge), jedoch muss das Registergericht nicht von Gesetzes wegen die Entscheidung in der Hauptsache abwarten. In der Praxis lässt sich jedoch beobachten, dass die Registergerichte regelmäßig von ihrem Aussetzungsermessen gem. § 127 S. 1 FGG Gebrauch machen. Dies wird überwiegend mit den Haftungsrisiken begründet, die dem Registergericht im Falle einer fehlerhaften Eintragung drohen. Denn das Justizprivileg des § 839 Abs. 2 BGB gilt für den Registerrichter nicht, so dass dieser ins Kalkül ziehen muss, dass fehlerhafte Eintragungen Haftungsansprüche gegen ihn auslösen können.[16] Insoweit sei auf die Darstellungen in der rechtswissenschaftlichen Literatur verwiesen.[17]

Berühmt geworden ist der AMB-Fall.[18] Die Aachener Münchener Beteiligungsgesellschaft AG wollte zur Finanzierung eines Beteiligungskaufs mehrere Kapitalmaßnahmen durchführen. Die Beschlüsse wurden mit der erforderlichen Mehrheit gefasst; mehrere Aktionäre legten Widerspruch ein. Die zuständige Bank drohte daraufhin, die Finanzierung der Maßnahme scheitern zu lassen. Der Vorstand zahlte deshalb an die Kläger 1.5 Mio. DM, woraufhin diese ihre Widersprüche zurücknahmen und die Transaktion wie geplant stattfinden konnte. An die Öffentlichkeit kam der Sachverhalt nur, weil die Gesellschaft im Anschluss die gezahlte Summe zurückforderte.

II. Das neue Freigabeverfahren als Antwort auf die faktische Registersperre

Das Freigabeverfahren gem. § 246a AktG soll nun die faktische Registersperre beseitigen, indem das Prozessgericht auf Antrag der Gesellschaft die vorzeitige Eintragung anordnet und damit die Vollzugsblockade, die die Beschlussmängelklage aufgrund der faktischen Registersperre auslöst, beseitigt. Dabei hat der Gesetzgeber sich nach eigener Aussage an den existierenden Unbedenklichkeitsverfahren (§§ 16 Abs. 3 UmwG, 319 Abs. 6 AktG) orientiert.[19]

---

[16] *Baums*, Gutachten F für den 63. Deutschen Juristentag, in: Ständige Deputation des Deutschen Juristentages (Hrsg.), Verhandlungen des Dreiundsechzigsten Deutschen Juristentages, Bd. I, 2000, S.F 154; *Hirschberger/Weiler*, BB 2004, 1137; *Schlaus*, AG 1988, 113 (114): „Man soll und darf die Entscheidungsfreude des Registerrichters dabei billigerweise nicht unterschätzen. Ihm droht die Amtshaftung. Der Richter der trotz Anfechtungsklage die Eintragung verfügt, läuft Gefahr, daß der Justizfiskus in Anspruch genommen wird und wegen grob fahrlässigen Handelns auf ihn persönlich Rückgriff nimmt (Art. 34 S. 2 GG)“; *Spindler*, NZG 2005, 825 (829).

[17] *Bison*, Mißbrauch der Anfechtungsklage durch den Aktionär, 1997, S. 343 ff; *Hirte,* BB 1988, 1469ff; *Timm*, in: Timm (Hrsg.), Missbräuchliches Aktionärsverhalten, 1990, S. 1 (9ff); *Schlaus*, AG 1988, 113 ff.

[18] BGH AG 92, 317; OLG Köln ZIP 88, 967; LG Köln ZIP 88, 649.

[19] *Regierungsentwurf UMAG*, BT-Drucks. 15/5092, S. 27.

1) Unterschiede zu den existierenden Unbedenklichkeitsverfahren

Das UMAG-Freigabeverfahren unterscheidet sich jedoch in zweierlei Hinsicht von seinen Vorbildern, nämlich bezüglich der Registersperre und der Bestandskraft der Eintragung in Folge des Freigabe- bzw. Unbedenklichkeitsbeschlusses.

Eine Verschmelzung ist – wie jede andere Strukturänderung – im Handelsregister einzutragen, damit sie wirksam wird (§ 20 Abs. 1 UmwG). Das Registergericht darf die Eintragung nur vornehmen, wenn die Gesellschaft ein Negativattest vorgelegt hat (§ 16 Abs. 2 UmwG). Das heißt, die Vertretungsorgane müssen eine Erklärung abgeben, dass keine Klage gegen die Wirksamkeit des Hauptversammlungsbeschlusses rechtmäßig erhoben wurde oder die Klage abgewiesen wurde. Diese formelle Registersperre kann der beklagte Rechtsträger überwinden, indem er ein Unbedenklichkeitsverfahren vor dem Prozessgericht anstrengt (§ 16 Abs. 3 UmwG). Die Eintragung führt zur Bestandskraft des Beschlusses (§ 20 Abs. 2 UmwG). Wurde eine Beschlussmängelklage erhoben, kann der Kläger nur noch Schadenersatz verlangen (§ 16 Abs. 3 S. 6 UmwG). Das Unbedenklichkeitsverfahren gilt kraft Verweisung auch für die Spaltung (§ 125 UmwG) und die Übertragung (§ 176 Abs. 1 UmwG).

Auch bei der Eingliederung und dem Squeeze-Out existiert eine formelle Registersperre (§§ 319 Abs. 5, 327 e Abs. 2 AktG), die mithilfe eines Unbedenklichkeitsbeschlusses des Prozessgerichts überwunden werden kann (§§ 319 Abs. 6, 327 e Abs. 2 AktG). Die Eintragung wird allerdings nicht bestandskräftig, denn für die Eingliederung und den Squeeze-Out Beschluss fehlt eine Regelung entsprechend § 20 Abs. 2 UmwG. Rechtsfolge des Schadenersatzanspruchs aus § 319 Abs. 6 AktG kann deshalb auch Naturalrestitution mit dem Inhalt der Ex-nunc-Rückabwicklung der Strukturmaßnahme sein (§ 249 Abs. 1 BGB).[20]

In dem erfolgreichen Freigabeverfahren stellt das Prozessgericht durch Beschluss fest, dass die Erhebung der Klage der Eintragung nicht entgegensteht und Mängel des Hauptversammlungsbeschlusses die Wirkung der Eintragung unberührt lassen (§ 246a Abs. 1 AktG).

Das neu eingeführte Freigabeverfahren sieht für Kapitalmaßnahmen und Unternehmensverträge keine Registersperre vor. Das heißt, anders als bei der Eintragung der Eingliederung und der Verschmelzung müssen die Vertretungsorgane kein Negativattest vorlegen. Das Registergericht kann den Hauptversammlungsbeschluss auch dann noch eintragen, wenn gegen die Wirksamkeit des Beschlusses geklagt wird. Umstritten

---

[20] LG Mannheim AG 2002, 104; *Hüffer*, AktG, 7. Auflage (2006), § 319 Rn. 21; KK-AktG/*Koppensteiner*, § 319 Rn. 36; *Noack*, ZHR 164 (2000), 274 (280); *Raiser/Veil*, Recht der Kapitalgesellschaften, 4. Auflage (2006), § 55 Rn. 4.

ist, ob die Gesellschaft auch in diesem Fall ein Freigabeverfahren beantragen kann (vgl. ausführlich dazu unten[21]). Da keine formelle Registersperre und keine Vorschrift, die § 20 Abs. 2 UmwG entspricht, besteht, musste der Gesetzgeber die Bindungswirkung des Freigabebeschlusses und die Bestandskraft ausdrücklich regeln.

Die Eintragung führt nur im Falle eines erfolgreichen Freigabeverfahrens zu dauerhafter Bestandskraft. Die Bestandskraft kann auch nicht im Wege des Schadenersatzanspruches überwunden werden, denn die Naturalrestitution ist ausgeschlossen.

Es lässt sich also zusammenfassen: Es existieren nun drei verschiedene Verfahren zur Freigabe. Das Unbedenklichkeitsverfahren des Umwandlungsrechts mit Registersperre und Bestandskraft, das Unbedenklichkeitsverfahren bei Eingliederung und Squeeze-out mit Registersperre, aber ohne Bestandskraft und das neue Freigabeverfahren für Kapitalmaßnahmen ohne Registersperre, aber mit Bestandskraft.[22]

2) Rechtstatsächlich begrenzter Erfolg der Neuregelung

Es lässt sich bereits ohne genauere Untersuchung des neuen Verfahrens konstatieren, dass die Maßnahmen, die der UMAG-Gesetzgeber getroffen hat, nicht dazu geführt haben, die Klagen von so genannten Berufsaktionären zu verhindern, die mit wenigen Aktien Beschlüsse angreifen.[23] Dies lässt sich durch die zahlreichen Vergleiche belegen, die im elektronischen Bundesanzeiger veröffentlicht werden müssen.[24] Seit dem In-Kraft-treten des UMAG müssen Vereinbarungen, die zwischen den Anfechtungsklägern und den beklagten Gesellschaften getroffen werden, publiziert werden (§§ 248 a S.2, 149 Abs. 2 AktG). Der Gesetzgeber bezweckte damit, den Abkauf von Klagen zu erschweren. Die im elektronischen Bundesanzeiger zu findenden Vereinbarungen bieten einen interessanten Einblick in die Vorgehensweise von professionellen

---

[21] Vgl. unten S. 18.

[22] Kritisch zu der unterschiedlichen Ausgestaltung: *Arnold/Born*, AG 2005, R198 (R200); *Bungert*, in: Gesellschaftsrechtliche Vereinigung (Hrsg.), Gesellschaftsrecht in der Diskussion 2004, 2005, S. 59 (95ff.): „fehlendes gesetzgeberisches Gesamtkonzept"; *Buchta/Sasse*, DStR 2004, 958 (962); *Handelsrechtsausschuss des DAV*, Stellungnahme zum Referentenentwurf eines Gesetzes zur Unternehmensintegrität und Modernisierung des Anfechtungsrechts (UMAG), NZG 2004, 555 (564); *Diekmann/Leuering*, NZG 2004, 249 (254): „sollte zur Klarstellung und Vereinfachung ein einheitliches Freigabeverfahren eingeführt werden"; *Spindler*, NZG 2005, 825 (829); *Wilsing*, ZIP 2004, 1082 (1083); *Winter*, in: FS Happ, 2006, S. 363 (371): „Ob eine derartige ‚Artenvielfalt' auf Dauer zielführend ist, mag man bezweifeln".

[23] *Baums/Keinath/Gajek*, ZIP 2007, 1629 (1634): „Es lässt sich nicht erkennen, dass das UMAG hier eine dämpfende Wirkung gehabt hätte. Im Gegenteil hat die Zahl der Anfechtungs- und Nichtigkeitsklagen in 2006, also nach dem Inkrafttreten des UMAG, absolut und relativ, und zwar trotz eines leichten Rückgangs der Zahl der Gesellschaften, einen Höchststand erreicht."

[24] Abrufbar unter: www.ebundesanzeiger.de

Klägern.[25] Meist verpflichten sich die Berufsaktionäre zur Rücknahme der Klage. Im Gegenzug erklären sich die Gesellschaften dazu bereit, die gerichtlichen und außergerichtlichen Gebühren der Kläger zu übernehmen. Die damit verbundenen Anwaltsgebühren werden dadurch in die Höhe getrieben, dass sehr hohe Vergleichswerte der Vereinbarung zugrunde gelegt werden.[26] Es erfolgt also weiterhin ein Auskauf der Klagen, der über die Kostenvereinbarung getarnt wird.[27] Zwar werden in den Vergleichen zum Teil auch Verpflichtungen zugunsten der nicht am Verfahren beteiligten Minderheitsaktionäre getroffen. Größtenteils schaffen diese aber kaum oder keinen echten Mehrwert für die nicht klagenden Aktionäre und dienen nur dazu, die Höhe des Vergleichswertes zu rechtfertigen und das Risiko zu minimieren, dass die Zahlungen im Hinblick auf einen Verstoß gegen § 57 AktG später wieder gem. § 62 AktG zurückgefordert werden können.[28] So verpflichtete sich beispielsweise die Allianz AG in einem Vergleich über mehrere Anfechtungs- und Nichtigkeitsklagen gegen die Beschlüsse der außerordentlichen Hauptversammlung am 8. Februar 2006 dazu, Informationen über die Rechtsformunterschiede der AG und der SE in einem Gutachten herauszuarbeiten und im Internet bereitzustellen. Diese Rechtsformunterschiede sind in jedem Lehrbuch nachzulesen, so dass keinerlei Nutzen für die Aktionäre entstand. Trotzdem vereinbarte die Allianz AG mit den Klägern einen Vergleichswert von € 8.5 Mio. und verpflichtete sich dazu, die gerichtlichen und außergerichtlichen Gebühren zu tragen. Das führte dazu, dass jeder der 13 Klägeranwälte gerichtliche und außergerichtliche Gebühren in Höhe von € 72.165 geltend machen konnte.[29] Ähnliches gilt für den Ver-

[25] Eine Auswertung der Veröffentlichungen wurde in zwei empirischen Studien vorgenommen: *Baums/Keinath/Gajek*, ZIP 2007, 1629 ff.; *Theisen/Raßhofer*, Der Aufsichtsrat 2007, 107.

[26] *Theisen/Raßhofer*, Der Aufsichtsrat 2007, 107: „Nicht nur im Einzelfall fünfstellige Euro-Beträge als Erstatungszahlungen von der jeweils beklagten Gesellschaft bezahlt." Die Vorgehensweise ist nicht neu, vgl. schon die Ausführungen von *Baums*, Gutachten F für den 63. Deutschen Juristentag, in: Ständige Deputation des Deutschen Juristentages (Hrsg.), Verhandlungen des Dreiundsechzigsten Deutschen Juristentages, Bd. I, 2000, S. F 154: „Der eigentliche ‚Vergleich' liegt dann in der Kostenregelung: Die Verfahrenskosten trägt stets die beklagte Gesellschaft. Was im Einzelnen hierzu zählt, ist Verhandlungssache. Angestrebt wird nicht selten ein gerichtlich protokollierter Vergleich, in dem ein verbindlicher Vergleichswert festgelegt wird. Für dessen Höhe gilt die Streitwertdeckelung des § 247 Abs. 1 S. 2 AktG nicht, denn der Kläger bedarf insoweit, als er sich selbst auf eine Streitwertvereinbarung einlässt, eines Schutzes dieser Vorschrift nicht mehr."

[27] Vgl. zu der Höhe der Vergleichswerte die empirische Studie von *Baums/Keinath/Gajek*, ZIP 2007, 1629 (1645ff.). Die Autoren zeigen, dass die am häufigsten Klagenden Personen auch im Durchschnitt die höchsten Vergleichswerte vereinbaren.

[28] Mittlerweile h. M., dass ein Verstoß gegen § 57 Abs. 1 S. 1 AktG vorliegt, wenn es sich um eine überhöhte Erpressungszahlung handelt: BGH, AG 92, 317 – *AMB*; MünchKommAktG/*Bayer*, § 57 Rn. 88; *Hommelhoff/Timm*, AG 1989, 168 (169); *Hirte*, BB 1988, 1469 (1473 f.); *Hüffer*, AktG, 7. Auflage (2006), § 57 Rn. 5, 12; *Lutter*, ZGR 1978, 347 (354 f.); *Martens*, AG 1988, 118 (120), a. A. noch *Schlaus*, AG 1988, 113 (116); *Götz*, DB 1989, 261 (263).

[29] Vergleich der Allianz AG v. 19.7.2006 in dem Verfahren LG München Az. 5HK O 4283/06, veröffentlicht am 24.7.2006, abrufbar unter www.ebundesanzeiger.de (Stand: 10.3.2007).

gleich der Gerling AG mit 38 Klägern vom 18. April 2007[30], der wegen Anfechtungsverfahren im Zusammenhang mit dem Hauptversammlungsbeschluss über den Zwangsausschluss der Aktionäre vom 20. September 2006 getroffen wurde. Zwar wurde in dem Vergleich eine Erhöhung der Barabfindung für alle Aktionäre von 2,5 Euro erreicht, jedoch soll dieser Erhöhungsbetrag im Rahmen des Spruchverfahrens voll angerechnet werden, wenn das Gericht im laufenden Verfahren eine Erhöhung festlegt. Trotz dieser Einschränkung wurde bei Bestimmung des Vergleichswerts die Gesamtsumme der sich daraus ergebenden Zahlungsverpflichtung der Gesellschaft zugrunde gelegt, nämlich rund € 25 Mio. Dies führte zu Gebührenzahlungen an die 38 Beschlussmängelkläger von je € 285.000. Die Gerling AG hat damit rund € 11 Mio. an die Beschlussmängelkläger ausbezahlt.[31] Das heißt, die Beschlussmängelkläger ließen sich die Leistung von € 25 Mio. an die Minderheitsaktionäre mit zusätzlichen € 11 Mio. entgelten, wobei das eigentliche Verfahren zur Bestimmung der Angemessenheit, nämlich das Spruchverfahren noch anhängig war, so dass der Vertrag möglicherweise überhaupt keinen Mehrwert für die Minderheitsaktionäre geschaffen hat.[32] Es liegt der Verdacht nahe, dass die prozessbevollmächtigten Anwälte die Kläger an den gezahlten Gebühren standesrechtswidrig beteiligen.[33]

Mehrere empirische Auswertungen der veröffentlichten Vergleiche zeigen, dass der Großteil der Klagen von einer wachsenden Gruppe professioneller „Berufskläger" erhoben wird.[34] *Baums/Keinath/Gajek* unterstreichen, dass die Vergleichsquote in aktienrechtlichen Beschlussmängelprozessen nach ihrer Untersuchung stark von der sonst üblichen Quote in Zivilprozessen abweicht: Rund 50 % der Beschlussmängelverfahren werden durch Vergleich beendet, wohingegen in sonstigen Zivilprozessen die Quote

---

[30] Vergleich der Gerling AG v. 18.4.2007 in den Verfahren LG Köln Az. 91 O 160/06, LG Köln Az. 91 O 206/06 und LG Köln Az. 91 O 26/07, veröffentlicht am 21.5.2007, abrufbar unter www.ebundesanzeiger.de (Stand 10.09.2007).

[31] Aufschlüsselung der Berechnung bei *Noack*, Prof. Noack: Unternehmensrechtliche Notizen, 30. Mai 2007, abrufbar unter http://www.jura.uni-duesseldorf.de/dozenten/noack/notizen (Stand: 10.06.2007).

[32] Kritisch zur Erhöhung der Abfindung im Anfechtungsvergleich *Baums/Keinath/Gajek*, ZIP 2007, 1629 (1645): „Im Ergebnis läuft diese Gestaltung nämlich darauf hinaus, die Anfechtungsklage funktionswidrig, zwecks Erhöhung der einer Abfindung einzusetzen, obwohl der Gesetzgeber dies im Interesse der Gesellschaft mit dem Verweis solcher Streitigkeiten im Spruchverfahren gegen den Hauptaktionär gerade ausschließen wollte."

[33] In diese Richtung auch *Baums/Keinath/Gajek,*ZIP 2007, 1629 (1647), die allerdings darauf hinweisen, dass keine empirischen Belege hierfür existieren.

[34] Ausführlich hierzu: *Baums/Keinath/Gajek*, ZIP 2007, 1629 (1635ff.); *Theisen/Raßhofer*, Der Aufsichtsrat 2007, 107 (109). Die beiden Studien haben jedoch nicht den identischen Zeitraum zum Gegenstand. *Theisen/Raßhofer* berichten, dass die zehn geschäftigsten Kläger über 40 % aller Beschlussmängelklagen erheben. *Baums/Keinath/Gajek* kommen zum Ergebnis, dass über 70 % aller Klagen von einer Gruppe von 40 Berufsklägern erhoben wird, ZIP 2007, 1629 (1636).

bei 21,5 % der Klagen liegt.[35] Bei Beschlussmängelklagen der 20 aktivsten Kläger wurden nach ihren Feststellungen die Verfahren sogar nahezu ausschließlich durch Vergleiche beendet.[36]

C. Alternative Konzepte

Neben dem Freigabeverfahren standen noch weitere Konzepte zur Lösung des Problems räuberischer Aktionäre zur Diskussion.

I. Baums

Baums hat in seinem Gutachten für den 63. Deutschen Juristentag empfohlen, die Aussetzung der Eintragung nur auf Antrag des Anfechtungsklägers bei dem Prozessgericht zuzulassen.[37] Das Registergericht soll nach diesem Konzept nicht mehr prüfen dürfen,

---

[35] *Baums/Keinath/Gajek*, ZIP 2007, 1629 (1643).

[36] *Baums/Keinath/Gajek*, ZIP 2007, 1629 (1644): „Man wird die Intention dieser Klägergruppen nicht völlig falsch interpretieren, wenn man unterstellt, dass es den Klägern mit der Klageerhebung nicht darum geht, einen Beschluss wegen eines Gesetzes- oder Satzungsverstoßes durch streitiges Urteil für nichtig erklären zu lassen [...]".

[37] *Baums*, Gutachten F für den 63. Deutschen Juristentag, in: Ständige Deputation des Deutschen Juristentages (Hrsg.), Verhandlungen des Dreiundsechzigsten Deutschen Juristentages, Bd. I, 2000, S. F 169 ff. Im Einzelnen schlägt er folgenden neuen § 128 FGG vor: „(1) Ist der Beschluß der Hauptversammlung einer Aktiengesellschaft [...] einzutragen oder eine Eintragung vorzunehmen, die einen solchen Beschluss voraussetzt, und macht ein Gesellschafter geltend, dass der Beschluß Vorschriften verletzt, die ausschließlich oder überwiegend zum Schutz der Gesellschafter gegeben sind, so ist § 127 nicht anzuwenden. Das Registergericht hat dem Gesellschafter eine angemessene Frist zur Erwirkung einer Entscheidung des Prozessgerichts gemäß Abs. 2 einzuräumen. (2) Das zuständige Prozessgericht kann nach Erhebung einer Klage gegen die Wirksamkeit des Beschlusses der Hauptversammlung einer Aktiengesellschaft [...] auf Antrag des Klägers die Vornahme einer Eintragung im Sinne des Absatzes 1 Satz 1 bis zur Entscheidung in der Hauptsache für unzulässig erklären. Die Entscheidung erfolgt durch Beschluss. Sie darf nur dann ergehen, wenn die Klage hinreichende Aussicht auf Erfolg hat oder wenn der vorläufige Aufschub der Eintragung nach freier Überzeugung des Gerichts unter Berücksichtigung der mit der Klage geltend gemachten Rechtsverletzung erforderlich erscheint. Die Entscheidung ergeht innerhalb einer Frist von vier Wochen ab Eingang des Antrags; sie kann in dringenden Fällen ohne mündliche Verhandlung erlassen werden. Die vorgebrachten Tatsachen sind glaubhaft zu machen. Gegen die Entscheidung findet die sofortige Beschwer statt. Das Beschwerdegericht kann die Frist gemäß Absatz 1 Satz 2 verlängern; dieser Beschluss ist nicht anfechtbar."

Einen ähnlichen Weg geht auch das italienische Aktienrecht, das erst auf Antrag die Aussetzung der Eintragung zulässt. So heißt es in § 2378 Abs. 3 C.C.: „Durch einen gleichzeitig, auch in Kopie, eingereichten Antrag kann der Anfechtungskläger die Aussetzung der Vollziehbarkeit des Beschlusses beantragen. Im Fall außerordentlicher und begründeter Dringlichkeit beschließt der Präsident des Gerichts unter Auslassung der Einberufung der beklagten Gesellschaft mittels begründeten Beschlusses, der auch die Ernennung des Richters in der Hauptsache, die Anberaumung der Verhandlung für die Abänderung oder Aufhebung der mit dem Beschluss erlassenen Maßnahmen vor dem ernannten Richter innerhalb von fünfzehn Tagen, sowie die Festsetzung der Frist für die Benachrichtigung der Gegenseite von dem Antrag und der Frist beinhalten muss. Der für die ob eine Anfechtungsklage möglicherweise Erfolg haben werde. Der Beschlussmängelkläger muss einen Antrag auf vorläufige Unzulässigerklärung der Eintragung stellen. Das Verfahren läuft also spiegelbildlich zum umwandlungsrechtlichen Umwandlungsverfahren: Nicht die Gesellschaft muss die Freigabe beantragen, um die Registersperre zu beseitigen, sondern der Beschlussmängelkläger muss ein Verfahren anstrengen, um die Registersperre herbeizuführen.

II. Beschlüsse des Dreiundsechzigsten Deutschen Juristentages

Die Beschlüsse der wirtschaftsrechtlichen Abteilung des Deutschen Juristentages lehnten dagegen diese Umkehr der Rollenverteilung ab.[38] Stattdessen wurde ein Verfahren empfohlen, das sich an dem umwandlungsrechtlichen Unbedenklichkeitsverfahren orientiert: Wenn das Registergericht die Eintragung tatsächlich aussetzt, soll eine Freigabe bei allen eintragungsbedürftigen Beschlüssen beantragt werden können[39]; der Beschluss einer börsennotierten Gesellschaft über eine Kapitalmaßnahme sollte allerdings unabhängig von einem zuvor durchgeführten Freigabeverfahren durch die Eintragung des Registergerichts dauerhaft bestandskräftig werden. Der Anfechtungskläger sollte dafür im Gegenzug einen Schadenersatzanspruch geltend machen können.[40]

III. Bayer

Ähnlich hatte zuvor schon *Bayer* argumentiert: Das Unbedenklichkeitsverfahren gem. § 16 Abs. 3 UmwG sollte nach seinen Vorstellungen auf alle sonstigen Struktur- und Satzungsänderungen ausgeweitet werden.[41] Auch eine entsprechende Anwendung auf

---

Verhandlung der Hauptsache ernannte Richter beschließt nach Anhörung der Vorstände und der Aufsichtsratsmitglieder und unter vergleichender Abwägung des Schadens, den der Antragsteller unter der Ausführung, und des Schadens der Gesellschaft durch die Aufschiebung der Ausführung des Beschlusses“, abgedruckt und übersetzt bei *v. Schnurbein*, Missbrauch von Minderheitsrechten im deutschen und italienischen Aktienrecht, 2005, S. 250 f.

[38] Beschluss Abteilung Wirtschaftsrecht 14. A. AA, in: Ständige Deputation des Deutschen Juristentages (Hrsg.), Verhandlungen des Dreiundsechzigsten Deutschen Juristentages, Bd. II/1, S. O 76f.

[39] Beschluss Abteilung Wirtschaftsrecht 14. A. BB. a), in: Ständige Deputation des Deutschen Juristentages (Hrsg.), Verhandlungen des Dreiundsechzigsten Deutschen Juristentages, Bd. II/1, S. O 77.

[40] Beschluss Abteilung Wirtschaftsrecht 15., in: Ständige Deputation des Deutschen Juristentages (Hrsg.), Verhandlungen des Dreiundsechzigsten Deutschen Juristentages, Bd. II/1, S. O 77.

[41] *Bayer*, in: Gesellschaftsrechtliche Vereinigung (Hrsg.), Gesellschaftsrecht in der Diskussion 1999, 2000, S.35 (49).

Aufsichtsratswahlen sei erwägenswert.[42] Allerdings wollte er die Voraussetzungen für die vorzeitige Eintragung über die Interessenabwägung dahingehend verschärfen, dass diese nur infrage komme, wenn die Rechtsverletzung nicht schwerwiegend sei.[43] Zugleich wollte er divergierende Entscheidungen in Eilverfahren und Hauptsacheverfahren dadurch vermeiden, dass auch auf materiellrechtlicher Ebene das Anfechtungsverfahren durch den Grundsatz der Verhältnismäßigkeit eingeschränkt wird.[44]

IV. Regierungskommission „Corporate Governance"

Die Regierungskommission „Corporate Governance" orientierte sich mit ihren Empfehlungen noch stärker an den bereits existierenden Unbedenklichkeitsverfahren gem. § 16 Abs. 3 UmwG, § 319 Abs. 6 AktG. Wie bei der Verschmelzung und der Eingliederung sollte nach ihren Vorstellungen eine formelle Registersperre für angefochtene Beschlüsse über Kapitalmaßnahmen und sonstige strukturändernde eintragungsbedürftige Beschlüsse etabliert werden; diese sollte unabhängig von der Börsennotierung erfolgen. Die Eintragung im Handelsregister sollte wie bei § 20 Abs. 2 UmwG Heilungswirkung haben.[45] Als Ausgleich sollte ein Freigabeverfahren geschaffen werden. Darüber hinaus schlug die Regierungskommission vor, auch für einfache Satzungsänderungen ein Freigabeverfahren zu etablieren, allerdings ohne die Wirkung dauerhafter Bestandskraft.[46]

V. Anfechtungsrecht als Minderheitenrecht

Schließlich wurde noch der Vorschlag gemacht, das Anfechtungsrecht als ein Minderheitenrecht auszugestalten.[47] Der Beschlussmängelkläger sollte danach nur zur Anfechtung befugt sein, soweit er genügend Anteile besitzt, um ein gesetzliches Quorum zu erfüllen. Der Vorschlag wurde damit begründet, dass es unverhältnismäßig sei, dass

---

[42] *Bayer*, in: Gesellschaftsrechtliche Vereinigung (Hrsg.), Gesellschaftsrecht in der Diskussion 1999, 2000, S.35 (49).

[43] *Bayer*, in: Gesellschaftsrechtliche Vereinigung (Hrsg.), Gesellschaftsrecht in der Diskussion 1999, 2000, S.35 (49).

[44] *Bayer*, in: Gesellschaftsrechtliche Vereinigung (Hrsg.), Gesellschaftsrecht in der Diskussion 1999, 2000, S.35 (50).

[45] Bericht Regierungskommission "Corporate Governance", BT-Drucks. 14/7515, S. 78.

[46] Bericht Regierungskommission "Corporate Governance", BT-Drucks. 14/7515, S. 79.

[47] *Boujong*, in: FS Kellermann, S. 1 (14); *Marsch-Barner*, in: Ständige Deputation des Deutschen Juristentages (Hrsg.), Verhandlungen des Dreiundsechzigsten Deutschen Juristentages, Bd. II/1, S. O 55 (O 57); *Mertens*, AG 1990, 49 (55); *Schiessl*, in: Gesellschaftsrechtliche Vereinigung (Hrsg.), Gesellschaftsrecht in der Diskussion 1999, 2000, S. 57 (72 f.); *Schlaus*, AG 1988, 113 (117); *Waclawik*, DStR 2006, 2177 (2184 f). A. A. *Lutter*, JZ 2000, 837 (838).

ein Aktionär mit nur einer einzigen Aktie den Vollzug einer wichtigen Maßnahme verhindern könne. Ergänzend wurde empfohlen, Aktionären zu ermöglichen sich zusammenzuschließen, um die notwendige Anzahl an Anteilen zu erreichen.[48] Der Gesetzgeber hat diese Argumente in der Begründung zum UMAG explizit zurückgewiesen: „Diesen Vorschlägen folgt der Gesetzgeber bewusst nicht. Ein Ausschluss oder eine spürbare Einschränkung des Anfechtungsrechtes der Aktionäre, insbesondere der Kleinaktionäre ist nicht Ziel des Gesetzentwurfs. Die Anfechtungsklage stellt nach Überzeugung des Gesetzgebers weiterhin ein wichtiges Kontrollinstrument jedes einzelnen Aktionärs dar, welches diesem unabhängig von seiner Beteiligungsquote [...] zustehen soll“[49].

VI. Vergleich des Freigabeverfahrens mit den Diskussionsvorschlägen

Das neue Freigabeverfahren gem. § 246a AktG unterscheidet sich von den diskutierten Konzepten vornehmlich in zwei Punkten:

Es wurde keine formelle Registersperre für angefochtene Hauptversammlungsbeschlüsse über Kapitalmaßnahmen oder Unternehmensverträge eingeführt. Das Registergericht kann also auch weiterhin den Hauptversammlungsbeschluss trotz anhängiger Klage eintragen. Bei einem Erfolg in der Hauptsache muss die Eintragung ex nunc, also für die Zukunft, rückgängig gemacht werden (keine Bestandskraft ohne Freigabeverfahren). Etwas anderes gilt, wenn die Gesellschaft zuvor erfolgreich ein Freigabeverfahren gem. § 246a AktG durchgeführt hat, das zur Bestandskraft führt. Mangels formeller Registersperre musste der Gesetzgeber die Bindungswirkung des Freigabebeschlusses ausdrücklich anordnen. Der Gesetzgeber ist daneben auch nicht den Stimmen gefolgt, die eine Differenzierung danach vornehmen wollten, ob die beklagte Gesellschaft börsennotiert ist. Das Freigabeverfahren kann deshalb unabhängig von der Börsennotierung der Aktiengesellschaft beantragt werden.

Der Gesetzgeber hat daneben noch weitere flankierende Maßnahmen erlassen, um missbräuchliche Klagen zu erschweren (z.B. die genannte Publikationspflicht von verfahrensbeendenden Vereinbarungen). Sie sind nicht unmittelbarer Gegenstand der Untersuchung, werden jedoch im Folgenden bei der Analyse berücksichtigt, soweit ein unmittelbarer Bezug zum Freigabeverfahren existiert. Im Übrigen sei auf die Darstellungen in der Literatur verwiesen.[50]

---

[48] *Schlaus*, AG 1988, 113 (117).

[49] *Regierungsentwurf UMAG*, BT-Drucks. 15/5092, S. 29.

[50] Die Änderungen durch das UMAG hat die rechtswissenschaftliche Literatur umfassend behandelt: *Handelsrechtsausschuss des DAV*, NZG 2004, 555ff.; *Diekmann/Leuering*, NZG 2004, 249 *Flei-*

D. Ergebnis

Mit dem neuen Freigabeverfahren bezweckt der Gesetzgeber in erster Linie das Phänomen missbräuchlicher Klagen einzudämmen. Professionelle Kläger, die über wenige Aktien verfügen, erheben Anfechtungs- oder Nichtigkeitsklagen nicht mit dem Ziel den Hauptversammlungsbeschluss für nichtig erklären zu lassen, sondern um sich von den Gesellschaften auskaufen zu lassen. Die Beschlussmängelklagen blockieren faktisch den Vollzug der beschlossenen Strukturmaßnahme, da die Registergerichte die Eintragung der Hauptversammlungsbeschlüsse bis zu einer Entscheidung in der Hauptsache aussetzen. Das aktienrechtliche Freigabeverfahren soll diese Verzögerungsmöglichkeit reduzieren, indem die beklagte Gesellschaft einen Antrag beim Prozessgericht stellen kann, womit die Aussetzung des Registergerichts überwunden werden kann. Die gesetzliche Regelung orientiert sich an den bereits existierenden Unbedenklichkeitsverfahren. Im Gegensatz zum umwandlungsrechtlichen Unbedenklichkeitsverfahren hat der UMAG-Gesetzgeber jedoch auf eine rechtliche Registersperre verzichtet. Von dem bereits für die Eingliederung und den Zwangsausschluss der Aktionäre existierenden Unbedenklichkeitsverfahren unterscheidet sich das neue Freigabeverfahren darin, dass der rechtskräftige Freigabebeschluss zur dauerhaften Bestandskraft des eingetragenen Beschlusses führt. Die bisherigen Erfahrungen mit dem neuen Verfahren indizieren, dass auch weiterhin Klagen erhoben werden, die die Gesellschaften zum Auskauf der Kläger animieren sollen. Neben dem nun realisierten Freigabeverfahren standen noch weitere Konzepte zur Diskussion. So wurde u. a. vorgeschlagen, eine echte Registersperre einzuführen bzw. die Bestandskraft nur bei Hauptversammlungsbeschlüssen börsennotierter Gesellschaften durch das Freigabeverfahren anzuordnen. Auch wurde angeregt, die Anfechtungsbefugnis von dem Erreichen eines Quorums abhängig zu machen.

---

scher, NJW 2005, 3525ff.; *Göz/Holzborn*, WM 2006, 157ff.; *Holzborn/Bunnemann*, BKR 2005, 51ff.; *Hoor,* DStR 2004, 2104ff.; *Jahn*, BB 2005, 5ff.; *Kolb*, DZWiR 2006, 50; *Langenbucher,* DStR 2005, 2083ff.; *Meilicke/Heidel*, DB 2004, 1479ff.; *M. Roth*, BB 2004, 1066ff.; *Paefgen*, AG 2004, 245 ff; *Schütz*, DB 2004, 419ff.; *Schütz*, NZG 2005, 5ff.; *Spindler*, NZG 2005, 825; *ders.*, NZG 2005, 865ff.; *Veil*, AG 2005, 567.

2. Kapitel: Das Freigabeverfahren aus juristischer Perspektive

In diesem Kapitel werden die Voraussetzungen und Rechtsfolgen des Freigabeverfahrens mithilfe der Rechtsprechung und Literatur zu den existierenden Unbedenklichkeitsverfahren herausgearbeitet. Meinungsstreitigkeiten werden dargestellt. Eine Entscheidung zwischen den verschiedenen Positionen unterbleibt jedoch, soweit die ökonomische Analyse im zweiten Teil neue Erkenntnisse liefert. Im 10. Kapitel werden die in diesem Kapitel identifizierten Auslegungsfragen erneut aufgegriffen und aus wirtschaftswissenschaftlicher Sicht beantwortet.

Entsprechend dem Aufbau des Gesetzes werden zu Beginn der Anwendungsbereich und der Feststellungsinhalt des Freigabebeschlusses erörtert (unter A). Der rechtskräftige Freigabebeschluss bindet das Registergericht und führt zur dauerhaften Bestandskraft der Eintragung. Es wird die Frage aufgeworfen, ob der Beschluss auch ohne Feststellung der Bestandskraft ergehen kann. Des Weiteren wird untersucht, inwiefern sich die materielle Prüfungskompetenz des Registergerichts durch den rechtskräftigen Freigabebeschluss verändert. Im nächsten Schritt werden die Gründe für die Etablierung der dauerhaften Bestandskraft der Eintragung analysiert. Schließlich wird erörtert, inwiefern der allgemeine einstweilige Rechtsschutz durch das Freigabeverfahren verdrängt wird.

Im nächsten Schritt werden die Beschlussvoraussetzungen dargestellt (unter B). Ein Freigabebeschluss kann ergehen, wenn das Prozessgericht annimmt, dass die Beschlussmängelklage unzulässig, oder offensichtlich unbegründet ist oder wenn das Interesse am Vollzug gegenüber dem Aussetzungsinteresse überwiegt. Umstritten ist insbesondere, wie das Merkmal der Offensichtlichkeit auszulegen ist, und welche Faktoren bei der Interessenabwägung berücksichtigt werden müssen (Erfolgsaussichten der Hauptsache, Höhe der Beteiligung des Klägers und flankierender Vermögensschutz).

Sodann wird das gerichtliche Verfahren erörtert (unter C). Der Freigabebeschluss soll innerhalb von drei Monaten ergehen. Gegen die Entscheidung kann die sofortige Beschwer erhoben werden. Auf das Verfahren finden die ZPO-Vorschriften Anwendung. Die Tatsachen, die den Freigabebeschluss begründen, müssen glaubhaft gemacht werden.

Abschließend widmet sich das Kapitel dem Schadenersatzanspruch, der entsteht, wenn der Beschlussmängelkläger im Hauptsacheverfahren erfolgreich ist, aber die Eintragung aufgrund des Freigabebeschlusses unterbleiben muss (unter D). Das Augenmerk wird insbesondere auf zwei Besonderheiten gerichtet, nämlich die Beschränkung der Anspruchsberechtigung auf die Beschlussmängelkläger und auf den Inhalt des Anspruchs, der nach der Regierungsbegründung auch potentielle Verwässerungsschäden abdecken soll.

A. Feststellung des Prozessgerichts (§ 246a Abs. 1 AktG)

Der erste Absatz des neu geschaffenen § 246a AktG regelt den Anwendungsbereich des Freigabeverfahrens, Zulässigkeitsvoraussetzungen des Verfahrens und den Feststellungsinhalt des Freigabebeschlusses.

I. *Anwendungsbereich*

Das Freigabeverfahren ist anwendbar, wenn gegen einen Hauptversammlungsbeschluss über eine Maßnahme der Kapitalbeschaffung, der Kapitalherabsetzung oder einen Unternehmensvertrag Beschlussmängelklage erhoben wird.

1) *Maßnahme der Kapitalbeschaffung*

Die Verweisung in § 246a Abs. 1 AktG ist umfassend (vgl. §§ 182 – 221 AktG). Das heißt, alle Arten von eintragungsbedürftigen Hauptversammlungsbeschlüssen, die im Zusammenhang mit einer Kapitalerhöhung notwendig sind, können freigegeben werden.[51] Die Beantragung eines Freigabeverfahrens ist deshalb beispielsweise sowohl bei Beschlussmängelklagen gegen Hauptversammlungsbeschlüsse möglich, die eine Sach- oder Barkapitalerhöhung oder die Schaffung eines genehmigten Kapitals zum Gegenstand haben, und zwar auch dann, wenn das Bezugsrecht gem. § 186 Abs. 3 AktG ausgeschlossen wird (oder die Ermächtigung zum Ausschluss erteilt wird, §§ 203 Abs. 2 S. 2, 186 Abs. 4 AktG)[52]. Das Freigabeverfahren findet dagegen keine Anwendung auf eine Kapitalerhöhung, die zur Durchführung einer Umwandlung von der Hauptversammlung beschlossen wird und eingetragen wurde (§ 249 Abs. 1 S. 3 AktG, § 20 Abs. 2 UmwG).[53]

2) *Maßnahme der Kapitalherabsetzung*

Ebenso sind alle eintragungsbedürftigen Hauptversammlungsbeschlüsse, die im Zusammenhang mit Maßnahmen der Kapitalherabsetzung stehen (§§ 222 – 240 AktG), dem Freigabeverfahren grundsätzlich zugänglich. Insbesondere bei Sanierungen fallen Kapitalherabsetzung und Kapitalerhöhung[54] regelmäßig zusammen, so dass es sinnvoll ist, dass der Gesetzgeber Maßnahmen der Kapitalherabsetzung mit in den Anwendungsbereich des Freigabeverfahrens aufgenommen hat.

3) *Zustimmungsbeschluss zu Unternehmensvertrag*

Des Weiteren kann die Freigabe bei Hauptversammlungsbeschlüssen über Unternehmensverträge beantragt werden, womit Zustimmungsbeschlüsse zu Unternehmensverträgen gemeint sind (§§ 293 Abs. 1, 293 Abs. 2; 295 Abs. 1 S. 2 i. V. m. 293 Abs. 1;

---

[51] *Hüffer*, AktG, 7. Auflage (2006), § 246a, Rn. 2.

[52] *Regierungsentwurf UMAG*, BT-Drucks. 15/5092, S. 28; *Hüffer*, AktG, 7. Auflage (2006), § 246a Rn. 2; *Veil*, AG 2005, 567 (572f.).

[53] *Tielmann*, in: Happ, Aktienrecht, 3. Auflage (2007), 18.02 Rn. 7.

[54] *Hirte*, Kapitalgesellschaftsrecht, 5. Auflage (2006), S. 331, Rn. 6.71.

295 Abs. 1 S. 2 i. V. m. 293 Abs. 2 AktG).[55] Sowohl die Zustimmungsbeschlüsse zu Beherrschungs- und Gewinnabführungsverträgen als auch diejenigen zu anderen Unternehmensverträgen i. S. d. § 292 AktG können freigegeben werden.

4) Sonderfragen

a) Bereits eingetragene Hauptversammlungsbeschlüsse

Eng mit den Wirkungen des Freigabebeschlusses ist die Frage verbunden, ob ein Freigabeverfahren noch zulässig ist, wenn das Registergericht den Hauptversammlungsbeschluss in das Handelsregister eingetragen hat.

aa) Mindermeinung: Freigabeverfahren unzulässig

Ein Teil der Literatur vertritt die Ansicht, dass in diesen Fällen mangels Rechtschutzbedürfnisses die Freigabe nicht beantragt werden kann.[56] Zum einen sei der Zweck des Freigabeverfahrens die Handlungsfähigkeit der Gesellschaft wiederherzustellen, um die Missbrauchsanfälligkeit abzusenken. Sobald jedoch die Registereintragung erfolgt sei, sei die Drucksituation beseitigt.[57] Zum zweiten könne die Gesellschaft auch von vornherein auf Nummer Sicher gehen, um die Bestandskraft der Eintragung herbeizuführen. Denn wenn die Gesellschaft ihren Eintragungsantrag bis zum Ablauf der Anfechtungsfrist zurückhalte, könne sie die nicht bestandskräftige Eintragung vermeiden. Wird zuvor Anfechtungsklage erhoben, kann sie die Eintragung beim Registergericht beantragen und zugleich beim zuständigen Prozessgericht die bestandskräftige Freigabe beantragen.[58] Beantrage sie dagegen vor Ablauf der Anfechtungsfrist die Eintragung nicht, sei sie nicht schutzwürdig. Nur die Drucksituation rechtfertige den eingeschränkten Prüfungsmaßstab des Freigabeverfahrens.[59]

---

[55] *Hüffer*, AktG, 7. Auflage (2006), § 246a Rn. 2; *Tielmann*, in: Happ, Aktienrecht, 3. Auflage (2007), 18.02 Rn. 7.

[56] *Schütz*, NZG 2005, 5 (9); *Heidel*, in: Heidel, Aktienrecht und Kapitalmarktrecht, 2. Auflage (2007), § 246a Rn. 2.

[57] *Schütz*, NZG 2005, 5 (9); *Heidel*, in: Heidel, Aktienrecht und Kapitalmarktrecht, 2. Auflage (2007), § 246a Rn. 2.

[58] *Schütz*, NZG 2005, 5 (9); wohl auch *Bungert*, in: Gesellschaftsrechtliche Vereinigung (Hrsg.), Gesellschaftsrecht in der Diskussion 2004, 2005, S. 59 (92 f.), der schreibt „Es dürfte im Interesse der Gesellschaft liegen, wenn nach Einleitung eines Freigabeverfahrens von einer Eintragung abgesehen wird. Denn bei einer Eintragung des angefochtenen Beschlusses vor rechtskräftigem Beschluss des Prozessgerichts kommt der Gesellschaft der Bestandsschutz der Eintragung nicht zugute." Damit geht er implizit davon aus, dass das Freigabeverfahren nicht mehr nach der Eintragung fortgesetzt werden kann.

[59] *Schütz*, NZG 2005, 5 (9).

bb) H. M. : Freigabeverfahren kann nachgeschoben werden

Die überwiegende Ansicht hält dagegen ein Freigabeverfahren auch noch für zulässig, wenn der Hauptversammlungsbeschluss bereits eingetragen ist.[60] Sie stützt sich dabei auf den Wortlaut und die Begründung des Gesetzgebers. Das Gesetz setze eben gerade nicht die tatsächliche Aussetzung durch den Registerrichter voraus, sondern knüpfe nur an die Erhebung der Beschlussmängelklage an.[61] Die Begründung des UMAG-Gesetzgebers stützt diese Ansicht: „Da es in der Sache nicht um eine formale Freigabe eines wegen Registersperre nicht eintragungsfähigen Beschlusses geht, sondern um eine Abwägungsentscheidung mit der Folge der Bestandssicherung, erscheint es nicht ausgeschlossen, die Freigabeentscheidung auch dann noch zu beantragen, wenn der Hauptversammlungsbeschluss bereits eingetragen worden ist."[62] Die Befürworter dieser Auslegung argumentieren, dass sich das wirtschaftliche Erpressungspotential nicht allein aus der faktischen Registersperre ergebe, sondern auch daraus, dass die Maßnahme bei Nichtausstattung mit Bestandskraft bis zur Entscheidung der Hauptsache mit erheblicher Unsicherheit behaftet sei. Deshalb fehle es nicht an dem Rechtschutzbedürfnis: Das Freigabeverfahren begrenze nicht nur die Prüfungskompetenz des Registerrichters, sondern ändere die Rechtswirkung der Eintragung selbst.[63] Dem Handelsregister könne man nicht ansehen, ob ein Beschluss infolge eines Freigabeverfahrens erfolgt und deshalb bestandskräftig sei oder ob er ohne ein solches Verfahren eingetragen wurde.[64]

b) Keine analoge Anwendung auf strukturändernde Beschlüsse in der GmbH

Des Weiteren wird die Anwendung des aktienrechtlichen Freigabeverfahrens entsprechend auf strukturändernde Beschlüsse der Gesellschafterversammlung diskutiert.[65] Dies ist auf den ersten Blick nicht abwegig, denn grundsätzlich müssen auch die Gesellschafterbeschlüsse in der GmbH eingetragen werden und das aktienrechtliche Beschlussmängelrecht wird dem Grunde nach auch im Recht der GmbH angewendet. Im Einzelnen:

---

[60] *Hüffer*, AktG, 7. Auflage (2006), § 246a Rn. 2; *Göz/Holzborn*, WM 2006, 157 (161); *Ihrig/Erwin*, BB 2005, 1973 (1974); *Kort*, BB 2005, 1577 (1580f.); *Winter*, in: FS Happ, 2006, S. 363 (369); *Schwab*, in: K. Schmidt/ Lutter, AktG, 2008, §246a Rn. 14, 21.

[61] *Winter*, in: FS Happ, 2006, S. 363 (369).

[62] *Regierungsentwurf UMAG*, BT-Drucks. 15/5092, S. 27.

[63] *Ihrig/Erwin*, BB 2005, 1973 (1976); *Winter*, in: FS Happ, 2006, S. 363 (369).

[64] *Ihrig/Erwin*, BB 2005, 1973 (1975).

[65] Vgl. hierzu ausführlich *Harbarth*, GmbHR 2005, 966ff; *Sauerbruch*, GmbHR 2007, 189ff.

Beschlüsse der Gesellschafterversammlung, die eine Satzungsänderung zum Gegenstand haben, müssen im Handelsregister eingetragen werden, um wirksam zu werden (§ 54 Abs. 3 GmbHG). Folglich können Kapitalmaßnahmen nur durchgeführt werden, wenn sie zuvor im Handelsregister eingetragen wurden. Gleiches gilt, wenn die GmbH als abhängige Gesellschaft einen Unternehmensvertrag im Sinne von §§ 291, 292 AktG abschließen möchte. Der Unternehmensvertrag wirkt wie eine Satzungsänderung, denn das Grundgefüge der Gesellschaft ist betroffen.[66] Deshalb verlangte der BGH im so genannten *Supermarkt*-Beschluss für die Wirksamkeit des Unternehmensvertrages die Eintragung im Handelsregister der abhängigen GmbH.[67] Grundsätzlich kann somit durch eine Aussetzung des Registerrichters gem. § 127 FGG eine Maßnahme auch in der GmbH blockiert sein.[68]

Das GmbHG enthält keine Regelung über die Rechtsfolge von fehlerhaften Gesellschafterbeschlüssen. Der BGH und mit ihm die herrschende Lehre wenden deshalb die aktienrechtlichen Regelungen an, soweit „nicht die strukturellen Besonderheiten einer Gesellschaft mit beschränkter Haftung eine Abweichung notwendig machen“[69]. Das Schrifttum begründet dies einerseits mit dem legitimen Interesse der Gesellschaftermehrheit an zeitnaher Gewissheit über den Bestand von Gesellschafterbeschlüssen.[70] Zugleich betont es, dass andererseits den rechtsformspezifischen Besonderheiten der GmbH durch punktuelle Modifikation Rechnung getragen werden müsse.[71] So auch der BGH: Das aktienrechtliche Beschlussmängelsystem normiere im Interesse der Rechtssicherheit eine Ausnahme von dem Grundsatz der Nichtigkeit fehlerhafter Beschlüsse.[72] Der Vorrang der Rechtssicherheit gehe aber zu Lasten des durch die Bestandskraft benachteiligten Einzelnen.[73] Da die GmbH in der Regel auf einen überschaubaren Kreis von Gesellschaftern beschränkt sei und die Breitenwirkung der Gesellschafterbeschlüsse dementsprechend geringer wäre, könnten individuelle Interessen höher gewichtet werden.[74]

---

[66] *Zöllner,* in: Baumbach/Hueck, GmbHG, 18. Auflage (2006), Schlussanh. I, Rz. 53.

[67] BGHZ 104, 325; *Zöllner,* in: Baumbach/Hueck, GmbHG, 18. Auflage (2006), Schlussanh. I, Rn. 53; *Lutter/Hommelhoff,* in: Lutter/Hommelhoff, 16. Auflage (2004), Anhang § 13 Rn. 45; *Hirte*, Kapitalgesellschaftsrecht, 5. Auflage (2006), S. 440 Rn. 8.117.

[68] Ausführlich hierzu schon *Harbarth*, GmbHR 2005, 966 (967).

[69] BGHZ 11, 231 (241).

[70] *Lutter/Hommelhoff*, in: Lutter/Hommelhoff, 16. Auflage (2004), Anhang § 47 Rz.1.

[71] *Lutter/Hommelhoff*, in: Lutter/Hommelhoff, 16. Auflage (2004), Anhang § 47 Rz.1.

[72] BGHZ 104, 66 (70).

[73] BGHZ 104, 66 (70).

[74] BGHZ 104, 66 (71).

Harbarth vertritt die Auffassung, dass die Voraussetzung der strukturellen Vergleichbarkeit gegeben sei, denn grundsätzlich sei eine Blockade durch missbräuchliche Klagen zwar deutlich seltener, aber auch „denkbar".[75] Der Verfasser dieser Zeilen hat jedoch an anderer Stelle ausführlich gezeigt, dass dies nicht genügt, um die strukturellen Unterschiede zwischen den Rechtsformen zu überwinden, die einer entsprechenden Anwendung entgegenstehen.[76]

c) Keine analoge Anwendung auf andere eintragungsbedürftige Hauptversammlungsbeschlüsse

Eine analoge Anwendung auf andere Satzungsänderungen scheidet nach dem eindeutigen Wortlaut des Gesetzes und mangels planwidriger Regelungslücke aus.[77]

d) Anwendbarkeit auf Beschlüsse vor dem 1.11.2005

Da das UMAG bei seinem In-Kraft-Treten[78] keine Übergangsregeln normierte, ist es auch noch auf anhängige Klagen gegen Hauptversammlungsbeschlüsse, die vor dem 1.11.2005 zur Eintragung angemeldet wurden, anwendbar.[79] Dem steht auch nicht der Wortlaut des § 246a Abs. 1 AktG entgegen, der von der Klageerhebung im Präsens spricht. Denn der Freigabebeschluss kann immer erst beantragt werden, wenn bereits eine Klage erhoben worden ist.[80]

II. Rechtshängigkeit einer Anfechtungs- oder Nichtigkeitsklage

Gem. § 246a Abs. 1 AktG kann der Beschluss nur ergehen, wenn zuvor eine Klage gegen einen Hauptversammlungsbeschluss erhoben wurde. Anders als bei § 16 Abs. 3 UmwG setzt das Gesetz nach dem Wortlaut nicht voraus, dass Streitgegenstand die Wirksamkeit des Beschlusses sein muss.[81] Eine sachliche Änderung dahingehend, dass auch Klagen in den Anwendungsbereich fallen sollen, die die Wirksamkeit lediglich als Vorfrage prüfen (z.B. eine Haftungsklage), ist damit aber wohl nicht bezweckt.[82] Für diese Auslegung spricht auch die Stellung des Freigabeverfah-

---

[75] *Harbarth*, GmbHR 2005, 966 (969).

[76] Vgl. ausführlich *Sauerbruch*, GmbHR 2007, 189 (191ff.).

[77] *Göz/Holzborn*, WM 2006, 157 (161); *Veil*, AG 2005, 567 (575); *Schwab*, in: K. Schmidt/ Lutter, AktG, 2008, §246a Rn. 1.

[78] BGBl I 2005, 872.

[79] *Ihrig/Erwin*, BB 2005, 1973.

[80] *Ihrig/Erwin*, BB 2005, 1973.

[81] Vgl. *Bork*, in: Lutter, UmwG, 3. Auflage (2004), § 16 Rn. 17.

[82] Vgl. *Bork*, in: Lutter, UmwG, 3. Auflage (2004), § 16 Rn. 17; *Kösters*, WM 2000, 1921 (1923).

rens im Gesetz, das unmittelbar im Anschluss an die Anfechtungsklage gem. § 246 AktG normiert wurde.

Das Freigabeverfahren ist auch bei rechtshängigen Nichtigkeitsklagen zulässig (§§ 249 Abs. 1 S. 1, 246a AktG).[83] Mit der Anwendbarkeit des Freigabeverfahrens auch bei Nichtigkeitsklagen gem. § 249 AktG will der Gesetzgeber verhindern, dass „räuberische" Aktionäre eine Freigabeentscheidung umgehen können, indem sie statt einer Anfechtungsklage eine Nichtigkeitsklage erheben (selbst wenn der behauptete Verstoß nur die Anfechtbarkeit begründen würde).[84] Ein solches Vorgehen ist möglich, da die Rechtsprechung in jüngerer Zeit dazu übergegangen ist, bei der Nichtigkeits- und Anfechtungsklage einen identischen Streitgegenstand anzunehmen.[85] Dies geschah in erster Linie um zu vermeiden, dass der Beschlussmängelkläger bei Unklarheit über die Qualität eines Mangels sowohl Nichtigkeits- als auch Anfechtungsklage durch Haupt- und Hilfsantrag erheben muss und so eine Teilabweisung der Klage riskiert. Die Gerichte müssen deshalb nun unabhängig davon, ob die Erklärung der Nichtigkeit oder die Feststellung der Nichtigkeit begehrt wird, den Hauptversammlungsbeschluss sowohl auf Anfechtungsgründe als auch auf Nichtigkeitsgründe untersuchen.[86] In erster Linie dient die Eröffnung also dazu, eine Umgehungsmöglichkeit zu verhindern. Dass damit zugleich die Freigabe auch ermöglicht werden soll, wenn tatsächlich ein Nichtigkeitsgrund vorliegt, ist deshalb nicht zwingend (zu dieser Frage sogleich unten).

Die Klage muss gem. §§ 253 Abs. 1, 261 Abs.1 ZPO der Aktiengesellschaft zugestellt worden sein, die bloße Anhängigkeit der Klage genügt also nicht.[87] Das Freigabeverfahren muss vor der rechtskräftigen Entscheidung in der Hauptsache beantragt und durchgeführt werden.[88]

---

[83] *Seibert/Schütz*, ZIP 2004, 252 (257); *Tielmann*, in: Happ, Aktienrecht, 3. Auflage (2007), 18.02 Rn. 2; *Winter*, in: FS Happ, 2006, S. 363 (368 f.).

[84] *Regierungsentwurf UMAG*, BT-Drucks. 15/5092, S. 30; *Schütz*, DB 2004, 419 (425).

[85] Ausführliche Darstellung der ganzen Thematik bei: MünchKommAktG/*Hüffer*, § 246 Rn. 18.

[86] MünchKommAktG/*Hüffer*, § 246 Rn. 20.

[87] LG Freiburg AG 1998, 536 (537); *Bork*, in: Lutter, UmwG, 3. Auflage (2004), § 16 Rn. 17; *Faßbender*, AG 2006, 872 (873); *Marsch-Barner*, in: Kallmeyer, UmwG, 3. Auflage (2006), § 16 Rn. 37; *Kösters*, WM 2000, 1921 (1923); kritisch *Rettmann*, Die Rechtmäßigkeitskontrolle von Verschmelzungsbeschlüssen, 1998, S. 104: Anhängigkeit sollte aufgrund Eilbedürftigkeit genügen; a. A. wohl *Ihrig/Erwin*, BB 2005, 1973.

[88] *Faßbender*, AG 2006, 872 (873); *Schwab*, in: K. Schmidt/ Lutter, AktG, 2008, §246a Rn. 13.

III. Antragsteller und Antragsgegner

1) Antragsteller

Das Prozessgericht kann einen Freigabebeschluss nicht von Amts wegen, sondern gem. § 246a Abs. 1 AktG nur auf Antrag erlassen. Der Antrag muss von der beklagten Aktiengesellschaft gestellt werden und zum Ausdruck bringen, dass die erhobene Klage der Eintragung des Hauptversammlungsbeschlusses nicht entgegensteht und Mängel des Hauptversammlungsbeschlusses die Eintragung unberührt lassen.[89] Dagegen besteht keine Antragsbefugnis für (Block-)Aktionäre.[90]

Umstritten ist, von wem die Gesellschaft vertreten werden muss. Eine Ansicht wendet § 246 Abs. 2 S. 2 AktG analog an. Danach muss die Gesellschaft von Aufsichtsrat und Vorstand vertreten werden.[91] Begründet wird dies mit der Präjudizwirkung, die das Freigabeverfahren auf das Beschlussmängelverfahren habe.[92] Dagegen stellt eine andere Ansicht darauf ab, dass Anfechtungsverfahren und Freigabeverfahren voneinander getrennte, selbstständige Verfahren sind,[93] so dass mangels lex specialis gem. § 78 Abs. 1 AktG der Vorstand die Gesellschaft vertritt.[94]

2) Antragsgegner

Antragsgegner ist der Beschlussmängelkläger. Sind mehrere Klagen anhängig, muss im Hinblick auf die Inter-Omnes-Wirkung (§ 246a Abs. 3 S.4 AktG) ein einheitliches Freigabeverfahren für alle Beschlussmängelklagen durchgeführt werden.[95] Ein Nebenintervenient des Anfechtungs- oder Nichtigkeitsklägers ist nicht von Amts wegen im Freigabeverfahren beizuziehen, denn Freigabeverfahren und Anfechtungsver-

---

[89] Vgl. Muster bei *Tielmann*, in: Happ, Aktienrecht, 3. Auflage (2007), 18.02; *Göz/Holzborn*, WM 2006, 157 (161).

[90] *Frohnhöfer*, in: Widman/Mayer, Umwandlungsrecht, § 16, Rn. 119; *Bork*, in: Lutter, UmwG, 3. Auflage (2004), § 16 Rn. 16.

[91] OLG Düsseldorf AG 2004, 207; *Heidel*, in: Heidel, Aktienrecht und Kapitalmarktrecht, 2. Auflage (2007), § 246a Rn. 7; *Dörr*, in: Spindler/Stilz, AktG, 2008, Rn. 9.

[92] *Heidel*, in: Heidel, Aktienrecht und Kapitalmarktrecht, 2. Auflage (2007), § 246a Rn. 7.

[93] *Rettmann*, Die Rechtmäßigkeitskontrolle von Verschmelzungsbeschlüssen, 1998, S.98.

[94] OLG Hamm ZIP 2005, 1457; LG Frankfurt a. M. AG 2005, 740 (741); *Faßbender*, AG 2006, 872 (874); *Tielmann*, in: Happ, Aktienrecht, 3. Auflage (2007), 18.02 Rn. 5, der allerdings empfiehlt vorsorglich von Doppelvertretung auszugehen; *Schwab*, in: K. Schmidt/ Lutter, AktG, 2008, §246a Rn. 11.

[95] OLG Jena 2006, 1989 (1991); *Regierungsentwurf UMAG*, BT-Drucks. 15/5092, S. 28; *Faßbender*, AG 2006, 872 (874); *Frohnhöfer*, in: Widman/Mayer, Umwandlungsrecht, § 16 Rn. 121 f.; *K. Schmidt*, in: FS Happ, 2006, S. 259 (1991); a. A. *Kösters*, WM 2000, 1921 (1923).

fahren sind zwei selbständige Verfahren mit jeweils eigenständigem Streitgegenstand.[96] Zwar kann dieser dem Antragsgegner im Freigabeverfahren aktiv beitreten, jedoch soll er auch in diesem Fall nicht zu dem Kreis der anspruchsberechtigten Personen zählen, die im Falle eines Erfolges in der Hauptsache Schadenersatz gem. § 246a Abs. 4 AktG geltend machen können.[97]

IV. Feststellungsinhalt

1) Normalfall

Wird dem Antrag der Gesellschaft stattgegeben, stellt das Prozessgericht durch Beschluss fest, dass die Erhebung der Klage der Eintragung nicht entgegensteht und Mängel des Hauptversammlungsbeschlusses die Wirkung der Eintragung unberührt lassen (§ 246a Abs. 1 AktG). Die Freigabeentscheidung enthält mithin zwei Elemente: Zum einen beinhaltet sie die Feststellung der vorzeitigen Eintragbarkeit, die die Aussetzung der Eintragung durch das Registergericht beendet, indem dieses an die Feststellungen gebunden wird (§ 246a Abs. 3 S. 5 AktG). Zum anderen wird mit der zweiten Feststellung, dass Mängel nicht die Wirkung der Eintragung beseitigen, die dauerhafte Bestandskraft herbeigeführt (zu den Wirkungen sogleich ausführlich unter IV.)

Diese Gesetzeskonstruktion unterscheidet sich diesbezüglich deutlich von den existierenden Unbedenklichkeitsverfahren. Bei diesen ersetzt der gerichtliche Beschluss das Negativattest, das die gesetzliche Registersperre auslöst (§§ 16 Abs. 3 S. 1 i. V. m. 16 Abs. 2 S. 1 UmwG, §§ 319 Abs. 6 S. 1 i. V. m. 319 Abs. 5 S. 1 AktG). Die Bestandskraft wird nur im umwandlungsrechtlichen Unbedenklichkeitsverfahren angeordnet, und zwar durch das Gesetz und nicht durch das Prozessgericht im Unbedenk-

---

[96] OLG Jena 2006, 1989 (1991); *K. Schmidt*, in: FS Happ, 2006, S. 259 (267).

[97] *K. Schmidt*, in: FS Happ, 2006, S. 259 (267). Eine beliebte Trittbrettfahrerstrategie ist jüngst vom BGH zunichte gemacht worden. Häufig erklärten zahlreiche Personen bei anhängigen Anfechtungsklagen die Nebenintervention, ohne jedoch substantiell zum Prozessgeschehen beizutragen. Denn im Falle eines Vergleiches wurden die Nebenintervenienten bezüglich ihrer Kosten mit abgefunden. Der BGH hat aber nun klargestellt, dass es sich bei solchen Klägern nicht um eine einfache, sondern um eine streitgenössische Nebenintervention handelt. Im Anfechtungsverfahren gilt damit keine Kostenparallelität, sondern die allgemeine Kostenregelung. D.h., der Nebenintervenient kann nicht verlangen, dass ihm seine anwaltlichen Kosten ersetzt werden, nur weil sich die beklagte Gesellschaft verpflichtet, die gerichtlichen und außergerichtlichen Kosten des Anfechtungsklägers zu tragen, wenn dieser die Klage zurücknimmt, vgl. BGH DStR 2007, 1265ff. m. Anm. *Goette*.

lichkeitsbeschluss, vgl. § 20 Abs. 2 UmwG. Die abweichende Konstruktion ist notwendig geworden, weil der Gesetzgeber keine Registersperre schaffen wollte.[98]

2) Beschränkte Freigabe

Es stellt sich die Frage, ob das Gericht dem Antrag auch nur teilweise stattgeben kann, indem es lediglich feststellt, dass die Erhebung der Klage der Eintragung nicht entgegensteht, aber den Antrag im Übrigen zurückweist.[99]

Ein solcher „beschränkter Freigabebeschluss" ist unter zwei Gesichtspunkten erwägenswert:

Erstens kann das praktische Bedürfnis bestehen, einen Hauptversammlungsbeschluss schnell herbeizuführen (etwa bei einer Sanierungskapitalmaßnahme), ohne dass zugleich die dauerhafte Bestandskraft des Beschlusses gerechtfertigt wäre (etwa weil die Rechtspositionen der Minderheit erheblich gefährdet sind). Das Prozessgericht steht in diesem Fall vor einem Dilemma, das es auflösen könnte, indem es statt einer „Alles-oder-Nichts"-Entscheidung den Mittelweg einer beschränkten Freigabe geht, indem es isoliert die vorzeitige Eintragung anordnet.

Zweitens wäre dies insoweit konsequent, als die h. M. in der spiegelverkehrten Situation die isolierte Herbeiführung einer Wirkung akzeptiert: Wenn nämlich das Registergericht bereits die Eintragung des Hauptversammlungsbeschlusses vorgenommen hat, nimmt die h. M. an, dass trotzdem noch ein Freigabeverfahren beantragt werden kann, obwohl die Feststellung der Eintragbarkeit „leerläuft".[100]

Ob jedoch ein solcher Freigabebeschluss nach dem Wortlaut statthaft ist, ist umstritten. *Veil* sieht in einer solchen isolierten Anordnung einen Verstoß gegen den Sinn des Gesetzes. Denn der Gesetzgeber habe die Elemente der vorzeitigen Eintragung und der dauerhaften Bestandskraft bewusst dergestalt verknüpft, dass sie wie „Siamesische Zwillinge miteinander verwachsen" seien.[101] Für seine Argumentation spricht auch der Normtext von § 246a Abs. 4 S. 2 AktG, durch den ohne Differenzierung zwischen den beiden Varianten allgemein die Durchführbarkeit des Beschlusses nach der Eintragung für mängelbehaftete Beschlüsse angeordnet wird. Will man eine „abgestufte" Freigabe

---

[98] *Regierungsentwurf UMAG*, BT-Drucks. 15/5092, S. 27: „Da § 246a keine Registersperre vorsieht, musste die Bindung des Registerrichters an die Freigabeentscheidung des Prozessgerichtes neu und ausdrücklich geregelt werden.".

[99] Vgl. zu dieser Idee *Veil*, AG 2005, 567 (573); *Heidel*, in: Heidel, Aktienrecht und Kapitalmarktrecht, 2. Auflage (2007), § 246a Rn. 14.

[100] Hierzu bereits ausführlich oben, S. 17 ff.

[101] *Veil*, AG 2005, 567 (573).

zulassen, müsste dieser Satz dahingehend ausgelegt werden, dass er sich nur auf eine unbeschränkte Freigabeentscheidung bezieht.

Heidel verweist dagegen auf § 242 Abs. 2 S. 5 AktG, der verhindert, dass eine für bestandskräftig erklärte Eintragung von Amts wegen gem. § 144 Abs. 2 FGG gelöscht wird.[102] Die Norm nimmt nur auf die Erklärung der Bestandskraft Bezug, nicht aber auf die vorzeitige Eintragung (§ 242 Abs. 2 S. 5 AktG: „Ist ein Hauptversammlungsbeschluss nach § 241 Nr. 5 oder § 249 nichtig, so kann das Urteil nach § 248 Abs. 1 Satz 3 nicht mehr eingetragen werden, wenn gem. § 246a Abs. 1 festgestellt wurde, dass Mängel des Hauptversammlungsbeschlusses *die Wirkung der Eintragung unberührt lassen*; § 144 Abs. 2 des Gesetzes über die Angelegenheiten der freiwilligen Gerichtsbarkeit findet keine Anwendung."[103]) Deshalb ist nach Ansicht von *Heidel* der Bestandsschutz eine gesonderte Anordnung, die nicht notwendig aus der Feststellung des Gerichts folgt, dass die Erhebung der Klage der Eintragung nicht entgegensteht.[104]

Eine Entscheidung, welche Meinung vorzuziehen ist, erfolgt im Anschluss an die rechtsökonomische Untersuchung im dritten Teil der Arbeit.[105]

V. Entscheidungswirkung

Im Folgenden soll im Detail untersucht werden, welche Rechtsfolgen die Feststellungen des Prozessgerichts bei einem erfolgreichen Freigabebeschluss haben.

1) Bindung des Registergerichts

Gem. § 246a Abs. 3 S. 5 AktG bindet der rechtskräftige Beschluss das Registergericht. Nach dem Gesetzeswortlaut ist diese Bindungswirkung unbeschränkt. Es ist jedoch unbestritten, dass damit keine vollständige Verdrängung der registergerichtlichen Prüfung verbunden ist. Um die genaue Wirkung des rechtskräftigen Freigabebeschlusses herauszuarbeiten, muss im ersten Schritt untersucht werden, welchen Umfang die registerrechtliche Prüfungskompetenz ohne Freigabebeschluss hat.

---

[102] *Heidel*, in: Heidel, Aktienrecht und Kapitalmarktrecht, 2. Auflage (2007), § 246a Rn. 14.

[103] Hervorhebung vom Verfasser.

[104] *Heidel*, in: Heidel, Aktienrecht und Kapitalmarktrecht, 2. Auflage (2007), § 246a Rn. 14.

[105] Vgl. unten, S. 253f.

a) Verhältnis von Registergericht und Prozessgericht ohne Freigabebeschluss

Der genaue Umfang der Prüfungskompetenz des Registergerichts bei der konstitutiven Eintragung ist Gegenstand rechtswissenschaftlicher Diskussion[106], die daraus resultiert, dass das Gesetz eine eindeutige Regelung vermissen lässt.

Einhellig anerkannt ist die Pflicht des Registerrichters, die Eintragung *formell* zu prüfen. Diese Prüfungspflicht bezieht sich auf den äußeren Tatbestand der Eintragungsvoraussetzungen[107]. So muss das Registergericht beispielsweise vor der Eintragung nachprüfen, dass alle notwendigen Unterlagen eingereicht wurden (vgl. §§ 181 Abs. 1, 184 Abs. 4 AktG etc.), dass es zuständig ist und dass die Anmeldeberechtigung und Vollmachten vorliegen.[108]

aa) Rechtsgrundlagen für eine materielle Prüfungspflicht

Umstritten ist dagegen die Reichweite der *materiellen Prüfungspflicht*, die sich auf die Wirksamkeit der zugrunde liegenden Rechtsgeschäfte bezieht. Dass das Registergericht die Rechtmäßigkeit sowie die inhaltliche Richtigkeit eines Hauptversammlungsbeschlusses auch überprüfen muss, ist anerkannt.[109] Allerdings ist der genaue Umfang umstritten, denn § 181 AktG ist insoweit nicht eindeutig. Mehrere Normen werden herangezogen, um diesen zu bestimmen.

Diskutiert wird, ob § 12 FGG, das den Amtsermittlungsgrundsatz des Verfahrens normiert, zur Definition der Prüfungskompetenz herangezogen werden kann.[110] Richtigerweise ist dies allerdings abzulehnen. Denn es wird keine Regelung über die Eintragungsvoraussetzungen getroffen. § 12 FGG trifft nur eine Aussage über das „Wie", nicht jedoch das „Was" der Überprüfung.

Fraglich ist des Weiteren, ob die Prüfungsbefugnis aus § 38 Abs. 3 AktG abgeleitet werden kann. Dieser beschränkt die Prüfungskompetenz des Registergerichts bei der Erstanmeldung einer Gesellschaft dahingehend, dass mangelhafte, fehlende oder nichtige Bestimmungen einer Satzung nur unter bestimmten Voraussetzungen abgelehnt

---

[106] Vgl. hierzu insbesondere *Baums*, Eintragung und Löschung von Gesellschafterbeschlüssen, 1980; *Bokelmann*, DB 1994, 1341; *Keilbach*, MittRhNotK 2000, 365; *Lutter*, NJW 1969, 1873; *Rettmann*, Die Rechtmäßigkeitskontrolle von Verschmelzungsbeschlüssen, 1998, S. 192 ff.; GroßkommAktG/*Wiedemann*, § 181 Rn. 21ff.

[107] *Keilbach*, MittRhNotK 2000, 365 (366).

[108] *Keilbach*, MittRhNotK 2000, 365 (366); z. T. wird statt „formellem Prüfungsrecht" von „Prüfung der Ordnungsmäßigkeit der Eintragung" gesprochen, vgl. GroßkommAktG/*Wiedemann*, § 181 Rn. 22; MünchKommAktG/*Stein*, § 181 Rn.38.

[109] MünchKommHGB/*Krafka*, § 8 Rn. 60.

[110] MünchKommHGB/*Krafka*, § 8 Rn. 11.

werden können. Die Unvollständigkeit der Satzung bleibt unbeachtlich, soweit sie sich nicht auf Tatsachen oder Rechtsverhältnisse bezieht, die nicht zum notwendigen Satzungsinhalt gem. § 23 AktG gehören.[111] Die Gesetzeswidrigkeit einer Satzung bleibt unbeachtlich, soweit sie nicht Vorschriften verletzt, die zumindest überwiegend zum Schutz der Gläubiger der Gesellschaft bestehen, oder soweit nicht die Satzungsbestimmung nichtig ist und zur Gesamtnichtigkeit der Satzung führt.[112] Damit wird die Prüfungsbefugnis des Registergerichts beschränkt: Die bloße Anfechtbarkeit genügt nicht für die Ablehnung der Satzungsbestimmung, ebenso wenig wie die Nichtigkeit infolge eines Verstoßes gegen das Wesen der Aktiengesellschaft (§ 241 Nr. 3 Alt. 1 AktG) oder der Verstoß gegen die guten Sitten (§ 241 Nr. 4 AktG).[113] Allerdings gilt § 38 Abs. 3 AktG nur für die Erstanmeldung und findet keine Anwendung auf die Satzungsänderung gem. § 181 AktG. Der Gesetzgeber hat diese Ausdehnung bewusst abgelehnt. Er argumentiert, dass das Bedürfnis der Beschleunigung bei der Errichtung größer sei als bei der nachträglichen Änderung.[114] Daraus lässt sich im Umkehrschluss schließen, dass der Gesetzgeber davon ausgeht, dass die Prüfungsbefugnis bei der Prüfung von Satzungsänderungen größer ist, so dass § 38 Abs. 3 AktG den Mindestprüfumfang begründet.

Überwiegend wird dagegen auf §§ 144 Abs. 2, 142 FGG abgestellt. So kann ein nichtiger Hauptversammlungsbeschluss von Amts wegen gelöscht werden, wenn er nach seinem Inhalt gegen zwingende Vorschriften verstößt. Zwar sind diese Vorschriften unmittelbar nur anwendbar, wenn der Beschluss bereits eingetragen wurde, nicht dagegen, wenn die Eintragung erst zu prüfen ist. Allerdings müssen diese Vorschriften erst recht für die Ablehnung der Eintragung gelten.[115] Zudem spricht § 142 FGG, auf den § 144 Abs. 2 FGG verweist, von einer „unzulässigen" Eintragung. Daraus lässt sich schließen, dass eine nichtige Eintragung immer unzulässig ist. Gleichwohl gilt auch hinsichtlich §§ 144 Abs. 2, 142 AktG, dass hierdurch lediglich die mindestens notwendige Prüfung deutlich wird. Denn für die Löschung einer Eintragung von Amts wegen gilt der Grundsatz der Erhaltung der Eintragung.[116] Die Kompetenz vor der Eintragung muss deshalb weiter reichen, denn das Interesse am Bestand des eingetragenen Beschlusses und der damit verbundenen Rechtssicherheit hat sich noch nicht

---

[111] *Hüffer*, AktG, 7. Auflage (2006), § 38 Rn. 11.

[112] *Hüffer*, AktG, 7. Auflage (2006), § 38 Rn. 11; *Keilbach*, MittRhNotK 2000, 365 (370).

[113] *Hüffer*, AktG, 7. Auflage (2006), § 38 Rn. 14; *Keilbach*, MittRhNotK 2000, 365 (370).

[114] Vgl. hierzu *Keilbach*, MittRhNotK 2000, 365 (370).

[115] *Lutter*, NJW 1969, 1873 (1876).

[116] *Winkler*, in: Keidel/Kuntze/Winkler, FGG, 15. Auflage (2003), § 142 Rn.1.

manifestiert.[117] Im Anmeldungsverfahren gilt deshalb das Gebot, unrichtige Eintragungen möglichst zu vermeiden.[118]

Ferner kann von der *Funktion der konstitutiven Eintragung* auf den Prüfungsumfang geschlossen werden: Die Wirksamkeit des Beschlusses hängt von der Mitwirkung des Registergerichts ab. Anders als bei der deklaratorischen Eintragung, die allein die Rechtslage dokumentiert, kann ohne die Partizipation des Registerrichters die Rechtsfolge nicht herbeigeführt werden. Hätte das Registergericht keine umfassende Kontrollpflicht, wäre der konstitutive Charakter nicht zu rechtfertigen.[119] Denn sonst könnte das Gesetz die Wirksamkeit unmittelbar mit der Beschlussfassung entstehen lassen.[120] Zudem überträgt das Gesetz dem Registergericht die Überprüfung der Werthaltigkeit von Sacheinlagen (§§ 38 Abs. 2, 183 Abs. 3 AktG). Diese gesetzliche Konstruktion lässt sich nicht allein mit der Publizitätsfunktion und der Vertrauensfunktion des Handelsregisters erklären. Vielmehr lässt sich daraus ablesen, dass das Handelsregister zugleich eine Kontrollfunktion ausübt im Sinne einer *Aufsichtsbehörde.*[121]

Aus diesen Grundsätzen kann gefolgert werden, dass das Registergericht jedenfalls die Eintragung zu unterlassen hat, wenn der Hauptversammlungsbeschluss mit einem Mangel behaftet ist, der zur Nichtigkeit führt, oder Vorschriften verletzt werden, die im öffentlichen Interesse oder zum Schutz von Gläubigern bestehen. Hinsichtlich der übrigen mängelbehafteten Beschlüsse, die nur zur Anfechtbarkeit der Hauptversammlungsbeschlüsse führen und lediglich die Aktionäre betreffen, ist dagegen weiter zu differenzieren. Denn diesbezüglich kollidiert die allgemeine Kontrollbefugnis des Registerrichters mit dem Grundsatz, dass die Sicherung der Rechtmäßigkeit in die Hände der anfechtungsbefugten Aktionäre gelegt wird (dazu sogleich unter bb).[122]

bb) Die Prüfungskompetenz des Registergerichts im Verhältnis zur Beschlussmängelkontrolle des Prozessgerichts

Das Recht der Aktionäre, Beschlüsse der Hauptversammlung zum Gegenstand einer Nichtigkeits- oder Anfechtungsklage machen zu können, wirft die Frage auf, ob dadurch zugleich das materielle Prüfungsrecht des Registergerichts begrenzt werden soll. Zwei Argumente sprechen dafür, dass die Legalitätskontrolle durch das Prozessgericht

---

[117] *Rettmann*, Die Rechtmäßigkeitskontrolle von Verschmelzungsbeschlüssen, 1998, S. 201.

[118] *Winkler*, in: Keidel/Kuntze/Winkler, FGG, 15. Auflage (2003), § 142 Rn.1.

[119] *Lutter*, NJW 1969, 1873 (1877).

[120] *Bokelmann*, DB 1994, 1341 (1342).

[121] MünchKommHGB/*Krafka*, § 8 Rn. 75; *Hirte*, Kapitalgesellschaftsrecht, 5. Auflage (2006), Rn. 6.8; GroßkommAktG/*Wiedemann*, § 181 Rn. 25.

[122] MünchKommAktG/*Stein*, § 181 Rn. 47.

auf der einen Seite und durch das Registergericht auf der anderen Seite nicht völlig unabhängig voneinander sind: Zum einen soll durch die Klagefrist des § 246 Abs. 1 AktG zeitnah Rechtssicherheit über die Bestandskraft der Anfechtungsklage herbeigeführt werden. Dieser Zweck wird allerdings gefährdet, wenn diese Begrenzung der Kontrolle nunmehr durch eine umfassende Prüfung des Registergerichts übergangen wird. Zum anderen besteht die Gefahr divergierender Entscheidungen, die vor dem Hintergrund der Einheit der Rechtsordnung misslich wären. Schließlich käme es unter Umständen zu einer Ressourcen verschwendenden doppelten Prüfung des gleichen Sachverhalts.[123] Im Folgenden sind drei Konstellationen zu unterscheiden, wenn nämlich *erstens*, ein rechtskräftiges Urteil des Registergerichts vorliegt, *zweitens*, die Anfechtungsfrist abgelaufen ist, ohne dass eine Beschlussmängelklage erhoben wurde, und *drittens* eine Beschlussmängelklage rechtshängig ist.

(1) Rechtskräftiges Urteil

Eine Bindung des Registergerichts an Entscheidungen des Prozessgerichts lässt sich dogmatisch aus zwei Gedanken herleiten.

Zum einen könnte die *materielle Rechtskraft* des Anfechtungsurteils präjudiziell für die Entscheidung des Registergerichts sein. Zwar wird argumentiert, dass die materielle Rechtskraft über Rechtsweggrenzen hinaus besteht.[124] Das Registergericht ist allerdings im Eintragungsverfahren trotzdem nicht an die Entscheidung des Prozessgerichts gebunden.[125] Denn das Eintragungsverfahren ist kein kontradiktorisches Verfahren. Da sich die Rechtskraftwirkung nur auf die beteiligten Parteien des Rechtsstreits erstreckt, scheitert eine präjudizielle Wirkung an den subjektiven Grenzen der Rechtskraft[126].

Zum anderen könnte sich die Bindung aus der *Urteilswirkung* des Anfechtungsurteils ergeben. Eine solche liegt in der Veränderung der Rechtslage durch die Gestaltungswirkung des stattgebenden Anfechtungsurteils. Diese Rechtsfolge ergibt sich unmittelbar aus der Inter-Omnes-Wirkung des Urteils (§ 248 Abs. 1 S. 1 AktG). Die Gestaltungswirkung der Klage verändert die materielle Rechtslage, so dass auch das Registergericht mittelbar gebunden wird.[127] Das Registergericht kann dementsprechend die Eintragung nicht mehr vornehmen, wenn das Prozessgericht der Anfechtungs- oder Nichtigkeitsklage stattgegeben hat. Hatte das Registergericht zuvor den mängelbehaf-

---

[123] Zu den ökonomischen Folgen ausführlich im 10. Kapitel.

[124] *Musielak*, in: *Musielak*, ZPO, 4. Auflage (2004), § 322 Rn. 11.

[125] *Schmidt*, in: Keidel/Kuntze/Winkler, FGG, 15. Auflage (2003), § 12 Rn. 90, 95.

[126] Vgl. zur subjektiven Rechtskraft *Musielak*, in: *Musielak*, ZPO, 4. Auflage (2004), § 322 Rn. 14.

[127] *Schmidt*, in: Keidel/Kuntze/Winkler, FGG, 15. Auflage (2003), § 1 Rn. 45.

teten Beschluss eingetragen, muss das Urteil ebenfalls im Handelsregister eingetragen werden (§ 248 Abs. 1 S. 1 AktG).

Dagegen fehlt es bei der Klageabweisung an einer gestaltenden Wirkung. Das Registergericht ist deshalb nicht an die Entscheidung des Prozessgerichts gebunden.[128] Insbesondere, soweit die Anfechtungsklage unzulässig oder aufgrund von rechtsmissbräuchlichem Verhalten unbegründet ist, besteht keine Gefahr divergierender Entscheidungen. Denn das Prozessgericht ist in eine materielle Prüfung der Rechtslage noch nicht eingetreten. Hat dagegen das Prozessgericht die materielle Rechtslage geprüft und keine Rechtsverletzung festgestellt, besteht grundsätzlich ebenfalls keine Bindungswirkung. Gleichwohl wird gefordert im Interesse der „Entscheidungsharmonie" zurückhaltend von der Abweisungsmöglichkeit Gebrauch zu machen.[129] Im Übrigen gelten die gleichen Erwägungen wie bei der nicht erfolgten Anfechtung (dazu sogleich unter b).

(2) Kein anhängiges Verfahren

Ist die Anfechtungsfrist abgelaufen, ohne dass eine Beschlussmängelklage erhoben wurde, stellt sich die Frage, ob das Registergericht bei einem gleichwohl mängelbehafteten Beschluss die Eintragung verweigern muss. Auf den ersten Blick erscheint es naheliegend nach der Schwere der Rechtsverletzung zu differenzieren, die wiederum durch die Rechtsfolgen des Mangels über Anfechtbarkeit (§ 243 AktG) und Nichtigkeit (§ 241 AktG) indiziert wird. Das würde bedeuten: Handelt es sich um einen Mangel, der lediglich zur Anfechtbarkeit des Beschlusses führt, darf das Registergericht die Eintragung nicht mehr verweigern. Ist der Beschluss dagegen nichtig oder unwirksam, kann auch der Ablauf der Anfechtungsfrist hieran nichts mehr ändern. Der Beschluss darf nicht eingetragen werden.

Gegen diese schlichte Lösung argumentiert jedoch *Lutter*, dass sich die Rechtsfolgen von mangelhaften Beschlüssen im Laufe der Jahrzehnte verschoben hätten, und deshalb die Einteilung nach der Rechtsfolge des Mangels irreführend sei.[130] Ursprünglich hätten nur Verfahrensfehler zur Anfechtbarkeit geführt. Materielle Verstöße hätten dagegen die Nichtigkeit zur Folge gehabt. Bei Verfahrensverstößen seien meist nur die individuellen Interessen des einzelnen Aktionärs betroffen. Materielle Rechtsverletzungen hätten dagegen Auswirkungen auf sämtliche Aktionäre. Die Anfechtungsklage habe historisch nur der Verfolgung individueller Interessen gedient.[131] Nach und nach

---

[128] *Bokelmann*, DB 1994, 1341; *Hüffer*, AktG, 7. Auflage (2006), § 181 Rn. 15.

[129] *Hüffer*, AktG, 7. Auflage (2006), § 243 Rn. 55; MünchKommAktG/*Hüffer*, § 243 Rn. 128.

[130] Zum Folgenden *Lutter*, NJW 1969, 1873 (1877).

[131] *Lutter*, NJW 1969, 1873 (1877).

habe sich diese Einteilung verschoben: Nun fielen auch Normverstöße, die den gesamten Verband beträfen, unter das Anfechtungsregime. Damit sei die formale Einteilung in anfechtbare und nichtige Beschlüsse, um die Kontrollbefugnis des Registergerichts zu bestimmen, nicht mehr sinnvoll. Vielmehr müsse sie sich daran orientieren, ob lediglich Individualinteressen des klagenden Aktionärs betroffen seien oder ob Drittinteressen nicht klagender Aktionäre und Gläubiger berührt würden.[132] Sei letzteres der Fall, müsse das Registergericht weiterhin die materielle Rechtmäßigkeit der Maßnahme kontrollieren. Ähnlich argumentiert auch *Wiedemann*. Das Registergericht habe die Wahrung der öffentlichen Interessen bei der Eintragung zu überprüfen. Die Wahrnehmung der Interessen der gegenwärtigen und zukünftigen Aktionäre einer Publikumsgesellschaft sei Teil dieser Interessen.[133]

Allerdings scheint die registergerichtliche Rechtspraxis dieser erweiterten Prüfungspflicht nicht nachzukommen. Eine echte Beschlusskontrolle[134], die Beschlüssen, die beispielsweise gegen materiellrechtliche Treuepflichten verstoßen, die Eintragung versagt, findet wohl kaum statt. Anders lässt sich der Mangel an Gerichtsurteilen in diesem Bereich kaum erklären. Eine Ausnahme bildet insoweit ein Urteil des BayObLG, das klarstellt, dass das Registergericht bei einer Kapitalerhöhung gegen Einlagen den gesamten Vorgang auf seine Gesetzes- und Satzungsmäßigkeit zu überprüfen habe.[135]

(3) Anhängige Anfechtungsklage

Ist eine Anfechtungsklage anhängig, hat das Registergericht die Möglichkeit, die Eintragung bis zu einer Entscheidung des Prozessgerichts auszusetzen (§ 127 S. 1 FGG). Fehlerfrei übt es das Aussetzungsermessen allerdings nur aus, wenn es zugleich eine möglicherweise bestehende Eilbedürftigkeit hinreichend beachtet.[136] Sonst ist er verpflichtet die entsprechende Prüfung nach den oben genannten Grundsätzen durchzuführen. In der Praxis wird sehr häufig von dem Aussetzungsinteresse Gebrauch gemacht, da professionelle Anfechtungskläger mit Haftungsklagen drohen.

Ist eine Anfechtungsklage dagegen lediglich angekündigt, aber noch nicht anhängig, kann das Registergericht eine Frist zur Klageerhebung setzen (§ 127 S. 2 FGG).

---

[132] *Lutter*, NJW 1969, 1873 (1878); zustimmend *Hüffer*, AktG, 7. Auflage (2006), § 181 Rn. 13.

[133] GroßkommAktG/*Wiedemann*, § 181 Rn. 25.

[134] Zur materiellen Beschlusskontrolle vgl. BGHZ 65, 15 (19ff.) – *ITT*; BGHZ 70, 40 (44ff.) – *Kali+Salz*; BGHZ 83, 319 (321ff.) – *Holzmüller*; BGHZ 103, 184 (189ff.) – *Linotype*; MünchKommAktG/*Hüffer*, § 243 Rn. 52.

[135] BayObLG Rechtspfleger 2002, 366.

[136] *Winkler*, in: Keidel/Kuntze/Winkler, FGG, 15. Auflage (2003), § 127 Rn. 36.

cc) *Die Prüfungstiefe der Kontrolle des Registergerichts*

Von den bisherigen Erörterungen ist die Frage abzugrenzen, inwieweit das Registergericht zur Ermittlung des Sachverhalts verpflichtet ist (vgl. § 12 FGG). Es stellt sich die Frage, ob der Registerrichter sich auf die Richtigkeit der Angaben der Gesellschaft verlassen kann oder ob er den Sachverhalt selbst ermitteln muss. Die Antwort der rechtswissenschaftlichen Praxis versucht sowohl dem Bedürfnis der Gesellschaft nach schneller Eintragung als auch der materiellen Richtigkeit des Registers Rechnung zu tragen, indem eine Plausibilitätskontrolle gefordert wird.[137] Das Registergericht hat danach in zwei Schritten vorzugehen: Die Prüfung hat zunächst lediglich anhand der bei der Anmeldung abgegebenen Unterlagen zu erfolgen. Nur wenn die Tatsachen nicht schlüssig dargelegt sind oder wenn begründete Zweifel an der Richtigkeit der angemeldeten Tatsachen bestehen, muss das Registergericht die Anmeldung auf ihre Richtigkeit hin überprüfen.[138]

dd) *Prüfungsbefugnis des Registergerichts nach der Eintragung*

Sobald das Registergericht den Hauptversammlungsbeschluss eingetragen hat, kann dieser nur noch durch ein Amtslöschungsverfahren aus dem Handelsregister getilgt werden (§§ 142, 144 Abs. 2 FGG). Insbesondere ist keine Beschwerde gegen die erfolgte Eintragung zulässig.[139]

Für die Löschung von Amts wegen gilt allerdings der Grundsatz des Vorrangs der Erhaltung der Eintragung und damit ein eingeschränktes Prüfungsrecht.[140] Bei dem Löschungsverfahren nach §§ 142, 144 Abs. 2 FGG herrscht weitgehend Einigkeit, dass das Registergericht die Eintragung nicht aufgrund eines Mangels beseitigen darf, der bloß zur Anfechtbarkeit führt.[141] Dies ist kein Widerspruch zu der soeben entwickelten Lösung bei der Prüfung der Eintragungsvoraussetzungen, nach der nicht die Einteilung über Nichtigkeit oder Anfechtbarkeit erfolgen soll, sondern ob lediglich Individualinteressen verletzt wurden. Denn nach der Eintragung besteht ein gesteigertes Interesse an dem Erhalt der Maßnahme. Zum einen ist ein Rechtsschein über die Rechtmäßigkeit der Maßnahme entstanden, zum anderen ist die Maßnahme unter Umständen auch schon vollzogen. Deswegen kann nur die inhaltliche Nichtigkeit eines Beschlusses zur

---

[137] *Winkler*, in: Keidel/Kuntze/Winkler, FGG, 15. Auflage (2003), § 127 Rn. 11; MünchKommHGB/*Krafka*, § 8 Rn. 62.

[138] OLG Karlsruhe DB 2002, 889.

[139] BGHZ 46, 7; *Winkler*, in: Keidel/Kuntze/Winkler, FGG, 15. Auflage (2003), § 142 Rn. 4 m. w. Nachw.

[140] *Winkler*, in: Keidel/Kuntze/Winkler, FGG, 15. Auflage (2003), § 142 Rn.1, § 144 Rn. 1.

[141] OLG Hamm NJW-RR 1994, 548.

Löschung berechtigen. Dies gilt allerdings nicht, soweit die Nichtigkeit Rechtsfolge einer fehlerhaften Ladung oder Beurkundung ist (§§ 241 Nr. 3, 241 Nr. 4 AktG).[142] Ebenso sollen Mängel aufgrund eines Satzungsverstoßes ausgeschlossen sein.[143]

ee) Zwischenergebnis

Der Umfang der materiellen Prüfungskompetenz des Registergerichts ist nicht vollständig geklärt. Richtigerweise hat dieses die Eintragung zu verweigern, wenn eine formale Eintragungsvoraussetzung fehlt oder der Beschluss an einem Mangel leidet, der zur Nichtigkeit des Beschlusses führt. Im Verhältnis zum Prozessgericht sind drei Konstellationen zu unterscheiden: Ein abweisendes Urteil im Hauptverfahren entfaltet keinerlei Bindungswirkung und das Registergericht hat so zu prüfen, als sei die Anfechtungsklage abgelaufen, ohne dass Anfechtungsklage erhoben wurde. Das stattgebende Urteil ändert dagegen die Rechtslage (Anfechtungsurteil) oder stellt diese mit Inter-Omnes-Wirkung verbindlich fest (Nichtigkeitsurteil), wodurch mittelbar auch das Registergericht gebunden wird. Ist die Anfechtungsfrist abgelaufen, ohne dass eine Anfechtungsklage erhoben wurde, muss das Registergericht nach *Lutter* und *Wiedemann* prüfen, ob der Mangel lediglich die Individualinteressen einzelner Aktionäre berührt oder ob materielle Mängel bestehen, die die Belange des gesamten Verbandes betreffen. Bei einer anhängigen Anfechtungsklage hat das Registergericht nach seinem pflichtgemäßen Ermessen zu entscheiden, ob es die Klage aussetzt (§ 127 S. 1 FGG) oder eine Frist zur Erhebung der Anfechtungsklage setzt (§ 127 S. 2 FGG). Bei der Ausübung seines pflichtgemäßen Ermessens muss das Registergericht auf der einen Seite die Schwere des Mangels nach den *Lutter/Wiedemann*-Grundsätzen und auf der anderen Seite die Eilbedürftigkeit der Maßnahme berücksichtigen. Nach der Eintragung ist die Prüfungskompetenz des Registergerichts deutlich beschränkt, denn eine Amtslöschung gem. §§ 142, 144 Abs. 2 FGG kommt nur infrage, wenn ein Nichtigkeitsgrund vorliegt.

b) Prüfungskompetenz des Registergerichts nach Erlass des Freigabebeschlusses

Nachdem soeben die Grundlagen der registerrechtlichen Prüfung erörtert wurden, stellt sich nun die Frage, inwieweit die Prüfungsbefugnis des Registergerichts durch einen rechtskräftigen Freigabebeschluss beschränkt wird. Bei Beurteilung der Bindungswirkung nach einem rechtskräftigen Beschluss ist zwischen einem stattgebenden und einem ablehnenden Beschluss des Prozessgerichts zu unterscheiden:

---

[142] *Winkler*, in: Keidel/Kuntze/Winkler, FGG, 15. Auflage (2003), § 144 Rn. 26.

[143] *Winkler*, in: Keidel/Kuntze/Winkler, FGG, 15. Auflage (2003), § 144 Rn. 27.

aa) Bindungswirkung einer stattgebende Freigabeentscheidung vor der Eintragung

Der rechtskräftige stattgebende Freigabebeschluss bindet das Registergericht (§ 246a Abs. 3 S. 5 AktG). Der Gesetzeswortlaut gibt selbst keine weitere Auskunft, wie weit hierdurch die zuvor beschriebene eigene Prüfungskompetenz des Registergerichts verdrängt und beschränkt wird.

Zu § 16 Abs. 3 UmwG wird vertreten, dass dem Registergericht keinerlei Restprüfungskompetenz verbleibt.[144] Denn der Gesetzgeber scheint in der Begründung eine solche abzulehnen: „durch den einleitenden Wortlaut [...wird] sichergestellt, daß eine rechtskräftige Entscheidung des Prozeßgerichts in diesem Beschlußverfahren das Registergericht bindet, dieses also die Eintragung nicht mehr mit Hinweis auf die erhobene Klage oder das Fehlen der Negativerklärung ablehnen darf"[145]. Richtigerweise ist diese Formulierung aber so zu verstehen, dass die Verweigerung nicht mehr ausschließlich aufgrund der anhängigen Klage erfolgen darf.[146] Deshalb will die h. M. die Prüfungskompetenz des Registergerichts nur insoweit ausschließen, als sich das Prozessgericht mit der zugrundeliegenden Fragestellung bereits befasst hat.[147] Dieser Ansicht folgt jetzt auch der UMAG-Gesetzgeber, obwohl bei dem neuen Freigabeverfahren die Bindungswirkung ausdrücklich angeordnet wird (statt über den Ersatz des bei der Registersperre erforderlichen Negativattests).[148] Das Registergericht kann die Eintragung nur wegen Normverstößen ablehnen, die nicht bereits im Rahmen des Freigabebeschlusses geprüft wurden.[149] Die rechtswissenschaftliche Literatur schließt sich diesem Verständnis über die Bindungswirkung an.[150]

Bei einer Freigabe aufgrund *Unzulässigkeit* der Anfechtungsklage wird deshalb die Prüfungskompetenz des Registerrichters nicht eingeschränkt.[151]

Erfolgt die Freigabe dagegen aufgrund *offensichtlicher Unbegründetheit* der Anfechtungsklage oder aufgrund einer Abwägung, die einen Vorrang der Eintragungsinteressen annimmt, kommt es darauf an, ob das Prozessgericht sie im Rahmen des Freigabe-

---

[144] *Dehmer*, UmwG, 2. Auflage (1996), § 16 Rn. 43; zu § 319 Abs. 6 *Buchta/Sasse*, DStR 2004, 958 (960).

[145] Begr. RegE UmwG, BT-Drucks. 12/6699, S. 89.

[146] *Rettmann*, Die Rechtmäßigkeitskontrolle von Verschmelzungsbeschlüssen, 1998, S. 223.

[147] *Decher*, AG 1997, 388 (395); *Bork*, in: Lutter, UmwG, 3. Auflage (2004), § 16 Rn. 31f.; *Frohnhöfer* in: Widman/Mayer, Umwandlungsrecht, § 16 Rn. 206ff.

[148] *Regierungsentwurf UMAG*, BT-Drucks. 15/5092, S. 27.

[149] *Regierungsentwurf UMAG*, BT-Drucks. 15/5092, S. 27.

[150] *Büchel*, in: FS Happ, 2006, S. 1 (7); *Heidel*, in: Heidel, Aktienrecht und Kapitalmarktrecht, 2. Auflage (2007), § 246a Rn. 29; *Veil*, AG 2005, 567 (571).

[151] *Bork*, in: Lutter, UmwG, 3. Auflage (2004), § 16 Rn. 30;

verfahrens geprüft hat.[152] Dafür genügt nicht, dass sie in der Anfechtungsklage geltend gemacht wurden, vielmehr muss sich das Prozessgericht mit ihnen in der Begründung tatsächlich auseinandergesetzt und über sie entschieden haben.[153] Dies gilt nach Ansicht der Regierungsbegründung selbst für solche Regelungen, die im öffentlichen Interesse stehen, also z.B. Gläubiger oder zukünftige Aktionäre schützen sollen.[154]

Die einhellige Zustimmung, die diese Lösung erfährt, erstaunt insoweit, als bei der Prüfung der Rechtmäßigkeit des Beschlusses durch das Prozessgericht und durch das Registergericht unterschiedliche Verfahrensordnungen zur Anwendung kommen. Denn das Freigabeverfahren richtet sich nach den Vorschriften der ZPO (Dispositionsmaxime, Beibringungsgrundsatz); im Eintragungsverfahren vor dem Registergericht gilt dagegen der Amtsermittlungsgrundsatz der freiwilligen Gerichtsbarkeit gem. § 12 FGG. Eine schlechte Prozessführung des Anfechtungsklägers geht damit zu Lasten aller Betroffenen. Denn auch Gründe, die zur Nichtigkeit führen würden, können, soweit sie bereits vom Prozessgericht geprüft wurden, nicht mehr durch das Registergericht berücksichtigt werden. Die Aufgabe der „Rechtsaufsicht“ wird in diesen Fällen damit allein durch das Prozessgericht wahrgenommen.

Unbestritten ist dagegen, dass die formelle Prüfungskompetenz des Registergerichts voll bestehen bleibt. Das Registergericht kann die Eintragung also wegen fehlender nachgewiesener Vertretungsmacht oder fehlender Beglaubigung auch im Falle eines zuvor ergangenen Freigabebeschlusses verweigern.[155]

Die rechtsökonomische Analyse wird zeigen, inwieweit der h. M. bei der Auslegung der Bindungswirkung zuzustimmen ist.[156]

bb) Bindungswirkung einer stattgebende Freigabeentscheidung nach der Eintragung

Ohne die Freigabeentscheidung muss eine erfolgreiche Anfechtungs- oder Nichtigkeitsklage gem. §§ 248 Abs. 1 S. 3, 249 Abs. 1 AktG, § 44 HRV durch einen Vermerk im Handelsregister eingetragen werden. Nach der Eintragung eines freigegebenen Beschlusses darf das Registergericht diesen Eintrag nicht mehr vornehmen (§ 242 Abs. 2 S. 5 Halbs. 1 AktG). Dieses Eintragungsverbot kann auch nicht über den Umweg der Amtslöschung gem. § 144 Abs. 2 FGG umgangen werden. Denn dieser

---

[152] *Regierungsentwurf UMAG*, BT-Drucks. 15/5092, S. 27.

[153] *Frohnhöfer*, in: Widman/Mayer, Umwandlungsrecht, § 16 Rn. 207 (Fußnote).

[154] *Regierungsentwurf UMAG*, BT-Drucks. 15/5092, S. 27.

[155] *Bungert*, in: Gesellschaftsrechtliche Vereinigung (Hrsg.), Gesellschaftsrecht in der Diskussion 2004, 2005, S. 59 (90ff.).

[156] Vgl. unten, S. 267.

wird für den Fall des stattgebenden Nichtigkeitsurteils für unanwendbar erklärt (§ 242 Abs. 2 S. 5 Halbs. 1 AktG).

cc) Bindungswirkung eines zurückweisenden Beschlusses

Es stellt sich die Frage, welche Rechtsfolgen die Zurückweisung eines Antrags auf Freigabe durch das Prozessgericht für das Eintragungsverfahren hat. *Zöllner* vertritt – ohne nähere Begründung – die Auffassung, dass das Registergericht die Eintragung nicht mehr vornehmen dürfe.[157] Das Registergericht hat nach dieser Ansicht die Eintragung bis zur rechtskräftigen Entscheidung in der Hauptsache auszusetzen. Das kann nicht überzeugen. Zwei Argumente sprechen gegen diese Annahme.

Zum einen ist aus dem Sachzusammenhang ersichtlich, dass mit dem Wortlaut „rechtskräftiger Beschluss" ein stattgebender Beschluss gemeint sein muss.[158] Denn im nächsten Halbsatz wird die Inter-Omnes-Wirkung der Feststellung der Bestandskraft angeordnet (§ 246a Abs. 3 S. 5 Halbs. 2 AktG). Die Bestandskraft kann jedoch nur bei einem stattgebenden Beschluss angeordnet werden.

Zum anderen ist es möglich, dass das Prozessgericht den Antrag allein deshalb zurückweist, weil es die Rechtsfolge der dauerhaften Bestandskraft vermeiden will.[159] Die Eintragung durch das Registergericht ohne vorherige Freigabe führt jedoch nicht zur Bestandskraft des Beschlusses, denn es fehlt eine Regelung vergleichbar § 20 Abs. 2 UmwG, die die Bestandskraft bereits mit der Eintragung anordnet. Der Freigabebeschluss löst zwei Wirkungen aus, die nicht notwendig miteinander verknüpft sind (Bindung des Registerrichters für Eintragung einerseits und Etablierung der dauerhaften Bestandskraft nach der Eintragung). Lehnt nun das Prozessgericht die Freigabe allein im Hinblick auf die zweite Wirkung ab, weil die Anfechtungskläger durch die dauerhafte Bestandskraft besonders betroffen wären, bleibt immer noch Raum für eine positive Entscheidung durch das Registergericht. In diesem Fall kann die Lösung darin bestehen, dass das Prozessgericht die Freigabe nur unterlässt, um nicht über die Bestandskraft vollendete Tatsachen zu schaffen. Es bleibt dann noch Raum für die Eintragung durch den Registerrichter, denn dessen Eintragung führt nicht zur dauerhaften Bestandskraft. Hat die Anfechtungsklage dann Erfolg, muss sie im Handelsregister eingetragen werden (§ 248 Abs. 1 S. 3 AktG) und der Hauptversammlungsbeschluss

[157] *Zöllner*, in: Baumbach/Hueck, GmbHG, 18. Auflage (2006) § 54 Rn. 30, wörtlich: „Andererseits ist der Registerrichter auch gebunden, wenn der Antrag vom Prozessgericht abgewiesen wird, und zwar dahin, die Eintragung auszusetzen".

[158] So auch *Schwab*, in: K. Schmidt/ Lutter, AktG, 2008, §246a Rn. 23.

[159] Dies setzt allerdings voraus, dass das Prozessgericht die Möglichkeit einer beschränkten Freigabe ablehnt, dazu oben S. 24f.

ist nach den Grundsätzen der fehlerhaften Gesellschaft *ex nunc* nichtig (dazu sogleich). Die Nachteile der dauerhaften Bestandskraft, die das Prozessgericht zur Abweisung des Freigabeantrags motiviert haben, manifestieren sich in diesem Fall nicht, weil die bloße Eintragung durch das Registergericht keine Bestandskraft ausgelöst hat.

Damit lässt sich festhalten: Ein abweisender Freigabebeschluss entfaltet für das Registergericht keine Bindungswirkung. Es kann eine Eintragung trotzdem vornehmen.

dd) Bindungswirkung vor Rechtskraft eines stattgebenden Freigabebeschlusses

Gem. § 246a Abs. 3 S. 5 AktG entfaltet nur ein rechtskräftiger Freigabebeschluss Bindungswirkung. Im Umkehrschluss bedeutet dies, dass in dem Zeitraum, bevor der Beschluss in Rechtskraft erwächst, die Prüfungspflicht des Registergerichts voll weiter besteht. Es muss insbesondere eine Entscheidung des Prozessgerichts nicht abwarten, sondern kann bereits die Eintragung verfügen. Denn anders als bei den Unbedenklichkeitsverfahren gem. § 16 Abs. 3 UmwG, § 319 AktG hat sich der Gesetzgeber gegen die Etablierung einer gesetzlichen Registersperre entschieden.[160] Eine Gesellschaft kann deswegen versuchen, neben dem Freigabeverfahren den Registerrichter davon zu überzeugen, dass der Beschluss rechtmäßig ist und eingetragen werden kann.

Allerdings wird darauf hingewiesen, dass die Registergerichte mit Etablierung des Freigabeverfahrens kaum mehr von dieser Möglichkeit Gebrauch machen werden.[161] Zwar wird das Registergericht durch die bloße Existenz des Freigabeverfahrens nicht von der Pflicht entbunden, beim Aussetzungsermessen auch die Eilbedürftigkeit der Eintragung zu prüfen. Jedoch ist es für das Registergericht jedenfalls rechtstatsächlich attraktiv, im Hinblick auf die zu erwartende Eilentscheidung des Prozessgerichts mit der Aussetzung auf Nummer Sicher zu gehen und eine eigene Haftung auszuschließen (dazu sogleich).

c) Enthaftung des Registergerichts

Bei Entscheidungen des Registergerichts gilt das Spruchrichterprivileg des § 839 Abs. 2 BGB grundsätzlich nicht, denn dieses findet nur Anwendung bei Verfah-

[160] Siehe oben, S. 6ff.

[161] *Büchel*, in: FS Happ, 2006, S. 1 (7): „Man muss kein Prophet sein, um vorauszusagen: Die vom Gesetzgeber vorgegebene Kompetenzverteilung wird bei Erhebung einer Anfechtungsklage regelmäßig dazu führen, dass der Registerrichter nicht eintragen, sondern nach § 127 Abs. 1 FGG aussetzen und den Antragsteller auf das Freigabeverfahren verweisen wird"; *Göz/Holzborn*, WM 2006, 157 (161); *Veil*, AG 2005, 567 (570).

ren, die streitentscheidenden Charakter haben.[162] D.h., bei fehlerhaften Eintragungen durch den Registerrichter können unter Umständen Amtshaftungsansprüche drohen. Erfolgt die rechtskräftige Freigabe durch das Prozessgericht, kann das Registergericht den Beschluss nunmehr eintragen, ohne zu riskieren, für Schäden infolge der Eintragung zu haften. Denn hinsichtlich der im Freigabebeschluss geprüften Gründe entfällt die Prüfungskompetenz und damit auch die Prüfungspflicht des Registerrichters.[163] Eine Amtspflichtverletzung infolge einer Eintragung eines rechtswidrigen Beschlusses ist deshalb nicht mehr denkbar, wenn ein Mangel des Hauptversammlungsbeschlusses existiert, der im Rahmen des Freigabebeschlusses zwar erörtert, aber nicht als die Eintragung hindernd erachtet wurde.

d) Ende des Aussetzungsermessens

Mit dem rechtskräftigen Freigabebeschluss endet das Aussetzungsermessen des Registergerichts gem. § 127 FGG. Das heißt eine Verweigerung der Eintragung ist pflichtwidrig, soweit nicht eine andere, nicht bereits vom Prozessgericht geprüfte, Eintragungsvoraussetzung fehlt.

e) Zwischenergebnis

Faktisch verlagert der rechtskräftige stattgebende Freigabebeschluss die materielle Prüfungskompetenz des Registergerichts auf das Prozessgericht.[164] Zwar gilt dies nur, soweit das Prozessgericht die relevanten Eintragungsvoraussetzungen in seiner Entscheidung berücksichtigt hat. Jedoch gelten unterschiedliche Verfahrensordnungen, die zu abweichenden Ergebnissen führen können. Eine Amtspflichtverletzung des Registerrichters scheidet aus, soweit dieser in seiner Entscheidung durch den Freigabebeschluss gebunden ist.

In allen Fällen, in denen das Prozessgericht noch keine rechtskräftige oder keine abweisende Entscheidung getroffen hat, hat das Registergericht weiter die bereits dargestellte originäre Prüfungskompetenz.

---

[162] *Baums*, Gutachten F für den 63. Deutschen Juristentag, in: Ständige Deputation des Deutschen Juristentages (Hrsg.), Verhandlungen des Dreiundsechzigsten Deutschen Juristentages, Bd. I, 2000, S.F 154; *Hirschberger/Weiler*, BB 2004, 1137; *Schlaus*, AG 1988, 113 (114); *Spindler*, NZG 2005, 825 (829); *Frohnhöfer*, in: Widman/Mayer, Umwandlungsrecht, § 16 Rn. 101 (Fußnote); s. auch bereits oben, S. 4 ff.

[163] Vgl. hierzu *Schwab*, in: K. Schmidt/ Lutter, AktG, 2008, §246a Rn. 25.

[164] *Büchel*, in: FS Happ, 2006, S. 1 (7).

2) *Bestandskraft mit Inter-Omnes-Wirkung*

Der rechtskräftige Freigabebeschluss führt des Weiteren zur dauerhaften Bestandskraft der Eintragung. Stellt sich im weiterhin rechtshängigen Anfechtungs- oder Nichtigkeitsprozess heraus, dass die Anfechtungs- oder Nichtigkeitsklage begründet ist, bleibt der Beschluss auch für die Zukunft durchführbar (§ 246a Abs. 4 S. 2 1.HS AktG). Der Tenor der erfolgreichen Anfechtungs- oder Nichtigkeitsklage, der trotz Vorliegens des Freigabebeschlusses weiterhin auf Erklärung bzw. Feststellung der Nichtigkeit lautet, entfaltet keinerlei Wirkung mehr, weil das Urteil die einmal erlangte Bestandskraft nicht mehr beseitigen kann. Diese Wirkung der Freigabeentscheidung wurde von Teilen der Literatur heftig kritisiert.[165] Denn es entsteht ein gewisser Widerspruch zwischen dem Charakter als Eilverfahren und den endgültigen Wirkungen, die es entfaltet. Gegen eine so weitreichende Wirkung wurden bereits bei der Einführung des umwandlungsrechtlichen Unbedenklichkeitsverfahrens Bedenken angemeldet[166]. Das Landgericht Wiesbaden hat das Unbedenklichkeitsverfahren aufgrund dieser Konsequenz polemisch als „vorläufig vollstreckbares Todesurteil" bezeichnet.[167] Richtig ist jedenfalls die Einordnung des Freigabeverfahrens als ein Verfahren „sui generis", das zwar Elemente des einstweiligen Rechtschutzes inkorporiert, jedoch aufgrund seiner endgültigen Wirkung nicht diesem zugeordnet werden kann.[168]

Die Bestandskraft wird über den modifizierten § 242 Abs. 2 AktG erreicht, der normiert, dass das stattgebende Urteil entgegen §§ 248 Abs. 1 S. 3, 249 Abs. 1 S. 1 AktG nicht mehr im Wege des Vermerks nach § 44 HRV in das Handelsregister eingetragen werden kann, wenn ein Freigabebeschluss erfolgt ist. Ebenso schließt § 242 Abs. 2 AktG die Amtslöschung gem. § 144 Abs. 2 FGG aus. Durch § 246a Abs. 4 S. 2 1. HS. AktG wird zudem klargestellt, dass die Erklärung oder Feststellung der Nichtigkeit keinerlei Auswirkungen auf die Durchführbarkeit der Maßnahme hat, die der Hauptversammlungsbeschluss zum Gegenstand hatte. D.h., dass die Durchführungsgeschäfte infolge des Hauptversammlungsbeschlusses weiterhin Bestand haben und dem Anfechtungskläger keinerlei Abwehr- oder Unterlassungsansprüche gegen den Vollzug der beschlossenen Maßnahme entstehen. Eine beschlossene Kapitalerhöhung ist damit verbindlich, ein freigegebener

---

[165] *Holzborn/Bunnemann*, BKR 2005, 51 (58): „rechtspolitisch bedenklich"; *Meilicke/Heidel*, DB 2004, 1479 (1484f.); im Vorfeld der Reform bereits *Zöllner*, AG 2000, 145 (150).

[166] *Hirte*, DB 1993, 77 (79), insbesondere für den Fall, dass Freigabe über die Interessenabwägung erreicht wird, *Bayer*, ZGR 1995, 613 (623); *Schmid*, ZGR 1997, 493ff. Bei dem umwandlungsrechtlichen Verfahren wird die dauerhafte Bestandskraft über § 20 Abs. 2 UmwG erreicht.

[167] LG Wiesbaden AG 1997, 274 (275).

[168] Zur Diskussion um den Rechtscharakter der Unbedenklichkeitsverfahren vgl. *Rettmann*, Die Rechtmäßigkeitskontrolle von Verschmelzungsbeschlüssen, 1998, S. 98ff. m. w. Nachw.

Unternehmensvertrag muss nicht gekündigt werden.[169] Gem. § 246a Abs. 3 S. 2 AktG wirkt die Bestandskraft der Eintragung für und gegen jedermann.

Von mehreren Seiten wurde bemängelt, dass trotz der Bestandskraft der Eintragung im Tenor des erfolgreichen Anfechtungsurteils weiterhin die Nichtigkeit mit Inter-Omnes-Wirkung erklärt wird.[170] Besser sei es, wenn das Gesetz vom Anfechtungskläger nach dem Vorbild des § 113 Abs.1 S. 4 VwGO die Umstellung auf die Feststellung der Rechtswidrigkeit des Beschlusses verlange.[171] Ein Feststellungsinteresse besteht aufgrund des Schadenersatzanspruchs gem. § 246a Abs. 4 AktG.

Die Konstruktion des Gesetzgebers hat allerdings den Vorteil, dass dem Anfechtungskläger die Streitwertbestimmung des § 247 AktG zugute kommt.[172] Außerdem kann die Feststellung der Rechtswidrigkeit oder Nichtigkeit des Hauptversammlungsbeschlusses auch eine Vorfrage für weitere Schadenersatzansprüche sein. Durch das Anfechtungs- oder Nichtigkeitsurteil wird sie verbindlich festgestellt. Zu denken ist hier insbesondere an die Haftung der Aktionärsmehrheit gem. § 117 AktG oder die Organhaftung gem. §§ 93, 116 AktG, die durch Herbeiführung eines rechtswidrigen Hauptversammlungsbeschlusses entstehen kann. Die Rechtswidrigkeit des Hauptversammlungsbeschlusses ist in diesen Fällen eine Vorfrage, die ohne die Inter-Omnes-Wirkung nicht für den Folgeprozess mit einem neuen Beklagten verbindlich festgestellt wäre.

Die Beseitigung der faktischen Registersperre und die Ausstattung mit dauerhafter Bestandskraft sind allerdings in keiner Weise notwendig miteinander verknüpft. So hätte der Gesetzgeber auch die Möglichkeit gehabt, ein Freigabeverfahren einzuführen, das keine Bestandskraft der Eintragung zur Folge hat. Dann wäre im Falle der erfolgreichen Anfechtungs- oder Nichtigkeitsklage die Eintragung des Hauptversammlungsbeschlusses zu löschen. Eine solche Konzeption verfolgt das Aktiengesetz bei dem Unbedenklichkeitsverfahren gem. § 319 Abs. 6 AktG. Denn die Eingliederung soll trotz Eintragung infolge eines Unbedenklichkeitsbeschlusses bei späterem Erfolg der Anfechtungs- oder Nichtigkeitsklage wieder rückgängig gemacht werden.[173] § 319 Abs. 6

---

[169] *Schwab*, in: K. Schmidt/ Lutter, AktG, 2008, §246a Rn. 27.

[170] *Handelsrechtsausschuss des DAV*, Stellungnahme zum Referentenentwurf eines Gesetzes zur Unternehmensintegrität und Modernisierung des Anfechtungsrechts (UMAG), NZG 2004, 555 (565); *Winter*, in: FS Happ, 2006, S. 363 (371).

[171] *Handelsrechtsausschuss des DAV*, Stellungnahme zum Referentenentwurf eines Gesetzes zur Unternehmensintegrität und Modernisierung des Anfechtungsrechts (UMAG), NZG 2004, 555 (565); *Winter*, in: FS Happ, 2006, S. 363 (371).

[172] *Kort*, Bestandsschutz fehlerhafter Strukturänderungen im Kapitalgesellschaftsrecht, 1998, S.287.

[173] MünchKommAktG/*Grunewald*, § 319 Rn. 43; *Hüffer*, AktG, 7. Auflage (2006), § 319 Rn. 21.

AktG schließt im Gegensatz zu § 16 Abs. 3 UmwG Schadenersatz im Wege der Naturalrestitution nicht aus. Das Freigabeverfahren des § 319 Abs. 6 AktG führt somit lediglich zur Beseitigung der Blockadewirkung ohne zugleich den Hauptversammlungsbeschluss dauerhaft zu legalisieren.

a) Motiv für dauerhafte Bestandskraft

Es stellt sich die Frage, welchen Zweck die Etablierung der dauerhaften Bestandskraft verfolgt. Offensichtlich zielt diese darauf, die Probleme zu verringern, die dadurch entstehen, dass ein Hauptversammlungsbeschluss bereits vollzogen wurde und nun nachträglich den Vollzugsakten durch die erfolgreiche Beschlussmängelklage das rechtliche Fundament entzogen wird. Die dauerhafte Bestandskraft der Eintragung ist nicht notwendig, um Rechtssicherheit zwischen der Eintragung des Hauptversammlungsbeschlusses und dem rechtskräftigem Urteil zu schaffen – insofern hat das gesellschaftsrechtliche Schrifttum mit den Grundsätzen der fehlerhaften Gesellschaft bereits eine tragfähige Lösung gefunden, um die Probleme der Praxis zu lösen (dazu sogleich).

b) Grundsätze der fehlerhaften Gesellschaft

Grundsätzlich wirkt die Erklärung der Nichtigkeit durch ein rechtskräftiges Urteil (§ 241 Nr. 5, 248 Abs. 1 S. 1 AktG) ex tunc, das heißt der Hauptversammlungsbeschluss ist als von Anfang an als nichtig zu betrachten.[174] Bis Anfang der 90er Jahre des vorigen Jahrhunderts schränkte die h. M. diese Rechtsfolge auch nicht für strukturändernde Hauptversammlungsbeschlüsse ein.[175] *Zöllner* sprach sich jedoch erstmals dafür aus, die Wirkungen der Anfechtung bei der fehlerhaften Kapitalerhöhung nach den Grundsätzen der fehlerhaften Gesellschaft zu beschränken.[176] Zwar wirke das rechtskräftige Anfechtungsurteil auch weiterhin auf den Zeitpunkt der Beschlussfassung ex tunc zurück, jedoch werde dadurch nicht das erhöhte Grundkapital beseitigt.[177] Eine Kapitalerhöhung, die auf einem angefochtenen Beschluss beruht, soll damit bis zur Rechtskraft des stattgebenden Urteils Bestand haben.[178] Andere Autoren sind dieser feinen Differenzierung zwischen Ex-tunc-Wirkung des Urteils hinsichtlich des Hauptversammlungsbeschlusses und Ex-nunc-Wirkung hinsichtlich der Vollzugsakte nicht

---

[174] *Hüffer*, AktG, 7. Auflage (2006), § 248 Rn. 6; MünchKommAktG/*Hüffer*, § 248 Rn. 14; GroßkommAktG/*K. Schmidt*, § 248 Rn. 5; KK-AktG/*Zöllner*, § 248 Rn. 9.

[175] Vgl. Nachw. bei *Kort*, ZGR 1994, 291 (292), Fn. 3.

[176] *Zöllner*, AG 1993, 68ff.

[177] *Zöllner*, AG 1993, 68 (72ff.)

[178] *Zöllner*, AG 1993, 68.

gefolgt, sondern wollen dem stattgebenden Anfechtungsurteil allgemein nur noch Ex-nunc-Wirkung zusprechen.[179] Mittlerweile hat sich die Anwendung der Grundsätze der fehlerhaften Gesellschaft allgemein durchgesetzt.[180] Sie sind grundsätzlich auch bei fehlerhaften Unternehmensverträgen anwendbar.[181]

c) Schwierigkeiten bei der Rückabwicklung von Strukturmaßnahmen

Die Bestandskraft geht über die Grundsätze der fehlerhaften Gesellschaft hinaus, indem die Maßnahme auch nach der Verkündung des Urteils in der Hauptsache nicht mehr für die Zukunft rückgängig gemacht werden muss. Begründet wird diese weitreichende Wirkung mit fehlenden „praxistauglichen Reparaturkonzepten" für die jeweiligen Strukturmaßnahmen.[182]

aa) Kapitalmaßnahmen

Es werden vornehmlich drei Gründe genannt, um die nachträgliche Kassation des Beschlusses im Wege des Anfechtungsurteils zu vermeiden, das an sich dazu führen würde, dass die Eintragung gelöscht und die Grundkapitalziffer wieder auf den Stand vor der Kapitalmaßnahme korrigiert werden müssten:

Erstens können Liquiditätsprobleme bei der Gesellschaft entstehen, wenn der Beschlussgegenstand eine Kapitalerhöhung durch Sacheinlage war. Denn für die Ex-nunc-Rückabwicklung soll nicht Bereicherungsrecht zur Anwendung kommen, sondern vielmehr der nichtige Anteil liquidiert werden. D.h. der Bezieher erhält nicht seine Sacheinlage zurück, sondern einen Barabfindungsanspruch in Höhe des anteiligen Unternehmenswertes der vernichteten Aktien.[183]

Zweitens entstehen Schwierigkeiten, wenn die jungen Aktien auf dem Kapitalmarkt gehandelt werden und es zu einer Vermischung junger mängelbehafteter und älterer fehlerfreier Aktien in Girosammelverwahrung kommt. In der Praxis werden deshalb bei Kapitalerhöhungen die jungen Aktien regelmäßig unter einer eigenen Wertpapier-

---

[179] *Hommelhoff*, ZHR 158 (1994), 11 (31); wohl auch *Kort*, ZGR 1994, 291 (323).

[180] OLG Köln AG 1999, 471 (472); *Hüffer*, AktG, 7. Auflage (2006), § 248 Rn. 7a; GroßkommAktG/*K. Schmidt*, § 248 Rn. 6; *Veil*, AG 2005, 567 (573); *Winter*, FS Ulmer, 2003, S. 699 (702); a. A. wohl Münch.Hdb.GesR IV/*Semler*, § 41 Rn. 82 ff.

[181] BGHZ 103, 1 (4f.) – *Familienheim*; BGHZ 116, 37 – *Stromlieferung*; BGH ZIP 2005, 753 (755).

[182] *Winter*, FS Ulmer, 2003, S. 699 (705); *Veil*, AG 2005, 567 (572); *Tielmann,* in: Happ, Aktienrecht, 3. Auflage (2007), 18.02 Rn. 1.

[183] *Winter,* FS Ulmer, 2003, S. 699 (703).

kennnummer zugelassen, um Komplikationen zu verhindern.[184] Doch auch wenn keine Vermischung eintritt, sind allein die Kosten für die Abwicklung der Ansprüche bei einer Vielzahl von Beziehern in der Regel erheblich. Zum Teil wurde deshalb schon bei der bloßen Anhängigkeit einer Anfechtungsklage von dem Antrag auf Eintragung der Kapitalerhöhung abgesehen.[185]

Drittens schließen in der Praxis die beteiligten Banken (als Konsortialführer) oder Einleger den Zeichnungsvertrag (§ 185 AktG) regelmäßig nur ab, wenn die Wirksamkeit der Maßnahme nicht infrage steht.[186]

bb) Unternehmensverträge

Weniger wichtig erscheint dagegen die dauerhafte Bestandskraft für die Zustimmungsbeschlüsse zu Unternehmensverträgen.

Zwar wird argumentiert, dass die Rückkehr in ein faktisches Beherrschungsverhältnis „häufig nicht befriedigend" gelingen werde.[187] Dagegen ist mit *Kort* die Frage zu stellen, warum dies nicht möglich sein soll, wenn das Gesetz für Unternehmensverträge selbst Möglichkeiten vorsieht, den Vertrag zu beenden (§§ 296, 297 AktG).[188] Ein Unternehmensvertrag kann mithin leichter beendet werden.[189] Am ehesten lässt sich die dauerhafte Bestandskraft bei Unternehmensverträgen dadurch rechtfertigen, dass andernfalls steuerliche Nachteile drohen. *Faßbender* sieht die Gefahr, dass – trotz der zivilrechtlichen Grundsätze der fehlerhaften Gesellschaft – der Vertrag steuerrechtlich als von Anfang an unwirksam behandelt wird.[190] § 14 Nr. 4 KStG[191] setzt voraus, dass

---

[184] *Winter*, FS Ulmer, 2003, S. 699 (703); *Bungert*, in: Gesellschaftsrechtliche Vereinigung (Hrsg.), Gesellschaftsrecht in der Diskussion 2004, 2005, S. 59 (93): „[Der] Makel der Vernichtbarkeit der bedrohten Aktien – insbesondere wenn sie girosammelverwahrt sind – [ist] für den Kapitalmarkt nicht akzeptierbar".

[185] *Winter*, FS Ulmer, 2003, S. 699 (706).

[186] *Faßbender*, AG 2006, 872f.

[187] *Veil*, AG 2005, 567 (572).

[188] *Kort*, Bestandsschutz fehlerhafter Strukturänderungen im Kapitalgesellschaftsrecht, 1998, S. 180.

[189] *Kort*, Bestandsschutz fehlerhafter Strukturänderungen im Kapitalgesellschaftsrecht, 1998, S. 180.

[190] *Schlaus*, AG 1988, 113 (115); *Faßbender*, AG 2006, 872; ebenso *Tielmann*, in: Happ, Aktienrecht, 3. Auflage (2007), 18.02 Rn. 1.

[191] § 14 Nr. 4 KStG lautet: „Der Gewinnabführungsvertrag muß bis zum Ende des Wirtschaftsjahrs der Organgesellschaft, für das Satz 1 erstmals angewendet werden soll, auf mindestens fünf Jahre abgeschlossen und bis zum Ende des folgenden Wirtschaftsjahrs wirksam werden. Er muß während seiner gesamten Geltungsdauer durchgeführt werden. Eine vorzeitige Beendigung des Vertrags durch Kündigung ist unschädlich, wenn ein wichtiger Grund die Kündigung rechtfertigt. Die Kündigung oder Aufhebung des Gewinnabführungsvertrags auf einen Zeitpunkt während des Wirtschaftsjahrs der Organgesellschaft wirkt auf den Beginn dieses Wirtschaftsjahrs zurück."

ein Gewinnabführungsvertrag auf fünf Jahre Laufzeit abgeschlossen und während der gesamten Laufzeit durchgeführt werden muss, damit die steuerliche Organschaft anerkannt wird. Nach *Fassbender* besteht deshalb das Risiko, dass ein Unternehmensvertrag, der infolge eines stattgebenden Anfechtungsurteils der Mindestlaufzeit beendet werden muss, rückwirkend steuerlich umzuqualifizieren ist.[192] Diese Gefahr besteht aber nicht, soweit man das stattgebende Urteil als wichtigen Grund im Sinne des § 14 Nr. 4 S. 4 auffasst.[193] Denn dann sind jedenfalls die ersparten Steuern für den Zwischenzeitraum nicht herauszugeben.

cc) Zwischenergebnis

Insgesamt ist das Bedürfnis für die dauerhafte Bestandskraft von eingetragenen Hauptversammlungsbeschlüssen, die die Zustimmung zu einem Unternehmensvertrag zum Gegenstand haben, geringer als bei Kapitalmaßnahmen. Dies kann auch erklären, warum der 63. Deutsche Juristentag die Bestandskraftwirkung des Freigabeverfahrens auf Hauptversammlungsbeschlüsse über Kapitalmaßnahmen börsennotierter Aktiengesellschaften beschränken wollte.[194]

d) Problem: Ausnahmsweise Reversibilität der bestandskräftigen Eintragung

Entgegen dem eindeutigen Wortlaut der Norm plädieren einige Autoren beim Unbedenklichkeitsverfahren gem. § 16 Abs. 3 S. 6 UmwG dafür, die Rückgängigmachung der Eintragung zuzulassen, wenn sich im Hauptsacheverfahren herausstellt, dass die Anfechtungsklage Erfolg hat. Dogmatisch wird dieses Ergebnis aus § 1004 BGB analog hergeleitet. Es bestünde in diesem Fall ein Anspruch auf Wiederherstellung rechtmäßiger Zustände.[195] Die gesetzliche Regelung des § 16 Abs. 3 S. 6 UmwG sei lediglich als gesetzliche Anerkennung der Grundsätze der fehlerhaften Gesellschaft anzusehen.[196] Die h. M. lehnt diese Konstruktion aufgrund des eindeutigen Wortlautes der Norm und der Intention des Gesetzgebers ab.[197] Auch bei dem Freigabeverfahren zielt der Gesetzgeber auf die Etablierung der dauerhaften Bestandskraft und die damit verbundene Irreversibilität der Eintragung durch den Freigabebeschluss.[198] Die Rege-

---

[192] *Faßbender*, AG 2006, 872 in Fußnote 3.

[193] Zu Beispielen für den wichtigen Grund, vgl. Münch.Hdb.GesR IV/*Kantenwein*, § 71 Rn. 40.

[194] Vgl. zu den Beschlüssen des 63. DJT ausführlich oben, S. 11f.

[195] *Schmid*, ZGR 1997, 493 (509ff).

[196] *Veil*, AG 2005, 567 (571 f.).

[197] *Noack*, ZHR 164 (2000), 274 (280); *Sosnitza*, NZG 1999, 965 (974); *Marsch-Barner*, in: Kallmeyer, UmwG, 3. Auflage (2006), § 16 Rn. 52.

[198] *Regierungsentwurf UMAG*, BT-Drucks. 15/5092, S. 27.

lung des aktienrechtlichen Freigabeverfahrens geht über die Regelung des umwandlungsrechtlichen Unbedenklichkeitsverfahrens hinaus. In § 246a Abs. 4 S. 2 AktG wird nämlich explizit klargestellt, dass auch die Maßnahmen der Durchführung, die nach der Eintragung getätigt werden, nicht mehr rückgängig zu machen sind. Damit ist für eine analoge Anwendung des § 1004 BGB kaum Raum verblieben. Im Übrigen ist *Schmids* Ansatz eng verwandt mit der bereits erörterten „beschränkten Freigabe“.[199] Der Unterschied besteht in dem Zeitpunkt, zu dem die Irreversibilität der Eintragung aufgehoben wird. Nach *Schmid* kann eine scheinbar irreversible Eintragung nachträglich wieder aufgehoben werden (Ex-post-Lösung). Dagegen wird bei dem beschränkten Freigabebeschluss bereits von Anfang an auf die Irreversibilität des Beschlusses verzichtet (Ex-ante-Lösung). Mit dem Gesetzeswortlaut leichter zu vereinbaren ist die Begrenzung der Wirkung von Anfang an, womit für die Lösung der nachträglichen Beseitigung der Bestandskraft kein Raum bleibt.

3) Keine Erledigung der Hauptsache

Durch den rechtskräftigen Freigabebeschluss erledigt sich die Hauptsache nicht, denn die Klage kann formal weiterhin auf Erklärung oder Feststellung der Nichtigkeit lauten.[200] Nur über die Bestandskraft der Eintragung werden die Wirkungen der Beschlussmängelklage beschränkt. Diese rechtstatsächlichen Folgen sollen aber nicht zur Erledigung führen.

4) Auswirkung auf einstweiligen Rechtsschutz

Des Weiteren stellt sich die Frage, inwieweit § 246a AktG eine lex specialis zum einstweiligen Rechtsschutz darstellt.

a) Einstweiliger Rechtsschutz gegen die Eintragung vor dem In-Kraft-Treten des Freigabeverfahrens

Bereits vor Einführung des Freigabeverfahrens war grundsätzlich anerkannt, dass die Eintragung und damit das Wirksamwerden von Beschlüssen im Wege des einstweiligen Rechtsschutzes verhindert werden kann.[201] Es existieren zwei Möglichkeiten: Ist

---

[199] Vgl. zur beschränkten Freigaben bereits oben, S. 24f.

[200] *Decher*, AG 1997, 388 (395); *Frohnhöfer*, in: Widman/Mayer, Umwandlungsrecht, § 16 Rn. 209; *Kösters,* WM 2000, 1921 (1929); *Rettmann*, Die Rechtmäßigkeitskontrolle von Verschmelzungsbeschlüssen, 1998, S. 175; Zu der erhobenen Kritik hieran, vgl. oben S. 38; im Ergebnis auch *Sosnitza*, NZG 1999, 965 (975).

[201] Vgl. zu diesem Problemkreis *Kort*, Bestandsschutz fehlerhafter Strukturänderungen im Kapitalgesellschaftsrecht, 1998, S. 109; *ders.*, NZG 2007, 169 (170); die grundsätzliche Möglichkeit des einstweiligen Rechtsschutzes zur Verhinderung der Eintragung ist vom *BVerfG* anerkannt worden, *BVerfG*, NZG 2005, 280; auch die Literatur zur prinzipiellen Möglichkeit einhellig:

die Anmeldung noch nicht eingereicht, kann eine einstweilige Verfügung i. S. d. §§ 935 ff. ZPO darauf gerichtet werden, dass dem Vorstand die Anmeldung des Beschlusses untersagt wird (Anmeldeuntersagung). Zum anderen kann eine solche mit dem Inhalt erlassen werden, dass sie den Vorstand verpflichtet, den Antrag auf Eintragung des Beschlusses wieder zurückzunehmen (Rücknahmegebot).[202] Gem. § 16 Abs. 2 HGB darf das Registergericht die Eintragung in beiden Fällen nicht mehr vornehmen.

b) Einstweiliger Rechtsschutz gegen die Eintragung nach dem In-Kraft-Treten des Freigabeverfahrens

Es ist zu prüfen, ob die allgemeinen Grundsätze auch nach dem In-Kraft-Treten des Freigabeverfahrens gem. § 246a AktG gelten können.

Drei Ansätze bieten sich an:

Zöllner argumentiert, dass das Freigabeverfahren gem. § 246a AktG – wie auch das Unbedenklichkeitsverfahren gem. § 16 Abs. 3 UmwG – eine einstweilige Verfügung, die die Eintragung abwenden soll, ausschließe.[203] Dabei stützt sich diese Meinung auf die Ähnlichkeit der summarischen Prüfungsvoraussetzungen des Freigabeverfahrens und des Unbedenklichkeitsverfahrens auf der einen und der Prüfungsvoraussetzungen des einstweiligen Rechtsschutzes auf der anderen Seite.[204]

Kort vertritt dagegen die Ansicht, dass zwischen dem Freigabeverfahren gem. § 246a AktG und dem Unbedenklichkeitsverfahren nach § 16 Abs. 3 UmwG differenziert werden müsse, weil das umwandlungsrechtliche Verfahren auf Registersperre und Negativattest aufbaue. Damit sei der Kläger ausreichend geschützt, da eine Eintragung nach Erhebung der Anfechtungsklage nicht drohe. Es sei insofern von einer abschließenden Sonderregel auszugehen, die weiteren Schutz des Klägers durch den einstweiligen Rechtsschutz ausschließe.[205] Anders verhalte es sich mit dem Freigabeverfahren gem. § 246a AktG. Denn es bestehe keine Registersperre. Folglich bestünde die Gefahr, dass das Registergericht trotz anhängiger Anfechtungsklage den Beschluss in das Handelsregister einträgt. Vor der Freigabeentscheidung führt die

---

MünchKommAktG/*Hüffer*, § 243 Rn. 66; KK-AktG/*Zöllner* § 242 Rn. 13; *Littbarski*, Einstweiliger Rechtsschutz im Gesellschaftsrecht, 1996, S. 57.

[202] *Kort*, NZG 2007, 169 (170).

[203] *Zöllner*, in: Baumbach/Hueck, GmbHG, 18. Auflage (2006) Anh. § 47 Rn. 205.

[204] *Zöllner*, in: Baumbach/Hueck, GmbHG, 18. Auflage (2006) Anh. § 47 Rn. 205.

[205] *Kort*, Bestandsschutz fehlerhafter Strukturänderungen im Kapitalgesellschaftsrecht, 1998, S. 112, der allerdings einschränkt, dass einstweiliger Rechtschutz weiterhin zulässig ist, wenn eine unrichtige Negativerklärung abgegeben wurde.

Eintragung nicht zu irreversiblen Verhältnissen, denn die Anfechtungsklage kann die Rückabwicklung des eingetragenen Hauptversammlungsbeschlusses für die Zukunft verlangen. Nach seiner Ansicht wird der Registerrichter aber jedenfalls dann keine Eintragung mehr vornehmen, wenn die Gesellschaft ein Freigabeverfahren eingeleitet hat.[206] Deshalb sei § 246a AktG erst ab dem Antrag im Freigabeverfahren lex specialis.

Schließlich könnte man aber auch vertreten, dass § 246a AktG bis zur Freigabeentscheidung keine lex specialis zu der einstweiligen Verfügung gem. § 16 Abs. 2 HGB i. V. m. §§ 935ff. ZPO bildet.[207] Denn das Registergericht kann auch noch die Strukturänderung eintragen, nachdem ein Antrag im Freigabeverfahren gestellt wurde.[208] Damit besteht grundsätzlich ein Bedürfnis für die Eröffnung des einstweiligen Rechtsschutzes. Auch dem Schutz der Gesellschaft wird Rechnung getragen. Denn der Antragsteller einer einstweiligen Verfügung ist gem. § 945 ZPO verpflichtet den Schaden, der durch die verzögerte Eintragung entsteht, unabhängig von seinem Verschulden zu ersetzen.[209] Das Gericht kann zudem eine Sicherheitsleistung anordnen, womit auch Kläger, die sich eines Prozessvehikels[210] bedienen sich nicht der Haftung nachträglich entziehen können. Des Weiteren darf nicht übersehen werden, dass eine Kollision von einstweiliger Verfügung und Freigabeentscheidung kaum denkbar ist. Denn bei der einstweiligen Verfügung muss das Schutzbedürfnis des Einzelnen derart überwiegen, dass die Belange der Gesellschaft und der übrigen Mitglieder auf Zeit zurückgestellt werden dürfen; dies ist nur der Fall bei außergewöhnlich großen und letztlich irreversiblen Schäden für den Aktionär.[211] Bei Vorliegen eines so hohen Schutzbedürfnisses scheidet aber auch eine Freigabe zugunsten der Gesellschaft aus.[212] Da das Prozessgericht sowohl für die Entscheidung über die einstwei-

---

[206] *Kort*, NZG 2007, 169 (171); *Kort*, BB 2005, 1577 (1581).

[207] So wohl inzident OLG München AG 2007, 335 (336); jetzt in diese Richtung auch *Schwab*, in: K. Schmidt/ Lutter, AktG, 2008, §246a Rn. 36, der aber beide Entscheidungen zur gemeinsamen Verhandlung zusammenziehen will.

[208] Dazu oben S. 17f.

[209] *Kort*, Bestandsschutz fehlerhafter Strukturänderungen im Kapitalgesellschaftsrecht, 1998, S. 116f; *Timm*, in:Timm (Hrsg.), Missbräuchliches Aktionärsverhalten, 1990, S. 1 (28); *Lüke*, ZGR 1990, 657 (676) a. A. aber *Heinze*, ZGR 1979, 293 (320), der entsprechend dem Rechtsgedanken des § 247 Abs. 2 AktG den Schadenersatzanspruch beschränken will; differenzierend dagegen GroßkommAktG/*Hirte*, § 203 Rn. 133, der bei der einstweiligen Verfügung gegen die Ausnutzung des genehmigten Kapitals den Anspruch gem. § 945 ZPO ablehnt, weil Rechtschutz in der Hauptsache kaum zu erreichen ist; dem zustimmend *Heidel*, in: Heidel, Aktienrecht und Kapitalmarktrecht, 2. Auflage (2007), § 246 Rn. 60.

[210] Als Prozessvehikel wird z.B. eine GmbH eingesetzt, die die Aktien hält, um so eine persönliche Haftung zu vermeiden.

[211] GroßkommAktG/*Wiedemann* vor § 182 Rn. 77.

[212] Zu den Voraussetzungen sogleich unter B.

lige Verfügung als auch für das Freigabeverfahren zuständig ist, besteht auch kaum die Gefahr, dass es zu divergierenden Entscheidungen kommt. Außerdem kann ein potentieller Konflikt aufgelöst werden, indem das Prozessgericht bei Erlass der einstweiligen Verfügung die Möglichkeit der Freigabe antizipiert und bei dem Inhalt berücksichtigt, indem die Eintragung nur bis zu einer stattgebenden Freigabeentscheidung untersagt wird (§ 938 Abs. 1 ZPO). Allerdings kann auch nach diesem Ansatz keine einstweilige Verfügung mehr beantragt werden, wenn die Freigabeentscheidung erfolgt ist.

Eine Entscheidung zwischen diesen drei Positionen kann erst nach der ökonomischen Analyse getroffen werden.[213]

VI. Zwischenergebnis zu A.

Das Freigabeverfahren kann für eintragungsbedürftige Hauptversammlungsbeschlüsse über Maßnahmen der Kapitalbeschaffung, der Kapitalherabsetzung oder über die Zustimmung zu Unternehmensverträgen beantragt werden. Es ist auch dann noch zulässig, wenn das Registergericht die Eintragung bereits vorgenommen hat. Es kann jedoch nicht analog auf strukturändernde Beschlüsse in der GmbH angewendet werden. Der Antrag ist im Zeitraum zwischen Rechtshängigkeit einer Anfechtungs- oder Nichtigkeitsklage bis zur Rechtskraft des Urteils in der Hauptsache zulässig. Antragsteller ist die beklagte Gesellschaft, wobei umstritten ist, ob die Gesellschaft allein vom Vorstand oder von Vorstand und Aufsichtsrat gemeinsam vertreten wird. Antragsgegner sind alle Beschlussmängelkläger, nicht aber die Nebenintervenienten. Der stattgebende Freigabebeschluss besteht aus zwei Elementen, nämlich zum einen der Feststellung, dass die Erhebung der Klage nicht der Eintragung entgegensteht und zum anderen, dass etwaige Mängel den Hauptversammlungsbeschluss in seiner Wirkung unberührt lassen. Es ist umstritten, ob das Prozessgericht einen „beschränkten Freigabebeschluss“ erlassen kann, der das zweite Element der Feststellung ausspart. Der Freigabebeschluss hat zwei Wirkungen, nämlich die Bindung des Registergerichts und die Etablierung der dauerhaften Bestandskraft. Das Registergericht hat ohne ein Freigabeverfahren auch die materielle Rechtmäßigkeit des Hauptversammlungsbeschlusses zu berücksichtigen, soweit nicht reine Individualinteressen einzelner Aktionäre betroffen sind, die diese vorrangig mit der Anfechtungsklage geltend machen können. Bei dem Eintragungsverfahren kommt die Verfahrensordnung des FGG zur Anwendung. Durch das Freigabeverfahren verlagert sich die materielle Prüfungskompetenz des Registergerichts auf das Prozessgericht. Soweit das Prozessgericht hiervon Gebrauch macht, ist das Registergericht an die Feststellungen des Prozessgerichts gebunden. Dies soll auch

---

[213] Vgl. unten S. 268f.

für die Einhaltung von Normen gelten, die das öffentliche Interesse schützen. Die h. M. hält es dabei für unbeachtlich, dass für das Freigabeverfahren mit der ZPO eine andere Verfahrensordnung gilt. Soweit das Registergericht an die Feststellungen des Prozessgerichts gebunden ist, haftet der Registerrichter nicht mehr für die Eintragung eines rechtswidrigen Beschlusses. Sein Aussetzungsermessen gem. § 127 FGG endet mit der rechtskräftigen Freigabeentscheidung. Neben der Bindung des Registergerichts führt die rechtskräftige Freigabeentscheidung zur dauerhaften Bestandskraft der Eintragung. Die Notwendigkeit für die Irreversibilität der Eintragung wird überwiegend mit den Schwierigkeiten einer Rückabwicklung begründet, die jedoch bei Kapitalmaßnahmen sehr viel höher sind als bei Unternehmensverträgen. Trotz der weitreichenden Wirkung des rechtskräftigen Freigabebeschlusses tritt keine Erledigung der Hauptsache ein. Noch weitgehend ungeklärt ist das Verhältnis von Freigabeverfahren zum einstweiligen Rechtsschutz.

B. Beschlussvoraussetzungen (§ 246a Abs. 2 AktG)

Das Prozessgericht kann in drei Fällen die Eintragung freigeben. Wenn die Beschlussmängelklage unzulässig ist, wenn sie offensichtlich unbegründet ist oder wenn das Gericht bei der Abwägung ein vorrangiges Vollzugsinteresse bejaht (§ 246a Abs. 2 AktG). Die Tatbestandsvoraussetzungen sind insoweit identisch mit den Vorbildern § 16 Abs. 3 UmwG, § 319 Abs. 6 S. 2 AktG.[214] Der Gesetzgeber hat trotzdem nicht auf die bisherige Praxis der Rechtsprechung verwiesen, sondern zu existierenden Meinungsstreitigkeiten bei der Auslegung Stellung genommen.[215] Der Streitstand bei der Auslegung der einzelnen Tatbestandsmerkmale wird im Folgenden dargestellt und um die Erläuterungen durch das UMAG ergänzt.

I. Unzulässigkeit der Klage

Der Freigabebeschluss kann ergehen, wenn die Klage unzulässig ist. Im Umkehrschluss zu der zweiten Variante genügt nicht die Offensichtlichkeit der Unzulässigkeit,

---

[214] Die Eingrenzung der Freigabekriterien ist zum Gegenstand lebhafter juristischer Diskussion geworden, vgl. *Bayer*, ZGR 1995, 613 (621ff.); *Bork*, in: Lutter (Hrsg.) Kölner Umwandlungsrechtstage, 1995, S. 261 (268ff.); *ders.*, in: Lutter, UmwG, 3. Auflage (2004), § 16 Rn.18ff; *Decher*, AG 1997, 388 (389ff.); *Frohnhöfer* ,in: Widman/Mayer, Umwandlungsrecht, § 16 Rn. 138ff.; *Fuhrmann/Linnerz*, ZIP 2004, 2306ff.; *Heermann*, ZIP 1999, 1861 (1862); *Kösters,* WM 2000, 1921 (1925ff.) *Marsch-Barner*, in: Kallmeyer, UmwG, 3. Auflage (2006), § 16 Rn. 40ff.; *Noack*, ZHR 164 (2000), 274 (281ff.); *Riegger/Schockenhoff*, ZIP 1997, 2105; *Sosnitza*, NZG 1999, 965 (968ff.).

[215] Vgl. *Regierungsentwurf UMAG*, BT-Drucks. 15/5092, S. 29f.

d.h. die Zulässigkeit der Beschlussmängelklage muss durch das Prozessgericht vollständig geprüft werden.[216]

Umstritten ist, ob das Gericht den Beschluss freigeben kann, wenn der Zulässigkeitsmangel behebbar ist. Dies kann beispielsweise der Fall sein, wenn die Anfechtungsklage beim örtlich unzuständigen Gericht eingereicht wurde und noch ein Verweisungsantrag gem. § 281 Abs. 1 S. 1 AktG gestellt werden könnte. Die h. M. argumentiert, dass es allein darauf ankommt, ob zum Zeitpunkt des Beschlusses eine Klageabweisung in der Hauptsache erfolgen würde.[217] Das Gericht sollte vor Stattgabe des Antrags einen richterlichen Hinweis gem. § 139 ZPO erwägen.[218]

Zu beachten ist, dass zur Zulässigkeit der Anfechtungsklage nicht die Anfechtungsbefugnis des Aktionärs gem. § 245 AktG gehört, denn sie hat materiellrechtlichen Charakter und ist deshalb eine Frage der Begründetheit.[219]

In § 243 Abs. 4 S. 2 AktG hat der UMAG-Gesetzgeber die zuvor entwickelte Rechtsprechung des BGH zu wertbezogenen Informationsmängeln[220] partiell kodifiziert.[221] Danach kann die Anfechtungsklage nicht auf Informationspflichtverletzungen in der Hauptversammlung gestützt werden, soweit diese im Zusammenhang mit Bewertungsfragen stehen, für die ein Spruchverfahren existiert. Nach einigen Stimmen in der Literatur soll eine Anfechtungsklage, die einen solchen Mangel rügt, bereits unzulässig sein[222] und mithin die 1. Variante der Beschlussvoraussetzungen erfüllen.[223] Richtigerweise ist der Ausschluss der Anfechtungsklage wegen wertbezogener Informationsrügen aber ein materieller Ausschlussgrund und damit eine Frage der Begründetheit der Anfechtungsklage[224], so dass das Prozessgericht die Eintragung nur nach der 2. oder 3. Variante freigeben kann.

---

[216] MünchKommAktG/*Grunewald*, § 319 Rn. 34; *Frohnhöfer*, in: Widman/Mayer, Umwandlungsrecht, §16 UmwG Rn. 139.

[217] *Frohnhöfer*, in: Widman/Mayer, Umwandlungsrecht, §16 UmwG Rn. 139; *Sosnitza*, NZG 1999, 965 (968); *Schwab*, in: K. Schmidt/ Lutter, AktG, 2008, §246a Rn. 2.

[218] MünchKommAktG/*Grunewald*, § 319 Rn. 34.

[219] MünchKommAktG/*Hüffer*, § 245 Rn.3; *Schwab*, in: K. Schmidt/ Lutter, AktG, 2008, §246a Rn. 2.

[220] BGHZ 146, 179 – *MEZ;* BGH ZIP 2001, 412 – *Aqua Butzke*; dazu *Hirte*, ZHR 167 (2004), 8ff.

[221] *Regierungsentwurf UMAG*, BT-Drucks. 15/5092, S. 26.

[222] *Faßbender*, AG 2006, 872 (875); *Holzborn/Bunnemann*, BKR 2005, 51 (55): Frage der richtigen Verfahrensart mithin Sachurteilsvoraussetzung.

[223] *Faßbender*, AG 2006, 872 (875).

[224] Ebenso *Schwab*, NZG 2007, 521 (524).

II. Offensichtliche Unbegründetheit der Klage

Die Beschlussmängelklage muss offensichtlich unbegründet sein. Offensichtliche Unbegründetheit liegt vor, wenn die Klage deutlich ohne Aussicht auf Erfolg ist.[225]

1) Offensichtlichkeit

Für die bereits existierenden Unbedenklichkeitsverfahren gem. §§ 16 Abs. 3 UmwG, 319 Abs. 6, 327 e Abs. 2 AktG war bislang umstritten, welche Anforderungen an die Offensichtlichkeit zu stellen sind. Die Gesetzesbegründung zu § 16 Abs. 3 UmwG nahm hierzu bewusst nicht Stellung, um eine Entscheidung über Fallgruppen der Rechtsprechung zu überlassen.[226]

a) Mindermeinung: Keine Offensichtlichkeit bei komplexer Rechtslage

Zum Teil wurde angenommen, dass es sich lediglich um Klagen handeln solle, denen die Unbegründetheit quasi „auf die Stirn geschrieben" stehe.[227] Wenn dagegen schwierige rechtliche Erwägungen notwendig seien, solle es an der Unbegründetheit fehlen.[228]

b) UMAG-Gesetzgeber: Prüfungsaufwand unbeachtlich

aa) Kursorische Rechtsprüfung ungenügend

Der Gesetzgeber folgte dieser Ansicht bei Einführung des UMAG-Freigabeverfahrens nicht. So heißt es in der Regierungsbegründung: „Bei der Auslegung des Kriteriums ‚offensichtlich unbegründet' kommt es nicht darauf an, welcher Prüfungsaufwand erforderlich ist, um die Unbegründetheit der Anfechtungsklage festzustellen. Maßgeblich ist das Maß an Sicherheit, mit der sich die Unbegründetheit der Anfechtungsklage unter den Bedingungen des Eilverfahrens prognostizieren lässt. Offensichtlich unbegründet ist eine Anfechtungsklage dann, wenn sich mit hoher Sicherheit die Unbegründetheit der Klage vorhersagen lässt[229], der für diese Prognose erforderliche

---

[225] OLG Frankfurt ZIP 1997, 1291; OLG Hamm ZIP 1999, 798; MünchKommAktG/*Grunewald*, § 319 Rn. 35.

[226] Begr. RegE UmwG, BT-Drucks. 12/6699, S. 89.

[227] LG Hanau ZIP 1995, 1820 (1821).

[228] OLG Stuttgart ZIP 1997, 75 (76f.); OLG Düsseldorf ZIP 2001, 1717 (1718); LG Hanau ZIP 1995, 1820 (1821); *Bork*, in: Lutter, UmwG, 3. Auflage (2004), § 16 Rn. 19 a; *Kösters*, WM 2000, 1921 (1926); in diese Richtung auch *Schwab*, in: K. Schmidt/ Lutter, AktG, 2008, §246a Rn. 2.

[229] OLG Frankfurt, AG 2007, 867.

Prüfungsaufwand des Prozessgerichts ist nicht entscheidend"[230]. Die Offensichtlichkeit kann also auch in dem Fall vorliegen, dass sich die Unbegründetheit nicht schon nach einer oberflächlichen Prüfung der Rechtslage ergibt. Offensichtlichkeit liegt jedenfalls vor, wenn nach der vollumfänglichen Rechtsprüfung eine andere Beurteilung unvertretbar erscheint.[231] Unvertretbarkeit liegt beispielsweise vor, wenn ein gerügter Mangel des Hauptversammlungsbeschlusses keine Rechtsverletzung darstellt.[232] Offensichtlichkeit ist auch dann zu bejahen, wenn eine abweichende Beurteilung im Instanzenzug ausgeschlossen erscheint.[233] Nur mit einem solchen Verständnis der Norm kann das Gericht auch Klagen professioneller Berufskläger im Freigabeverfahren begegnen.[234] Denn diese haben mittlerweile einen solchen Sachverstand und solche Kenntnisse des Aktienrechts erworben, dass ihre Rügen auch bei ordnungsgemäß zustande gekommenen Hauptversammlungsbeschlüssen nicht ohne nähere Prüfung als abwegig behandelt werden können.[235]

bb) Keine Offensichtlichkeit bei komplizierter Tatsachenermittlung

Zur weiteren Differenzierung ist es hilfreich zwischen Sachverhaltsermittlung und rechtlicher Würdigung zu differenzieren.[236] Wenn die Beurteilung der Rechtslage nur nach schwieriger Tatsachenermittlung möglich ist, fehlt es an der Offensichtlichkeit.[237] Sind entscheidungserhebliche Tatsachen streitig und reichen die präsenten Beweismittel (§ 294 Abs. 2 ZPO) nicht aus, um das Gericht von der überwiegenden Wahrscheinlichkeit zu überzeugen,[238] kann das Prozessgericht die Eintragung des Hauptversammlungsbeschlusses nur noch im Wege der Interessenabwägung freigeben.

---

[230] *Regierungsentwurf UMAG*, BT-Drucks. 15/5092, S. 29; ebenso große Teile der Rechtsprechung: OLG Düsseldorf ZIP 2004, 359; OLG Frankfurt ZIP 2003, 1654 (1655); OLG Hamburg AG 2003, 441; OLG Hamm AG 2005, 361; OLG Hamm ZIP 1999, 798 (799); OLG Jena ZIP 2006, 1989 (1991); OLG Köln ZIP 2004, 760; OLG Stuttgart ZIP 2003, 2363; ebenfalls dieser Ansicht die Literatur: *Veil*, AG 2005, 567 (574); *v.Schnurbein*, AG 2005, 725 (727f.); *Sosnitza*, NZG 1999, 965 (970).

[231] *Hüffer*, AktG, 7. Auflage (2006) , § 319 Rn. 18; ebenfalls für einen solchen Maßstab: *Bungert*, in: Gesellschaftsrechtliche Vereinigung (Hrsg.), Gesellschaftsrecht in der Diskussion 2004, 2005, S. 59 (94).

[232] In diese Richtung: *Hüffer*, AktG, 7. Auflage (2006), § 319 Rn. 18.

[233] OLG Düsseldorf ZIP 2001, 1717 (1718); LG Heidelberg, AG 2006, 760 (761).

[234] *Büchel*, in: FS Happ, 2006, S. 1 (10).

[235] *Büchel*, in: FS Happ, 2006, S. 1 (10).

[236] *Frohnhöfer,* in: Widman/Mayer, Umwandlungsrecht, § 16 UmwG Rn. 150; *v.Schnurbein*, AG 2005, 725 (727f.).

[237] Münch.Hdb.GesR IV/*Krieger*, § 73 Rn. 21.

[238] *Sosnitza*, NZG 1999, 965 (970).

Fraglich ist allerdings, ob Defizite bei der Sachverhaltsaufklärung, die sich aus dem Charakter des Eilverfahrens ergeben, die Offensichtlichkeit ausschließen. Denn für die Antrag stellende Gesellschaft genügt die Glaubhaftmachung der Tatsachen (§ 246a Abs. 3 S. 2 AktG). Die niedrigere Beweislast im Vergleich zum Strengbeweisverfahren führt zu einer höheren Wahrscheinlichkeit der Unrichtigkeit des ermittelten Sachverhalts gegenüber einem im Strengbeweisverfahren ermittelten Sachverhalt. Damit sinkt aber zugleich die Wahrscheinlichkeit der tatsächlichen Unbegründetheit der Klage, denn diese wird im Strengbeweisverfahren ermittelt. Eine Ansicht folgert daraus, dass offensichtliche Unbegründetheit der Klage im Instanzenzug könne deshalb nur dann angenommen werden, wenn die Tatsachen unstreitig seien oder im Strengbeweisverfahren bewiesen worden wären.[239] Dieser Argumentation wird allerdings entgegengehalten, dass auch für das Tatbestandsmerkmal der offensichtlichen Unbegründetheit nach dem klaren Wortlaut die Glaubhaftmachung genügt.[240] Auch der Gesetzgeber scheint diese Ansicht abzulehnen, denn er spricht ausdrücklich von dem „Maß an Sicherheit unter den Bedingungen eines Eilverfahrens".[241]

Die Unbegründetheit ist dagegen nicht offensichtlich, wenn der zur Beurteilung notwendige Sachverhalt trotz der abgeschwächten Beweislast des Freigabeverfahrens nicht festgestellt werden kann. Dies ist der Fall, wenn die Sachentscheidung von einer Beweisaufnahme abhängt, die nicht im Rahmen einer mündlichen Verhandlung durch präsente Beweise (§ 294 Abs. 2 ZPO) erbracht werden kann.[242]

2) Unbegründetheit

Für die Unbegründetheit gelten die allgemeinen Grundsätze. Die Anfechtungsklage ist unbegründet, wenn die Anfechtungsbefugnis gem. § 245 AktG fehlt oder der Hauptversammlungsbeschluss rechtmäßig ist, weil weder Anfechtungsgründe gem. § 243 AktG noch Nichtigkeitsgründe gem. § 241 AktG vorliegen. Unbegründetheit liegt insbesondere auch dann vor, wenn die Beschlussmängelklage rechtsmissbräuchlich ist.[243]

---

239 *Kösters,* WM 2000, 1921 (1926).

240 *Frohnhöfer,* in: Widman/Mayer, Umwandlungsrecht, § 16 UmwG Rn. 151.

241 *Regierungsentwurf UMAG*, BT-Drucks. 15/5092, S. 29.

242 *Bork,* in: Lutter, UmwG, 3. Auflage (2004), § 16 Rn. 19a.

243 Vgl. hierzu schon Begr. RegE UmwG, BT-Drucks. 12/6699, S. 89; *Decher*, AG 1997, 388 (390); MünchKommAktG/*Grunewald*, § 319 Rn. 36; a. A. *Heidel*, in: Heidel, Aktienrecht und Kapitalmarktrecht, 2. Auflage (2007), § 245 Rn. 46, der annimmt, durch das Instrumentarium des UMAG habe der Gesetzgeber ein eigenes Instrumentarium gegen Rechtsmissbrauch geschaffen, nach dem der Rückgriff auf die Rechtsprechungslösung zum Missbrauch ausscheide.

III. Vorrangiges Vollzugsinteresse

Schließlich kann die Freigabe erfolgen, wenn das alsbaldige Wirksamwerden des Hauptversammlungsbeschlusses nach freier Überzeugung des Gerichts unter Berücksichtigung der Schwere der mit der Klage geltend gemachten Rechtsverletzung zur Abwendung der vom Antragsteller dargelegten wesentlichen Nachteile für die Gesellschaft und für ihre Aktionäre als vorrangig erscheint (§ 246a Abs. 2 Var. 3 AktG).

1) Grundlagen der Abwägung

a) Ausgangspunkt der Abwägung

Umstritten ist, ob das Aussetzungsinteresse des Klägers und das Vollzugsinteresse der Gesellschaft vor der Abwägungsentscheidung mit gleichem Gewicht ausgestattet sind.[244] So folgert eine Ansicht aus der Registersperre für die Eintragung von Verschmelzungsbeschlüssen einen Vorrang der Aussetzung gegenüber dem Vollzug.[245] Die Registersperre ist also nach dieser Ansicht zugleich gesetzliche Wertung, die bei der Abwägungsentscheidung zugunsten des Klägers berücksichtigt werden muss. Das aktienrechtliche Freigabeverfahren ist dagegen nur bei Hauptversammlungsbeschlüssen über Kapitalmaßnahmen und Zustimmungen zu Unternehmensverträgen anwendbar. In diesen Fällen besteht aber gerade keine Registersperre.[246] Hieraus könnte dementsprechend gefolgert werden, dass bereits im Ausgangsfall ein Vorrang der Interessen der Antragsteller an der Eintragung besteht. Auch die Regierungsbegründung scheint davon auszugehen, denn dort wird festgehalten, dass „regelmäßig" die erheblichen wirtschaftlichen Interessen der Gesellschaft am Vollzug überwiegen würden, soweit nicht eine massive Verletzung elementarer Aktionärsrechte vorliege.[247] Gegen dieses Verständnis der Interessenabwägung hat sich jedoch jüngst das OLG Jena gewendet: „Der Senat ist der Auffassung, dass eine allzu großzügige Interessenabwägung jedenfalls nicht dazu führen darf, dass die formellen und materiellen Aktionärsrechte im Ergebnis leer laufen."[248]

---

[244] *Sosnitza*, NZG 1999, 965 (971).

[245] *Sosnitza*, NZG 1999, 965 (971).

[246] Vgl. ausführlich oben S. 4f.

[247] *Regierungsentwurf UMAG*, BT-Drucks. 15/5092, S. 29.

[248] OLG Jena ZIP 2006, 1989 (1997).

b) *Ermessensentscheidung des Gerichts*

Die Bewertung der verschiedenen Interessen erfolgt nach freier Überzeugung des Gerichts. Der Gesetzgeber hat dies in der Gesetzesbegründung zu § 16 Abs. 3 UmwG damit erklärt, dass dem Gericht bei der Abwägung der Interessen „größtmögliche Entscheidungsfreiheit" gewährt werden müsse.[249] Dies wird überwiegend dahingehend interpretiert, dass das Gericht bei der Abwägung und der damit verbundenen Gewichtung der widerstreitenden Interessen frei ist, da andernfalls eine Entscheidung im Hinblick auf die schwierige Vergleichbarkeit der gegenüberstehenden Interessen nicht zu leisten ist.[250] Das Abwägungsergebnis muss allerdings dazu führen, dass das Gericht „überzeugt" ist, also nicht nur einen Vorrang für wahrscheinlich hält.[251] Allerdings darf nicht übersehen werden, dass für die Darlegungs- und Beweislast der zugrunde liegenden Tatsachen die Glaubhaftmachung genügt.[252]

Es müssen dementsprechend drei Stufen unterschieden werden: Der Sachverhalt, der als Nachteil geltend gemacht wird, muss lediglich vom Gericht für wahrscheinlich erachtet werden (1. Stufe). Bei der Gewichtung der Interessen ist das Gericht frei, soweit das Gesetz keine weiteren Einschränkungen vorsieht (2. Stufe). Das aus der Gewichtung resultierende Ergebnis muss so eindeutig sein, dass das Gericht von einem Vorrang der Vollzugsinteressen überzeugt ist (3. Stufe).

2) *Vollzugsinteresse: wesentliche Nachteile*

Die Gesellschaft muss wesentliche Nachteile geltend machen, die sich aus der verzögerten Eintragung ergeben. Wesentlichkeit liegt vor, wenn negative wirtschaftliche Folgen von einigem Gewicht entstehen.[253] Die wesentlichen Nachteile müssen von der Antragstellerin substantiiert behauptet werden.[254] Hierfür bedarf es hinreichender inhaltlicher Konkretisierung. Die bloß pauschale Behauptung hoher Kosten genügt dementsprechend nicht.[255]

---

[249] Begr. RegE UmwG, BT-Drucks. 12/6699, S. 90.

[250] MünchKommAktG/*Grunewald*, § 319 Rn. 39; ebenso *Büchel*, in: FS Happ, 2006, S. 1 (13): „Eine Schwierigkeit besteht darin, dass nicht gleichartige, sondern ungleiche Rechtsgüter abzuwägen sind, nämlich nicht die potentiellen ökonomischen Nachteile des Aktionärs gegen diejenigen des Unternehmens, sondern ein eher ideelles Rechtsgut gegen einen Vermögenswert."; zust. OLG Jena ZIP 2007, 1989 (1997).

[251] In diesem Sinne *Bork*, in: Lutter, UmwG, 3. Auflage (2004), § 16 Rn. 23.

[252] *Bork*, in: Lutter, UmwG, 3. Auflage (2004), § 16 Rn. 23.

[253] *Volhard*, in: Semler/Stengel, UmwG, 2003, § 16 Rn. 33.

[254] *Hüffer*, AktG, 7. Auflage (2006), § 319 Rn. 19.

[255] OLG Frankfurt ZIP 1997, 1291 (1292).

Die Regierungsbegründung zum UMAG fordert nun einen neuen Bewertungsmaßstab. Galt bei der Auslegung des § 16 Abs. 3 UmwG bisher noch, dass sich die wesentlichen Nachteile aus der Verzögerung selbst ergeben müssen,[256] sollen sich die Nachteile nunmehr auch aus dem Interesse an der Wirksamkeit der Maßnahme ergeben können.[257] Der Gesetzgeber argumentiert, dass die Wirkungen der Eintragung des Hauptversammlungsbeschlusses bzw. der Feststellung seiner Nichtigkeit umfassend seien, also entweder die Wirkungen des Hauptversammlungsbeschlusses insgesamt einträten oder ausblieben. Deshalb müsse im Rahmen des Freigabeverfahrens die vorzunehmende Abwägung der beiderseitigen Interessen jeweils das gesamte Interesse der jeweiligen Partei des Anfechtungsverfahrens gewichten.[258] Diese Argumentation ist in sich schlüssig. Denn mit der Freigabe werden schließlich zwei Wirkungen erzielt: Die Beseitigung der faktischen Registersperre und die dauerhafte Bestandskraft. Die geltend gemachten wesentlichen Nachteile können also auch aus der Unsicherheit über den dauerhaften Bestand eines Hauptversammlungsbeschlusses resultieren und müssen sich nicht allein aus der verzögerten Eintragung ergeben.

Nach der Rechtsprechung und Literatur können die wesentlichen Nachteile beispielsweise darin begründet sein, dass es ohne Freigabe zu einer irreversiblen Vereitelung günstiger Geschäftschancen[259], zu einem Verlust von steuerlichen Vorteilen komme[260], wichtige Kunden verloren gingen und wichtiges Personal abwandere[261] oder Kostenvorteile und Synergien nicht realisiert werden könnten[262]. Auch wenn die Insolvenz im Falle des Unterbleibens der geplanten Maßnahme drohe[263], sei ein wesentlicher Nachteil gegeben. Nach h. M. muss der Vermögensverlust nicht exakt quantifizierbar sein.[264]

---

[256] *Frohnhöfer,* in: Widman/Mayer, Umwandlungsrecht, § 16 UmwG Rn. 164: „durch eine Verzögerung eintretende Vermögensnachteile".

[257] *Regierungsentwurf UMAG*, BT-Drucks. 15/5092, S. 29.

[258] *Regierungsentwurf UMAG*, BT-Drucks. 15/5092, S. 29.

[259] OLG Frankfurt ZIP 2003, 1654 (1657).

[260] OLG Düsseldorf ZIP 2001, 1717 (1720); OLG München DB 2006, 1608 (1609).

[261] *Bork*, in: Lutter, UmwG, 3. Auflage (2004), § 16 Rn. 21; *Frohnhöfer,* in: Widman/Mayer, Umwandlungsrecht, § 16 UmwG Rn. 164; *Volhard*, in: Semler/Stengel, UmwG, 2003, § 16 Rn. 33.

[262] OLG Jena ZIP 2006, 1989 (1997); *Bork*, in: Lutter, UmwG, 3. Auflage (2004), § 16 Rn. 21.

[263] *Kösters,* WM 2000, 1921 (1927).

[264] OLG Düsseldorf DB 1999, 1153 (1154); LG Duisburg NZG 1999, 564; *Frohnhöfer,* in: Widman/Mayer, Umwandlungsrecht, § 16 UmwG Rn. 151; *Kösters,* WM 2000, 1921 (1927); a. A. *Sosnitza*, NZG 1999, 965 (971).

3) *Aussetzungsinteresse: Schwere der Rechtsverletzung*

Dem soeben beschriebenen Vollzugsinteresse der Gesellschaft und ihrer Aktionäre sind die Interessen an der Aussetzung gegenüberzustellen. Diese werden bestimmt von der Schwere der geltend gemachten Rechtsverletzung.

a) *Berücksichtigung der Erfolgsaussichten der Hauptsache*

Bislang ungeklärt ist, ob bei der Abwägung der geltend gemachte Mangel als gegeben zu unterstellen ist oder ob das Prozessgericht auch die Erfolgsaussichten der Beschlussmängelklage in der Hauptsache berücksichtigen muss. Der UMAG-Gesetzgeber geht von Ersterem aus.[265] *Frohnhöfer* vertritt das Gleiche mit dem Hinweis darauf, dass der Verzicht auf die Prüfung der Erfolgsaussichten letztlich dem Antragsgegner zugute kommt. Denn eine erste Stufe der Prüfung der Erfolgsaussichten findet bereits dadurch statt, dass die Freigabe bei offensichtlich unbegründeten Klagen erfolgen kann (§ 246a Abs. 2 Var. 2 AktG). Würde man darüber hinaus zusätzlich eine Prüfung der Erfolgsaussichten vornehmen, käme es zu einem Wahrscheinlichkeitsabschlag zu Lasten des Klägers.[266] Die Stimmen in der Literatur[267] und die Rechtsprechung[268], die sich für eine Prüfung der Erfolgsaussichten einsetzen, verkennen, dass die Unterstellung des Mangels als gegeben letztlich dem Antragsgegner zu gute kommt. Sie zielen mit ihrer Forderung nach Berücksichtigung der Erfolgsaussichten eigentlich darauf ab, dass dem Freigabeantrag nicht stattgegeben werden sollte, wenn die Anfechtungsklage offensichtlich begründet ist, der Hauptversammlungsbeschluss also zweifelsfrei mängelbehaftet ist.[269] Doch genau eine solche Einschränkung der Wirkungen des Anfech-

---

[265] *Regierungsentwurf UMAG*, BT-Drucks. 15/5092, S. 29: „Die Begründetheit der Anfechtungsklage ist bei Anwendung der Interessenabwägungsklausel zugunsten des Anfechtungsklägers stets zu unterstellen."

[266] *Frohnhöfer,* in: Widman/Mayer, Umwandlungsrecht, § 16 UmwG Rn. 160.

[267] *Halfmeier*, WM 2006, 1465 ff; *Heidel*, in: Heidel, Aktienrecht und Kapitalmarktrecht, 2. Auflage (2007), § 246a Rn. 19 ff; zu § 16 Abs. 3 UmwG bereits in diese Richtung: *Noack*, ZHR 164 (2000), 274 (283); *Sosnitza*, NZG 1999, 965 (971); deutlich *Schwab*, in: K. Schmidt/ Lutter, AktG, 2008, §246a Rn.5.

[268] OLG Frankfurt ZIP 2000, 1928 (1933); widersprüchlich OLG Karlsruhe AG 2007, 284, das zwar im Leitsatz die Prüfung der Erfolgsaussichten hervorhebt („Maßgebend für die Abwägung nach § 246a Abs. 2 AktG ist, ob bei der Würdigung der wechselseitigen Interessen das Vollzugsinteresse der Gesellschaft derart überwiegt, dass die Eintragung des Beschlusses im Handelsregister nach Überzeugung des erkennenden Gerichts angemessen erscheint. Die dabei vom Gesetz geforderte Beurteilung der Schwere der geltend gemachten Rechtsverletzung bedingt eine Prüfung der Erfolgsaussichten der Anfechtungsklage."), aber in der Interessenabwägung den Mangel ohne Prüfung als gegeben unterstellt, OLG Karlsruhe AG 2007, 284 (286).

[269] *Halfmeier*, WM 2006, 1465 ff; *Heidel*, in: Heidel, Aktienrecht und Kapitalmarktrecht, 2. Auflage (2007), § 246a Rn. 19 ff; zu § 16 Abs. 3 UmwG bereits in diese Richtung: *Noack*, ZHR 164 (2000), 274 (283); *Sosnitza*, NZG 1999, 965 (971).

tungsrechts – gewissermaßen unter dem „verfahrensrechtlichen Deckmantel“[270] – will der Gesetzgeber mit der Interessenabwägung ermöglichen. So führt er aus: „Eine Eintragung soll auch dann möglich sein, wenn bei (wahrscheinlich) begründeter Anfechtungsklage die der Gesellschaft durch eine Versagung der Eintragung drohenden Nachteile den Schaden überwiegen, der dem Anfechtungskläger durch eine Eintragung droht.“[271] Nach dem Verständnis des Gesetzgebers können also auch offensichtlich begründete Klagen im Wege der Interessenabwägung überwunden werden. Über den Umweg des Prozessrechts wird so zwar nicht das Anfechtungsrecht selbst, aber die Wirkung der Anfechtungsklage durch das Verhältnismäßigkeitsprinzip[272] begrenzt.[273]

Wenn man den Willen des Gesetzgebers grundsätzlich akzeptiert, ist damit noch nicht ausgeschlossen, die Erfolgsaussichten bei Interessenabwägung zumindest dann zu berücksichtigen, wenn bei einer Unterstellung des Mangels als existent das Vollzugsinteresse das Aussetzungsinteresse nicht überwiegt. In diesen Fällen ist es wohl sinnvoll, die Wahrscheinlichkeit des Mangels und damit den voraussichtlichen Erfolg nicht unberücksichtigt zu lassen.[274] Denn andernfalls hätten professionelle Kläger den Anreiz, die Verletzung elementarer Aktionärsrechte zu behaupten und so die Klage zu blockieren. Das Prozessgericht sollte zwar erst den Mangel unterstellen. Nur wenn es einen Vorrang des Aussetzungsinteresses bejaht, berücksichtigt es die (u. U. geringe) Wahrscheinlichkeit, dass der Kläger den Mangel in der Hauptsache tatsächlich erfolgreich darlegen und beweisen kann.

Eine endgültige Entscheidung muss aber nach dem hier gewählten methodischen Ansatz der ökonomischen Analyse vorbehalten bleiben.[275]

b) Freigabe bei höchstwahrscheinlicher Nichtigkeit in der Hauptsache

Das Problem der höchstwahrscheinlichen Nichtigkeit ist eng mit der soeben diskutierten Fragestellung verknüpft. Es muss geklärt werden, ob das Vollzugsinteresse auch dann im Wege der Abwägung überwunden werden kann, wenn der gerügte Mangel

---

[270] *Bork*, in: Lutter (Hrsg.) Kölner Umwandlungsrechtstage, 1995, S. 261 (270).

[271] *Regierungsentwurf UMAG*, BT-Drucks. 15/5092, S. 29.

[272] *Bork*, in: Lutter (Hrsg.), Kölner Umwandlungsrechtstage, S. 261 (271).

[273] Zuvor ist bereits gefordert worden auch im materiellen Recht das Verhältnismäßigkeitsprinzip im Rahmen der Anfechtungsbefugnis zu berücksichtigen, vgl. *Bayer*, in: Gesellschaftsrechtliche Vereinigung (Hrsg.), Gesellschaftsrecht in der Diskussion 1999, 2000, S.35 (50).

[274] *Faßbender*, AG 2006, 872 (876): bei der Prüfung der Erfolgsaussichten sollen offensichtlich nicht gegebene Mängel ausgeschlossen werden.

[275] Vgl. unten S. 256.

nicht nur zur Anfechtbarkeit, sondern auch zur Nichtigkeit des Beschlusses gem. § 241 AktG führen würde.

Die Möglichkeit der Freigabe eines nichtigen Beschlusses, lässt sich nicht von vornherein ablehnen. Denn gem. § 249 Abs. 1 AktG findet § 246a AktG auch bei der Nichtigkeitsklage Anwendung. Bestätigt wird dies durch § 242 Abs. 2 S. 5 AktG, nach dem die Eintragung auch dann bestandskräftig bleibt, wenn das Gericht die Nichtigkeit im Wege der Nichtigkeitsklage festgestellt hat.

Bei dem Unbedenklichkeitsverfahren des § 16 Abs. 3 UmwG war noch angenommen worden, dass die voraussichtliche Nichtigkeit des Hauptversammlungsbeschlusses eine Abwägung zugunsten des Vollzugs von vornherein ausschließe.[276] Auch diejenigen, die ein solches Abwägungsverbot ablehnen, halten jedenfalls so schwere Nachteile der Gesellschaft durch die Aussetzung für undenkbar, dass dadurch sogar die Nichtigkeit überwinden werden könnte.[277]

Dagegen wird nunmehr von einigen Autoren vertreten, dass aufgrund der eindeutigen gesetzlichen Regelung auch ein Nichtigkeitsgrund im Freigabeverfahren überwunden werden könne.[278] So solle beispielsweise ein Ladungsmangel, der gem. § 241 Nr. 1 AktG eigentlich zur Nichtigkeit führen würde, durch die Freigabeentscheidung überwunden werden können.[279]

Es ist allerdings fraglich, ob diese Annahme zwingend ist. Bedenkt man diesen Umstand, ist es durchaus möglich, dass der Gesetzgeber nur vermeiden wollte, dass geschickte „räuberische Aktionäre" über den Umweg der Nichtigkeitsklage das Freigabeverfahren vermeiden können, ohne aber dadurch zugleich die Möglichkeit zu eröffnen, nichtige Hauptversammlungsbeschlüsse irreversibel freizugeben.

Eine Entscheidung, welche Meinung vorzuziehen ist, erfolgt im Anschluss an die rechtsökonomische Untersuchung im dritten Teil der Arbeit.

c) Berücksichtigung der Beteiligungshöhe und von Drittinteressen

Umstritten ist die Frage, ob bei Bestimmung der Schwere der Rechtsverletzung allein die Nachteile des Antragsgegners (das heißt des Beschlussmängelklägers) eine Rolle

[276] *Decher*, AG 1997, 388 (391); *Noack*, ZHR 164 (2000), 274 (284); *Bork*, in: Lutter, UmwG, 3. Auflage (2004), § 16 UmwG Rn. 22; deutlich *Schwab*, in: K. Schmidt/ Lutter, AktG, 2008, §246a Rn.6: Freigabe scheidet „ohne Rücksicht auf den Nichtigkeitsgrund kategorisch aus", wenn diese zum Zeitpunkt der Freigabe bekannt.

[277] *Frohnhöfer*, in: Widman/Mayer, Umwandlungsrecht, § 16 UmwG Rn. 174.

[278] *Marsch-Barner*, in: Kallmeyer, UmwG, 3. Auflage (2006), § 16 Rn.44.

[279] *Marsch-Barner*, in: Kallmeyer, UmwG, 3. Auflage (2006), § 16 Rn.44.

spielen oder ob auch potentielle Interessen der Minderheitsaktionäre zu berücksichtigen sind, die nicht geklagt haben, aber von der Durchführung ebenfalls betroffen sind.

aa) Bislang herrschende Meinung: Unbeachtlichkeit der Anteilshöhe

Vor In-Kraft-Treten des UMAG vertrat die h. M. die Ansicht, dass auch Drittinteressen zu berücksichtigen seien und deshalb die Höhe der Beteiligung des Klägers keine Rolle spielen könne.[280] Nach dieser Ansicht muss die Schwere der Rechtsverletzung nicht subjektiv (bezogen auf den Kläger), sondern objektiv bestimmt werden. Werden beispielsweise durch den Hauptversammlungsbeschluss Sondervorteile gewährt, die nicht nur die Interessen des klagenden Aktionärs berühren, sondern sämtliche (Minderheits-)Aktionäre benachteiligen, erhöht dies das Aussetzungsinteresse. Dafür spricht, dass sich aus dem Wortlaut der Norm keine Beschränkung auf den Schutz von Individualinteressen ableiten lässt. Für ein solches Verständnis der Regelung spricht insbesondere auch, dass das Anfechtungsrecht nicht nur den subjektiven Interessen des Klägers dient, sondern zugleich die Legalität des gesamten Verbandes sicherstellen soll.[281] Die Anfechtungsbefugnis gem. § 245 AktG setzt gerade keine subjektive Rechtsverletzung voraus, woraus der BGH folgert, dass der Anfechtungskläger „nach der gesetzlichen Intention vorwiegend die Rechtmäßigkeitskontrolle des Handelns der sich selbst verwaltenden Korporation" gewährleiste[282]. Die Anfechtungsklage wird deshalb als eine Klage mit „Gemeinschaftsbezug"[283] bezeichnet, von deren Kontrollwirkung die nichtklagenden Aktionäre mittelbar über die Inter-Omnes-Wirkung des Urteils gem. § 248 Abs. 1 S. 1 AktG profitieren. Insofern wäre es im Hinblick auf die dauerhafte Bestandskraft, die durch den Freigabebeschluss ebenfalls für und gegen jedermann festgestellt wird (§ 246a Abs. 3 S. 5 AktG), nur konsequent, die Interessen

[280] *Bayer*, in: Gesellschaftsrechtliche Vereinigung (Hrsg.), Gesellschaftsrecht in der Diskussion 1999, 2000, S.35 (49); *Bork*, in: Lutter, UmwG, 3. Auflage (2004), § 16 Rn. 22: „Bei der Schwere wird insbesondere zu berücksichtigen sein, ob der Fehler auch das Unternehmensinteresse oder die Interessen der übrigen Anteilsinhaber berührt"; *Decher*, AG 1997, 388 (394); *Frohnhöfer*, in: Widman/Mayer, Umwandlungsrecht, § 16 Rn. 184; *Heidel*, in: Heidel, Aktienrecht und Kapitalmarktrecht, 2. Auflage (2007), § 246a Rn. 19; *Winter*, FS Ulmer, 2003, S. 699, S. 700 (715); *Kösters*, WM 2000, 1921 (1929); *Schwab*, in: K. Schmidt/ Lutter, AktG, 2008, §246a Rn. 8: Instrument der objektiven Legalitätskontrolle.

[281] *Lutter*, ZGR 1978, 347 (349); *Hirte*, BB 1988, 1469 (1470): Interesse des Anfechtungsklägers wird genutzt, um Kontrolle der Unternehmensführung zu erreichen; a. A. *Feltkamp*, Anfechtungsklage und Vergleich im Aktienrecht, 1991, S. 19: Anfechtungsrecht der Aktionäre soll ausschließlich dem „persönlichen, mitgliedschaftlich motivierten Interesse des klagenden Aktionärs an der Beachtung der Rechtsordnung durch die Mehrheit der Hauptversammlung"dienen.

[282] BGHZ 107, 296 (310) – *Kochs Adler*.

[283] *Baums*, Gutachten F für den 63. Deutschen Juristentag, in: Ständige Deputation des Deutschen Juristentages (Hrsg.), Verhandlungen des Dreiundsechzigsten Deutschen Juristentages, Bd. I, 2000, S. F 25.

der Öffentlichkeit und aller Aktionäre – also nicht nur der klagenden Aktionäre – in der Abwägung zu berücksichtigen.[284] Eine andere Auffassung hätte darüber hinaus faktisch zur Folge, dass ein Anfechtungs-Quorum „durch die Hintertür" eingeführt würde, denn Kleinaktionäre würden dann kaum je eine entsprechend schwere Rechtsverletzung geltend machen können.[285] Gegen die Einführung eines Quorums wendet sich der Gesetzgeber jedoch ausdrücklich.[286]

bb) Regierungsbegründung: Beachtlichkeit der Anteilshöhe

Die Regierungsbegründung zum UMAG stellt die bislang h. M. allerdings infrage. Denn dort heißt es: „Bei der Abwägung sind alle der Gesellschaft im Falle der Nichteintragung drohenden Schäden und Nachteile zu berücksichtigen und gegen die Schwere der vom Kläger behaupteten Rechtsverletzung und die denkbaren Schäden *auf seiner Seite* abzuwägen"[287]. Daraus lässt sich folgern, dass auf Seiten des Aussetzungsinteresses nur die Interessen des Anfechtungsklägers, nicht aber die Interessen der anderen nicht klagenden Aktionäre zu berücksichtigen sind.[288] Ferner heißt es in der Begründung, dass ein sehr geringes ökonomisches Interesse *des Klägers* dadurch aufgewogen wird, dass der behauptete Rechtsverstoß so schwer wiegt, dass die Bestandskraft des Beschlusses nicht erträglich ist.[289] Im Umkehrschluss kann man daraus folgern, dass ökonomische Interessen Dritter allenfalls dann eine Rolle spielen sollen, wenn sie insgesamt dergestalt sind, dass sie einen derart schwerwiegenden Rechtsverstoß begründen, dass Bestandskraft unerträglich wäre, ansonsten allerdings keinen Einfluss haben. Die Ansicht des Gesetzgebers wurde von Teilen der Literatur im Hinblick auf die vermeintlich fehlende Schutzwürdigkeit der nichtklagenden Aktionäre begrüßt.[290] Auch das OLG München hat die Ansicht des Gesetzgebers insofern berück-

---

[284] Ähnlich auch *Heidel*, in: Heidel, Aktienrecht und Kapitalmarktrecht, 2. Auflage (2007), § 246a Rn. 19.

[285] *Bayer*, in: Gesellschaftsrechtliche Vereinigung (Hrsg.), Gesellschaftsrecht in der Diskussion 1999, 2000, S.35 (49); MünchKommAktG/*Grunewald*, § 319 Rn. 38: „Andernfalls hätten die Klagen von geringfügig beteiligten Aktionären kaum Bedeutung".

[286] *Regierungsentwurf UMAG*, BT-Drucks. 15/5092, S. 29; auf diesen Widerspruch weist hin *Spindler*, NZG 2005, 825 (830):„Insoweit ist das Bekenntnis des Gesetzgebers zur Beibehaltung der Anfechtungsklage auch für einen einzelnen Aktionär [...] sibyllinisch."

[287] *Regierungsentwurf UMAG*, BT-Drucks. 15/5092, S. 29. Hervorhebung durch den Verfasser.

[288] So schon zuvor LG Heilbronn, EWiR 1997, 43: keine Registersperre bei Kleinstbeteiligungen; *Volhard*, in: Semler/Stengel, UmwG, 2003, § 16 Rn 37f.

[289] *Regierungsentwurf UMAG*, BT-Drucks. 15/5092, S. 29.

[290] *Faßbender*, AG 2006, 872 (877f.); *Tielmann*, in: Happ, Aktienrecht, 3. Auflage (2007) , 18.02 Rn. 8; bereits zuvor *Volhard*, in: Semler/Stengel, UmwG, 2003, § 16 Rn. 38 f: nicht klagende Aktionäre nicht schutzwürdig; *Riegger/Schockenhoff*, ZIP 1997, 2105 (2109).

sichtigt, als es grundsätzlich die Höhe der Beteiligung des Klägers für maßgeblich hält und nur bei „massiver Verletzung elementarer Aktionärsrechte" hiervon eine Ausnahme machen will[291]. Das OLG Jena hat sich gegen eine so weit reichende Beschränkung des Anfechtungsrechts ausgesprochen. Im Grundsatz müsse es nach wie vor gelten, dass rechtswidrige Hauptversammlungsbeschlüsse nicht zur Durchführung kommen. Nur für geringfügige Rechtsverletzungen dürfe hiervon eine Ausnahme gemacht werden.[292]

Auch wenn aus juristischer Sicht die besseren Gründe gegen die Berücksichtigung der Anteilshöhe des Klägers und für die Berücksichtigung von Drittinteressen sprechen, muss die endgültige Entscheidung – entsprechend dem hier gewählten methodischen Ansatz – der ökonomischen Analyse vorbehalten werden.[293]

d) Berücksichtigung von flankierenden Schutzsystemen

Ferner stellt sich die Frage, ob alternative Rechtsschutzmöglichkeiten der Anfechtungskläger im Rahmen der Interessenabwägung zu beachten sind.

Dafür spricht sich die h. M. aus. Das Aussetzungsinteresse erhöhe sich, wenn flankierende vermögensrechtliche Schutzsysteme fehlten.[294] Denn wenn eine Bewertungsrüge erhoben werde, biete das Freigabeverfahren keinen ausreichenden Schutz.[295] Dabei muss zwischen zwei Fragen differenziert werden. Zum einen ist zu klären, ob die Existenz des Schadenersatzanspruchs des Freigabeverfahrens gem. § 246a Abs. 4 AktG,[296] der dem Beschlussmängelkläger im Falle des Erfolgs in der Hauptsache zusteht, in die Abwägung einfließt. Zum anderen muss untersucht werden, inwiefern das materielle Recht Ausgleichs- und Abfindungsansprüche gewährt, deren Existenz oder deren Fehlen bei der Interessenabwägung berücksichtigt werden können.

aa) Schadenersatzanspruch gem. § 246a Abs. 4 AktG

Es ist umstritten, ob die Kompensation durch den Schadenersatzanspruch gem. § 246a Abs. 4 AktG, der entsteht, wenn der Beschlussmängelkläger mit seiner Klage – trotz der zuvor erfolgten Freigabeentscheidung im Eilverfahren – in der Hauptsache erfolgreich ist, das Aussetzungsinteresse mindern kann.

---

[291] OLG München DB 2006, 1608 (1609).

[292] OLG Jena, ZIP 2006, 1989 (1997).

[293] Vgl. unten, S. 258ff.

[294] *Veil*, AG 2005, 567 (573);

[295] *Noack*, ZHR 164 (2000), 274 (287).

(1) Eine Ansicht: Keine Berücksichtigung des Schadenersatzes

Ein Teil der Literatur lehnt eine Minderung des Aussetzungsinteresses durch die Aussicht auf Schadenersatz gem. § 246a Abs. 4 AktG ab.[297] Die Vertreter dieser Ansicht stützen sich darauf, dass der Schadenersatz allein dem Antragsgegner, nicht aber allen vom Bestand des Hauptversammlungsbeschlusses betroffenen Aktionären zugute kommt. Denn die Bestandskraft der Eintragung wirkt nicht nur gegenüber dem Antragsgegner, sondern *inter omnes*. Diese seien andernfalls ungeschützt.[298] Dabei stützen diese Stimmen sich insbesondere auf die Vorgaben des Bundesverfassungsgerichts für den effektiven Rechtsschutz der Minderheitsaktionäre.[299] Danach kann der Gesetzgeber es zwar aus gewichtigen Gründen des Allgemeinwohls für angebracht halten, die Interessen der Minderheitsaktionäre an der Erhaltung der Vermögenssubstanz hinter den Interessen des Unternehmens an einer freien Entfaltung der unternehmerischen Initiative im Konzern zurücktreten zu lassen.[300] Voraussetzung für die Zulässigkeit einer solchen gesetzgeberischen Wertung sei jedoch, dass die berechtigten Interessen der Minderheitsaktionäre gewahrt blieben. Dazu gehöre neben wirksamen Rechtsbehelfen gegen einen Missbrauch wirtschaftlicher Macht vor allem eine Entschädigung für den Verlust der Rechtspositionen.[301] Fraglich ist, ob die verfassungsrechtlichen Anforderungen erfüllt sind, wenn nicht alle, sondern nur die klagenden Aktionäre einen Ersatz für ihre Vermögensverluste erhalten. Jüngst hat das Bundesverfassungsgericht zu der Verfassungsmäßigkeit des Unbedenklichkeitsverfahrens bei einem Hauptversammlungsbeschluss über den Zwangsausschluss von Minderheitsaktionären im Rahmen eines Nichtannahmebeschlusses Stellung nehmen können. Es hält fest, dass das Freigabeverfahren nach §§ 327 e, 319 Abs. 6 AktG den Anforderungen von Art. 14 Abs. 1 GG gerecht wird.[302] Jedoch können aus den Ausführungen des Bundesverfassungsgericht keine Schlussfolgerungen für die vorliegende Frage gewon-

---

[296] Zum Schadensersatz gem. § 246a siehe ausführlich unten S. 70ff.

[297] *Heidel*, in: Heidel, Aktienrecht und Kapitalmarktrecht, 2. Auflage (2007), § 246a Rn. 21; zuvor bereits *Martens*, AG 2000, 301 (306); *Volhard*, in: Semler/Stengel, UmwG, 2003, § 16 Rn. 39.

[298] *Heidel*, in: Heidel, Aktienrecht und Kapitalmarktrecht, 2. Auflage (2007), § 246a Rn. 22; *Martens*, AG 2000, 301 (306); *Weiler*, Aktienrechtliches Anfechtungsrecht und Rechtsmissbrauch, 1996, S. 179.

[299] *Heidel*, in: Heidel, Aktienrecht und Kapitalmarktrecht, 2. Auflage (2007), § 246a Rn. 22; *Martens*, AG 2000, 301 (306); *Weiler*, Aktienrechtliches Anfechtungsrecht und Rechtsmissbrauch, 1996, S. 179.

[300] BVerfGE 14, 263 (281f) – *Feldmühle;* bestätigt durch BVerfGE 100, 289 (302f.) – *DAT/Altana*; BVerG ZIP 2000, 1670 (1671f.) – *Moto-Meter*.

[301] BVerfGE 14, 263 (283f).

[302] BVerfG, 1 BvR 390/04 vom 30.5.2007, http://www.bverfg.de/entscheidungen/rk20070530_1bvr039004.html, 31.

nen werden, denn bei dem Squeeze-Out existiert ja gerade ein paralleles Spruchverfahren und alle Minderheitsaktionäre kommen in den Genuss einer Abfindung. Des Weiteren hat das Bundesverfassungsgericht sich nur zur Verfassungsmäßigkeit eines Freigabebeschlusses geäußert, bei dem die Freigabe aufgrund der 2. Variante erfolgte („offensichtliche Unbegründetheit“). Die interessante Frage, welche verfassungsrechtlichen Anforderungen für die Freigabe über die Interessenabwägung bestehen, lässt es bewusst offen.[303] Grundsätzlich scheint es zweifelhaft zu sein, dass der faktische Ausschluss eines Großteils der nichtklagenden Aktionäre von materiellen Ausgleichsansprüchen den verfassungsrechtlichen Anforderungen an den Schutz des Eigentums und an den Grundsatz des effektiven Rechtsschutzes genügt.[304]

(2) Andere Ansicht: Absenkung des Aussetzungsinteresse durch Schadenersatz gem. § 246a Abs. 4 AktG

Gegen diese Meinung wird eingewandt, dass kein Rechtschutzdefizit entstehe. Denn jedem betroffenen Aktionär sei es unbenommen, gegen den Hauptversammlungsbeschluss zu klagen. Mache er von seinen Rechten nicht Gebrauch, sei er auch nicht schutzwürdig.[305] Eine ähnliche Ansicht vertrat bereits die Regierungskommission Corporate Governance: „Eine Erstreckung des Schadensersatzanspruchs des Anfechtungsklägers bei späterer Vernichtung eines eingetragenen Beschlusses, zum Beispiel im Falle einer eingetragenen und durchgeführten (Sach-) Kapitalerhöhung mit Bezugsrechtsausschluss, auf alle vom Bezugsrechtsausschluss betroffenen Aktionäre ist weder geboten noch zu befürworten. Wer als Aktionär selbst nicht Klage gegen einen anfechtbaren Beschluss erhebt, sondern ihn hinnimmt, braucht nicht entschädigt zu werden, wenn die Klage eines anderen später erfolgreich ist.“[306]

Welche Meinung vorzuziehen ist, muss mithilfe der rechtsökonomischen Analyse ermittelt werden.[307]

---

[303] BVerfG, 1 BvR 390/04 vom 30.5.2007, http://www.bverfg.de/entscheidungen/rk20070530_1bvr039004.html, 39: „Auf die Frage, ob das Gericht die Registersperre nach § 319 Abs. 6 Satz 2 Var. 3 AktG wegen überwiegender Interessen des Unternehmens oder des Hauptaktionärs auch dann aufheben darf, wenn es die Anfechtungsklage für begründet hält [...]kommt es nicht an. Eine solche Konstellation lag dem Ausgangsverfahren nicht zugrunde.“

[304] *Heidel*, in: Heidel, Aktienrecht und Kapitalmarktrecht, 2. Auflage (2007), § 246a Rn. 22; *Winter*, FS Ulmer, 2003, S. 699 (721f.).

[305] *Volhard*, in: Semler/Stengel, UmwG, 2003, § 16 Rn. 39; *Rettmann*, Die Rechtmäßigkeitskontrolle von Verschmelzungsbeschlüssen, 1998, S. 139.

[306] Bericht Regierungskommission "Corporate Governance", BT-Drucks. 14/7515, S. 78.

[307] Siehe unten, S. 260f.

bb) *Materiellrechtliche Ausgleichs- und Abfindungsansprüche*

Folgt man dagegen der Argumentation, dass lediglich kollektiv wirkende Schutzmechanismen das Aussetzungsinteresse verringern können, muss untersucht werden, ob solche bei der angegriffenen Strukturmaßnahme existieren.[308]

(1) Hauptversammlungsbeschlüsse über Unternehmensverträge

Bei Abschluss eines Beherrschungs- oder Gewinnabführungsvertrages entstehen für außenstehende Aktionäre gem. §§ 304, 305 AktG Ausgleichs- und Abfindungsansprüche. Die gewährten Abfindungs- und Ausgleichszahlungen können im Rahmen eines Spruchverfahrens für alle außenstehenden Aktionäre auf ihre Angemessenheit überprüft werden (§ 1 Nr. 1 SpruchG).

Allerdings entstehen die Ansprüche gem. §§ 304, 305 AktG nur für die außenstehenden Aktionäre der beherrschten Gesellschaft. Außenstehenden Aktionären der herrschenden Gesellschaft, deren Interessen bei einem ungünstigen Unternehmensvertrag aufgrund der Verlustübernahmepflicht ihrer Gesellschaft (§ 302 Abs.1 AktG) ebenfalls berührt werden können, fehlt dagegen die Möglichkeit gerichtlicher Überprüfung im Spruchverfahren. Halten sie beispielsweise die im Gewinnabführungsvertrag vereinbarte Ausgleichszahlung für zu hoch und deshalb unangemessen, können sie ausschließlich im Wegen der Anfechtungsklage gegen den dem Vertrag zustimmenden Hauptversammlungsbeschluss vorgehen, denn der Ausschluss des Anfechtungsgrundes der Unangemessenheit gem. § 304 Abs. 3 S. 2 AktG gilt für sie nicht.[309]

Des Weiteren gelten die Ausgleichs- und Abfindungsansprüche aus §§ 304, 305 AktG nur für die Verträge im Sinne des § 291 Abs. 1 AktG, nicht jedoch für andere Unternehmensverträge im Sinne des § 292 Abs. 1 AktG. Von besonderer Bedeutung ist deshalb der Teilgewinnabführungsvertrag gem. § 292 Abs. 1 Nr. 2 AktG. Wenn ein hoher Anteil des Gewinnes an das andere Unternehmen abgeführt wird, ist die Interessenlage für die außenstehenden Aktionäre bei einem Teilgewinnabführungsvertrag ähnlich der bei Abschluss eines Gewinnabführungsvertrages, jedoch ohne dass ein Ausgleichs- oder Abfindungsanspruch entsteht. In diesen Fällen bleibt lediglich die Anfechtungs- oder Nichtigkeitsklage.

Zusammenfassend lässt sich festhalten: Alternative vermögensrechtliche Sicherungsmechanismen existieren nur für die außenstehenden Aktionäre, wenn ein Gewinnabführungs- oder Beherrschungsvertrag abgeschlossen wurde. Dagegen besteht keine weitere Sicherung der vermögensrechtlichen Position der Aktionäre des anderen (herr-

---

[308] *Veil*, AG 2005, 567 (575 f.).

[309] MünchKommAktG/*Bilda*, § 304 Rn. 199.

schenden) Unternehmens. Gleiches gilt für außenstehende Aktionäre in einer Gesellschaft, die einen anderen Unternehmensvertrag im Sinne des § 292 Abs.1 AktG abschließt.

(2) Kapitalmaßnahmen

Bei Kapitalmaßnahmen entsteht zum Schutz der Minderheitsaktionäre kein Nachteilsausgleichsanspruch, der im Spruchverfahren überprüft werden kann. Ein solcher ist insbesondere für Kapitalerhöhungen unter Bezugrechtsausschluss gem. § 186 Abs. 4 AktG gefordert worden, um zu verhindern, dass Aktionäre, die sich gegen eine „Verwässerung" ihrer Anteile wehren wollen, ohne zugleich die Maßnahme als solche infrage zu stellen, die Anfechtungsklage erheben müssen (vgl. § 255 Abs. 2 AktG).[310]

Da bislang aber den Forderungen der Literatur nach Schaffung eines Nachteilsausgleichsanspruchs, der im Spruchverfahren überprüfbar ist, nicht nachgekommen wurde, fehlt es an einem weiteren „flankierenden Schutzsystem in Gestalt von finanziellen Kompensationsmöglichkeiten"[311].

In einer aktuellen Entscheidung erkennt das OLG Jena allerdings bei Kapitalerhöhungen aufgrund von Sacheinlagen einen ausreichenden Schutz in der Differenzhaftung des Einlegers für überbewertete Einlagen, soweit erwartet werden kann, dass diese durch die Gesellschaft geltend gemacht werden kann.[312] Das OLG Jena sieht deshalb nicht nur in den dem Aktionär selbst zustehenden Rechtsbehelfen einen Ausgleich, sondern auch in den Ansprüchen, die die Gesellschaft realisiert und die den benachteiligten Aktionären mittelbar zugute kommen.

(3) Zwischenergebnis

Nicht für jede Strukturmaßnahme, die in den Anwendungsbereich des Freigabeverfahrens fällt, existieren materielle Ausgleichs- oder Schadenersatzansprüche, die in einem Spruchverfahren überprüft werden können. Die ökonomische Analyse des Rechts muss deshalb untersuchen, inwiefern die (Nicht-) Existenz solcher Ansprüche bei der Interessenabwägung beachtet werden muss.[313]

---

[310] *Bayer*, ZHR 163 (1999), 505 (545ff.); *ders.*, ZHR 168 (2004), 132 (160); *Fritzsche/Dreier*, BB 2002, 737ff.; *Fritzsche/Dreier/Verfürth*, SpruchG, 2004, § 1 Rn. 139 ff; *Handelsrechtsausschuss des DAV*, NZG 2004, 555 (565); *Hirte*, AG 1990, 373 (375); *ders.*, ZIP 1994, 356 (360); GroßkommAktG/*ders.*, § 203 Rn. 10; *Martens*, AG 2000, 301 (308); *Schiessl*, AG 1999, 442 (446); *J.Vetter*, ZHR 168 (2004), 9ff.; *Veil*, AG 2005, 567 (572); *Wiesen*, ZGR 1990, 503 (506 f.); *Winter*, FS Ulmer, 2003, S. 699 (719ff.); *Winter*, in: FS Happ, 2006, S. 363 (372 ff.).

[311] *Veil*, AG 2005, 567 (576).

[312] OLG Jena 2006, 1989 (1997).

[313] Vgl. ausführlich unten, S. 260ff.

IV. Zwischenergebnis zu B.

Die Eintragung kann unter drei Voraussetzungen freigegeben werden, nämlich wenn die Beschlussmängelklage unzulässig ist, offensichtlich unbegründet ist oder das Interesse am Vollzug gegenüber der Aussetzung überwiegt. Für die offensichtliche Unbegründetheit ist der Aufwand, der für die rechtliche Bewertung notwendig ist, unbeachtlich. Insbesondere die Freigabe über die Interessenabwägung wirft zahlreiche Fragen auf. Nach dem Willen des Gesetzgebers soll der gerügte Mangel als gegeben unterstellt werden. Dies kollidiert mit einigen Stimmen in der Literatur, die die Erfolgsaussichten bei der Abwägung berücksichtigen wollen. Unsicherheit herrscht darüber hinaus bei der Frage, ob ein niedriger Aktienbesitz der Antragsgegner das Aussetzungsinteresse mindern kann. Schließlich ist ungeklärt, ob der Schadenersatzanspruch, der entsteht, wenn die Beschlussmängelkläger in der Hauptsache erfolgreich sind, bei der Abwägung berücksichtigt werden kann. Ebenso stellt sich die Frage, ob flankierender Vermögensschutz über materiellrechtliche Abfindungs- und Ausgleichsansprüche Einfluss auf das Tatbestandsmerkmal der Schwere der Rechtsverletzung hat. Alle aufgeworfenen Fragen müssen im zweiten Teil mithilfe des rechtsökonomischen Instrumentariums beantwortet werden.[314]

C. Gerichtliches Verfahren (§ 246a Abs. 3 AktG)

I. Zuständiges Gericht

Für die Freigabeentscheidung ist das Prozessgericht zuständig (§ 246a Abs. 1 AktG). In der Regel ist dies identisch mit dem für die Anfechtungs- oder Nichtigkeitsklage sachlich zuständigen Landgericht (§§ 246a Abs. 3 S. 1, 249 Abs. 1 S. 1 AktG). Die örtliche Zuständigkeit richtet sich nach dem Sitz der Gesellschaft (§ 5 Abs. 1 AktG).[315]

Unklarheit herrschte bislang allerdings in den Fallgestaltungen, in denen die Beschlussmängelklage bei dem an sich örtlich unzuständigen Gericht rechtshängig ist. Der Gesetzeswortlaut der bereits vor dem In-Kraft-Treten des UMAG existierenden Unbedenklichkeitsverfahren setzt die Zuständigkeit explizit voraus („zuständiges Prozessgericht", § 16 Abs. 3 S. 1 UmwG; „für diese Klage zuständigem Landgericht", § 319 Abs. 6 S.1 AktG). Daraus schließen einige Stimmen in der Literatur, dass allein das eigentlich in der Hauptsache zuständige Gericht über die Freigabe entscheiden

---

[314] Siehe dazu die Ausführungen im 11. Kapitel, S. 256ff.

[315] *Hüffer*, AktG, 7. Auflage (2006), § 246a Rn. 5.

kann.[316] Dagegen wird angeführt, dass das Gericht gemeint sei, das sich mit der Beschlussmängelklage in der Hauptsache tatsächlich befasse.[317]

Im neuen Freigabeverfahren wird dagegen allein auf das Prozessgericht Bezug genommen, ohne dass die Zuständigkeit explizit vorausgesetzt wird (§ 246a Abs. 1 S. 1 AktG). Daraus lässt sich folgern, dass jedenfalls im neuen Freigabeverfahren allein das Gericht zuständig sein soll, das sich tatsächlich in der Hauptsache mit der Beschlussmängelklage befasst.[318] Darüber hinaus wird so auch dem praktischen Bedürfnis nach einer Vermeidung der Zuständigkeitsspaltung Rechnung getragen.[319]

II. Beweismaß

Die Tatsachen, die den Erlass begründen, sind glaubhaft zu machen (§ 246a Abs. 3 S. 2 AktG). Es genügt also, dass der Richter die behauptete Tatsache für überwiegend wahrscheinlich hält. Gem. § 294 Abs. 1 ZPO ist auch die Versicherung an Eides Statt als Beweismittel zulässig. Nicht präsente Beweismittel sind nicht statthaft (§ 294 Abs. 2 ZPO).

III. Entscheidung

Das Gericht entscheidet durch Beschluss gem. § 246a Abs. 1 AktG. Eine mündliche Verhandlung ist in dringenden Fällen entbehrlich (§ 246a Abs. 3 S. 1 AktG).

IV. Rechtsmittel

Gegen den Freigabebeschluss ist die sofortige Beschwerde gem. §§ 246a Abs. 3 S. 3 AktG, 567 Abs. 1 Nr. 1 ZPO statthaft. Das Rechtsmittel muss innerhalb der Notfrist von zwei Wochen eingelegt werden (§ 569 Abs. 1 S. 1 ZPO). Das Beschwerdegericht entscheidet gem. § 572 Abs. 4, 128 Abs. 4 ZPO über die sofortige Beschwerde grundsätzlich ohne mündliche Verhandlung. § 246a Abs. 3 S. 1 AktG gilt nur für die erste Instanz.[320]

---

[316] *Bork*, in: Lutter, UmwG, 3. Auflage (2004), § 16 Rn. 24; *Frohnhöfer*, in: Widman/Mayer, Umwandlungsrecht, § 16 Rn. 113; *Kösters*, WM 2000, 1921 (1922).

[317] Münch.Hdb.GesR IV/*Krieger* § 73 Rn. 23; *Rettmann*, Die Rechtmäßigkeitskontrolle von Verschmelzungsbeschlüssen, 1998, S. 105f.; *Riegger/Schockenhoff*, ZIP 1997, 2105 (2112f).

[318] A. A. aber wohl *Seibert/Schütz*, ZIP 2004, 252 (257) in Fußnote 29.

[319] *Riegger/Schockenhoff*, ZIP 1997, 2105 (2112f).

[320] OLG Jena ZIP 2006, 1989 (1991); *Regierungsentwurf UMAG*, BT-Drucks. 15/5092, S. 28; *Hüffer*, AktG, 7. Auflage (2006), § 246a Rn. 5.

Gegen die Entscheidung des Instanzgerichts ist eine Rechtsbeschwerde nunmehr gesetzlich gem. § 246a Abs. 3 S. 4 AktG ausgeschlossen.[321] Zuvor hatte bereits der BGH eine Rechtsbeschwerde für unzulässig gehalten[322]; es handelt sich also um eine bloße Klarstellung.[323]

V. Entscheidungsfrist

Gem. § 246a Abs. 3 S. 5 Halbs. 1 AktG soll das Prozessgericht innerhalb von drei Monaten nach Antragstellung über die Freigabe entschließen. Es handelt sich dabei um keine zwingend bindende Zeitvorgabe, jedoch muss das Prozessgericht eine Verzögerung durch einen an die Parteien zu richtenden unanfechtbaren Zwischenbescheid konkret begründen (§ 246a Abs. 3 S.5 Halbs. 2 AktG).[324] Die Begründung darf nicht erst in der verspäteten Entscheidung über den Freigabeantrag ergehen.[325] Weitere Sanktionen trifft das Gesetz jedoch nicht.[326] Der Gesetzgeber folgte mit dieser Regelung einem Vorschlag der Regierungskommission Corporate Governance.[327]

Der Bundesrat wehrte sich in seiner Stellungnahme gegen die Einführung einer solchen Frist: Bei dem Freigabeverfahren handele es sich um ein Eilverfahren, so dass das Gericht ohnehin verpflichtet sei, das Verfahren zügig abzuschließen. Der gerichtlichen Praxis würden mit der Begründungspflicht zusätzliche Arbeitsbelastungen auferlegt, die eher zu einer Verlängerung als zu einer Verkürzung führen würden. Schließlich gebe es auch keine vergleichbare Fristsetzung in den bereits existierenden Unbedenklichkeitsverfahren.[328] Mittlerweile sind allerdings entsprechende Fristen auch in den anderen umwandlungs- und aktienrechtlichen Unbedenklichkeitsverfahren eingeführt worden (§ 16 Abs. 3 S.4 UmwG; § 319 Abs. 6 S.4 AktG).[329]

Von anderer Seite wurde dagegen nur die Fristlänge kritisiert. Selbst wenn sich Gerichte an die Zeitvorgabe halten, wird damit weiterhin eine Maßnahme um mindestens

---

[321] § 246a Abs.3 Satz 4 wurde mit Wirkung vom 25.4.07 durch Art.3 Nr.4 des Zweiten Gesetzes zur Änderung des Umwandlungsgesetzes vom 19.4.2007 (BGBl. I 2007, 542) eingefügt.

[322] BGH ZIP 2006, 1151 – *T-Online/Deutsche Telekom*; dazu *Waclawik*, ZIP 2006, 1428ff.

[323] A. A. *Heidel*, in: Heidel, Aktienrecht und Kapitalmarktrecht, 2. Auflage (2007), § 246a Rn. 27.

[324] *Regierungsentwurf UMAG*, BT-Drucks. 15/5092, S. 28; *Seibert/Schütz*, ZIP 2004, 252 (258).

[325] *Schwab*, in: K. Schmidt/ Lutter, AktG, 2008, §246a Rn. 18.

[326] Kritisch hierzu: *Jahn*, BB 2005, 5 (9), der sich gegen die Unanfechtbarkeit des Beschlusses ausspricht.

[327] Bericht Regierungskommission "Corporate Governance", BT-Drucks. 14/7515, S. 79, Rn. 155 f.

[328] BT-Drucks. 15/5092, S. 39.

[329] Zweites Gesetz zur Änderung des Umwandlungsgesetzes v. 19.4.2007, BGBl I, 542.

8 – 10 Monate verzögert.[330] In der bisherigen Praxis scheint sich dagegen eine noch längere Dauer von mindestens 12 Monaten abzuzeichnen.[331] Dies widerspreche dem Charakter des Freigabeverfahrens als Eilverfahren und die dadurch verursachte Verzögerung sei den Gesellschaften nicht zumutbar.[332]

VI. Anwendbares Verfahrensrecht

Nach ganz einhelliger – und nun auch in der Gesetzesbegründung zum UMAG bestätigter – Meinung sollen die Verfahrensvorschriften der ZPO und nicht die des FGG Anwendung finden.[333] Dies ist allerdings insoweit erstaunlich, als durch die Entscheidung des Prozessgerichts eine registergerichtliche Entscheidung substituiert wird. Für das Verfahren vor dem Registergericht finden dagegen die Vorschriften des FGG und mithin insbesondere der Amtsermittlungsgrundsatz gem. § 12 FGG Anwendung, während im ZPO-Verfahren grundsätzlich die Dispositionsmaxime gilt. Es wäre also nicht abwegig gewesen, für die Freigabeentscheidung ebenfalls die Verfahrensordnung der freiwilligen Gerichtsbarkeit anzuordnen.

D. Schadenersatz (§ 246a Abs. 4 AktG)

Als Ausgleich für die dauerhafte Bestandskraft eines mängelbehafteten Beschlusses entsteht im Falle des Erfolgs im Hauptsacheprozess ein monetärer Schadenersatzanspruch gem. § 246a Abs. 4 AktG auf Ersatz des durch die Eintragung entstandenen Schadens. Naturalrestitution im Sinne von § 249 Abs. 1 BGB ist gem. § 246a Abs. 4 S. 4 AktG ausgeschlossen, um zu verhindern, dass über diesen Umweg die Bestandskraft ausgehebelt wird.

Auch das umwandlungsrechtliche Umwandlungsverfahren kennt diesen Anspruch (§ 16 Abs. 3 S. 6 UmwG). In der Praxis ist er allerdings – soweit ersichtlich – kaum relevant geworden. Die meisten Beschlussmängelklagen werden im Hauptsacheverfah-

---

[330] Vgl. *Diekmann/Leuering*, NZG 2004, 249 (254) begründen dies mit folgender Rechnung in Fn. 60: „Einmonatige Anfechtungsfrist (§ 246 I AktG) zzgl. „demnächst" erfolgter Zustellung (§ 167 ZPO, Vorb. § 270 III ZPO - diese kann in der Praxis durchaus ein bis zwei Monate nach Ablauf der Klagefrist erfolgen), Vorbereitungszeit für die Antragsschrift, Dreimonatsfrist für die gerichtliche Entscheidung über den Antrag [...], Notfrist von zwei Wochen für die sofortige Beschwerde (§ 569 I1 ZPO), Dreimonatsfrist für die gerichtliche Entscheidung über die sofortige Beschwer".

[331] So schon zum umwandlungsrechtlichen Unbedenklichkeitsverfahren *Kiem*, ZIP 1999, 174 (175): „bis zu zwei Jahren".

[332] *Diekmann/Leuering*, NZG 2004, 249 (254).

[333] *Regierungsentwurf UMAG*, BT-Drucks. 15/5092, S. 28; *Seibert/Schütz*, ZIP 2004, 252 (257); *Tielmann*, in: Happ, Aktienrecht, 3. Auflage (2007), 18.02 Rn. 2; *Spindler*, NZG 2005, 825 (830).

ren nicht mehr weiter verfolgt, wenn die Verschmelzung freigegeben wurde.[334] Allerdings folgt daraus nicht automatisch, dass der Schadenersatzanspruch gem. § 246a Abs.4 S. 1 AktG ebenfalls irrelevant ist. Denn anders als bei Verschmelzungen[335] kann bei Kapitalmaßnahmen die zugrundeliegende Bewertung nicht im Spruchverfahren überprüft werden, so dass insbesondere bei einer Verwässerung der Anteile der Anspruch der „letzte Rettungsanker" des Anfechtungsklägers bleibt. Deswegen mag bei Bewertungsrügen die Fortführung des Hauptsacheverfahrens attraktiver erscheinen.

I. Anspruchsvoraussetzungen

1) Beschränkung der Anspruchsberechtigung auf den Antragsgegner

Anspruchsberechtigt ist lediglich der Antragsgegner des Freigabeverfahrens. Antragsgegner im Freigabeverfahren ist der Anfechtungs- oder Nichtigkeitskläger der Hauptsache. Der Nebenintervenient der Anfechtungsklage ist dagegen nicht Antragsgegner und deshalb auch nicht berechtigt, den Anspruch geltend zu machen.[336]

Der Gesetzgeber hat sich also dazu entschlossen, den Anspruch nicht auf alle durch die Bestandskraft benachteiligten Aktionäre auszudehnen, sondern lediglich auf die klagenden Aktionäre. Diese Konzeption geht offenbar auf Erwägungen der *Regierungskommission Corporate Governance* zurück.[337]

---

[334] *Bayer*, in: Gesellschaftsrechtliche Vereinigung (Hrsg.), Gesellschaftsrecht in der Diskussion 1999, 2000, S.35 (50).

[335] Allerdings gilt § 14 Abs. 2 UmwG nicht für die Anteilsinhaber der übernehmenden Gesellschaft. Sie können sich deshalb gegen ein für sie ungünstiges Umtauschverhältnis nur mit der Anfechtungsklage wehren. Auch in diesen Fällen kann die aufnehmende Gesellschaft ein Unbedenklichkeitsverfahren betreiben. Wenn sich nach dem erfolgreichen Unbedenklichkeitsverfahren nunmehr herausstellt, dass eine Anfechtungsklage wegen eines unrichtigen, für ihn ungünstigen, Umtauschverhältnisses erfolgreich ist, können die benachteiligten Aktionäre keinerlei Kompensation über ein Spruchverfahren erlangen. Dass in diesen Fällen keine Schadenersatzansprüche gem. § 16 Abs. 3 S.6 UmwG geltend gemacht werden, kann sich daraus ergeben, dass die Gerichte in dieser Konstellation selten die Unbedenklichkeit erklären. Die Gesellschaften minimieren darüber hinaus die Risiken dauerhafter Blockaden, indem die Anteile beider Gesellschaften auf eine neu gegründete NewCo hoch verschmolzen werden, die als übernehmender Rechtsträger fungiert.

[336] Hierzu bereits oben, S. 22f.

[337] *Bericht Regierungskommission "Corporate Governance"*, BT-Drucks. 14/7515, S. 78: „Eine Erstreckung des Schadensersatzanspruchs des Anfechtungsklägers bei späterer Vernichtung eines eingetragenen Beschlusses, zum Beispiel im Falle einer eingetragenen und durchgeführten (Sach-) Kapitalerhöhung mit Bezugsrechtsausschluss, auf alle vom Bezugsrechtsausschluss betroffenen Aktionäre ist weder geboten, noch zu befürworten. Wer als Aktionär selbst nicht Klage gegen einen anfechtbaren Beschluss erhebt, sondern ihn hinnimmt, braucht nicht entschädigt zu werden, wenn die Klage eines anderen später erfolgreich ist."

Diese ist allerdings nicht unproblematisch, denn ohne Freigabebeschluss profitieren aufgrund der Inter-Omnes-Wirkung des Anfechtungsurteils auch Aktionäre von der Rechtsdurchsetzung, die nicht gegen den Beschluss geklagt haben. Warum diese „institutionelle Funktion" der Anfechtungsklage mit dem Freigabebeschluss obsolet wird, ist nicht ersichtlich.[338]

Eine solche Reduktion auf reinen Individualschutz könne nur dann gerechtfertigt sein, wenn zugleich eine entsprechende Ausweitung der Tatbestände eines Nachteilsausgleichsanspruchs, der in einem Spruchverfahren überprüft werden könne, vorgenommen werde, kritisieren Stimmen in der Literatur.[339]

2) Erfolg in der Hauptsache

Die Anfechtungs- oder Nichtigkeitsklage muss begründet sein. Die Anfechtungs- oder Nichtigkeitsklage erledigt sich nicht mit dem Freigabebeschluss, denn die Feststellung oder Nichtigerklärung kann auch weiterhin tenoriert werden.[340] Sie entfaltet allerdings aufgrund der Bestandskraft der Eintragung keine Wirkung.

Die *Regierungskommission Corporate Governance* argumentiert, der Schadenersatzanspruch werde kaum relevant werden, „da die Gerichte in der Sache im Freigabeverfahren wie im Hauptsacheverfahren in gleichem Sinne entscheiden werden".[341] Diese Annahme übersieht jedoch, dass Prüfungsinhalt und Prüfungsmaßstab im Freigabeverfahren und im Hauptsacheverfahren erheblich auseinanderfallen können. Ein Freigabebeschluss kann selbst bei offensichtlicher Begründetheit der Beschlussmängelklage erfolgen, nämlich wenn das Vollzugsinteresse gegenüber dem Aussetzungsinteresse der Gesellschaft überwiegt.[342] Während im Freigabeverfahren eine Abwägungsentscheidung zu treffen ist, ist im Anfechtungs- oder Nichtigkeitsprozess eine Rechtmäßigkeitskontrolle durchzuführen. Hinzu kommt, dass ein unterschiedliches Beweismaß im Eilverfahren (Glaubhaftmachung) und in der Hauptsache (Vollbeweis) besteht. Divergierende Entscheidungen sind deshalb selbstverständlich denkbar.

---

[338] *Winter*, in: FS Ulmer, 2003, S. 699, 718.

[339] *Winter*, in: FS Ulmer, 2003, S. 699, 718; *Heidel*, in: Heidel, Aktienrecht und Kapitalmarktrecht, 2. Auflage (2007), § 246a Rn. 31.

[340] Dazu bereits oben, S. 45.

[341] Bericht Regierungskommission "Corporate Governance", BT-Drucks. 14/7515, S. 78.

[342] Zu dieser Variante siehe oben, S. 54ff.

3) Kausalität

Des Weiteren muss der Hauptversammlungsbeschluss im Handelsregister eingetragen worden sein, und das Prozessgericht muss die Eintragung freigegeben haben. Nach dem Gesetz muss die Eintragung auf dem Freigabebeschluss „beruhen" (§ 246a Abs. 4 S.1 AktG). Der Freigabebeschluss ist allerdings nicht kausal für die Eintragung, wenn er erst nach dieser erfolgte. Ein Freigabebeschluss kann nach der Gesetzesbegründung und der überwiegenden Ansicht in der Literatur auch nach der Eintragung erfolgen, um diesen mit Bestandskraft auszustatten.[343] Nun stellt sich die im Schrifttum bislang nicht diskutierte Frage, ob auch in diesen Fällen ein Schadenersatzanspruch gem. § 246a Abs. 4 AktG entsteht. Bei strenger Auslegung des Wortlauts erscheint in diesem Fall ein Anspruch ausgeschlossen.

Allerdings könnte eine analoge Anwendung in Betracht kommen. Für eine planwidrige Regelungslücke spricht, dass der Gesetzgeber die Freigabe nach Eintragung zwar für möglich hielt[344], aber die Konsequenzen, die sich daraus für den Schadenersatzanspruch gem. § 246a Abs. 4 AktG ergeben, in keiner Weise erörtert. Hätte er sich bewusst gegen einen Schadenersatzanspruch im Falle des Freigabebeschlusses nach der Eintragung entschieden, hätte er sich dazu geäußert. Zudem müsste eine vergleichbare Interessenlage vorliegen. Denn der Schadenersatzanspruch gem. § 246a Abs. 4 AktG soll Ausgleich für die dauerhafte Bestandskraft gewähren. Diese entsteht aber unabhängig davon, ob der Freigabebeschluss vor oder nach der Eintragung erfolgt. Mithin kann eine Analogie aufgrund planwidriger Regelungslücke und vergleichbarer Interessenlage bejaht werden.

4) Kein Verschulden

Der Schadensersatzanspruch entsteht verschuldensunabhängig.[345]

II. Inhalt und Umfang

Es ist der Schaden zu ersetzen, der haftungsbegründend kausal durch die Eintragung entstanden ist. Die Naturalrestitution gem. § 249 Abs. 1 BGB ist allerdings gem. § 246a Abs. 4 S. 2 AktG ausgeschlossen.[346] Nach § 251 BGB ist die Entschädigung in Geld zu gewähren.

---

[343] Vgl. oben, S. 18.

[344] *Regierungsentwurf UMAG*, BT-Drucks. 15/5092, S. 27.

[345] *Hüffer*, AktG, 7. Auflage (2006), § 246a Rn. 6.

[346] Wörtlich in § 246a Abs. 4 S. 2 2.Hs. „die Beseitigung dieser Wirkung der Eintragung kann auch nicht als Schadenersatz verlangt werden.", womit aber nicht jeder Schadenersatzanspruch ausge-

Dazu soll die Vermögenslage des Antragsgegners (des Klägers) vor der Eintragung mit der Vermögenslage nach der Eintragung verglichen werden.[347] Ein Schaden ist nur gegeben, wenn der Kläger ohne die Eintragung eine bessere Vermögenslage ausweist als mit der Eintragung.[348] Überwiegend werden zwei mögliche Schadenspositionen identifiziert, die Prozesskosten und ein „Verwässerungsschaden".

1) Prozesskosten

Zu § 16 Abs. 3 UmwG vertritt die Literatur die Ansicht, dass hierunter typischerweise lediglich die vergeblichen Prozesskosten der Anfechtungsklage fielen, weitere Schäden dagegen nicht denkbar seien.[349] Zum Teil wird sogar angenommen, dass der Anspruch nicht die Kosten des Antragsgegners aus dem Freigabeverfahren ersetze. Denn diese seien nicht kausal „durch die Eintragung" entstanden.[350] Jedoch ist auch diesbezüglich eine analoge Anwendung interessengerecht.[351]

2) Verwässerungsschaden

In der Kommentarliteratur zum UmwG wird dagegen die *„Verwässerung"* der Anteile durch ein unrichtiges Umtauschverhältnis und dem damit verbundenen Wertverlust kaum als ersatzfähiger Schaden diskutiert.[352] Dies mag mit der Möglichkeit alternativer Kompensation zusammenhängen:

a) Gesetzgeber und Teile der Literatur: Ersatz des Verwässerungsschaden

Nach der Regierungsbegründung zum UMAG soll nun bei Kapitalerhöhungen unter Bezugrechtsausschluss auch der „Verwässerungschaden", der bei dem klagenden Aktionär entstanden ist, von dem zu ersetzenden Schaden umfasst sein.[353] Von einigen

schlossen werden soll, vgl. hierzu *Hirte*, ZIP 2004, 1091 (1092), dessen Ausführungen sich aber noch auf den Referentenentwurf stützen.

347 *Frohnhöfer*, in: Widman/Mayer, Umwandlungsrecht, § 16 Rn. 216; *Kösters*, WM 2000, 1921 (1929).

348 *Frohnhöfer*, in: Widman/Mayer, Umwandlungsrecht, § 16 Rn. 216.

349 *Bork*, in: Lutter, UmwG, 3. Auflage (2004), § 16 Rn. 34.

350 *Fronhöfer* in: Widman/Mayer, Umwandlungsrecht, Rn. 217; a. A. *Bork*, in: Lutter, UmwG, 3. Auflage (2004), § 16, Rn. 33.

351 *Rettmann*, Die Rechtmäßigkeitskontrolle von Verschmelzungsbeschlüssen, 1998, S. 181ff. Für Kostenerstattung *Schwab*, in: K. Schmidt/ Lutter, AktG, 2008, §246a Rn. 31.

352 Soweit ersichtlich nur *Martens*, AG 2000, 301 (306).

353 *Regierungsentwurf UMAG*, BT-Drucks. 15/5092, S. 28.

Stimmen in der rechtswissenschaftlichen Literatur wird dies akzeptiert.[354] Wörtlich heißt es: „Bei fehlerhaften Kapitalerhöhungen ist auch ein Verwässerungsschaden möglich, der sich freilich bei Kleinstaktionären weniger auswirken wird als bei nennenswert beteiligten Aktionären“[355]. Die Begründung des Referentenentwurfs zum UMAG enthielt diese Sätze noch nicht.[356] Die Vermutung liegt nahe, dass die heftige Kritik der Wissenschaft[357] an dem Fehlen eines materiellrechtlichen Ausgleichsanspruchs bei bestandskräftigen Kapitalerhöhungen unter Bezugsrechtsausschluss hierzu führte.

b) Andere Ansicht: Verwässerungsschaden als mittelbarer Schaden nicht ersatzfähig

Von Teilen der Literatur wird bezweifelt, ob der „Verwässerungsschaden“ tatsächlich gem. § 246a Abs. 4 AktG zu ersetzen ist. Dabei ist insbesondere fraglich, inwieweit entgegensteht, dass es sich zum einen um einen mittelbaren Schaden handelt. Zudem könnten die Grundsätze der Kapitalerhaltung durch eine Schadenersatzleistung aus dem Gesellschaftsvermögen verletzt werden.

So argumentiert *Veil*, es handele sich bei einem Verwässerungsschaden lediglich um einen „Entwertungsschaden“, der sich beim Aktionär reflexiv auswirke (*Reflexschaden/mittelbarer Schaden*). Deshalb sei er grundsätzlich nicht ersetzbar.[358] § 117 Abs. 2 S. 2 AktG normiert diesen Rechtsgedanken ausdrücklich. Aktionäre haben keinen Anspruch, soweit es sich lediglich um den Wertverlust der eigenen Anteile infolge der Schädigung der AG handelt.[359] Für diese Ansicht spricht auch die bisherige Rechtsprechung des BGH. Dieser hat regelmäßig den Ersatz von Vermögensschäden, die sich aus einer geringeren Werthaltigkeit der Anteile der Aktionäre ergeben, mit der Begründung abgelehnt, dass es sich in diesen Fällen um lediglich mittelbare Schäden handele, die nicht zu ersetzen seien.[360] Stattdessen soll die Beseitigung des Schadens durch Zahlungen an die Gesellschaft erfolgen.[361] Allenfalls aus dem Fehlen eines Aus-

---

[354] *Hüffer*, AktG, 7. Auflage (2006), § 246a Rn. 6; *Spindler*, NZG 2005, 825 (830); *Tielmann*, in: Happ, Aktienrecht, 3. Auflage (2007), 18.02 Rn. 10.

[355] *Regierungsentwurf UMAG*, BT-Drucks. 15/5092, S. 28.

[356] *Referententwurf UMAG*, abrufbar unter http://www.jura.uni-augsburg.de/prof/moellers/materialien/materialdateien/040_deutsche_gesetzgebungsgeschichte/umag_geschichte/umag_geschichte_pdfs/01_umag_refentw_2004_01.pdf, (Stand 20.7. 2007), S. 48.

[357] *Meilicke/Heidel*, DB 2004, 1479 (1484).

[358] *Veil*, AG 2005, 567 (572).

[359] *Hüffer*, AktG, 7. Auflage (2006), § 117 Rn. 9.

[360] BGHZ 129, 136 (165) – *Girmes*; BGHZ 94, 55 (58ff.).

[361] BGHZ 129, 136 (165) – *Girmes*.

schlusses von mittelbaren Schäden, wie sie in der Regelung § 117 Abs. 2 S. 2 AktG vorgesehen ist, ließe sich im Umkehrschluss folgern, dass auch Reflexschäden umfasst werden. Mit der Ablehnung des Ersatzes mittelbarer Schäden soll vermieden werden, dass Aktionäre *doppelt entschädigt* werden. Zum einen darüber, dass die Gesellschaft ihren Anspruch realisiert, der ihnen mittelbar über die Wertsteigerung ihrer Anteile zugute kommt, und zum anderen persönlich, durch den Ausgleich des Reflexschadens. In einem aktuellen Fall kommt es genau zu diesem Konflikt. Konkret geht es um das Verhältnis von Differenzhaftung und Schadenersatzanspruch. Das OLG Jena hatte jüngst über die Beschwerde gegen die Freigabe einer gemischten Bar- und Sachkapitalerhöhung zu entscheiden.[362] Obwohl es in diesem Fall eine analoge Anfechtbarkeit gem. § 255 Abs. 2 AktG wegen überbewerteter Sacheinlage nicht für ausgeschlossen hielt, wies es die Beschwerde wegen vorrangigem Vollzugsinteresse der Gesellschaft ab und verwies die klagenden Aktionäre auf die Differenzhaftung des Sacheinlegers gegenüber der Gesellschaft.[363] Diese treffe den Sacheinleger, wenn sich später herausstellen sollte, dass die Sacheinlage überbewertet sei und erwartet werden könne, dass diese in dem konkreten Fall geltend gemacht werde.[364] Unbeantwortet ließ das OLG Jena aber die Frage, ob durch die Differenzhaftung des Einlegers zugleich der Schadenersatz der klagenden Aktionäre gem. § 246a AktG ausgeschlossen wird. Denn könnte beides geltend gemacht werden, käme es zu einer doppelten Kompensation des Anfechtungsklägers: Zum einen durch den Schadenersatzanspruch aus § 246a Abs. 4 AktG und später noch durch die Beseitigung der „Verwässerung" auf Gesellschaftsebene durch die realisierte Differenzhaftung des Sacheinlegers. Das Verhältnis von Schadenersatzanspruch gem. § 246a Abs. 4 AktG zu der Differenzhaftung ist mithin ungeklärt. Ein vergleichbares Problem stellt sich bei den Strukturmaßnahmen, bei denen das materielle Recht konzernrechtliche Ausgleichspflichten des herrschenden Unternehmens vorsieht (z.B. §§ 304 Abs. 1, 305 Abs. 1, 317 Abs. 1, 320 AktG). Auch in diesen Fällen muss eine doppelte Kompensation vermieden werden.[365]

Die Ersatzfähigkeit von „Verwässerungsschäden" ist aber auch im Hinblick auf eine *Kollision mit den Kapitalerhaltungsvorschriften* problematisch. Ein Ersatz des „Verwässerungsschadens" könnte gegen das Verbot der Einlagenrückgewähr gem. § 57 AktG verstoßen. Denn Empfänger der Schadenersatzleistung sind ausschließlich

---

[362] OLG Jena ZIP 2006, 1989.

[363] OLG Jena ZIP 2006, 1989 (1997).

[364] OLG Jena ZIP 2006, 1989 (1997).

[365] Allerdings ist dieses Problem durch das parallele Spruchverfahren deutlich entschärft. Denn in diesen Fällen ist die Anfechtungsklage wegen einer Bewertungsrüge von vornherein ausgeschlossen. Die Kollision zwischen materiellen Ausgleichsansprüchen und dem prozessualen Schadenersatzanspruch wird damit weitgehend vermieden.

Aktionäre und die Zahlung erfolgt gerade in Bezug auf die Mitgliedschaft.[366] Die daraus resultierende Problematik wird insbesondere bei dem Ausgleichsanspruch gem. § 243 Abs. 2 S. 2 AktG erörtert.[367] Diese Norm sieht vor, dass der Anfechtungsgrund wegen Sondervorteilen entfallen kann, wenn den benachteiligten Aktionären ein angemessener Ausgleich gewährt wird. Es wird argumentiert, dass ohne teleologische Reduktion die, zum Schutze der Gläubiger bestehenden, Kapitalerhaltungsvorschriften umgangen werden könnten. Konsequenterweise müssten diese Argumente auch für den Schadenersatzanspruch gem. § 246a Abs. 4 AktG gelten, denn auch in diesem Fall wird ein Nachteilsausgleichsanspruch gewährt, der einen rechtswidrigen Sondervorteil ausgleicht. Während § 243 Abs. 2 S.2 AktG die Rechtswidrigkeit bereits von vornherein entfallen lässt, normiert § 246a Abs. 4 AktG einen nachträglichen Anspruch im Falle der Rechtswidrigkeit. Die beiden Normen weisen damit gewisse Ähnlichkeiten auf.

Eine Ansicht löst den Konflikt zwischen § 246a Abs. 4 AktG und § 57 AktG, indem sie annimmt, § 246a Abs. 4 AktG bilde eine lex specialis zu § 57 AktG, so dass kein Verstoß gegen das aktienrechtliche Verbot der Einlagenrückgewähr vorliege.[368] Freilich ist dies eine rein formale Betrachtung, denn die Zweckbindung des Gesellschaftskapitals wird damit umgangen.[369] Deshalb wird argumentiert, dass grundsätzlich bei rechtswidrigen Eingriffen in die Beteiligung des Aktionärs Ausgleichszahlungen nicht aus dem Gesellschaftsvermögen erfolgen dürfen, sondern zwischen den Aktionären erfolgen sollten.[370] Diese Ansicht stützt sich insbesondere auf die kodifizierten konzernrechtlichen Ausgleichspflichten gem. §§ 304 Abs. 1, 305 Abs. 1, 317 Abs. 1, 320 AktG, die nicht die Gesellschaft, sondern das herrschende Unternehmen zur Zahlung verpflichten.[371] Daraus lasse sich ableiten, dass richtiger Anspruchsgegner immer der Mehrheitsgesellschafter sein müsse, der den sachlich nicht gerechtfertigten Eingriff vorgenommen habe.[372]

---

[366] So allgemein zu Zahlungen der Gesellschaft bei rechtswidrigen Eingriffen in die Beteiligung eines Aktionärs *Hirte*, Bezugsrechtsausschluß und Konzernbildung, 1986, S. 241.

[367] *Hüffer*, AktG, 7. Auflage (2006), § 243 Rn. 40; KK-AktG/*Zöllner*, § 243 Rn. 242; GroßkommAktG/*Schmidt*, § 243 Rn. 60.

[368] *Handelsrechtsausschuss des DAV*, Stellungnahme zum Referentenentwurf eines Gesetzes zur Unternehmensintegrität und Modernisierung des Anfechtungsrechts (UMAG), NZG 2004, 555 (565).

[369] Ausführlich zu möglichen Lösungskonzepten: *J. Vetter*, ZHR 168 (2004), 9 (40ff.).

[370] *Hirte*, Bezugsrechtsausschluß und Konzernbildung, 1986, S. 241 ff m. w. Nachw.

[371] *Hirte*, Bezugsrechtsausschluß und Konzernbildung, 1986, S. 241.

[372] *Hirte*, Bezugsrechtsausschluß und Konzernbildung, 1986, S. 242.

Akzeptiert man trotz dieser Ungereimtheiten, dass der Schadenersatzanspruch aus § 246a Abs. 4 AktG auch Wertverluste der Aktien infolge der Verwässerung umfasst, so entsteht durch die „prozessuale Hintertür“ ein Nachteilsausgleichsanspruch, der für das materielle Recht zwar von zahlreichen Autoren gefordert wird[373], der aber von der *Regierungskommission Corporate Governance* abgelehnt[374] und auch nicht durch das UMAG eingeführt wurde. Der Schadenersatzanspruch des § 246a Abs. 4 AktG, der auch Verwässerungsschäden umfasst, verlagert damit Fragen der Bewertung in einen Schadensersatzprozess vor ein Prozessgericht, das die Regeln des Verfahrens der ordentlichen Gerichte anwendet, statt ein Spruchverfahren zur Überprüfung der Bewertung bereitzustellen, für den das FGG-Verfahren gilt.

Die endgültige Entscheidung über den Inhalt des ersatzfähigen Schaden muss – entsprechend dem hier gewählten methodischen Ansatz – der ökonomischen Analyse vorbehalten bleiben.[375]

III. Darlegungs- und Beweislast

Nach den allgemeinen Beweisregeln trägt der Antragsgegner als Anspruchssteller die Darlegungs- und Beweislast für alle anspruchsbegründenden Tatsachen. D.h. der Anfechtungs- oder Nichtigkeitskläger muss insbesondere den Schaden und die haftungsausfüllende Kausalität zwischen Schaden und Eintragung darlegen.

Die Geltendmachung von Prozesskosten ist unproblematisch möglich. Weit höher sind die Hürden, die der Beschlussmängelkläger überwinden muss, um die „Verwässerung“ seiner Anteile substantiiert darzulegen. Hierfür ist eine Unternehmensbewertung notwendig. Die dafür erforderlichen Informationen liegen aber üblicherweise in der Hand der Gesellschaft und sind erst durch aufwendige Gutachten zu ermitteln.

Es wird deshalb vertreten, dass die Gerichte den Beweisschwierigkeiten der Antragsgegner durch eine Schadensschätzung gem. § 287 ZPO, § 738 Abs. 2 BGB analog begegnen sollen.[376]

---

[373] *Bayer*, ZHR 163 (1999), 505 (545ff.); *Bayer*, ZHR 168 (2004), 132 (160); *Fritzsche/Dreier*, BB 2002, 737ff.; *Fritzsche/Dreier/Verfürth*, SpruchG, 2004, § 1 Rn. 139 ff; *Handelsrechtsausschuss des DAV*, NZG 2004, 555 (565); *Hirte*, AG 1990, 373 (375); *Hirte*, ZIP 1994, 356 (360); GroßkommAktG/*Hirte*, § 203 Rn. 10; *Martens*, AG 2000, 301 (308); *Schiessl*, AG 1999, 442 (446); *J.Vetter*, ZHR 168 (2004), 9ff.; *Veil*, AG 2005, 567 (572); *Wiesen*, ZGR 1990, 503 (506 f.); *Winter*, in: FS Ulmer, 2003, S. 699 (719ff.); *ders.*, in: FS Happ, 2006, S. 363 (372 ff.).

[374] Bericht Regierungskommission "Corporate Governance", BT-Drucks. 14/7515, S. 78.

[375] Ausführlich hierzu unten, S. 264f.

[376] *Hüffer*, AktG, 7. Auflage (2006), § 246a Rn. 6.

IV. Zwischenergebnis zu D.

Der Schadenersatzanspruch gem. § 246a Abs. 4 AktG gewährt den Antragsgegnern, die in der Hauptsache mit der Beschlussmängelklage erfolgreich sind, einen rein monetären Schadenersatzanspruch. Die übrigen Minderheitsaktionäre, die ebenfalls von einem rechtswidrigen Hauptversammlungsbeschluss betroffen sind, aber zuvor nicht geklagt haben, müssen dagegen nicht entschädigt werden. Unklar ist, ob der Anspruch neben den vergeblichen Prozesskosten auch Verwässerungsschäden abdeckt, die beispielsweise aus einer überbewerteten Einlage entstanden sind.

E. Ergebnis

Dieses Kapitel hat wichtige Problemkreise identifiziert, die in den folgenden Kapiteln mithilfe der ökonomischen Analyse genauer untersucht werden müssen.

Faktisch hat der Freigabebeschluss vier Wirkungen:

- **An die Stelle der Beschlussvernichtung tritt ein Anspruch auf Schadenersatz.** Akzeptiert man den Willen des Gesetzgebers, dass auch offensichtlich begründete Klagen im Wege der Interessenabwägung freigegeben werden können, so führt der Freigabebeschluss faktisch dazu, dass die kassatorische Wirkung der Anfechtungsklage beseitigt wird und die Anfechtungskläger stattdessen auf einen monetären Anspruch auf Schadenersatz verwiesen werden. Es ändert sich also die Sanktion für einen mängelbehafteten Beschluss. Die Vor- und Nachteile dieser unterschiedlichen Sanktionsfolgen hat das rechtsökonomische Schrifttum mit der Theorie über *property rules vs. liability rules* bereits herausgearbeitet. Im 6. Kapitel wird dieses Konzept für die vorliegende Problemstellung fruchtbar gemacht.[377]
- **Die Haftung für fehlerhafte Beschlüsse verlagert sich von der beschlusstragenden Mehrheit auf die Gesellschaft.** Die Beschlussvernichtung durch ein stattgebendes Urteil führt dazu, dass die Wirkung des Hauptversammlungsbeschlusses ex nunc entfällt (Grundsätze der fehlerhaften Gesellschaft). Die Hauptversammlungsmehrheit oder ein kontrollierender Aktionär, der von der Durchführung einer Strukturmaßnahme profitiert, verliert faktisch den Vorteil, den er durch den Beschluss erlangt hat. Anders verhält es sich, wenn die Eintragung des Hauptversammlungsbeschlusses durch einen Freigabebeschluss bestandskräftig wird. In diesem Fall ist ein Schadenersatzanspruch aus dem Gesellschaftsvermögen an die Aktionäre zu bezahlen. Damit verlagert sich

[377] Siehe unten, S. 167ff.

faktisch die Haftung von demjenigen, der von der Strukturmaßnahme profitiert, auf die Gesellschaft und mittelbar auf alle Aktionäre. Die Effekte, die dadurch entstehen, werden deshalb im 7. Kapitel mit den ökonomischen Erwägungen für ein optimales Haftungsregime analysiert.[378]

- **Die kollektive Wirkung der Anfechtungsklage wird beseitigt. Erfolg in der Hauptsache wirkt nur noch individuell.** Das Anfechtungsurteil wirkt gem. § 248 Abs.1 S. 1 AktG für und gegen alle Aktionäre und wirkt damit kollektiv. Ist jedoch die Eintragung zuvor im Wege des Freigabeverfahren freigegeben worden, kann das Urteil nicht mehr im Handelsregister eingetragen werden. Der Schadenersatzanspruch, der an Stelle der Beseitigung des Beschlusses gewährt wird, steht dagegen nur den Beschlussmängelklägern zu. Die rechtsökonomische Forschung hat sich mit den unterschiedlichen Anreizen der kollektiven und individuellen Rechtsdurchsetzung bereits intensiv befasst, die bei der Beurteilung dieser Wirkung im 8. Kapitel herangezogen werden kann.[379]

- **Die Kontrollkompetenz verlagert sich von dem Registergericht auf das Prozessgericht.** Durch den Freigabebeschluss verlagert sich faktisch die materielle Prüfungskompetenz des Registergerichts auf das Prozessgericht. Die Prüfung der Eintragungsvoraussetzungen durch das Registergericht ist der öffentlichen Rechtsdurchsetzung zuzuordnen, denn sie erfolgt von Amts wegen nach den Grundsätzen der Freiwilligen Gerichtsbarkeit. Dagegen gelten im Freigabeverfahren die Grundsätze der ZPO, weshalb die Prüfung durch das Prozessgericht eine Form der privaten Rechtsdurchsetzung ist. Die rechtsökonomische Forschung hat wichtige Determinanten identifiziert, mit denen die komparativen Vor- und Nachteile der öffentlichen gegenüber der privaten Rechtsdurchsetzung beurteilt werden können. Im 9. Kapitel werden sie genutzt, um die Kompetenzverschiebung zwischen Registergericht und Prozessgericht zu untersuchen und zu bewerten.[380]

---

[378] Siehe unten, S. 183ff.

[379] Siehe unten, S. 203ff.

[380] Vgl. unten, S. 238f.

3. Kapitel: Einführung in die rechtsökonomische Analyse

Dieses Kapitel widmet sich den Grundlagen der ökonomischen Analyse, die für die weitere Untersuchung von Bedeutung sind. Inhaltlich ist zwischen der positiven und der normativen Analyse zu differenzieren. Erstere prognostiziert mithilfe des Modells des homo oeconomicus das Verhalten des Normadressaten. Die Neue Institutionenökonomik erweitert das Modell, indem sie zusätzlich Transaktionskosten, asymmetrische Information und beschränkte Rationalität der Akteure berücksichtigt. Die normative Analyse fragt dagegen unter Rückgriff auf das Effizienzkriterium nach dem volkswirtschaftlich optimalen Regelungsregime. Grundsätzlich steigert eine freiwillige Transaktion zwischen Akteuren die soziale Wohlfahrt. Der Gesetzgeber soll nur eingreifen, wenn dieser Marktmechanismus versagt (so bei auftretenden Externalitäten, Informationsasymmetrien oder hohen Transaktionskosten). Das Coase-Theorem unterstreicht die Bedeutung von Transaktionskosten. Denn in einer Welt ohne Transaktionskosten können die Akteure die Ressourcen über vertragliche Regelungen optimal verteilen. Eine primäre Aufgabe des Gesetzgebers ist es deshalb, Transaktionskosten zwischen Marktakteuren auf ein Minimum abzusenken.

Der zweite Teil des Kapitels widmet sich der Frage, warum die ökonomische Analyse in Deutschland im Gegensatz zu den USA nur vergleichsweise geringe Akzeptanz genießt. Der Verfasser identifiziert mehrere Gründe: Es existieren Vorbehalte gegen die Methodik. Der homo oeconomicus wird von einigen Rechtswissenschaftlern als verzerrtes und damit ungeeignetes Abbild der Normadressaten verworfen. Darüber hinaus steht nach ihrer Auffassung das Effizienzkriterium in einem Zielkonflikt zu allgemeinen Gerechtigkeitserwägungen. Ein weitere Ursache kann in dem unterschiedlichen Fokus liegen: Die klassische Rechtswissenschaft versteht sich in erster Linie als Interpretationswissenschaft und beschäftigt sich mit der Anwendung des Gesetzes auf abgeschlossene Sachverhalte (ex post). Die ökonomische Analyse legt dagegen den Schwerpunkt auf die Anreize, die Normen auslösen (ex ante). Sie richtet sich damit primär an den Gesetzgeber. Als weiteren Faktor identifiziert der Verfasser historische Gründe und unterschiedliche Ausbildungswege, die in den USA den Boden für die ökonomische Analyse bereitet haben.

A. Die Methodik der ökonomischen Analyse

Unter ökonomischer Analyse[381] wird eine Untersuchungsmethode verstanden, die aus zwei Elementen besteht, nämlich der positiven und der normativen Analyse.[382] Die

[381] Die wichtigsten Lehrbücher sind: *Posner*, Economic Analysis of Law, 6. Auflage (2005); *Shavell*, Foundations of Economic Analysis of Law, 2004; *Cooter/Ulen*, Law & Economics, 4. Auflage (2004); auf Deutsch: *Schäfer/Ott*, Lehrbuch der ökonomischen Analyse des Zivilrechts, 4. Auflage (2005). Zur methodischen Integration, vgl. *Behrens*, Die ökonomischen Grundlagen des Rechts, 1986; *Eidenmüller*, Effizienz als Rechtsprinzip, 2. Auflage (1998); *van Aaken*, "Rational Choice" in der Rechtswissenschaft, 2003; *Janson*, Ökonomische Theorie im Recht, 2004; *Lieth*, Die ökonomische Analyse des Rechts im Spiegelbild klassischer Argumentationsrestriktionen des Rechts und seiner Methodenlehre, 2007.

Untersuchungsebenen sind allerdings inhaltlich nicht zwingend miteinander verknüpft.[383]

I. Die positive Analyse

Die *positive Analyse*, die die erste Stufe bildet, untersucht die verhaltenssteuernde Wirkung von Rechtsnormen.[384] Sie prüft, welche Anreize eine Norm bei einem Normadressaten auslöst. Es ist ein deskriptiver Ansatz – die Ergebnisse werden also noch nicht bewertet.[385] Um den Effekt einer Rechtsnorm auf die Entscheidungen der Akteure zu prognostizieren, bedarf es bestimmter Annahmen über das Verhalten der Menschen. Ökonomen arbeiten mit wenigen Annahmen, um die Komplexität der Analyse zu reduzieren. Das heißt natürlich, dass Teile der Wirklichkeit ausgeblendet werden. Dieses Defizit eines solchen Modells der Wirklichkeit wird akzeptiert, weil erst dadurch überhaupt eine Prognose ermöglicht wird. Im Idealfall kann durch die Vereinfachung ein Zusammenhang erkannt werden, der andernfalls übersehen werden würde.

1) Der homo oeconomicus

Traditionell arbeitet die Rechtsökonomie mit dem Modell des *homo oeconomicus*.[386] In diesem Modell werden zwei vereinfachende Annahmen über menschliches Verhalten getroffen. Zum einen wird unterstellt, dass sich Menschen rational verhalten. Zum anderen wird angenommen, dass Menschen ihren Nutzen maximieren.

Rationales Verhalten bedeutet zielgerichtetes und widerspruchsfreies Verhalten.[387] Ein Beispiel: A mag Porsche lieber als Ferrari. Er findet darüber hinaus Ferrari besser als

---

[382] *Cooter/Ulen*, Law & Economics, 4. Auflage (2004), S. 3 f; *Posner*, Economic Analysis of Law, 6. Auflage (2005), S. 24ff.; *Miceli*, Economics of the Law, 1997, S. 3; *Eger,* in: FS Nutzinger, 2005, S. 177 (180); *Schäfer/Ott*, Lehrbuch der ökonomischen Analyse des Zivilrechts, 4. Auflage (2005), S. 3 ff; *van Aaken,* in: Bungenberg u.a. (Hrsg.), 44. AssÖR: Recht und Ökonomik, 2004, S. 1 (2); zum Teil wird auch von deskriptiver und normativer Analyse gesprochen, vgl. *Shavell*, Foundations of Economic Analysis of Law, 2004, S. 661ff.

[383] *Eger,* in: FS Nutzinger, 2005, S. 177 (180).

[384] *Eidenmüller,* Effizienz als Rechtsprinzip, 2. Auflage (1998), S. 21; *van Aaken,* in Bungenberg u.a. (Hrsg.), 44. AssÖR: Recht und Ökonomik, 2004, S. 1 (2); *Posner*, Economic Analysis of Law, 6. Auflage (2005): „the positive role of economic analysis of the law [is] the attempt to explain legal rules as they are rather than to change them to make them better".

[385] *Eger,* in: FS Nutzinger, 2005, S. 177 (180f).

[386] Hierzu *Eidenmüller,* Effizienz als Rechtsprinzip, 2. Auflage (1998), S. 28ff; *Weigel*, Rechtsökonomik, 2002, S. 16.

[387] *Behrens*, Die ökonomischen Grundlagen des Rechts, 1986, S.33f; *Schäfer/Ott*, Lehrbuch der ökonomischen Analyse des Zivilrechts, 4. Auflage (2005), S. 59f.; *Posner*, Economic Analysis of

Maserati. Vor die Wahl gestellt zwischen Porsche und Maserati muss er – rationales Verhalten unterstellt – den Porsche auch dem Maserati vorziehen. Die Wirtschaftswissenschaften nennt dies eine transitive Ordnung der Präferenzen.[388]

Maximieren bedeutet, stets die Handlungsmöglichkeiten zu wählen, die den höchsten Nutzen oder die geringsten Opportunitätskosten bergen.[389] Nutzen und Kosten sind allerdings abstrakte Hilfsbegriffe, unter die je nach persönlichen Vorlieben (Präferenzen) ganz unterschiedliche Dinge fallen können. Bei einem Kaufmann kann der Nutzen in guten Geschäften mit hohen Gewinnen liegen. Ein Missionar am Ende der Welt mag dagegen keine Freude an finanziellem Reichtum empfinden. Allerdings empfindet er Nutzen, wenn er dort anderen Menschen den christlichen Glauben nahe bringen kann. Nutzen muss also nicht monetärer Art sein, kann es aber. Der Kaufmann maximiert seinen Nutzen, wenn er sein Geschäft so ausrichtet, dass der (gesamte zukünftige) Gewinn am höchsten ist. Der Missionar dagegen maximiert seinen Nutzen, wenn er möglichst viele neue Jünger für seine Kirche gewinnt.

Das Modell des *homo oeconomicus* ermöglicht es, bei der Analyse der Wirkungen des Rechts Methoden zu nutzen, die Wirtschaftswissenschaftler traditionell bei der Analyse von Märkten einsetzen. Angebot und Nachfrage bestimmen danach den Preis von Gütern (sog. Preismechanismus). Bestimmtes Verhalten kann der Gesetzgeber sanktionieren. Eine Rechtsverletzung wird dadurch für Individuen „teurer“. So wie die Nachfrage nach einem teureren Gut auf einem Gütermarkt sinkt, sinkt mit der Sanktion auch die Attraktivität dieses Verhaltens. Abhängig von der Ausgestaltung der Sanktion und der Kosten der Handlungsalternativen maximiert der Einzelne nun seinen Nutzen mit der Wahl normgerechten Verhaltens. Der Gesetzgeber kann also Einfluss auf die Entscheidungen des Einzelnen haben, wenn die Nutzen-/Kostenrechnung (die so genannte Nutzenfunktion) des Individuums verändert.

Mittlerweile beschränkt sich die ökonomische Analyse aber nicht darauf, die Wirkung von Normen allein mit dem klassischen mikroökonomischen Marktmodell zu analysieren. Vielmehr werden neuere Entwicklungen der Wirtschaftswissenschaften zur Verhaltensprognose genutzt und in die Modellannahmen integriert (dazu sogleich unter 2).

Law, 6. Auflage (2005), S.17: „Rationality means little more to an economist than a disposition to choose, consciously or unconsciously, an apt means to whatever ends the chooser happens to have“.

[388] *Schäfer/Ott*, Lehrbuch der ökonomischen Analyse des Zivilrechts, 4. Auflage (2005), S. 59f.

[389] *Cooter/Ulen*, Law & Economics, 4. Auflage (2004) S.15; *Behrens*, Die ökonomischen Grundlagen des Rechts, 1986, S.34.

2) *Modifikationen des ökonomischen Verhaltensmodells durch die Neue Institutionenökonomik*

Einen wichtigen Schritt bilden dabei die Erkenntnisse der *Neuen Institutionenökonomik.*[390] Diese wirtschaftswissenschaftliche Strömung arbeitet mit einer Vielzahl von Verfeinerungen der modelltheoretischen Grundannahmen, die in der klassischen Mikroökonomik noch ausgeblendet werden. Drei Abweichungen sind dabei von besonderer Relevanz: Die Berücksichtigung von unterschiedlicher Informationsverteilung, von Transaktionskosten und beschränkter Rationalität.

a) *Informationsasymmetrien*

Anders als die klassische Mikroökonomie, die mit vollständig informierten Marktteilnehmern arbeitet, untersucht die Informationsökonomie auch die Anreize, die *asymmetrische Informationen* zwischen den Akteuren auslösen.[391] So kennt beispielsweise der Verkäufer eines Gebrauchtwagens alle Mängel seines Wagens, während der Käufer den tatsächlichen Zustand nicht einschätzen kann. Um das Verhältnis von Individuen mit unterschiedlichen Informationsständen darzustellen, wird oft auf so genannte *Prinzipal-Agenten-Modelle* zurückgegriffen:[392] Beauftragt ein Akteur (der Prinzipal) einen anderen (den Agenten) mit einer Geschäftsbesorgung im weitesten Sinne, wie es bei jedem arbeitsteiligen Prozess vorkommt, kommt es zu Informationsasymmetrien. So hat ein Manager eines großen Unternehmens nur einen eingeschränkten Überblick über das Verhalten seiner Angestellten. Nach den Grundannahmen des *homo oeconomicus* führt ein solches Prinzipal-Agenten-Verhältnis dazu, dass der diskretionäre Spielraum, der durch diesen Wissensnachteil entsteht, vom Agenten dazu genutzt wird, um seine eigenen Ziele zu verfolgen, statt den Gewinn des Auftraggebers zu maximieren. Das Ausmaß des eigennützigen Verhaltens kann beispielsweise vom Internetsurfen am Arbeitsplatz bis zur Veruntreuung von Geldern des Unternehmens rei-

---

[390] Vgl. die Standardwerke *Richter/Furubotn*, Neue Institutionenökonomik, 3. Auflage (2003); *Williamson*, The Economic Institutions of Capitalism, 1985. Zusammenfassung bei *Denkhaus*, in: Bungenberg u.a. (Hrsg.), 44. AssÖR: Recht und Ökonomik, S.33ff.

[391] Überblick bei *Fleischer*, Informationsasymmetrien im Vertragsrecht, 2001, S. 93ff., 126ff.

[392] Vgl. zur Prinzipal-Agententheorie: grundlegend *Jensen/Meckling,* 3 J. Fin. Econ 305 (1976); zusammenfassend *Bainbridge*, Corporation Law and Economics, 2002, S. 35; *Fleischer*, Informationsasymmetrien im Vertragsrecht, 2001, S. 138f.; *Hart,* 89 Colum. L. Rev. 1757, 1758 (1989); *Ruffner*, Die ökonomischen Grundlagen eines Rechts der Publikumsgesellschaft, 2000, S. 131; *Hansmann/Kraakman*, in: Kraakman/Davis u.a. (Hrsg.), The Anatomy of Corporate Law, 2004, S. 21ff.; *Behrens*, in: FS Drobnig, 1998, S. 491 (494); *Grundmann,* Europäisches Gesellschaftsrecht, 2004, § 3 Rn. 82ff.; *Richter/Furubotn*, Neue Institutionenökonomik, 3. Auflage (2003), S. 174ff.; *Williamson*, The Economic Institutions of Capitalism, 1985 S. 47ff.; zu Recht wird darauf hingewiesen, dass die Theorie auf jedes Geschäftsbesorgungsverhältnis angewendet werden kann, vgl. *Macey/Miller*, 58 U. Chi. L. Rev. 1, 9 (1991).

chen. Lösungsstrategien zur Reduzierung der Interessengegensätze von Prinzipal und Agent werden als Governance-Struktur bezeichnet. Zu dieser zählen beispielsweise vertragliche Regeln, die Anreize setzen, im Interesse des Prinzipals zu handeln.

b) Beschränkte Rationalität

Vertreter der Neuen Institutionenökonomik gehen im Übrigen von einem Konzept beschränkter Rationalität (*bounded rationality*) aus.[393] Dem liegt die Überlegung zugrunde, dass rationales Verhalten häufig kostenintensiv ist. Denn selbst die reine Denkleistung kann mühsam und zeitintensiv sein oder schlichtweg den Verstand überfordern. Dementsprechend ist auch das menschliche Gehirn „eine knappe Ressource". Menschen verfügen nur über begrenztes Wissen und können nicht alle zukünftigen Ereignisse vorhersehen.[394]

Diese Annahme deckt sich mit der zunehmenden Etablierung der so genannten *behavioral economics*.[395] Sie sehen das Modell des *homo oeconomicus* durch Erkenntnisse der Psychologie infrage gestellt. So deuten Verhaltensexperimente darauf hin, dass Menschen unter bestimmten Umständen strukturell irrational handeln. Bislang ist es allerdings nicht gelungen aus diesen Erkenntnissen ein stringentes, alternatives Modell über menschliches Verhalten zu entwerfen, das ähnlich zu handhaben wäre, wie das Modell des *homo oeconomicus*. Trotzdem werden auch in der rechtsökonomischen Literatur verstärkt Erkenntnisse dieses Faches berücksichtigt und unter dem Begriff der *behavioral law and economics* diskutiert.[396]

Asymmetrische Information und *bounded rationality* begünstigen *Opportunismus*, der auch in der soeben dargestellten Prinzipal-Agenten-Beziehung auftritt. Unter diesem Begriff versteht *Williamson* „self interest seeking with guile", also arglistiges, eigennütziges Verhalten einer Partei.[397] So kann eine Vertragspartei nachlässig mit ihren

---

[393] *Simon*, 49 Am. Econ. Rev. 253 (1959); hierzu *Williamson*, The Economic Institutions of Capitalism, 1985, S. 45; *Eidenmüller*, Effizienz als Rechtsprinzip, 2. Auflage (1998), S. 31.

[394] *Masten*, Case Studies in Contracting and Organization, 1996, S. 6.

[395] Begründet wurde diese Forschungsrichtung von *Tversky* und *Kahneman*, vgl. *Tversky/Kahneman*, 185 Science 1124 (1974); *Kahneman/Tversky*, 47 Econometrica 263 (1979); *Tversky/Kahneman*, 5 J. Risk Uncertainty 297 (1992). *Kahneman* erhielt im Jahr 2002 als erster Psychologe den Nobelpreis für Ökonomie.

[396] Vgl. hierzu: *Schäfer/Ott*, Lehrbuch der ökonomischen Analyse des Zivilrechts, 4. Auflage (2005), S. 66ff.; *van Aaken*, in: Bungenberg u.a. (Hrsg.), 44. AssÖR: Recht und Ökonomik, 2004, S. 1 (9ff.); *Fleischer*, in: FS Immenga, 2004, S. 575ff.

[397] *Williamson*, The Economic Institutions of Capitalism, 1985, S. 30; Erläuterungen bei *Schäfer/Ott*, Lehrbuch der ökonomischen Analyse des Zivilrechts, 4. Auflage (2005), S. 397.

Pflichten umgehen oder sich Schwächen der Vertragsparteien zunutze machen.[398] Typischerweise tritt Opportunismus in zwei Varianten auf:

- Eine der Parteien nutzt eine Vertragslücke, um sich auf Kosten des Vertragspartners zu bereichern statt den Kooperationsgewinn zu maximieren (sog. *moral hazard*).[399] Dies ist möglich, weil die andere Vertragspartei, die nur begrenzt rational ist, nicht alle zukünftigen Umweltzustände vorhersehen kann. Sie kann deshalb vor dem Vollzug des Vertrages keinen „perfekten" Vertrag aushandeln, der alle Risiken ausschließt (sog. Unmöglichkeit des perfekten Vertrages). Informationsasymmetrien erleichtern opportunistisches Verhalten.
- Eine Vertragspartei nutzt eine hold-up-Situation, um die andere Partei zu einer Vertragsanpassung zu nötigen. Eine hold-up-Situation entsteht, wenn einer der Vertragspartner eine vertragsspezifische Vorleistung erbringen muss. Eine Investition ist transaktionsspezifisch, wenn sie in ihrer zweitbesten Verwendung deutlich geringeren Wert hat.[400] Ein typisches Beispiel ist der Autozulieferer, der in Maschinen investiert, die nur zur Herstellung von Bauteilen für einen bestimmten Hersteller genutzt werden können. Die Maschinen sind ohne einen Vertrag mit dem Hersteller nur ein Bruchteil ihrer Anschaffungskosten wert. Das heißt, nach der Investition versinkt ein großer Teil der Kosten (sog. *sunk cost*[401]). Dabei kann der hold-up auch für die opportunistische Partei Kosten verursachen (z. B. Streik in einer Fabrik, der Lohnverluste bei den Arbeitnehmern verursacht).

c) Transaktionskosten

Schließlich berücksichtigt die Neue Institutionenökonomik in ihren Modellen Transaktionskosten. Darunter werden alle Aufwendungen verstanden, die im Zusammenhang mit dem Vertragsschluss entstehen und nicht den eigentlichen Vertragsgegenstand betreffen. Produktionskosten gehören nicht zu den Transaktionskosten. Hierzu gehören insbesondere Kosten für die Suche nach dem Vertragspartner und für die Anbahnung und Gestaltung des Vertrages.[402] Am leichtesten können Transaktionskosten von Produktionskosten abgegrenzt werden, in dem hypothetisch unterstellt wird, dass

---

[398] *Masten*, Case Studies in Contracting and Organization, 1996, S. 7ff.

[399] *Masten*, Case Studies in Contracting and Organization, 1996, S. 7 f.

[400] *Williamson*, The Economic Institutions of Capitalism, 1985, S. 30ff., 70ff.; *Schäfer/Ott*, Lehrbuch der ökonomischen Analyse des Zivilrechts, 4. Auflage (2005), S. 109.

[401] *Posner*, Economic Analysis of Law, 6. Auflage (2005), S. 7.

[402] *Coase*, 3 J. L.& Econ. 1 (1960), 15, ohne allerdings explizit von „Transaktionskosten" zu sprechen.

die Produktion nicht arbeitsteilig, sondern von einer einzelnen Person komplett selbst erbracht wird. Nur solche Kosten, die entstehen, wenn Arbeitsteilung und Kooperation zwischen verschiedenen Akteuren stattfindet, können Transaktionskosten sein.[403] Unter den Begriff der Transaktionskosten fallen somit die Kosten, die durch die Abwicklung des Vertrages, die Kontrolle und die Durchsetzung der gegenseitigen Pflichten begründet werden. Deshalb sind die Verluste, die durch opportunistisches Verhalten entstehen, letztlich ebenfalls Teil der Transaktionskosten. Das gleiche gilt für Aufwendungen, die notwendig werden, um den Vertrag im Laufe der Zeit anzupassen. Transaktionskosten-Ansatz steht im Kontrast zum klassischen mikroökonomischen Marktmodell, das diese Kosten unberücksichtigt lässt (friktionsloses Marktmodell).[404]

3) *Weitere Prognoseinstrumente*

Neben der klassischen Mikroökonomik und der Neuen Institutionenökonomik spielen in der ökonomischen Analyse des Rechts auch noch weitere Instrumente eine Rolle.

a) *Spieltheorie*

Die *Spieltheorie* sucht nach optimalen Verhaltensstrategien, wenn die Wahl einer Handlungsalternative Einfluss auf das Entscheidungsverhalten anderer Akteure hat.[405] Dabei wird meist mit der Annahme perfekter Rationalität gearbeitet, womit dieser Ansatz insoweit einen Kontrast zu den Bestrebungen der Behavioral-Forschungsrichtung bildet, die ja gerade die Annahme beschränkter Rationalität propagiert.[406] Existieren strategische Gleichgewichte, kann die Spieltheorie bestimmtes Verhalten der Akteure voraussagen.

b) *Empirische Forschung mithilfe der Ökonometrie*

Mittlerweile spielt aber auch neben der theoretischen Modellbildung die empirische Überprüfung von Hypothesen eine große Rolle. Bestes Beispiel hierfür ist die Kapi-

---

[403] *Masten*, Case Studies in Contracting and Organization, 1996, S. 6; *Williamson*, The Economic Institutions of Capitalism, 1985, S. 19.

[404] *Williamson*, The Economic Institutions of Capitalism, 1985, S. 18 f.

[405] Überblick bei: *Bannier*, Vertragstheorie, 2005, S. 20 ff; Lehrbücher zum Thema: *Baird/Gertner/Picker*, Game Theory and the Law, 1994; *Cooter/Ulen*, Law & Economics, 4. Auflage (2004), S. 38-44; *Holler/Illing*, Einführung in die Spieltheorie, 3. Auflage (1996).

[406] *Posner*, Economic Analysis of Law, 6. Auflage (2005), S. 20.

talmarktforschung, die mithilfe von ökometrischen Modellen den Einfluss von Governance-Regelungen auf den Börsenkurs untersucht.[407]

II. Die normative Analyse

Während die positive ökonomische Analyse als ein wertungsfreies Prognoseinstrument verstanden werden kann, sucht die *normative* ökonomische Analyse nach optimalen Rechtsregeln.[408] Sie stellt sich die Frage, wie Recht gestaltet sein sollte.[409]

1) Das Effizienzkriterium

Eine Bewertung ist allerdings nur möglich, wenn ein Maßstab vorliegt, an dem die Regelung gemessen werden kann. Die ökonomische Analyse greift hierfür regelmäßig auf das so genannte *Effizienzkriterium* zurück.[410] Der Begriff der Effizienz ist allerdings irreführend, weil er Einzug in die Umgangssprache gefunden hat und nicht immer deckungsgleich mit dem ökonomischen Begriff gebraucht wird. Unter wirtschaftswissenschaftlicher Effizienz wird die optimale Allokation von knappen Ressourcen verstanden.[411] Das heißt, dass Ressourcen in ihrer bestmöglichen Verwendung genutzt und mithin nicht verschwendet werden.

Dieser wohlfahrtsökonomische Ansatz wirft sogleich eine zentrale Frage auf: Wie soll bestimmt werden, welches die beste Verwendung für eine Ressource ist? Grundsätzlich sollte eine Ressource von demjenigen benutzt werden, der sie am dringendsten benötigt bzw. am besten verwenden kann. Doch dies hängt von den Präferenzen des Einzelnen ab. Allerdings ist anerkannt – und hierin unterscheidet sich die moderne Wohlfahrtsökonomik von dem klassischen Utilitarismus –, dass es keine Möglichkeit gibt, die subjektive Präferenz der Akteure tatsächlich festzustellen und miteinander zu vergleichen.[412] Denn befragte man die einzelnen Menschen, würde jeder eine hohe

---

[407] Die empirische Finanzmarktforschung spielt mittlerweile für den US-amerikanischen Raum eine besonders große Rolle, vgl. *Romano*, 55 J. Legal Educ. 342 (2005); z. B. arbeiten mit empirischer Methodik *La Porta/Lopez-de-Silanes/Shleifer/Vishny,* 52 J. Fin. 1131 (1997); aber auch in Deutschland findet diese Herangehensweise Akzeptanz, vgl. z. B. *Nowak/Rott/Mahr*, ZGR 2005, 252.

[408] *Eidenmüller,* Effizienz als Rechtsprinzip, 2. Auflage (1998), S. 41ff.

[409] *van Aaken,* in: Bungenberg u.a. (Hrsg.), 44. AssÖR: Recht und Ökonomik, 2004, S. 1 (3).

[410] Zur Definition des Effizienzkriteriums *van Aaken,* in: Bungenberg u.a. (Hrsg.), 44. AssÖR: Recht und Ökonomik, 2004, S. 1 (22ff.); *Posner*, Economic Analysis of Law, 6. Auflage (2005), S. 10ff.

[411] *Cooter/Ulen*, Law & Economics, 4. Auflage (2004), S. 16.

[412] Zum den utilitaristischen Wurzeln *Schäfer/Ott*, Lehrbuch der ökonomischen Analyse des Zivilrechts, 4. Auflage (2005), S. 38ff.; *Eidenmüller,* Effizienz als Rechtsprinzip, 2. Auflage (1998), S. 42ff.; *Behrens*, Die ökonomischen Grundlagen des Rechts, 1986, S.52ff.

Präferenz angeben. Den subjektiven Nutzen und die subjektiven Kosten kennt nur der Betroffene selbst.

Das *Pareto-Kriterium* – benannt nach dem Ökonomen Vilfredo Pareto – vermeidet dieses Dilemma: Eine Effizienzsteigerung soll vorliegen, wenn in einer Gesellschaft mindestens eine Person besser gestellt wird, während alle anderen Personen zumindest nicht schlechter gestellt werden.[413]

Aus diesen Überlegungen ergibt sich die wichtigste normative Implikation der ökonomischen Analyse: Jeder Vertragsschluss bedeutet eine Paretoverbesserung und mithin eine Steigerung der allgemeinen Wohlfahrt, soweit von dem Vertrag keine Drittwirkungen ausgehen. Denn ein rationaler Mensch schließt einen Vertrag nur ab, wenn er davon profitiert. Gleiches gilt für den Vertragspartner. In dem Vertragsschluss offenbaren die Parteien zugleich ihre Präferenz für die Neuallokation des vertragsgegenständlichen Gutes.[414] Die Allokation der Ressourcen über Vertragsschlüsse auf Märkten ist deshalb der planenden staatlichen Verteilung überlegen. Die viel beschworene „unsichtbare Hand" des Marktes führt zu optimalen Ergebnissen.

2) Marktversagen

Staatliche Regulierung ist deshalb nach Ansicht der normativen ökonomischen Analyse nur gerechtfertigt, wenn es zum *Marktversagen* kommt. Denn dann funktioniert nicht länger die Allokation von Gütern auf dem Markt. Vier Fälle des Marktversagens haben die Wirtschaftswissenschaften identifiziert.

Erstens soll zwingendes Recht gerechtfertigt sein, wenn ein Verhalten zu *Externalitäten* führt.[415] Externalitäten treten auf, wenn ein Akteur nicht alle Kosten seines Verhaltens tragen muss, aber in den vollen Genuss des Nutzens der Aktivität kommt. In diesem Fall besteht der Anreiz mehr zu konsumieren, als aus wohlfahrtsökonomischer Sicht wünschenswert wäre. So genießt beispielsweise ein Autofahrer allein die Vorteile in Form von Fahrspaß und schnellem Fortkommen; die Folgen des CO^2-Ausstoßes durch den Verbrennungsmotor und den damit verbundenen Treibhauseffekt

---

[413] Hierzu und zu weiteren Effizienzkriterien *Cooter/Ulen*, Law & Economics, 4. Auflage (2004), S. 43 ff; *Posner*, Economic Analysis of Law, 6. Auflage (2005), S. 12; *Schäfer/Ott*, Lehrbuch der ökonomischen Analyse des Zivilrechts, 4. Auflage (2005), S. 25ff.

[414] *Behrens*, Die ökonomischen Grundlagen des Rechts, 1986, S.114: „Der Markt löst dieses Problem, indem er jeder Ressourcenverwendung einen Tauschprozeß vorschaltet, in den sämtliche individuelle Präferenzen als potentielle Tauschangebote eingehen, sich aber nur die höchste Präferenz in einem tatsächlichen Tauschvorgang realisiert."

[415] Zu diesem Problem ausführlich unten im 9. Kapitel; *Shavell*, Foundations of Economic Analysis of Law, 2004, S. 77ff.; *Cooter/Ulen*, Law & Economics, 4. Auflage (2004), S. 44ff.; *Behrens*, Die ökonomischen Grundlagen des Rechts, 1986, S. 85f.

trägt dagegen die gesamte Gesellschaft. Ähnlich verhält es sich beim Fahren mit überhöhter Geschwindigkeit. Der Fahrer gefährdet nicht nur sich selbst, sondern auch Dritte, die von den Vorteilen der höheren Geschwindigkeit im Gegensatz zum Fahrer nicht profitieren. Gesetzliche Regulierung muss deshalb sicherstellen, dass extern auftretende Kosten von den Konsumenten von vornherein internalisiert werden. Dies kann etwa durch Haftungsrecht realisiert werden.

Zweitens funktioniert der Marktmechanismus nur noch eingeschränkt, wenn zwischen den Marktteilnehmern erhebliche *Informationsasymmetrien* existieren. In diesen Fällen entsteht das so genannte Zitronenmarkt-Phänomen („market for lemons“). Hiermit wird seit *Akerlof* ein „Signalisierungsproblem“ beschrieben:[416] Wenn ein Erwerber aufgrund von Informationsasymmetrien die Qualität eines Gutes nicht beurteilen kann, bildet er einen durchschnittlichen Erwartungswert und bestraft damit auch Güter von hoher Qualität mit Abschlägen. Dadurch werden hochwertige Güter benachteiligt, denn sie können nicht zu einem angemessenen Preis abgesetzt werden, während Güter mit niedriger Qualität von dem Durchschnittswert profitieren. *Akerlof* hat dieses Phänomen anhand des Gebrauchtwagenmarktes dargestellt. Der Verkäufer eines Gebrauchtwagens kennt alle Schwächen seines Wagens. Der Käufer kann diese dagegen nicht ohne weiteres feststellen. Er berücksichtigt deshalb das Risiko, eine „lemon“, so die englische Bezeichnung für ein mangelhaftes Exemplar, wenn er den Kaufpreis verhandelt. Er ist nicht bereit so viel zu bezahlen, wie wenn er sich sicher wäre, dass das Auto in perfektem Zustand ist. Autoverkäufer, die einen mangelfreien Wagen anbieten, können deshalb nicht mehr einen angemessenen Preis für ihr Fahrzeug erhalten. Es kommt zur adversen Selektion – der Gebrauchtwagenmarkt lohnt sich nur noch für Verkäufer mangelhafter Wagen. Dies kann schließlich zum Zusammenbruch des Marktes führen, weil nur noch Ware schlechter Qualität angeboten wird. Auch hier kann der Gesetzgeber gegensteuern: Rechtsregeln können Informationsasymmetrien verringern, indem dem Verkäufer bestimmte Auskunftspflichten auferlegt werden und der Verkäufer für fehlerhafte Informationen mit Haftungsregeln sanktioniert wird.

Drittens versagt der Markt bei so genannten *Public Goods* (öffentlichen Gütern). Die Wirtschaftswissenschaft spricht von einem öffentlichen Gut, wenn der Nutzen einer Investition durch Nichtrivalität und Nichtexklusivität gekennzeichnet ist.[417] Nichtrivalität besteht, wenn die Grenzkosten, einen weiteren Konsumenten mit dem Konsum des Guts zu versorgen, gleich Null sind. Ein Gut ist nichtexklusiv, wenn Dritte nicht vom

---

[416] *Akerlof*, 84 Quaterly J. Econ. 488 (1970).

[417] Allgemein zum öffentlichen Gut: *Cooter/Ulen*, Law & Economics, 4. Auflage (2004), S. 107ff.; *Schäfer/Ott*, Lehrbuch der ökonomischen Analyse des Zivilrechts, 4. Auflage (2005), S. 559ff.; *Behrens*, Die ökonomischen Grundlagen des Rechts, 1986, S. 87f.

Konsum des Gutes ausgeschlossen werden können. Ein Beispiel hierfür ist der Bau eines Leuchtturms am Meer. Wird ein solcher von einem Schiffseigentümer gebaut, können Dritte, die über das Meer segeln, nicht davon ausgeschlossen werden, ebenfalls von der Investition zu profitieren, indem sie den Leuchtturm zur Orientierung nutzen. Dieses so genannte *Free-Rider-Verhalten* führt schließlich dazu, dass unter Wohlfahrtsgesichtspunkten zu wenig investiert wird. Es kann deshalb sinnvoll sein, öffentliche Güter durch den Staat zur Verfügung zu stellen und über zwingende Steuern zu finanzieren.[418]

3) Transaktionskosten

Die soeben angestellten Überlegungen setzen allerdings implizit voraus, dass *Transaktionskosten* existieren.[419] Zur Erinnerung: Unter Transaktionskosten werden Kosten verstanden, die durch die Nutzung des Marktes entstehen (Informationskosten, Verluste durch opportunistisches Verhalten, Kontrollkosten, Abwicklungskosten, Kosten der Rechtsdurchsetzung etc.). Nur wenn man diese Transaktionskosten in den modelltheoretischen Annahmen berücksichtigt, können die soeben beschriebenen Fälle von Marktversagen auftreten. Diese Erkenntnis geht zurück auf den Nobelpreisträger *Ronald Coase*, aus dessen Artikel „The Problem of Social Cost" das so genannte *Coase-Theorem* abgeleitet wurde.[420] Danach hätte die Rechtsordnung in einer (fiktiven) Welt ohne Transaktionsordnung keinerlei Einfluss auf die Allokation von Ressourcen. In diesen Fällen könnte über eine vertragliche Regelung immer die effizienteste Ressourcenverwendung arrangiert werden. Denn die Vertragsparteien hätten den Anreiz, Kosten, die durch ineffiziente Rechtsregeln entstünden, zu beseitigen. Das *Coase-Theorem* lässt sich am besten anhand eines Beispiels verstehen, das *Coase* nutzt.[421]

Ein Farmer nutzt sein Land für den Getreideanbau. Angrenzend nutzt ein Rancher sein Land für die Viehzucht. Von Zeit zu Zeit laufen Kühe auf das Grundstück des Farmers und zertrampeln das Getreide. Daraus entstehen Konflikte. Zwei Rechtsregelungen sind denkbar.

---

[418] *Schäfer/Ott*, Lehrbuch der ökonomischen Analyse des Zivilrechts, 4. Auflage (2005), S. 559.

[419] Vgl. oben, S. 86.

[420] *Coase*, 3 J. L. & Econ. 1 (1960); deutsche Übersetzung: *Coase*, in: Assmann/Kirchner/Schanze, Ökonomische Analyse, 2. Auflage 1993, S. 129ff. Erläuternde Ausführungen bei: *Behrens*, Die ökonomischen Grundlagen des Rechts, 1986, S. 118ff; *Cooter/Ulen*, Law & Economics, 4. Auflage (2004), S. 85ff.; *Hirte*, Berufshaftung, 1996, S. 321f.; *Parisi*, 2 Europ. J. L. Econ. 149 (1995) m. w. Nachw.; *Posner*, Economic Analysis of Law, 6. Auflage (2005), S. 49ff.; *Schäfer/Ott*, Lehrbuch der ökonomischen Analyse des Zivilrechts, 4. Auflage (2005), S. 100f.

[421] *Coase*, 3 J. L. & Econ. 1, 2 (1960).

- Der Rancher ist nicht verantwortlich für seine Kühe. Der Farmer muss Schäden, die durch die Kühe des Ranchers entstehen, selbst tragen.
- Oder der Rancher muss für die Schäden aufkommen, die die Tiere auf dem Nachbargrundstück anrichten.

Nach dem Coase-Theorem führen beide Rechtsregeln ohne Transaktionskosten zu einer effizienten Verwendung der Ressourcen. Nehmen wir an, der Konflikt kann dadurch gelöst werden, dass ein Zaun um das Weideland oder ein Zaun um das Farmland gebaut werden kann. Nehmen wir weiter an, dass die Kosten für den Bau des Zauns um das Farmland aufgrund der geringeren Länge niedriger sind. Unterstellen wir zudem, dass die Schäden am Getreide, die durch den Bau eines Zauns eingespart werden können, höher sind als die Kosten für den Bau des Zauns. Nach dem Coase-Theorem würde unabhängig von der Ausgestaltung der Rechtsregel der Zaun um das Farmland gebaut werden. Das ergibt sich aus folgender Überlegung: Gilt die zweite Rechtsregel, würde der Rancher sich um den Abkauf des Rechts bemühen, statt sein Weideland einzugrenzen. Denn beide Seiten hätten einen Vorteil, wenn sie sich vertraglich über den Bau eines Zauns um die Farm einigen würden. Der Rancher könnte die Differenz für den teureren Zaun sparen und der Farmer wäre in beiden Fällen vor Schäden an seinem Getreide geschützt. Die Ersparnis können die Vertragsparteien untereinander aufteilen, so dass der Farmer dies vorziehen würde, weil er besser gestellt würde. Zu dem gleichen Ergebnis kommt man mit der ersten Rechtsregel: Auch hier würde ein Zaun um das Farmland gebaut werden. Für den Farmer ist es günstiger einen Zaun zu bauen, als die Schäden an seinem Getreide zu tragen. In beiden Fällen kommt es bei fehlenden Transaktionskosten zu einer optimalen Ressourcenallokation.

Denkt man das Coase-Theorem zu Ende, ist selbst das Deliktsrecht irrelevant. Denn ohne Transaktionskosten könnte jeder potentielle Schädiger mit jedem potentiell Verletzten zuvor vertraglich die Risiken in der effizientesten Weise zuordnen.

Es ist offensichtlich, dass Transaktionskosten in der realen Welt eine gewichtige Rolle spielen.[422] Die Bedeutung des Coase-Theorems liegt deshalb nicht in der Beschreibung einer Welt ohne Transaktionskosten, sondern in der normativen Schlussfolgerung, die

---

[422] Das wird von ihm ebenfalls erkannt, vgl. *Coase*, 3 J. L.& Econ. 1, 15 (1960): „The argument has proceeded up to this point on the assumption that there were no costs involved in carrying out market transactions. This is of course a very unrealistic assumption. In order to carry out market transactions it is necessary to discover who it is that one wishes to deal with, to inform people that one wishes to deal and on what terms of the contract, to conduct negotiations leading up to a bargain, to draw up the contract, to undertake the inspection needed to make sure that the terms of the contracts are being observed, and so on. These operations are extremely costly, sufficiently costly at any rate to prevent many transactions that would be carried out in a world in which the pricing system worked without costs."

daraus für eine Welt mit Transaktionskosten gezogen werden kann: Primäre Aufgabe des Rechts ist es, Transaktionskosten soweit wie möglich zu reduzieren,[423] um die Funktionsfähigkeit des Tauschmechanismusses zu erhalten und damit eine effiziente Ressourcenallokation zu ermöglichen.

Doch wie kann eine Absenkung der Transaktionskosten erreicht werden? Dazu muss noch einmal ein Blick auf die typischerweise entstehenden Kosten geworfen werden.

Transaktionskosten beinhalten zum einen die Kosten, die durch Vertragsverhandlung und genaue Ausgestaltung vertraglicher Rechte und Pflichten entstehen. Vertragsverhandlungen können erleichtert werden, wenn zuvor klar ist, welche Handlungsrechte mit dem Gut, das den Vertragsgegenstand bildet, verbunden sind. Eine Absenkung kann insbesondere dadurch erreicht werden, dass die Handlungsrechte klar und eindeutig spezifiziert sind, z. B. indem das Recht eine klare und transparente Eigentumsordnung vorgibt. Dadurch sinken die vorvertraglichen Informationskosten.

Zudem können Transaktionskosten abgesenkt werden, indem der Staat ein dispositives Vertragsrecht zur Verfügung stellt. Vertragsparteien können sich dadurch die Kosten für das Entwerfen eines spezifizierten Vertrages sparen, wenn sie auf eine vom Gesetzgeber vorgeschlagene Allokation der vertraglichen Risiken und Pflichten zurückgreifen können. Der Gesetzgeber sollte dabei das Vertragsrecht so entwerfen, wie Vertragsparteien es typischerweise selbst gestalten würden, wenn keine Transaktionskosten bestünden (*hypothetischer Vertrag bzw. mimic the market approach*). Der weitere Vorteil des staatlichen Vertragsrechts liegt in den niedrigeren Informationskosten der Parteien. Eine aufwendige Überprüfung der Kosten kann unterbleiben, weil das Vertragsrecht zugleich als Standardvertrag fungiert.[424]

Die nachträglichen Transaktionskosten können gesenkt werden, indem den Vertragsparteien kostengünstige Mittel zur Durchsetzung ihrer Rechte eingeräumt werden. Vertragliche Verpflichtungen müssen also zeitnah gerichtlich entschieden und vollstreckt werden können.

Gelingt es allerdings nicht die Transaktionskosten soweit abzusenken, dass sich das Tauschgeschäft lohnt, wird die originäre Zuordnung der Handlungsrechte wieder rele-

---

[423] *Cooter/Ulen*, Law & Economics, 4. Auflage (2004), S. 96.

[424] *Cooter/Ulen*, Law & Economics, 4. Auflage (2004), S. 214. Allerdings wird in der rechtsökonomischen Literatur auch darauf hingewiesen, dass Gesetzesrecht auch als „Information triggering"-Instrument genutzt werden kann. Ist beispielsweise eine besonders lange abdingbare Gewährleistungsfrist vorgesehen, zwingt dies den Verkäufer eines Produkts geringere Qualität zu offenbaren, weil er eine kürzere vertragliche Frist fordern wird; vgl. ausführlich *Ayers/Gertner*, 99 Yale L. J. 87 (1989).

vant. Sie sollten deshalb bereits so ausgestaltet sein, dass sie denjenigen mit den Risiken belasten, der sie am leichtesten vermeiden kann („more efficient risk bearer“).[425]

B. Ursachen der geringen Verbreitung in Deutschland

Im Gegensatz zu den USA, dem Mutterland der ökonomischen Analyse, findet der vorgestellte methodische Ansatz in Deutschland nur geringe Akzeptanz.[426] Primär sind drei Gründe zu nennen: Erstens haben viele Juristen Vorbehalte gegen den methodischen Ansatz der ökonomischen Theorie des Rechts, zweitens decken sich der Anwendungsbereich der traditionellen Rechtswissenschaften und der ökonomischen Analyse des Rechts nicht vollständig und drittens existieren besondere, für Deutschland spezifische Umstände, die Juristen den Einstieg in die ökonomische Analyse erschweren.

1) Kritik an der Ökonomischen Analyse

Von rechtswissenschaftlicher Seite wird sowohl das Modell des *homo oeconomicus*, das den Kern der positiven Analyse bildet, als auch das Effizienzkriterium, das das Fundament der normativen Analyse darstellt, angegriffen.[427]

a) Kritik an dem Modell des homo oeconomicus

Der Mensch sei – so die Kritik – ein weit komplexeres Wesen als das vereinfachende Modell suggeriere, eben nicht nur eine Nutzen maximierende Maschine. Das Recht müsse den Menschen in seiner vollständigen Komplexität begreifen.[428] Deshalb müssten für die komplexe Wirklichkeit Lösungen gefunden werden, die im Rahmen von abstrakten Modellen nicht dargestellt werden könnten.[429]

Dieser Einwand überzeugt nicht. Eine pauschale Kritik an den vereinfachenden Grundannahmen verkennt, dass sie nur Hilfsmittel sind, um Verhalten zu prognostizieren.[430] Es geht nicht darum, das Verhalten jedes einzelnen Menschen vorherzusagen,

---

[425] *Cooter/Ulen*, Law & Economics, 4. Auflage (2004), S. 215.

[426] Ausführlich zu den verschiedenen Gründen bereits *Kirchner*, 11 Int. Rev. L. Econ. 277 (1991).

[427] Fundamentalkritik bei *Fezer*, JZ 1986, 817; *ders.*, JZ 1988, 223.

[428] *Luttermann*, WiSt 2007, 137 (138 f.): „Dagegen verkürzen modellhaft gedachte Ansätze der ‚ökonomischen Analyse' gefährlich. Das zeigen fragwürdige Vorstellungen ‚effizienten', ‚ökonomisch rationalen Verhaltens', fixiert auf ein quantitatives Konzept der Nutzen- und Vermögensmaximierung."

[429] *Fezer*, JZ 1986, 817 (822).

[430] *Bainbridge*, Corporation Law and Economics, 2002, S. 23: „Their argument overlooks the fact that rationality is simply an abstraction developed as a useful model of predicting the behavior of large

sondern nur das der Masse der Normadressaten insgesamt zu prognostizieren.[431] Denn Gesetze sollen für eine Vielzahl von Sachverhalten gelten. Tendenzen können deshalb auch erkannt werden, wenn sich einzelne Menschen widersprüchlich oder nicht folgenorientiert verhalten.

Die Kritik kann außerdem entkräftet werden, wenn man sich überlegt, was ein Modell leisten kann. Durch den fokussierten Blick auf einzelne Faktoren können Zusammenhänge erkannt werden, die bei alleiniger Betrachtung der komplexen Welt leicht zu übersehen wären.[432] Der israelische Ökonom *Ariel Rubinstein* vergleicht deshalb wirtschaftswissenschaftliche Modelle mit der Literaturgattung der Fabel.[433] Das Prinzip ist das gleiche: Durch Vereinfachung entsteht Verständnis. Wir arbeiten im Alltag ständig mit Modellen in Form von Piktogrammen, die um der Klarheit willen nur eine schematische Abbildung wählen. Kaum einer würde das Piktogramm einer durchgestrichenen Zigarette mit dem Argument kritisieren, brennende Zigaretten sähen in Realität anders aus. Durch die Vereinfachung entsteht ein klareres Bild. So lässt die Reduktion neue Erkenntnisse zu. Allerdings ist der Kritik zuzugeben, dass die Ergebnisse der ökonomischen Modellbildung aufgrund der Reduktion nur eine eingeschränkte Aussagekraft haben. Bevor die Ergebnisse umgesetzt werden, muss man prüfen, ob ausgeblendete Faktoren (sog. Nebenbedingungen) zu abweichenden Ergebnissen führen.[434] Es ist jedoch einfacher, die Grundannahmen schrittweise zu ergänzen, als von vornherein alle nur erdenklichen Faktoren zu berücksichtigen.[435]

---

numbers of people – it does not purport to describe real social order. A theory is properly judged by its predictive power with respect to the phenomena it purports to explain, not by whether it is a valid description of an objective reality."; ähnlich *Posner*, Economic Analysis of Law, 6. Auflage (2005), S. 17: „An important test of a theory is its ability to explain reality. If it does a lousy job, the reason may be that its assumptions are [insufficient][...]; but we don't need not try to evaluate the assumptions directly in order to evaluate it. Judged by the test of explanatory power, economic theory is a significant [...] success."

[431] *Eidenmüller*, JZ 2001, 1041 (1042); *Kirchgässner*, JZ 1991, 104, 106ff.; *Schäfer/Ott*, Lehrbuch der ökonomischen Analyse des Zivilrechts, 4. Auflage (2005), S. 63f. m. w. Nachw.

[432] Zu den Vorteilen insbesondere einer mathematischen Modellbildung, vgl. *Adams*, Ökonomische Theorie des Rechts, 2. Auflage (2002), S. 22ff.; *Shavell*, Foundations of Economic Analysis of Law, 2004, S. 662: „The main reason that fairly simple models of reality are employed to predict behavior in theoretical inquiries is to clarify understanding; because the description of reality becomes very complex as the number of influencing it grows, it is generally best to begin one's analysis by investigating the effects of a small number of important factors."

[433] *Rubinstein*, 74 Econometrica 865, 881 (2006).

[434] *Eidenmüller*, JZ 1999, 53 (56).

[435] *Shavell*, Foundations of Economic Analysis of Law, 2004, S. 662f.: „It is the general nature of the theoretical, scientific method to first avoid complications in order to focus on the influence of the subset of central factors on outcomes, and then to build from this knowledge."

Im Übrigen darf nicht übersehen werden, dass das Recht selbst an vielen Stellen rationales Verhalten der Normadressaten zugrunde legt. Auch finden sich in der juristischen Diskussion durchaus Erwägungen, die sich mit Klageanreizen und wirtschaftlichen Folgen auseinandersetzen. Gleichwohl erschöpfen sie sich meist in pauschalen Behauptungen und intuitiven Begründungen.[436]

Es ist deshalb nicht sinnvoll, aufgrund der Defizite des ökonomischen Modells auf jegliche Prognose zu verzichten. Das Recht selbst stellt im Übrigen ein Modell dar, in dem die Welt in bestimmte Tatbestandsmerkmale zerlegt wird, an die sich bestimmte Rechtsfolgen knüpfen.

b) Kritik an der Effizienzbewertung

Des Weiteren kritisieren Rechtswissenschaftler die Folgenbewertung mithilfe des Effizienzkriteriums. Ziel des Rechts sei nicht primär Ressourcen optimal zuzuteilen, sondern gerechte Ergebnisse zu finden („*efficiency vs. justice*“).[437] Zum Teil wird von wirtschaftswissenschaftlicher Seite vertreten, dass effiziente Ergebnisse auch immer gerechte Ergebnisse sind.[438] Jedenfalls mangele es an willkürfreien Gerechtigkeitsidealen, so dass es nicht gerechtfertigt sei, für unklare Gerechtigkeitserwägungen die Effizienzwirkungen zu vernachlässigen.[439] Die von der Rechtswissenschaft aufgeworfenen Gerechtigkeitserwägungen seien Fragen der Umverteilung (*Distribution*), für die das Zivilrecht nicht das geeignete Instrument sei. Diese solle besser im Rahmen des Steuerrechts erfolgen. Eine abschließende Stellungnahme zu dieser Streitfrage ist nicht möglich.[440] Wichtig ist vielmehr anzuerkennen, dass Effizienz neben anderen rechtspolitischen Zielen eine prominente Rolle spielen sollte, allerdings ohne dabei einen Absolutheitsanspruch zu verfolgen.

2) Unterschiedliche Perspektive von Juristen und Ökonomen

Ein Grund für die fehlende Verbreitung der ökonomischen Analyse könnte des Weiteren in der unterschiedlichen Perspektive von Juristen und Wirtschaftswissenschaftlern

---

[436] Vgl. hierzu auch: *Reul*, Die Pflicht zur Gleichbehandlung der Aktionäre bei privaten Kontrolltransaktionen, 1991, S. 103.

[437] *Fezer*, JZ 1986, 817, 823 f.; *Luttermann*, WiSt 2007, 137 (139); Zum Verhältnis von Gerechtigkeit und Effizienz, vgl. *Schäfer/Ott*, Lehrbuch der ökonomischen Analyse des Zivilrechts, 4. Auflage (2005), S. 6 f; *Posner*, Economic Analysis of Law, 6. Auflage (2005), S. 27ff.; *Kaplow/Shavell*, 64 Am. L. Econ. Rev. 63 (1999); *dieselb.*, 114 Harv. L. Rev. 961 (2001).

[438] *Posner*, Economic Analysis of Law, 6. Auflage (2005), S. 27ff.

[439] *Picot/Dietl*, in: *Ott/Schäfer*, Ökonomische Analyse des Unternehmensrechts, 1993, S. 306 (328).

[440] Vgl. hierzu die Ausführungen bei *Schäfer/Ott*, Lehrbuch der ökonomischen Analyse des Zivilrechts, 4. Auflage (2005), S. 6ff.

liegen. So richten Ökonomen ihr Augenmerk auf die Ex-ante-Wirkung von Normen.[441] Sie fragen: Welche Anreize entwickelt diese Norm? Maßgeblich ist für sie dabei der Normalfall.

Dagegen befassen sich Juristen in ihrem Alltag mit dem pathologischen Fall aus der Ex-post-Perspektive.[442] Wenn ein Fall auf dem Schreibtisch eines Richters landet, übt die verletzte Norm keine Anreize mehr auf die Parteien des Rechtsstreits aus, denn der zu beurteilende Sachverhalt liegt in der Vergangenheit. Richter und Anwälte befassen sich deshalb in der Regel mit dem pathologischen Fall. Die Anreize, die sich aus der Entscheidung für zukünftige Fälle ergeben, spielen dagegen nur beschränkt eine Rolle. Richter können Fragen der Effizienz auch nur insoweit berücksichtigen als ihnen das Gesetz hierfür Raum lässt, denn sie sind gebunden an Recht und Gesetz.

Die unterschiedlichen Herangehensweisen führen zu Gegensätzen. Während Ökonomen sich verstärkt mit den Fragen nach dem optimalen Rechtssystem befassen und damit Beiträge zur Rechtstheorie liefern, ist die klassische Rechtswissenschaft in erster Linie Interpretationswissenschaft bestehender Normen.[443] Schwerpunktmäßig befasst sie sich mit Fragen, die Ökonomen in den Bereich der Distribution einordnen würden.

3) Unterschiedliches Umfeld in USA und Deutschland

Zu guter Letzt können für die geringe Verbreitung der ökonomischen Analyse in Deutschland aber auch landesspezifische Gründe genannt werden.

Das College-System in den USA und Israel ermöglicht Studenten in den Undergraduate-Klassen aus einem breiten Fächerangebot zu wählen.[444] Viele Studenten besuchen Mikroökonomie-Kurse, auch wenn sie nach dem Abschluss ein rechtswissenschaftliches Master-Programm besuchen. Die allgemeinen Konzepte der Wirtschaftswissenschaften sind ihnen bereits vertraut, wenn sie sich erstmals intensiv mit juristischen Fragestellungen befassen. Die Berührungsängste zwischen den Disziplinen werden dadurch abgebaut. Mittlerweile ist es für Rechtswissenschaftler selbstverständlich, die Methoden der Ökonomie in ihren Grundzügen zu beherrschen. In der amerikanischen Universität California at Berkeley haben beispielsweise acht Professoren der juristi-

---

[441] Vgl. *Posner*, Economic Analysis of Law, 6. Auflage (2005), S. 7 zur Betonung der Ex-ante-Sichtweise: „Rational people base their decisions on expectations on the future rather than on regrets about the past."

[442] *Reul*, Die Pflicht zur Gleichbehandlung der Aktionäre bei privaten Kontrolltransaktionen, 1991, S. 124.

[443] *Behrens*, Die ökonomischen Grundlagen des Rechts, 1986, S. 7f.

[444] Ebenso *Reul*, Die Pflicht zur Gleichbehandlung der Aktionäre bei privaten Kontrolltransaktionen, 1991, S. 121.

schen Fakultät einen PhD in Economics.[445] Kurse in Law and Economics gehören zum festen Kursangebot an amerikanischen Universitäten.

In Deutschland wird dagegen früh der Fokus auf die Prüfungsinhalte des Staatsexamens gelegt. Die Universität Hamburg bildet eine Ausnahme: Die ökonomische Analyse des Rechts kann nun als Wahlschwerpunkt gewählt werden.[446] Bereits seit mehreren Jahren gibt es allerdings ein englischsprachiges Postgraduiertenstudium, das sich speziell mit der ökonomischen Analyse beschäftigt.[447] Es wird von mehreren europäischen Universitäten gemeinsam ausgerichtet und von der Europäischen Union im Rahmen des Erasmus Mundus Programms gefördert.

Neben dem geringen Ausbildungsangebot bestehen weitere Hindernisse für die ökonomische Analyse durch Juristen. Denn die Forschung wird in Deutschland im Gegensatz zu den USA vornehmlich von Ökonomen betrieben. In der Ökonomie wird nahezu ausschließlich auf Englisch veröffentlicht. Der Großteil der Wirtschaftswissenschaftler arbeitet zudem formal, d.h. sie verwenden mathematische Modelle für ihre Forschung. Beides erschwert interessierten Juristen den Zugang zur Materie. Eine deutschsprachige Zeitschrift, die sich ausschließlich der ökonomischen Analyse widmet und auch Beiträge akzeptiert, die nicht die mathematische Darstellung wählen, existiert bislang nicht.

Daneben mangelt es auch an den rechtswissenschaftlichen Fakultäten an Lehrstühlen, die sich speziell der ökonomischen Analyse widmen.[448] Dadurch wird das Fach für junge Rechtswissenschaftler, die eine akademische Karriere anstreben, weniger attraktiv.

Aber auch historische Unterschiede können die geringere Verbreitung erklären. Das Common-Law-System hat in den USA den Boden für stärkere rechtstheoretische Erwägungen geöffnet. Das Civil-Law-System Kontinentaleuropas lässt Richtern weniger Freiraum auf Effizienzerwägungen zurückzugreifen.[449]

---

[445] Abrufbar unter http://www.law.berkeley.edu/faculty/profiles/facultyList.php (Stand: 20.6. 2007).

[446] Beschreibung des Programms abrufbar unter http://www2.jura.uni-hamburg.de/le/Wahlschwerpunkt.pdf (Stand: 20.6.2007).

[447] Eine Programmvorstellung kann unter http://www2.jura.uni-hamburg.de/le/Erasmus/index.htm abgerufen werden (Stand: 20.7.2007).

[448] Eine Ausnahme besteht auch hier in Hamburg mit dem Institut für Recht und Ökonomik an der rechtswissenschaftlichen Fakultät, vgl. http://www2.jura.uni-hamburg.de/le/index.htm (Stand: 20.7.2007).

[449] Ausführlich zu weiteren Unterschieden *Kirchner*, 11 Int. Rev. L. Econ. 277, 284ff. (1991).

Zudem gibt es in den USA eine Tradition das Recht als Real- und Sozialwissenschaft zu begreifen.[450] In den zwanziger und dreißiger Jahren des vorigen Jahrhunderts entstand der so genannte Legal Realism, der sich von den rechtspositivistischen Ansätzen entfernte und die Bedeutung der menschlichen Akteure und ihres Verhaltens im Rechtssystem berücksichtigte. Dies setzte sich fort in zahlreichen rechtsrealistischen Strömungen, insbesondere in den so genannten Critical-Legal-Studies und der Law-and-Economics-Bewegung.

Die deutschen Rechtswissenschaften wurden dagegen von Rechtsdogmatikern geprägt, die Anhänger der *Wertungsjurisprudenz* sind. Dieser Ansatz, der unter anderem von *Larenz* entwickelt wurde, versucht allgemeine Wertungen des Gesetzes zu entdecken und bei der Auslegung zu berücksichtigen.[451] Diese Methode geht also davon aus, dass das Gesetz selbst Erkenntnisgewinne zulässt. In einem solchen selbstreferentiellen System spielen exogene Faktoren, wie die Wirkung des Rechts, nur eine geringe Rolle. Die Wertungsjurisprudenz ist mithin ein deontologischer Ansatz (handlungsbezogen); die ökonomische Analyse pflegt mit ihren utilitaristischen Wurzeln dagegen eine konsequentialistische Herangehensweise (folgenorientiert). Für einen deontologischen Ansatz ist die Frage nach der Wirkung des Rechts zweitrangig; bei einem konsequentialistischen Konzept stehen die Folgen dagegen im Vordergrund. Dieser Gegensatz mag erklären, dass sich die Integration der ökonomischen Analyse in die existierende juristische Methodenlehre als schwieriges Unterfangen erweist (hierzu sogleich unter c.).

C. Juristische Methodenlehre und ökonomische Analyse

Erkennt man die grundsätzliche Relevanz der ökonomischen Analyse an, stellt sich aus juristischer Sicht die Frage, inwieweit die Erkenntnisse der ökonomischen Analyse in den Grenzen der traditionellen juristischen Methodenlehre im Recht genutzt werden können.[452]

Insbesondere *Eidenmüller* vertritt die These, dass Effizienz kein allgemeines, sondern ein lokales, auf bestimmte Rechtsgebiete wie das Haushaltsrecht beschränktes Rechtsprinzip sei.[453] Er folgert daraus, dass Adressat des ökonomischen Ansatzes in erster Linie der Gesetzgeber sei und die Effizienz in der Auslegung eine untergeordnete Rolle

---

[450] *Kirchner*, 11 Int. Rev. Law Econ. 277, 281f. (1991).

[451] *Larenz/Canaris*, Methodenlehre der Rechtswissenschaften, 3. Auflage (1995), S. 119ff.

[452] Vgl. hierzu *Lieth*, Die ökonomische Analyse des Rechts im Spiegelbild klassischer Argumentationsrestriktionen des Rechts und seiner Methodenlehre, 2007, S. 16 und passim.

[453] *Eidenmüller,* Effizienz als Rechtsprinzip, 2. Auflage (1998), S. 463ff.

spiele.[454] Nach diesem Verständnis kann die ökonomische Theorie lediglich als rechtspolitisches Postulat verstanden werden. Dagegen vertritt *Ott* die Ansicht, dass zahlreiche Regelungen des Zivilrechts sich letztlich nur mit dem Rückgriff auf Effizienzerwägungen erklären lassen.[455]

Dem wird schließlich ein vermittelnder Ansatz gegenübergestellt, der Effizienz als normative Forderung nur verdrängt sehen will, soweit der Gesetzgeber nicht bereits andere Ziele formuliert, die Effizienzerwägungen präkludieren.[456]

Für die vorliegende Arbeit kann dieser Streit offen gelassen werden, denn der Gesetzgeber hat explizit Anreizwirkung und Effizienzgesichtspunkte als Ausgangspunkt für die Reform des Aktienrechts durch das UMAG gewählt. So heißt es in der Begründung zum Gesetzentwurf des UMAG wörtlich: „Die positiven Präventivwirkungen der Anfechtungsklage sind [...] bedeutende Bestandteile unseres Corporate Governance Systems"[457]. Damit ist der Untersuchungsgegenstand prädestiniert für die Anwendung wirtschaftswissenschaftlicher Methodik. Denn mit dem ökonomischen Verhaltensmodell steht ein Analyseinstrument zur Verfügung, dass eine exakte Untersuchung der Ex-ante-Wirkung des Rechtsbehelfs zulässt. Zudem erklärt die Regierungsbegründung die Verringerung der „gesamtwirtschaftlichen Schäden", die durch missbräuchliche Klagen entstehen, als Hauptmotiv für die Reform.[458] Ob dieses Ziel erreicht wurde, kann mithilfe der normativen ökonomischen Analyse beurteilt werden.

Zugleich wird vorliegend der Versuch unternommen, die Gegensätze zwischen wirtschaftswissenschaftlicher und rechtswissenschaftlicher Analyse möglichst gering zu halten. Die Implementierung ökonomischer Erwägungen bei der Rechtsanwendung de lege lata wird nur dann vollzogen, wenn nach traditioneller juristischer Auslegung Raum hierfür besteht. Ein juristischer Meinungsstreit fungiert insoweit als Signal für mehrere Interpretationsmöglichkeiten. Die Stellungnahme erfolgt sodann unter Heranziehung von Effizienzerwägungen (vgl. hierzu das 11. Kapitel).[459] Insoweit folgt die Arbeit in engen Grenzen dem Verständnis von der ökonomischen Analyse als Rechtsanwendungstheorie.

---

[454] *Eidenmüller,* Effizienz als Rechtsprinzip, 2. Auflage (1998), S. 476f.

[455] *Ott*, in: Ott/Schäfer (Hrsg.), Allokationseffizienz in der Rechtsordnung, 1989, S. 25 (29f.).

[456] *Lieth*, Die ökonomische Analyse des Rechts im Spiegelbild klassischer Argumentationsrestriktionen des Rechts und seiner Methodenlehre, 2007, S. 156.

[457] *Regierungsentwurf UMAG*, BT-Drucks. 15/5092, S. 29.

[458] *Regierungsentwurf UMAG*, BT-Drucks. 15/5092, S. 1.

[459] Unten, S.253ff.

Des Weiteren werden jedoch auch die gewonnen Erkenntnisse genutzt, um Reformvorschläge zu entwickeln. Doch auch hier bemüht sich der Verfasser die ökonomischen Konzepte nicht losgelöst von den existierenden rechtswissenschaftlichen Überlegungen zu formulieren. Vielmehr wird eine sorgsame Weiterentwicklung bestehender Rechtskonzepte propagiert (vgl. dazu im 12. Kapitel).[460]

D. Ergebnis

Die Analyse des Rechts mithilfe der ökonomischen Theorie besteht aus zwei Stufen, der positiven und der normativen Analyse. Erstere nutzt das Modell des *homo oeconomicus*, um die Steuerungswirkung von Rechtsregeln zu untersuchen. Die Annahmen werden von Vertretern der Neuen Institutionenökonomik dahingehend modifiziert, dass Transaktionskosten, asymmetrische Information und beschränkte Rationalität der Akteure berücksichtigt werden. Die normative Analyse untersucht, ob Ressourcen verschwendet werden. Grundsätzlich ist der Preismechanismus des Marktes Garant für die optimale Allokation von Ressourcen. Nur in den Fällen von Marktversagen ist rechtliche Intervention geboten. Rechtliche Regelungen sind insbesondere notwendig, wenn bestimmtes Verhalten Externalitäten verursacht, Informationsasymmetrien zwischen Akteuren existieren oder prohibitiv hohe Transaktionskosten eine Verhandlungslösung erschweren.

Die geringe Akzeptanz der rechtsökonomischen Analyse in der rechtswissenschaftlichen Diskussion lässt sich mit inhaltlichen Vorbehalten traditioneller Rechtswissenschaftler erklären. Allerdings zeigt eine Auseinandersetzung mit den kritischen Stimmen, dass diese entkräftet werden können. Das ökonomische Verhaltensmodell ist ein sinnvolles Prognoseinstrument. Vereinfachende Grundannahmen sind eine notwendige Voraussetzung wissenschaftlicher Forschung. Effizienz, also die Vermeidung von Ressourcenverschwendung ist eine wichtige Forderung in jeder Gesellschaft, die Knappheitsrestriktionen ausgesetzt ist. Auch wenn die inhaltlichen Vorbehalte gegen den methodischen Ansatz entkräftet werden können, bleiben soziokulturelle Umstände, die die geringe Verbreitung erklären können.

Die vorliegende Arbeit versucht die Ergebnisse der ökonomischen Analyse in traditionelle rechtswissenschaftliche Dogmatik einzubetten. Dies fällt insofern nicht schwer, als auch der Gesetzgeber im Kontext des Freigabeverfahrens funktionale Erwägungen in den Vordergrund gerückt hat.

---

[460] Unten, S. 270ff.

4. Kapitel: Die ökonomischen Ansätze zur Analyse von Kapitalgesellschaften

Dieses Kapitel widmet sich den verschiedenen methodischen Ansätzen der Wirtschaftswissenschaften mit denen die Unternehmen – Kapitalgesellschaften im Besonderen – analysiert werden. Sie bilden die methodische Grundlage für die anschließende Untersuchung des Freigabeverfahrens.

Die wesentlichen Bausteine sind erst in den letzten Jahrzehnten entwickelt worden. In klassischen mikroökonomischen Modellen wurde die Organisationsstruktur von Unternehmen ausgeblendet. Erst die Ideen der Neuen Institutionenökonomik schließen diese Lücke. Allerdings hat auch die Neue Institutionenökonomik keine umfassende und abschließende Theorie der Kapitalgesellschaft entwickelt, sondern nur einige Aspekte beleuchtet.

- *Die Prinzipal-Agenten-Theorie beschreibt das Verhältnis von Aktionären und Managern als ein Geschäftsbesorgungsverhältnis, in welchem Informationsasymmetrien dazu führen, dass das Management nicht im Interesse der Aktionäre handelt.*
- *Der Transaktionskostenansatz erklärt die Existenz von Unternehmungen mit den Kosten, die bei der Nutzung eines Marktes entstehen können (Informations- und Kontrollkosten, hold-up bei vertragsspezifischem Investitionen).*
- *Der Nexus-of-Contract-Ansatz lehnt dagegen eine getrennte Betrachtung von Markt und Organisation ab. Die Gesellschaft ist lediglich ein Geflecht aus expliziten und impliziten relationalen Verträgen, mit deren Hilfe die Produktion zwischen den Akteuren koordiniert wird. Gesellschaftsrecht ist nach diesem Verständnis nur ein standardisierter Vertrag, der die Transaktionskosten absenken soll.*
- *Der Property-Rights-Ansatz sieht in der Gesellschaft dagegen einen Mechanismus, um gemeinschaftlich Ressourcen zu erwerben und zu nutzen. Er sucht nach der optimalen Zuordnung dieser Verfügungsrechte.*

Neben der Neuen Institutionenökonomik spielt zunehmend die Corporate-Finance-Literatur für das Verständnis von Kapitalgesellschaften eine große Rolle.

- *Die Portfoliotheorie zeigt, dass die Kapitalgesellschaften notwendig sind, um diversifiziert investieren zu können.*
- *Nach der Effizienzmarkthypothese hat der Kapitalmarkt große Bedeutung für die Corporate Governance der Gesellschaft. Der Markt bildet danach alle öffentlichen Informationen im Preis einer Aktie ab und kontrolliert so die Akteure der Gesellschaft. Von Vertretern der Noise-Theorie wird die Effizienzmarkthypothese allerdings in Frage gestellt.*

Theoretische Konzepte der politischen Ökonomie, der so genannten Public-Choice-Literatur, beleuchten schließlich die Kosten, die durch kollektive Entscheidungen entstehen. Sie erklären, warum ineffiziente Beschlüsse entstehen können, und unterstreichen die hohen Kosten einer „Aktionärsdemokratie".

Die Wirtschaftswissenschaften haben sich erst in den letzten Jahrzehnten verstärkt der Frage gewidmet, welche Bedeutung die Unternehmensstruktur im Marktgeschehen hat.[461] Anders als die Rechtswissenschaften, die den Gesellschaften ein eigenes Unternehmensinteresse und eine eigene Rechtspersönlichkeit zubilligen, ist die Gesellschaft aus wirtschaftswissenschaftlicher Sicht nur ein Instrument um die Interessen verschiedener Parteien im Hinblick auf die Produktionsfaktoren Arbeit und Kapital zu organisieren.[462]

A. Der traditionelle Ansatz: die Unternehmung als Produktionsfunktion

In den traditionellen neoklassischen mikroökonomischen Modellen wurde die Unternehmung nur als *Produktionsfunktion* dargestellt.[463] Unter einer Unternehmung verstehen die neoklassischen Wirtschaftswissenschaften „eine Einheit, bestehend aus einer oder mehreren Personen, die Güter in andere Güter umwandelt und die produzierten Güter an Dritte verkauft“[464].

Danach wählt eine Unternehmung denjenigen Outputlevel produzierter Güter und denjenigen Inputlevel verwendeter Güter, der den Gesamtgewinn maximiert. Dieses Modell der Unternehmung hat einen zentralen Vorteil: Es ist ein einfach und lässt sich mathematisch leicht darstellen.[465] Die Reaktion eines Unternehmens auf veränderte Marktbedingungen (teurer Input etc.) lässt sich mithin leicht prognostizieren. So nützlich dieses Modell für die Analyse von Marktverhalten sein mag, so wenig brauchbar ist es für die rechtsökonomische Analyse des Gesellschaftsrechts. Denn die institutionelle Ausgestaltung des Unternehmens wird ausgeblendet. Ob es sich um eine Personengesellschaft mit wenigen Mitarbeitern oder einen riesigen Konzern handelt, hat bei dieser Betrachtung keinerlei Relevanz. Das Unternehmen bleibt eine „Blackbox“.[466]

---

[461] Überblick bei: *Bainbridge*, Corporation Law and Economics, 2002, S. 26ff.; *Hart,* 89 Colum. L. Rev. 1757 (1989); *Richter/Furubotn*, Neue Institutionenökonomik, 3. Auflage (2003), S. 394ff.; *Ruffner*, Die ökonomischen Grundlagen eines Rechts der Publikumsgesellschaft, 2000, S. 127ff.; *Weise/Brandes/Eger/Kraft*, Neue Mikroökonomie, 4. Auflage (2002), S. 270ff.

[462] *Behrens*, in: FS Drobnig, 1998, S. 491, 494; *Eidenmüller*, JZ 2001, 1041, 1042 f.

[463] *Weise/Brandes/Eger/Kraft*, Neue Mikroökonomie, 4. Auflage (2002), S. 271.

[464] *Weise/Brandes/Eger/Kraft*, Neue Mikroökonomie, 4. Auflage (2002), S. 270.

[465] *Hart,* 89 Colum. L. Rev. 1757 (1989).

[466] *Ruffner*, Die ökonomischen Grundlagen eines Rechts der Publikumsgesellschaft, 2000, S. 127.

B. Ansätze der Neuen Institutionenökonomik

Erst seit dem Aufkommen der Neuen Institutionenökonomik wenden sich die Wirtschaftswissenschaften den tatsächlichen vielfältigen Organisationsstrukturen zu, die in der Unternehmenspraxis beobachtet werden können. Insgesamt lassen sich die verschiedenen Arbeiten auf diesem Gebiet in vier – eng miteinander verwandte – Ansätze einteilen:[467] Die Prinzipal-Agenten-Theorie, der Transaktionskostenansatz, die Nexus-of-Contracts-Theorie und die Property-Rights-Theorie.

I. Die Prinzipal-Agenten-Theorie

Die Prinzipal-Agenten-Theorie[468] beseitigt eine zentrale Schwäche des traditionellen Ansatzes: Sie erkennt, dass innerhalb der Unternehmung Interessengegensätze bestehen, die so genannte Agency-Kosten verursachen.[469] Die Prinzipal-Agenten-Theorie beschäftigt sich mit der Frage, wie innerhalb einer Geschäftsbesorgung, in der ein Agent für seinen Prinzipal tätig wird, Anreize gesetzt werden müssen, damit der Agent den Nutzen seines Prinzipals maximiert. Das Problem stellt sich, wenn Informationen zwischen Prinzipal und Agent *asymmetrisch* verteilt sind: Da der Prinzipal den Agenten nicht vollständig überwachen kann, entsteht ein diskretionärer Spielraum. Die fehlende Kontrolle ermöglicht dem Agenten seine eigenen Ziele zu verfolgen, die nicht mit denen des Prinzipals übereinstimmen müssen. Die Prinzipal-Agenten-Theorie differenziert dabei zwischen Fällen der asymmetrischen Information vor und nach Vertragsschluss. Ist die Information bereits vor Vertragsschluss asymmetrisch verteilt, spricht man von *adverser Selektion.* Dieser Fall tritt insbesondere auf, wenn der Prinzipal vor Eintritt der Vertragsbeziehung bestimmte Qualitätsmerkmale des Agenten nicht kennt (z. B. der Versicherungsnehmer kennt seine Leiden, verbirgt sie aber vor dem Versicherungsgeber; der Klient weiß nicht, ob sein Rechtsanwalt ein Prädikatsjurist ist).[470] Tritt die Wissensasymmetrie dagegen erst nach Beginn des Prinzipal-Agen-

---

[467] Diese Aufteilung orientiert sich an der Differenzierung von *Hart,* 89 Colum. L. Rev. 1757 (1989).

[468] Siehe bereits oben S. 84.

[469] Vgl. zur Prinzipal-Agenten-Theorie: Grundlegend *Jensen/Meckling,* 3 J. Fin. Econ 305, 308 (1976): „We define an agency relationship as a contract under which one ore more persons (the principal(s)) engage another person (the agent) to perform some service on their behalf which involves delegating some decision making authority to the agent"; *Bainbridge*, Corporation Law and Economics, 2002, S. 35; *Hart,* 89 Colum. L. Rev. 1757 (1989), 1758; *Ruffner*, Die ökonomischen Grundlagen eines Rechts der Publikumsgesellschaft, 2000, S. 131; *Hansmann/Kraakman*, in: Kraakman/Davis u.a. (Hrsg.), The Anatomy of Corporate Law, 2004, S. 21ff; *Behrens*, in: FS Drobnig, 1998, S. 491 (494); *Grundmann,* Europäisches Gesellschaftsrecht, 2004, § 3 Rn. 82f.; *Richter/Furubotn*, Neue Institutionenökonomik, 3. Auflage (2003), S. 174ff.; *Williamson*, The Economic Institutions of Capitalism, 1985 S. 47 ff.; zu Recht wird darauf hingewiesen, dass die Theorie auf jedes Geschäftsbesorgungsverhältnis angewendet werden kann, vgl. *Macey/Miller*, 58 U. Chi. L. Rev. 1, 9 (1991).

[470] *Richter/Furubotn,* Neue Institutionenökonomik, 3. Auflage (2003), S. 175 f.

ten-Verhältnisses ein, handelt es sich um Fälle des so genannten *moral hazard* („moralischen Risikos").[471] Bei letzterem ist weiter zu differenzieren zwischen Situationen, in denen die Tätigkeit des Agenten durch den Prinzipal nicht vollständig observierbar ist („verstecktes Handeln"), und zwischen Zuständen, in denen der Agent Wissen erwirbt, das dem Prinzipal verborgen bleibt („verstecktes Wissen").[472]

Die Verluste, die durch dieses eigennützige Verhalten und die dadurch notwendige Kontrolle entstehen, werden als Agency-Kosten bezeichnet. Mit der Prinzipal-Agenten-Theorie kann nun das Verhältnis zwischen Aktionären auf der einen Seite und Managern auf der anderen Seite beschrieben und analysiert werden.[473] Aktionäre delegieren Entscheidungsmacht an Vorstand und Aufsichtsrat, die besser über das Geschäft informiert sind. Die Aktionäre sind also Prinzipale, die nicht im Einzelnen beobachten können, ob das Management Entscheidungen in ihrem Interesse trifft.[474] Einen Teil der Rendite, die den Aktionären zustünde, kann sich deshalb das Management aneignen.

So können Manager versuchen, sich Vermögenswerte der Gesellschaft anzueignen (sog. *Stealing*), indem sie direkt Vermögen der Gesellschaft entwenden oder überteuerte Verträge mit Unternehmen initiieren, die ihnen gehören (*Self-Dealing*). So sollen beispielsweise in einem bekannten börsennotierten Unternehmen überteuerte Verträge mit einem Zulieferunternehmen geschlossen worden sein, welches dem Vorstandsvorsitzenden gehörte.[475]

Agency-Kosten können aber auch durch schlechte Managementleistung entstehen (*Shirking*). Manager können schlichtweg nicht motiviert sein, ihre Arbeit mit dem notwendigen Einsatz zu betreiben.

Durch *abweichende Risikopräferenzen*[476] von Managern und Aktionären können ebenfalls Agency-Kosten entstehen. Aktionäre sind, wenn sie sich hinreichend diversifizieren können, risikoneutral.[477] Von einer riskanten Unternehmung, die ein hohes Risiko, aber trotzdem einen positiven Erwartungswert aufweist, profitieren in erster Linie die Empfänger des Residualeinkommens, also die Aktionäre. Manager gelten dagegen als

---

[471] *Richter/Furubotn*, Neue Institutionenökonomik, 3. Auflage (2003), S. 174.

[472] *Richter/Furubotn*, Neue Institutionenökonomik, 3. Auflage (2003), S. 174.

[473] *Hansmann/Kraakman*, in: Kraakman/Davis u.a. (Hrsg.), The Anatomy of Corporate Law, 2004, S. 21ff.

[474] *Jensen/Meckling,* 3 J. Fin. Econ 305, 327 (1976).

[475] Diesen Fall schildert *Neus*, BWL aus institutionenökonomischer Sicht, 3. Auflage (2003), S. 165.

[476] Zu den unterschiedlichen Risikopräferenzen vgl. *Schäfer/Ott*, Lehrbuch der ökonomischen Analyse des Zivilrechts, 4. Auflage (2005), S. 408 f.; *Milgrom/Roberts*, Economics, Organization and Management, 1992, S. 187 f.; *Pindyck/Rubinfeld*, Microeconomics, 5. Auflage (2001), S. 157.

[477] Hierzu ausführlich unten S. 118f.

risikoavers[478]. Ein Individuum, das risikoavers ist, bevorzugt ein sicheres Einkommen gegenüber einem unsicheren Einkommen mit dem gleichen Erwartungswert.[479] Ein Beispiel: A kann sich entweder entscheiden 10.000 Euro sicheres Einkommen zu bekommen (Alternative 1), oder er kann ein unsicheres Einkommen wählen, bei dem er mit 50 % Wahrscheinlichkeit 15.000 Euro erhält und mit 50 % Wahrscheinlichkeit 5.000 Euro verdient (Alternative 2). Der Erwartungswert der beiden Alternativen ist identisch (10.000 = 0.5 * 15.000 + 0.5* 5000). Trotzdem wählen risikoaverse Menschen die erste Alternative. Risikoaversität wird mit dem abnehmenden Grenznutzen des Einkommens erklärt: Ein zusätzlicher Euro bei einem Vermögen von 100.000 Euro stiftet weniger zusätzlichen Nutzen als bei einem Vermögen von 10 Euro. Der zusätzliche Nutzen aus zusätzlichem Einkommen nimmt also nur unterproportional zu.[480] Ein riskantes, aber sehr lukratives Geschäft, das aus Sicht diversifizierender Anleger begrüßenswert wäre, kann für einen Manager unattraktiv sein. Denn er ist nicht Empfänger des Residualeinkommens. Sowohl sein Human Capital in Form von Ansehen und Stellung als auch sein Vermögen in Form seines zukünftigen Gehaltes stehen auf dem Spiel, ohne dass er umgekehrt am Erfolg in vollem Umfang partizipiert.[481] Ein Beispiel kann dies verdeutlichen: Ein Unternehmen hat die Wahl zwischen drei Projekten.

- Projekt A hat mit 99 % Wahrscheinlichkeit Erfolg. Der erwartete Gewinn beträgt 100.000 Euro. Projekt A hat deshalb einen Erwartungswert von 99.000 Euro.

- Projekt B wird mit 50 % Wahrscheinlichkeit erfolgreich sein. Der erwartete Gewinn fällt mit 200.000 Euro deutlich höher aus. Projekt B hat deshalb einen Erwartungswert von 100.000 Euro.

- Projekt C hat mit 20 % nur geringe Erfolgschancen. Allerdings winken 1.000.000 Euro Gewinn. Der Erwartungswert beträgt deshalb 200.000 Euro.

Die Durchführung aller drei Projekte verursacht Kosten in Höhe von 80.000 Euro. Nach der ökonomischen Theorie sollte die Unternehmensführung Projekt C wählen. Die hohen Risiken können die Aktionäre durch ein diversifiziertes Portfolio reduzieren. Das Geschäft verspricht insgesamt den höchsten Gewinn. Ein risikoaverses Management wird dagegen Projekt A favorisieren; es verspricht geringe, aber sichere

---

[478] *Easterbrook/Fischel*, 52 U. Chi. L. Rev. 611, 641 (1985).

[479] *Pindyck/Rubinfeld*, Microeconomics, 5. Auflage (2001), S. 157.

[480] *Schäfer/Ott*, Lehrbuch der ökonomischen Analyse des Zivilrechts, 4. Auflage (2005), S. 408 f.

[481] *Easterbrook/Fischel*, 52 U. Chi. L. Rev. 611, 641 (1985).

Gewinne, während Projekt C trotz seines hohen Erwartungswertes leicht das Ende der Tätigkeit im Unternehmen bedeuten kann.

Aus der Risikoaversität resultiert zugleich die Gefahr, dass Manager versuchen, die Gewinne im Unternehmen zu halten, statt sie an die Aktionäre auszuschütten. Eine solche Kapitalakkumulation ist jedenfalls dann nicht im Interesse der Anteilseigner, wenn mit diesem Geld außerhalb des Unternehmens höhere Renditen zu erzielen sind.[482] Manager verbreitern dadurch die Haftungsmasse des Unternehmens und sichern ihre Position für zukünftige Krisenzeiten. Sie investieren allenfalls in Projekte, die eine geringe Rendite bei niedrigem Risiko versprechen oder sogar negative Erwartungswerte haben. Diese als *Free-Cash-Flow-Theorie* bezeichnete Überlegung sieht deshalb in hohen finanziellen Reserven eines Unternehmens eine zentrale Quelle von Agency-Kosten.[483]

Agency-Kosten können des Weiteren auch entstehen, wenn die Manager als Agenten auf Kosten der Prinzipale immateriellen Nutzen wie Macht und Status maximieren. Statt in lukrative Projekte zu investieren, wählen sie Investitionen, die ihre Reputation oder ihr Ansehen besonders vergrößern, nicht aber notwendigerweise die Rendite. Von besonderer Bedeutung ist dabei die Größe des Unternehmens, denn die Wahrnehmung in den Medien und der Öffentlichkeit steigt zugleich proportional mit Umsatz und Anzahl der Mitarbeiter. Am einfachsten können Manager ihre Macht, ihren Einfluss und ihre Reputation erweitern, wenn sie andere Unternehmen übernehmen. Zugleich kann mit den Übernahmen das Portfolio aus Beteiligungen die Gesamtrisiken des Unternehmens minimieren. Denn wenn die Geschäftsfelder der Unternehmen negativ korreliert sind, verringern sich die Gesamtrisiken des Konglomerats.[484] Für Manager ist dies aufgrund ihrer Risikoaversität grundsätzlich attraktiv.[485] Aus ökonomischer Sicht ist es allerdings besser, wenn Risiken nicht auf Unternehmensebene, sondern auf Ebene der Aktionäre durch Portfoliobildung beseitigt werden.[486] Ökonomen bezeichnen dieses Phänomen deshalb als „the urge to merge“[487] oder „*Empire-Building-Syndrom*“.[488] Zwar können Unternehmensübernahmen volkswirtschaftlich und betriebswirtschaftlich durchaus Sinn machen, wenn die Unternehmensressourcen in dem neuen Unternehmen

---

[482] *Neus*, BWL aus institutionenökonomischer Sicht, 3. Auflage (2003), S. 165.

[483] *Jensen*, 76 Am. Econ. Rev. 323 (1986).

[484] Vgl. zur Funktionsweise der Diversifikation ausführlich unten, S. 118f.

[485] *Amihud/Lev* 12 Bell J. Econ. 605 (1981).

[486] Hierzu siehe unten, S. 118f.

[487] *Bainbridge*, Corporation Law and Economics, 2002, S. 612f.

[488] Vgl. hierzu KK-WpÜG/*Hirte*, Einleitung Rz. 29; *Romano*, 9 Yale J. Reg. 119 (1992), 145ff.

besser genutzt werden können (Beispiel: Synergien, Skaleneffekte etc.).[489] Allerdings führen Übernahmen auch dann zu Machtzuwachs des Managements, wenn der gemeinsame Unternehmenswert nicht steigt und sich keine Effizienzpotentiale realisieren lassen. Zahlreiche gescheiterte Übernahmen der Wirtschaftsgeschichte belegen diese Gefahr: Die Fusion der Daimler Benz AG mit der Chrysler Corp., von America Online Inc. mit Time Warner Inc. und die Übernahme der Mannesmann AG durch die Vodafone Airtouch Plc. haben beispielsweise nicht zu den erhofften Wertsteigerungen geführt.

Des Weiteren können Agency-Kosten entstehen, wenn das Management unter der Kontrolle eines einzelnen Aktionärs steht, der über einen entsprechend hohen Anteil verfügt. Ein solcher „Blockholder“ kann über seine privilegierten formellen und informellen Kontrollmöglichkeiten Einfluss auf das Management ausüben, um Entscheidungen zu seinen Gunsten zu treffen, die die restlichen Aktionäre benachteiligen.[490] Zum Teil wird deshalb von *horizontalem Prinzipal-Agenten-Problem* gesprochen.[491]

Auch wenn dieser Ansatz strukturelle Probleme der Aktiengesellschaft erklären kann, wird jedoch auch erhebliche Kritik an der Prinzipal-Agenten-Theorie geübt.[492] Denn auf zahlreiche Fragen liefert sie keine Antworten. Sie kann zwar erklären, warum Manager nicht immer im Interesse der Aktionäre handeln. Allerdings kann sie nicht die Vorteile der Arbeitsteilung zwischen Managern und Aktionären beleuchten. Ihre Anwendung birgt die Gefahr, die Freiheit der Manager zu stark zu beschränken, weil der Fokus auf die Kosten der Agency-Beziehung gelegt wird und dabei deren Nutzen übersehen wird.[493] Dieser theoretische Ansatz kann also nicht erklären, wieso überhaupt eine arbeitsteilige Organisationsstruktur gewählt wird und wo deren Grenzen liegen.[494]

---

489 *Bainbridge*, Corporation Law and Economics, 2002, S. 617ff.

490 *Schäfer/Ott*, Lehrbuch der ökonomischen Analyse des Zivilrechts, 4. Auflage (2005), S. 647.

491 *Roe*, The Institutions of Corporate Governance, Working Paper (2004), S. 4; *Hirte*, Kapitalgesellschaftsrecht, 5. Auflage (2006), S. 12 Rn. 1. 21k.

492 *Hart*, 89 Colum. L. Rev. 1757, 1759 (1989); *Bainbridge*, Corporation Law and Economics, 2002, S. 35.

493 In diese Richtung *Bainbridge*, Corporation Law and Economics, 2002, S. 37: „We could substantially reduce, if not eliminate, agency costs, by eliminating discretion; that we do not do so suggests that discretion has substantial virtues“.

494 *Hart*, 89 Colum. L. Rev. 1757, 1759 (1989); *Bainbridge*, Corporation Law and Economics, 2002, S. 35.

II. Die Transaktionskosten-Theorie

Einen weiteren wichtigen Baustein zum Verständnis von Unternehmen liefert die Transaktionskostenökonomik, die von *Ronald Coase* begründet wurde, der 1991 hierfür mit dem Nobelpreis für Ökonomie ausgezeichnet wurde.

Er stellte die scheinbar banale Frage, warum nicht die gesamte Produktion mithilfe des Marktes organisiert wird.[495] Warum also werden bestimmte Arbeitsschritte innerhalb einer Organisation erledigt, andere dagegen auf dem Markt zugekauft? Warum stellt ein Autohersteller beispielsweise für bestimmte Arbeitsvorgänge Arbeitnehmer fest ein (z. B. Ingenieure), während er andere extern zukauft (z. B. Marketing). Denn grundsätzlich profitieren die Akteure auf einem Markt von dem Preismechanismus: Durch eine Vielzahl von Anbietern und Nachfragern bildet sich ein Preis, der Kosten und Nutzen seiner Akteure widerspiegelt. Auf einem funktionierenden Markt nähern sich Marktpreis und Grenzkosten der Anbieter an. Der Markt generiert also als positiven Nebeneffekt Informationen über die Kosten, mit denen Markteilnehmer arbeiten können. Wettbewerber werden gezwungen, durch Innovationen ihre Kosten zu senken. In einer Organisationsstruktur fehlt dieser Preismechanismus. Warum können, so fragte sich *Coase*, dann solche geschlossenen Systeme überhaupt überlegen sein? Nach *Coase* muss die Antwort auch hier in den bereits erwähnten Transaktionskosten liegen.[496] Es muss also Kosten auf dem Markt geben, die in bestimmten Konstellationen höher sind als der Nutzen des Preismechanismus. Zu diesen Transaktionskosten gehören insbesondere die oben beschriebenen Informations-, Koordinations- und Kontrollkosten. Die hierarchische Organisation soll vor allem dadurch die Kosten verringern, dass einer zentralen Einheit Entscheidungsautorität gewährt wird. Sie übernimmt die Koordination, die andernfalls durch die Marktteilnehmer stattfände. Liegen die Marktransaktionskosten über den Kosten der Organisation, ist die Produktion im Rahmen einer Unternehmung günstiger. Der Ansatz zeigt zugleich die Grenzen der Unternehmung. Sobald die Bürokratiekosten die eingesparten Transaktionskosten übersteigen, ist die Unternehmung unterlegen.

Williamson hat die Transaktionskosten-Theorie weiter verfeinert, indem er herausgearbeitet hat, wodurch hohe Transaktionskosten entstehen können: Er hat auf die Anreize zu *opportunistischem Verhalten* der Vertragsparteien hingewiesen, die bei vertragsspezifischen Investitionen (*transaction specific investment*) entstehen.[497] Eine Investition ist transaktionsspezifisch, wenn die Investition in ihrer zweitbesten Ver-

---

[495] *Coase*, 4 Economica 386 (1937) passim.

[496] Dazu bereits oben, S. 86f., 91f.

[497] *Williamson*, The Economic Institutions of Capitalism, 1985, S. 95ff.

wendung deutlich geringere Gewinne erzielt.[498] Ein Beispiel hierfür sind Anlagen von Zulieferern, die nur Teile für eine Automarke herstellen können. In diesen Fällen entstehen mit der Vorleistung hohe „versunkene Kosten" („sunk cost")[499]: Bei Abbruch der Vertragsverhandlungen kann sich der Investor nicht dadurch schadlos halten, dass er Verträge mit einem Dritten schließt. Denn sie haben keine Verwendung für seine Produkte. Die Gefahr ist groß, dass der Auftraggeber nach der Anfangsinvestition des Lieferanten in Nachverhandlungen Preisnachlässe durchdrückt und so Gewinn aus der *holdup-Situation* erzielt.[500] Dadurch verteuert sich die Transaktion bereits im Vorfeld. Denn ein rationaler Akteur antizipiert diese Gefahr nachträglich benachteiligt zu werden. Er verlangt deshalb hohe Risikozuschläge oder aufwendige vertragliche Absicherungen, um die Möglichkeiten opportunistischen Verhaltens zu verringern, wodurch die Transaktionskosten steigen. In diesen Fällen kann es sinnvoll sein, die Produktion von vornherein innerhalb einer Organisationsstruktur durchzuführen, um die Kosten zu minimieren, die durch opportunistisches Verhalten *ex ante* entstehen.

Des Weiteren kann die hierarchische Organisation überlegen sein, wenn Leistungen über einen längeren Zeitraum benötigt werden. Hohe Transaktionskosten und beschränkte Rationalität machen es unmöglich, bereits bei Vertragsschluss alle Eventualitäten zu berücksichtigen (*Unmöglichkeit des vollständigen Vertrags*). Treten deshalb im Laufe der Vertragsbeziehung unvorhergesehene Umstände ein, können sich die Vertragsparteien in Nachverhandlungen opportunistisch verhalten. Auch entstehen Kosten durch die erneuten Vertragsverhandlungen. In einer hierarchischen Organisation können diese Kosten gespart werden. Denn statt den Umfang der Vertragsbeziehung detailliert zu regeln, erhält eine Vertragspartei von vornherein ein Weisungsrecht, mit dem auf veränderte Umstände eingegangen werden kann (im Arbeitsverhältnis beispielsweise das Direktionsrecht gem. § 315 BGB).[501]

Die Transaktionskostentheorie wird dafür kritisiert, dass sie zu stark auf *Opportunismus* und *Holdup-Probleme* fokussiert ist.[502] Diese spielten in der Unternehmenspraxis eine weit geringere Rolle für die Gestaltung von Institutionen, als die Transaktionskostentheorie suggeriere. Organisationen hätten vielmehr ihre Hauptfunktion in der Koordination vielfältiger Akteure.[503] Komparative Koordinationsvorteile der Organisa-

---

[498] *Milgrom/Roberts*, Economics, Organization and Management, 1992, S. 31.

[499] Genauer zu den sunk costs *Pindyck/Rubinfeld*, Microeconomics, 5. Auflage (2001), S. 225 f.

[500] *Milgrom/Roberts*, Economics, Organization and Management, 1992, S. 136ff.

[501] *Behrens*, in: FS Drobnig, 1998, S. 491 (493).

[502] *Langlois*, in: Medema (Hrsg.), Coasian Economics, S. 1 (9).

[503] *Langlois*, in: Medema (Hrsg.), Coasian Economics, S. 1 (6f.).

tion gegenüber dem Markt könnten sich z. B. auch aufgrund geringerer Informationsasymmetrien ergeben.[504]

III. Nexus-of-Contract-Ansatz

Der so genannte Nexus-of-Contract-Ansatz[505] bzw. kontraktualistische Ansatz trennt im Gegensatz zum Transaktionskosten-Ansatz nicht zwischen der Firma und dem Markt, sondern allein nach der Intensität der wirtschaftlichen Beziehungen zwischen den Akteuren. Die verschiedenen Gesellschaftsformen sind danach lediglich „standardisierte Verträge".[506] Er geht maßgeblich auf *Easterbrook* und *Fischel* zurück.[507]

Zugrunde liegt ein vom juristischen Sprachgebrauch zu unterscheidender Vertragsbegriff, der jegliche Form von Kooperationen zwischen Akteuren beschreibt.[508] Die einfachste Form der Kooperation ist der sog. diskrete Vertrag (*spot contract*). Marktakteure schließen sich zu einem „einmaligen, in sich abgeschlossenen Austausch von Leistungen"[509] zusammen. Kaufverträge oder Werkverträge sind dementsprechend in

---

[504] *Langlois*, in: Medema (Hrsg.), Coasian Economics, S. 1 (6f.). Hierbei ist insbesondere an Informationsasymmetrien bezüglich der Zahlungsbereitschaft zu denken. Glaubt eine der Vertragsparteien, der andere „bluffe", besteht die Gefahr, dass es nicht zum Vertragsschluss kommt, obwohl grundsätzlich Raum für eine Einigung bestanden hätte. Ein Beispiel: A will Kies an B verkaufen. Er will mindestens 10 Euro pro Tonne erzielen. B ist bereit höchstens 11 Euro je Tonne zu bezahlen. Ein Tauschgeschäft ist deshalb zu einem Preis zwischen 10 und 11 Euro ist möglich. Beide Parteien kennen jedoch die wahre Zahlungsbereitschaft des Gegenübers (sog. Reservationspreis) nicht. A blufft, indem er 15 Euro verlangt. B erklärt daraufhin wahrheitsgemäß, dass er das Geschäft nicht für einen Preis über 11 Euro abschließen werde. A glaubt jedoch, B versuche bloß geschickt zu verhandeln und werde das Geschäft auch bei 12,50 Euro noch abschließen. Er fordert deshalb ultimativ 12,50 Euro als „sein letztes Angebot". Daraufhin bricht B die Vertragsverhandlungen ab, weil er glaubt, dass aufgrund der unterschiedlichen Preisvorstellungen keine Vereinbarung erzielt werden kann. Ein wohfahrtssteigerndes Geschäft unterbleibt aufgrund von Informationsasymmetrien. In der Organisation ist diese Gefahr geringer, denn jeder Akteur kann seine Kalkulation offenlegen. Dadurch werden Fehleinschätzungen vermieden.

[505] Der Begriff wurde geprägt von *Jensen/Meckling*, die allerdings zur Analyse auf die Prinzipal-Agenten Theorie zurückgreifen, vgl. *Jensen/Meckling*, 3 J. Fin. Econ 305 (1976).

[506] *Hart*, 89 Colum. L. Rev. 1757, 1764 (1989).

[507] *Easterbrook/Fischel*, 89 Col. L. Rev. 1416; *dieselb.*, The Economic Structure of Corporate Law, 1991, S. 14ff: „To say that a complex relationship among many voluntary participants is adaptive is to say that it is contractual. Thus our reference to the corporation as a set of contracts. Voluntary arrangements are contracts."

[508] Der ökonomische Vertragsbegriff ist weiter. Neben expliziten Verträgen (Verträgen im juristischen Sinne) existieren auch implizite Verträge, die jeglichen Austausch oder Kooperation umfassen (z.B. ein im juristischen Sprachgebrauch als bloßes Gefälligkeitsverhältnis charakterisiertes Geschäft): „[...] the New Institutional Economics uses the word contract to refer to any process by which property rights to assets are created, modified, or transfered.", *Bainbridge*, Corporation Law and Economics, 2002, S. 28.

[509] *Schäfer/Ott*, Lehrbuch der ökonomischen Analyse des Zivilrechts, 4. Auflage (2005), S. 633.

der Regel diskrete Verträge. Doch kann sich die Kooperation verstärken, indem beispielsweise ein Dauerschuldverhältnis eingegangen wird und Leistungen regelmäßig ausgetauscht werden. Von einem *relationalen Vertrag* wird schließlich gesprochen, wenn die Zusammenarbeit langfristig ausgerichtet und so weitgehend ausgestaltet ist, dass einem der Vertragsparteien ein Weisungsrecht eingeräumt wird.[510] Der relationale Vertrag löst ein Transaktionskostenproblem: Da nicht alle zukünftigen Umweltzustände zum Zeitpunkt des Vertragsabschlusses vorhergesehen werden können, erhält eine der Parteien die Befugnis die Lücke zu füllen. Es bildet sich so eine hierarchische Struktur innerhalb des Vertragsverhältnisses.[511]

Der Nexus-of-Contract-Ansatz argumentiert nun, dass die Einteilung zwischen Markt und Organisation deshalb keinen Sinn macht. Es handelt sich danach nur um unterschiedliche Ausprägungen der Zusammenarbeit, die sich auf einer weiten Skala möglicher Formen abspielen. Das Ende des Kontinuums bildet die Gesellschaft, die eine langfristige Zusammenarbeit verschiedenster Akteure darstellt: Arbeitnehmer stellen ihre Arbeitskraft zur Verfügung, Manager koordinieren die Produktion und kontrollieren Arbeitnehmer, Kreditgeber geben Fremdkapital und Aktionäre Eigenkapital.[512] Die Gesellschaft selbst ist also bloße Fiktion:[513] Sie ist nur ein Netz aus relationalen Verträgen, die die Zusammenarbeit erleichtern. Die Parteien unterwerfen sich diesem Vertrag, weil Kooperation dadurch am kostengünstigsten möglich ist.[514]

Zugleich entsteht allerdings ein Einfallstor für opportunistisches Verhalten. Der Weisungsberechtigte kann seinen diskretionären Spielraum missbrauchen, um sich die vertragsspezifischen Investitionen der anderen Vertragsparteien anzueignen. Das Vertragsnetz muss deshalb institutionelle Arrangements bilden, die diese Gefahr verringern. Corporate Governance Institutionen dienen also nach dem kontraktualistischen Ansatz dem Zweck, ex ante die Möglichkeiten der ex post (Neu-)Verhandlungen über die Aufteilung der generierten Überschüsse des Unternehmens zu begrenzen.[515] Manager sollen beispielsweise nicht nachträglich opportunistisch einen höheren Anteil für sich fordern können, nachdem die Kapitalgeber investiert sind und ihre Investitionen

---

[510] *Schäfer/Ott*, Lehrbuch der ökonomischen Analyse des Zivilrechts, 4. Auflage (2005), S. 633.

[511] Die Idee der Unmöglichkeit des vollständigen Vertrages ist deshalb bei dem Nexus-of-Contract-Ansatz von gleicher Bedeutung wie bei dem Transaktionskostenansatz.

[512] *Bainbridge*, Corporation Law and Economics, 2002, S. 27.

[513] *Behrens*, in: FS Drobnig, 1998, S. 491 (495); *Eidenmüller*, JZ 2001, 1041 (1042).

[514] *Easterbrook/Fischel*, 89 Col. L. Rev. 1416, 1423 (1989).

[515] *Zingales*, in: *Newman* (Hrsg.), The New Palgrave Dictionary of Economics and the Law, Volume I, 1998, S. 497 (498): „[…] I define *corporate governance* as the complex set of constraints that shape the *ex post* bargaining over the quasi-rents generated by the firm."

nicht ohne Verluste abziehen können. Nun mag man daran denken, dass eine Möglichkeit darin besteht, das Weisungsrecht exakt zu normieren, um diesen Missbrauch zu verhindern. Doch genau dies ist ja gerade nach der *Theorie der unvollständigen Verträge* nicht realisierbar, denn dazu müssten die Parteien alle potentiellen Entwicklungen vorhersehen.[516] Eine Lösungsstrategie besteht in abstrakten Verhaltensregeln, an die sich die Inhaber des Weisungsrechts halten müssen, und deren Einhaltung nachträglich gerichtlich überprüft werden kann. Die rechtsökonomische Literatur arbeitet in diesem Zusammenhang mit dem Begriffspaar *rules vs. standards*[517]: *Rules* definieren präzise Tatbestände; mit *standards* werden dagegen ausfüllungsbedürftige Generalklauseln oder vage Standards bezeichnet.[518] Z. B. handelt es sich bei einer Geschwindigkeitsbegrenzung im Ort auf 50 Km/h um eine *rule*; die Pflicht, im Straßenverkehr die Fahrweise immer den Witterungsbedingungen anzupassen, kann dagegen als *standard* kategorisiert werden. *Standards* haben den Vorteil, dass auch unvorhergesehene Fälle erfasst werden können, allerdings um den Preis größerer Rechtsunsicherheit. Es wird deshalb vertreten, dass das US-amerikanische Gesellschaftsrecht dem kontinentaleuropäischen in dieser Hinsicht überlegen ist, weil die Common-Law-Tradition stärker das Konzept der *standards* nutzt (z.B. „ficiduary duty"; „business judgement rule").[519] Dem kann man freilich entgegenhalten: Auch das deutsche Aktienrecht arbeitet mit *standards*, die der BGH im Wege der Rechtsfortbildung entwickelt hat. Zu denken ist etwa an das Konzept der Treuepflicht[520], die Holzmüller/Gelatine-Grundsätze zur ungeschriebenen Hauptversammlungszuständigkeit[521] oder die Rechtsprechung zur Existenzvernichtung[522].

Um einen Standard nachträglich zu konkretisieren sollte aus ökonomischer Sicht auf das Konzept des hypothetischen Vertrages zurückgegriffen werden. Das heißt, der Richter muss sich fragen, wie die rationalen Nutzen maximierenden Parteien den un-

[516] *Zingales*, in: Newman (Hrsg.), The New Palgrave Dictionary of Economics and the Law, Volume I, 1998, S. 497 (498f.).

[517] *Posner*, Economic Analysis of Law, 6. Auflage (2005), S. 555ff.

[518] *Weiler*, Aktienrechtliches Anfechtungsrecht und Rechtsmissbrauch, 1996, S. 184.

[519] *Schäfer/Ott*, Lehrbuch der ökonomischen Analyse des Zivilrechts, 4. Auflage (2005), S. 649; für den Bereich des Konzernrechts zustimmend *Wackerbarth*, 5 German Working Papers in Law and Economics (2005), download über www.bepress.com, S. 30ff.

[520] Zur Treuepflicht zwischen Gesellschaftern z.B.: BGHZ 103, 184 - *Linotype*; BGHZ 129, 136 – *Girmes..*

[521] BGHZ 83, 122 – *Holzmüller*; BGHZ 159, 30 – *Gelatine I*; BGH NJW 2004, 575 – *Gelatine II* .

[522] BGHZ 149, 10 – *Bremer Vulkan.*

bestimmten Rechtsbegriff konkretisiert hätten, wenn sie das Ereignis bereits zum Zeitpunkt des Vertragsschlusses vorausgesehen hätten.[523]

Folgt man dem Nexus-of-Contract-Ansatz wird die Frage aufgeworfen, warum es überhaupt staatlicher Eingriffe in Form von Gesellschaftsrecht bedarf. Könnte man es nicht den Parteien überlassen, das perfekte Vertragsnetz auszuhandeln? Doch auch hier greift das Argument der Transaktionskosten. Ressourcen würden verschwendet, wenn bei jeder Kooperation ein Vertrag von Grunde auf entworfen werden müsste.[524] Der Gesetzgeber liefert den „Standardvertrag", auf den die Parteien zurückgreifen können. Dieses Werk soll einem Vertrag entsprechen, den die Parteien bei geringen Transaktionskosten geschlossen hätten (hypothetischer Vertrag).[525]

Der Nexus-of-Contract-Ansatz ist nicht frei von Kritik.[526] So wird vertreten, dass die Innovationsfreude der Akteure auf der Suche nach dem perfekten Vertrag überschätzt werde. Denn in der Unternehmenspraxis bestehe ein erhebliches Bedürfnis nach Rechtssicherheit, das erst befriedigt werde, wenn Regelungen durch die Rechtsprechung hinreichend konkretisiert worden seien. Diese Standardisierungsfunktion des Gesellschaftsrechts werde durch die kontraktualistische Sicht auf das Gesellschaftsrecht nicht hinreichend gewürdigt.[527] Die Transaktionskosten, die nötig seien um alternative Regelungen zu entwerfen, seien dementsprechend prohibitiv hoch, so dass die Perspektive eines frei verhandelbaren optimalen Gesellschaftsrechts ein unvollständiges Bild liefere.

IV. Property-Rights-Ansatz

Der Property-Rights-Ansatz (Theorie der Verfügungsrechte) ist eng verwandt mit der Transaktionskosten-Theorie. Dieser legt allerdings den Fokus auf die Bedeutung der Gesellschaft für physische Investitionen, die kein Humankapital darstellen.[528] Die Gesellschaft ist vorrangig ein Mechanismus, um gemeinschaftlich Ressourcen zu erwerben und zu nutzen (*joint ownership*). Der Property-Rights-Ansatz richtet nun sein

---

[523] *Ayers/Gertner*, 99 Yale L. Journ. 87 (1989), 91; *Cooter/Ulen*, Law & Economics, 4. Auflage (2004), S. 214; *Eidenmüller*, JZ 2001, 1041 (1043).

[524] *Easterbrook/Fischel*, 89 Col. L. Rev. 1416ff.

[525] Vgl. zu dem Streit, ob dies auch rechtfertigt zwingende, also nicht dispositive gesellschaftsrechtliche Regelungen zu erlassen, *Bainbridge*, Corporation Law and Economics, 2002, S. 32; *Bak*, Aktienrecht zwischen Markt und Staat, 2003, passim; *Behrens*, in: FS Drobnig, 1998, S. 491 (501); *Gordon*, 89 Colum. L. Rev. 1549 (1989).

[526] *Klausner*, 31 J. Corp. L. 779 (2006) m. w. Nachw.

[527] *Klausner*, 31 J. Corp. L. 779, 793ff. (2006).

[528] *Hart*, 89 Colum. L. Rev. 1757, 1765 (1989).

Augenmerk auf die optimale Zuordnung der Rechte an den gemeinsamen Ressourcen.[529]

Der Property-Rights-Ansatz hebt die Bedeutung des Residualeinkommens und der Residualrechte der Eigentümer hervor. Nach der Property-Rights-Theorie sollte der Verfügungsrechtsinhaber auch *Empfänger des Residualeinkommens* sein.[530] Verfügungsrechtsinhaber ist derjenige, der die Lücken des unvollständigen Vertrages füllen darf. Dieses residuale Kontrollrecht umfasst also alle Entscheidungen, die nicht explizit einer anderen Person vertraglich oder gesetzlich zugeordnet sind.[531] Unter Residualeinkommen versteht die Neue Institutionenökonomik den Gewinn der Unternehmung, der nach Abzug aller Verbindlichkeiten übrig bleibt.[532] Die Empfänger des Residualeinkommens haben den Anreiz, die Organisation möglichst effizient zu gestalten, denn jede Verschwendung von Ressourcen schmälert unmittelbar ihr Einkommen. Würde man anderen Akteuren residuale Kontrollrechte einräumen, käme es zu Fehlanreizen. So stehen die Höhe der Zahlungen an Fremdkapitalgeber oder Arbeitnehmer von vornherein fest. Von einer Investition oder einem neuen Projekt profitieren sie deshalb nicht unmittelbar. Bei ihrer Entscheidung würden sie dementsprechend nicht Grenzkosten und Grenznutzen des Projekts internalisieren. Residuales Einkommen und formale Kontrollrechte gehen deshalb typischerweise Hand in Hand.[533] So haben beispielsweise die Gesellschafter über die Gesellschafterversammlung der GmbH Weisungsrecht gegenüber der Geschäftsführung (§ 37 Abs. 1 Alt. 2 GmbHG). Zudem treffen sie die Entscheidung über Ergebnisverwendung und Jahresabschluss (§ 46 Nr. 1 GmbHG).

Dagegen ist das „Bündel an Verfügungsrechten“[534] an einer Aktiengesellschaft im deutschen Recht deutlich ausgedünnt („attenuated“[535]): Zwar ist der Aktionär der formale Eigentümer der Gesellschaft, jedoch hat er geringere Befugnisse als der GmbH-

[529] *Schäfer/Ott*, Lehrbuch der ökonomischen Analyse des Zivilrechts, 4. Auflage (2005), S. 549.

[530] *Schäfer/Ott*, Lehrbuch der ökonomischen Analyse des Zivilrechts, 4. Auflage (2005), S. 644f.

[531] Vgl. *Milgrom/Roberts*, Economics, Organization and Management, 1992, S. 289: „For economic analysis it is often useful to interpret ‘owning an asset’ to mean having the residual rights of control – that is, the right to make any decisions concerning the asset’s use that are not explicitly controlled by law or assigned to another contract“.

[532] Vgl. *Milgrom/Roberts*, Economics, Organization and Management, 1992, S. 291: „the residual return – the amount that is left over after everyone else has been paid.“

[533] *Schäfer/Ott*, Lehrbuch der ökonomischen Analyse des Zivilrechts, 4. Auflage (2005), S. 645.

[534] *Schäfer/Ott*, Lehrbuch der ökonomischen Analyse des Zivilrechts, 4. Auflage (2005), S. 98.

[535] „Ein Property Right ist extrem konzentriert, wenn alle denkbaren Handlungsmöglichkeiten in Bezug auf eine Ressource bei einer Person zusammenlaufen. Es ist verdünnt (attenuated), wenn mehrere oder gar jedermann ein gleiches Recht an der Ressource geltend machen kann [...]“, vgl. *Schäfer/Ott*, Lehrbuch der ökonomischen Analyse des Zivilrechts, 4. Auflage (2005), S. 550.

Gesellschafter. Die Hauptversammlung ist nur in den von dem Aktienrecht aufgezählten Fällen zuständig.[536] Von der Geschäftsführung ist sie ausgeschlossen, soweit nicht vom Vorstand die Zustimmung erbeten wird (§ 119 Abs. 2 AktG). Vorstand und Aufsichtsrat stellen den Jahresabschluss fest (§§ 172, 173 AktG) und können ohne Zustimmung der Hauptversammlung Rücklagen bilden (§ 58 AktG).[537] Das heißt, dass – in der ökonomischen Terminologie ausgedrückt – das residuale Kontrollrecht der Aktionäre weniger stark ausgestaltet ist als das der GmbH-Gesellschafter.

Zu den geringeren formalen Rechten gesellen sich faktische Schwierigkeiten, diese auszuüben: In großen, weit gestreuten Aktiengesellschaften lohnt es sich für die breite Masse der gering investierenden Aktionäre nicht, das Management zu kontrollieren. Ihr jeweiliger Verlust von Residualeinkommen durch opportunistisches Verhalten der Manager ist kleiner als die Aufwendungen, die notwendig wären, um das Verhalten zu unterbinden. Sie bleiben rational apathisch. Verstärkt wird dieser Effekt dadurch, dass die Kontrolle des Managements für die Gruppe der Aktionäre ein Public Good ist. Von Kontrollaktivitäten profitiert die gesamte Gruppe der Aktionäre, auch wenn nur ein einzelner Anteilseigner die Kosten trägt.[538] Dies führt zum Schwarzfahrerverhalten: Jeder spekuliert darauf, nicht selbst aktiv werden zu müssen. Auf Grund dieser Schwierigkeiten spricht die Property-Rights-Theorie bei kollektivem Eigentum auch von der *„Tragedy of the Commons"*.[539]

Zum Teil argumentiert die wirtschaftswissenschaftliche Literatur deshalb, dass nicht die Aktionäre, sondern das Management faktisch Inhaber der residualen Kontrollrechte ist.[540] Denn in der Praxis würden alle wichtigen Entscheidungen in der Aktiengesellschaft von der Verwaltung beschlossen. Die Vertreter dieser Ansicht schließen sich damit dem Befund von *Bearle* und *Means* an, der unter dem Schlagwort der *„Separation of Ownership and Control"* schon Jahrzehnte vor dem Aufkommen der Neuen Institutionenökonomik berühmt geworden ist.[541]

Dagegen wird argumentiert, dass das ultimative residuale Kontrollrecht auch in der weit gestreuten börsennotierten Aktiengesellschaft bei den Aktionären verbleibe. Auch wenn Probleme kollektiver Aktion verhindern, dass die Aktionäre das Tagesgeschäft

---

[536] Zu den ungeschriebenen Hauptversammlungszuständigkeiten, vgl. *Hirte*, Kapitalgesellschaftsrecht, 5. Auflage (2006), S. 168ff.,Rn. 3.220ff.

[537] Vgl. *Hirte*, Kapitalgesellschaftsrecht, 5. Auflage (2006), S. 170, Rn. 3.224.

[538] Vgl. hierzu ausführlich unten S. 134ff.

[539] *Hardin*, 162 Science 1243 (1968).

[540] *Milgrom/Roberts*, Economics, Organization and Management, 1992, S. 314.

[541] *Easterbrook/Fischel*, 26 J. Law Econ. 395 (1983; Nachdruck in *Romano,* Foundations of Corporate Law, S. 195), 196.

übernehmen, wüsste das Management doch immer, dass sie mittelbar durch die Aktionäre kontrolliert würden.[542] Dies gilt auch für die deutsche Aktiengesellschaft: Gem. §§ 101 Abs. 1, 119 Abs. 1 Nr. 1 AktG obliegt der Hauptversammlung die Wahl der von der Anteilseignern zu stellenden Aufsichtsratsmitglieder. Der Aufsichtsrat wiederum bestellt den Vorstand (§ 84 Abs. 1 AktG). Dieses residuale Kontrollrecht sei auch vor dem Hintergrund der Probleme kollektiven Handelns nicht bedeutungslos, denn Manager wüssten, dass sich die gestreuten Anteile im Falle einer öffentlichen Übernahme wieder in einer Hand vereinen können.[543]

Unabhängig von der Streitfrage, ob das residuale Kontrollrecht der Aktionäre gänzlich fehlt oder lediglich „ausgedünnt" ist, ist der prognostische Befund der Property-Rights-Theorie klar: Durch die (teilweise) Trennung von Residualeinkommen und residualer Kontrolle haben die beteiligten Akteure suboptimale Anreize.

C. Ansätze der Corporate-Finance-Theorie

Neben den verschiedenen Aspekten der „Theory of the Firm", die die Neue Institutionenökonomik beleuchtet, trägt vor allem die Corporate-Finance-Theorie zum tieferen ökonomischen Verständnis der Kapitalgesellschaft bei.[544] Die Corporate-Finance-Theorie bezieht sich auf zwei Problemkreise: Die Portfoliotheorie arbeitet die Vorteile der Diversifikation heraus und erklärt damit, warum Kapitalgesellschaften überhaupt existieren. Die Effizienzmarkhypothese erläutert die Funktionsweise des Kapitalmarkts und dessen Bedeutung für die Reduktion von Agency-Kosten.

I. Portfoliotheorie

Die Finanzierungstheorie beantwortet eine Frage, die die Property-Rights-Theorie aufwirft. Nach letzterer bestehen grundsätzliche Vorteile, wenn residuales Einkommen und residuales Kontrollrecht in einer Hand liegen. Doch warum gehören dann nicht alle Unternehmungen Einzelpersonen? Es ist offensichtlich, dass dem Vorteil der Einheit von Leitungsmacht und Residualeinkommen auch erhebliche Nachteile gegenüberstehen müssen. Diese bestehen in den hohen Opportunitätskosten, namentlich dem Verzicht auf Vorteile der Spezialisierung, den Kapitalbedarf durch die begrenzten finanziellen Ressourcen von Einzelpersonen zu decken, und schließlich – und

---

[542] *Easterbrook/Fischel*, 26 J. L. Econ. 395 (1983; Nachdruck in *Romano,* Foundations of Corporate Law, S. 195), 196.

[543] *Easterbrook/Fischel*, 26 J. L. Econ. 395 (1983; Nachdruck in *Romano,* Foundations of Corporate Law, S. 195), 196.

[544] *Romano* spricht gar von einer Revolution, vgl. *Romano*, 55 J. Legal Educ. 342, 344 (2005).

hier kommt die Portfoliotheorie ins Spiel – dem Verzicht auf die Vorteile der Diversifikation. Im Einzelnen:

1) Spezialisierung von Management und Kapital

Das notwendige Kapital und die notwendigen Managementqualitäten müssen in einer Hand liegen. Doch wenige Individuen vereinen in sich die ideale Kombination über viel Kapital zu verfügen und gute Unternehmensführer zu sein.[545] Die Trennung von Unternehmensleitung („Control") und Empfang des Residualeinkommens („Ownership") ermöglicht die Spezialisierung der Funktionen.[546] Diejenigen, die über freies Kapital verfügen, können ohne Management-Know-how Kapital zur Verfügung stellen. Individuen, die über herausragende Unternehmensführungsqualitäten verfügen, denen aber das notwendige Kapital fehlt, können die Unternehmensleitung übernehmen.

2) Hoher Kapitalbedarf

Zahlreiche Unternehmungen haben einen Kapitalbedarf, der das Vermögen selbst sehr reicher Einzelpersonen übersteigt. Projekte der Industrie oder von Hightech-Firmen erfordern oft riesige Anfangsinvestitionen, bevor die ersten Einnahmen verbucht werden. Blickt man zurück, zeigt sich, dass der schnelle technische Fortschritt der letzten Jahrhunderte Quelle eines immer höheren Kapitalbedarfs für einzelne Unternehmungen ist. So verschlingt zum Beispiel der Aufbau eines Mobilfunknetzes hohe zweistellige Milliardenbeträge. Nicht anders verhält es sich mit der Entwicklung von Mikroprozessoren. Die Lösung dieses Problems kann darin liegen, Kapital von vielen Individuen zu sammeln, um die notwendige Summe zu erreichen.

3) Diversifikation der Investitionen

Ein weiterer Grund für das Auseinanderfallen von Kontrolle und Empfang des Residualeinkommens liegt in den Kostenvorteilen der Diversifikation. Statt ihr gesamtes Vermögen in ein Projekt zu investieren, können Anleger ihr Kapital auf mehrere Unternehmen verteilen. Ein zentraler Vorteil der Kapitalgesellschaft ist deshalb die dadurch für Anteilseigner eröffnete Möglichkeit, Risiken mithilfe eines diversifizierten Portfolios zu minimieren.[547] Streut ein Investor seine Anlagen weit, kann er sein Risiko nach der *Modernen Portfoliotheorie* dem so genannten *systematischen* Marktrisiko

---

[545] *Neus*, BWL aus institutionenökonomischer Sicht, 3. Auflage (2003), S. 164.

[546] *Neus*, BWL aus institutionenökonomischer Sicht, 3. Auflage (2003), S.164; *Richter/Furubotn*, Neue Institutionenökonomik, 3. Auflage (2003), S. 178.

[547] *Adams*, Ökonomische Theorie des Rechts, 2. Auflage (2002), S. 245.

annähern.[548] Denn das Gesamtrisiko eines Portfolios liegt unter dem durchschnittlichen Risiko seiner in ihm zusammengefassten Anlagen.[549] Dies trifft allerdings nur zu, soweit die Anlagen nicht vollständig positiv zueinander korrelieren.[550] Das Risiko, das durch Diversifikation verschwindet, wird als *unsystematisches* Risiko bezeichnet.[551] Von *systematischen* Risiken wird dagegen gesprochen, wenn die Risiken nicht unternehmensspezifisch sind, sondern eine Vielzahl von Marktakteuren betreffen (z. B. Unsicherheit über generelle volkswirtschaftliche Faktoren wie etwa die Höhe des Leitzinses).[552]

Die Idee der Diversifikation lässt sich am besten an einem Beispiel verstehen: Firma A stellt Sonnenschirme her, Firma B Schneepflüge. Während Firma A im Sommer 10000 Euro Gewinn macht, macht Firma B im Sommer 0 Euro Gewinn. Im Winter macht Firma B 10000 Euro Gewinn, während Firma A 0 Euro Gewinn macht. Ein Investor, der statt sein ganzes Geld in eine Firma zu investieren, auf beide gleichmäßig verteilt, kann die gleiche durchschnittliche Rendite pro Halbjahr erzielen und reduziert zugleich die Volatilität seiner Investitionen.

Nach dem *Capital-Asset-Pricing-Model*[553] bedeutet dies zudem, das Unternehmen den Investoren nur für höhere *systematische* Risiken eine zusätzliche Rendite versprechen müssen. Denn die *unsystematischen* Risiken können von den Aktionären durch Diversifikation beseitigt werden. Im Umkehrschluss erzielen Aktionäre, die nicht diversifizieren, eine schlechtere Rendite, weil sie für *unsystematische* Risiken nicht entsprechend entlohnt werden.[554] Andernfalls könnten Fonds und Investoren, die gezielt Firmen mit unsystematischen Risiken in ihr Portfolio nehmen, abnormal hohe Renditen erzielen.[555]

Das ökonomische Rational der Diversifikation führt auf Seiten der Aktionäre dazu, dass sie ihr Vermögen auf viele Anlagen verteilen müssen, um die höchstmögliche

---

[548] *Malkiel*, A Random Walk Down Wall Street, 2003, S. 203ff.; *Ross/Westerfield/Jaffe*, Corporate Finance, 7. Auflage (2005), S. 255ff.; *Easterbrook/Fischel*, The Economic Structure of Corporate Law, 1991, S. 121.

[549] *Malkiel*, A Random Walk Down Wall Street, 2003, S.210.

[550] Vgl. *Ross/Westerfield/Jaffe*, Corporate Finance, 7. Auflage (2005), S. 265.

[551] *Ross/Westerfield/Jaffe*, Corporate Finance, 7. Auflage (2005), S. 299.

[552] *Ross/Westerfield/Jaffe*, Corporate Finance, 7. Auflage (2005), S. 299.

[553] *Malkiel*, A Random Walk Down Wall Street, 2003, S. 222ff.; *Ross/Westerfield/Jaffe*, Corporate Finance, 7. Auflage (2005), S. 255.

[554] *Malkiel*, A Random Walk Down Wall Street, 2003, S. 225; *Bainbridge*, Corporation Law and Economics, 2002, S. 117.

[555] *Malkiel*, A Random Walk Down Wall Street, 2003, S. 228.

Rendite zu erzielen. Unternehmungen können wiederum ihren notwendigen Kapitalbedarf nur durch eine große Zahl von Aktionären decken. Die Kapitalgesellschaft erleichtert über die Haftungsbeschränkung, dass auch kleine Investitionen getätigt werden können, ohne dass der Einleger mit seinem gesamten Vermögen haftet. Ohne Haftungsbeschränkung wären die Kontrollkosten, die Kapitalgeber zur Absicherung ihrer Investitionen tätigen müssten, prohibitiv hoch.[556]

II. Die Effizienzmarkthypothese

Den zweiten wichtigen Aspekt zum Verständnis der Kapitalgesellschaft liefert die Corporate-Finance-Theorie mit der so genannten Effizienzmarkthypothese.

1) Die Grundlagen der Effizienzmarkthypothese

Die Finanzierungstheorie sieht einen zentralen Vorteil des Kapitalmarkts gegenüber anderen Governance-Strukturen in dem *Preismechanismus* des Kapitalmarktes. Denn anders als der Stimmrechtsmechanismus, der rationale Entscheidungen nur ermöglicht, wenn alle Teilnehmer über einen ähnlichen Wissensstand verfügen[557], funktioniert der Preismechanismus auch, wenn die Informationen unter den Marktteilnehmern unterschiedlich verteilt sind: Der Marktpreis überträgt Informationen von informierten zu uninformierten Marktteilnehmern. Die *Efficient Market Hypotheses*, die auf *Eugene Fama* zurückgeht, behauptet – vereinfacht gesprochen –, dass der Marktpreis alle verfügbaren Informationen über ein Wertpapier widerspiegelt.[558] Denn Marktteilnehmer haben den Anreiz, eine frisch veröffentlichte Information zu nutzen, um Arbitragegewinne damit zu erzielen. Durch die hierdurch bedingte Änderung in Angebot und Nachfrage der betreffenden Wertpapiere ergibt sich ein neuer Preis, der die veränderte Informationslage beinhaltet. In dem Börsenkurs aggregieren also die Einschätzungen und Erwartungen aller Marktteilnehmer zu einer Prognose über die zukünftige Entwicklung des Unternehmens, die kein einzelner Marktteilnehmer auf sich allein gestellt leisten könnte.[559] Er reflektiert damit sämtliche Informationen, obwohl die Informationen zwischen den Marktteilnehmern verstreut sind. Vorausgesetzt die öffentlich zugänglichen Informationen über ein Unternehmen sind richtig, bewertet der

---

[556] *Hansmann/Kraakman*, in: Kraakman/Davies u. a. (Hrsg.), The Anatomy of Corporate Law, 2004, S. 1 (9).

[557] Vgl. *Ruffner*, Die ökonomischen Grundlagen eines Rechts der Publikumsgesellschaft, 2000, S. 178.

[558] Grundlegend *Fama* 25 J. Fin. 383 (1970). Vgl. zur US-amerikanischen Diskussion der Effizienzmarkthypothese *Cunningham,* 62 Geo. Wash. L. Rev. 546 (1994); *Gilson/Kraakman*, 70 Va. L. Rev. 549 (1984); *Hazen*, 86 Nw. U. L. Rev. 987 (1992); *Langevoort,* 140 U. Pa. L. Rev. 851 (1992); *Stout,* 81 Va. L. Rev. 611 (1995); *dies.*, 28 J. Corp. L. 635 (2003).

[559] *Ruffner*, Die ökonomischen Grundlagen eines Rechts der Publikumsgesellschaft, 2000, S. 371.

Markt nach dem Verständnis der Effizienzmarkthypothese das Unternehmen nie zu hoch oder zu niedrig, sondern immer zu dem jeweiligen Zeitpunkt korrekt.[560] Das bedeutet, dass der Markt sämtliche erwartete zukünftige Dividenden eines Unternehmens zu einem Gegenwartspreis diskontiert.[561] Schlagartige Preisänderungen entstehen durch neue Informationen, die die erwarteten zukünftigen Erträge verändern und deshalb zu einem neuen gegenwärtigen Wert führen. Diese sind aber nicht vorhersehbar (wären sie es, so wären sie bereits im Preis der Wertpapiere enthalten). In der Finanztheorie der Kapitalmärkte werden sie daher als Zufallsereignisse (Random Events) bezeichnet.[562]

Nach der Effizienzmarkthypothese soll auch irrationales Verhalten einzelner Marktteilnehmer nicht zu dauerhaft verzerrten Marktpreisen führen. Denn professionelle Marktteilnehmer können dies als Chance nutzen, um daraus wiederum Arbitragegewinne zu schlagen, so dass der Preis entsprechend adaptiert.[563]

2) *Kritik an der Effizienzmarkthypothese*

Die Effizienzmarkthypothese wird allerdings auch in den Wirtschaftswissenschaften nicht vorbehaltlos akzeptiert. Im Wesentlichen werden gegen sie drei Argumentationsstränge vorgebracht, die sich unter den Stichworten Effizienzparadoxon, *Noise-Theorie* und *Myopia-Theorie* zusammenfassen lassen.

a) *Effizienzmarktparadox*

Zum einen wird auf einen offensichtlichen Widerspruch hingewiesen: Die Effizienzmarkthypothese setzt aktive Händler voraus, die durch Arbitragegewinne für einen unverzerrten Preis sorgen. Doch wären diese Händler selbst Anhänger der Effizienzmarkthypothese dürften sie eigentlich keinen Anreiz haben zu handeln.[564] Denn ist der Markt vollständig informationseffizient, fehlt Spielraum für Arbitragegewinne.[565]

Verfechter der Effizienzmarkthypothese halten dem entgegen: Mit jeder neuen Information findet sich ein neues Marktgleichgewicht. Analysten, die besonders schnell

---

560 *Bainbridge*, Corporation Law and Economics, 2002, S. 113.

561 *Ross/Westerfield/Jaffe*, Corporate Finance, 7. Auflage (2005), S. 60.

562 *Malkiel*, A Random Walk Down Wall Street, 2003, S. 24, 198 ff.

563 *Easterbrook/Fischel*, The Economic Structure of Corporate Law, 1991, S. 19: „Amateurs don't need to know anything […]; the value […] is wrapped up in the price established by professionals."

564 *Gordon/Kornhauser*, 60 N.Y.U. L. Rev. 761 (1985), 786.

565 Erstmals hierauf hingewiesen haben *Grossman/Stiglitz*, 70 Am. Econ. Rev. 393, 405 (1980): „prices can not perfectly reflect the information, which is available, since if it did, those who spend resources to obtain it, would receive no compensation."

neue Informationen verarbeiten, können deshalb dennoch profitieren und abnormal hohe Renditen erzielen.[566]

b) *Noise-Theorie*

Zum anderen greift die *Noise-Theorie* die Effizienzmarkthypothese an.[567] Ihre Vertreter glauben, dass auch irrationales Verhalten von Marktteilnehmern den Marktpreis von Wertpapieren beeinflusst. Anders als die Verfechter der Effizienzmarkthypothese nehmen sie an, dass rationale Akteure Verzerrungen nicht (vollständig) durch Arbitragegeschäfte beseitigen.

Vertreter der Noise-Theorie stützen sich auf die heftigen Ausschläge von Kapitalmärkten (*Blasen*), die sich nur schwer mit den Fundamentaldaten der jeweiligen Marktsituation in Einklang bringen lassen. Beispiele aus der Wirtschaftsgeschichte sind hinlänglich bekannt: Bei dem legendären amerikanischen Börsencrash 1929 fielen innerhalb von wenigen Tagen die Kurse der wichtigsten Aktien an der New York Stock Exchange um 90 % oder mehr.[568] Gleiches gilt für die jüngste Geschichte. Während des weltweiten Internet-Hypes zwischen 1998 und 2001 wurden Unternehmen, deren Geschäftsmodell und finanzielle Kennzahlen kaum Erfolg versprechend waren, aber deren Geschäftsfeld im Internet lag, abenteuerlich hoch bewertet („dot-com Blase“).[569]

Dass nicht nur die Kennzahlen die Kurse bestimmen, hat der Ökonom *Shiller* erstmals 1981 dargestellt. Er untersuchte Kurse seit den zwanziger Jahren des vorigen Jahrhunderts und zeigte, dass sich der hohe Grad der Volatilität nicht mit der Effizienzmarkthypothese vertrug.[570] Nach der Lehrbuchmeinung sind die aktuellen Kurse die addierten erwarteten Renditen in der Zukunft, diskontiert auf ihren gegenwärtigen Barwert. *Shiller* folgerte daraus, dass die Volatilität der Aktienkurse nur dann gerechtfertigt wäre, wenn sich auch die Dividenden ähnlich variabel entwickeln würden. Allerdings zeigte seine Untersuchung, dass die Volatilität der Dividenden auch über lange Zeiträume weit hinter der Volatilität der Aktien zurückblieb. Diese Erkenntnis verträgt sich nicht mit der Effizienzmarkthypothese.

---

[566] *Bainbridge*, Corporation Law and Economics, 2002, S. 114.

[567] Überblick bei *Langevoort*, 140 U. Pa. L. Rev. 851 (1992).

[568] *Malkiel*, A Random Walk Down Wall Street, 2003, S. 47.

[569] Zahlreiche Beispiele bei *Malkiel*, A Random Walk Down Wall Street, 2003, S. 83ff.

[570] *Shiller*, 71 Am. Econ. Rev. 421 (1981).

Die Noise-Theorie erklärt dies, indem sie, vergleichbar der Behavioral-Law-and-Economics-Bewegung[571], das Geschehen auf den Kapitalmärkten nicht mehr länger allein auf das Modell des *homo oeconomicus* zurückführt. Stattdessen begründen Vertreter dieses – auch als *Behavioral Finance* bezeichneten - Ansatzes Kapitalmarktanomalien mit Defiziten bei der menschlichen Entscheidungsfindung. Das Fundament dieser Forschungsrichtung bilden Verhaltensexperimente, die strukturell irrationales Verhalten von Versuchsteilnehmern nahelegen und das Modell des *homo oeconomicus* in Frage stellen. Frühe systematische Untersuchungen irrationalen Verhaltens stammen von *Daniel Kahnemann*, der als erster Psychologe im Jahre 2002 den Nobelpreis für Ökonomie erhielt, und seinem Kollegen *Amos Tversky*. Aus ihren Versuchsreihen entwickelten sie die so genannte *Prospect Theory*, die eine deskriptive, also am beobachteten Verhalten von Menschen orientierte, Entscheidungstheorie darstellt.[572]

Im Zusammenhang mit der Noise-Theorie wird regelmäßig auf die von *Keynes* stammende Metapher des Kapitalmarkts als Schönheitswettbewerb hingewiesen. Zu seiner Zeit veranstaltete eine bekannte Tageszeitung einen „Beauty Contest". Schönheitskönigin wurde die Dame, die die meisten Leserstimmen erhielt. Unter den Zuschriften, die für die später erfolgreiche Schönheitskönigin stimmten, wurde ein Preis ausgelost. Bei einer solchen Konstellation sei es, so *Keynes*, rational, nicht das hübscheste Model zu wählen, sondern diejenige zu wählen, von der man glaubte, dass sie die meisten Leser für die schönste Frau hielten, wer also dem Massengeschmack am ehesten entspreche.[573] *Keynes* nahm an, dass sich die Preisbildung auf den Kapitalmärkten nach einem ähnlichen Muster vollziehe. Die Anleger arbeiteten nach seiner Ansicht nicht mit den Fundamentaldaten, sondern darauf spekulierten auf das zukünftige Verhalten anderer Marktteilnehmer. *Shiller* hat den Gedankengang Keynes ergänzt. Blasen auf dem Kapitalmarkt entstünden durch Rückkoppelungseffekte.[574] Aus vergangenen Kurssteigerungen werde auf künftige Kurssteigerungen geschlossen:[575] Wenn an der Börse eine Klasse von Aktien steige, stiegen weitere Anleger ein („the trend is your friend"). Neben der klassischen Wirtschaftspresse begönnen nun auch die Mainstream-Medien darüber zu berichten. Die Amateure des Marktes folgten. Damit auch die Neueinsteiger noch eine Rendite erzielen könnten, müssten sie andere Menschen davon

---

[571] Dazu bereits oben, S. 85f.

[572] *Kahneman/Tversky*, 47 Econometrica 263 (1979); *Kahneman*, 93 Am. Econ. Rev. 162 (2003); weitere Modifikationen der Theorie bei *Tversky/Kahneman*, 5 J. Risk Uncertainty 297 (1992); die Verhaltensanomalien haben die Wissenschaftler bereits zuvor beschrieben, vgl. *Tversky/Kahneman*, 185 Science 1124 (1974).

[573] *Keynes*, The General Theory of Employment, Interest and Money, 1935, S. 155.

[574] *Shiller*, Irrationaler Überschwang, 2001, S. 77ff.

[575] *Shiller*, Irrationaler Überschwang, 2001, S. 78.

überzeugen, ebenfalls einzusteigen. Das ganze entwickele sich vergleichbar einem Pyramidenspiel[576]: Erst wenn sich kein „Dummer“ mehr finde, der sich von den Kurssteigerungen der jüngeren Vergangenheit blenden lasse, platze die Blase.

Inwiefern die Noise-Theorie die Effizienzmarkthypothese widerlegt, kann nicht abschließend beurteilt werden. Mittlerweile räumen auch Anhänger des „effizienten Marktes“ Anomalien ein. Sie weisen aber darauf hin, dass alle bisher beobachteten Anomalien vorübergehender Natur waren, und argumentieren mit der fundamentalen Logik der Effizienzmarkthypothese.[577]

c) *Kurzsichtige Märkte: Die Myopia-Theorie*

Von verschiedenen Seiten wird schließlich argumentiert, der Kapitalmarkt favorisiere den „schnellen Gewinn“ gegenüber einer langfristig orientierten Unternehmenspolitik.[578] Diese auch als Myopia-Theorie bezeichnete Ansicht schließt daraus, dass der Börsenkurs ungeeignet sei, um Manager zu bewerten. Andernfalls bestünde die Gefahr, dass Manager notwendige Ausgaben für Forschung und Entwicklung vernachlässigten, um kurzfristig höhere Gewinne zu vermelden.

Diese Ansicht widerspricht aber der Effizienzmarkthypothese. Denn in einem effizienten Kapitalmarkt ist der Börsenkurs der diskontierte Barwert aller zukünftigen Renditen. Ein hoher Gewinn in der ferneren Zukunft fließt ebenso in den Barwert ein. Allerdings wirkt sich die Diskontierung stärker aus, da er weiter in der Ferne liegt. Dies ist aus ökonomischer Sicht aber auch völlig richtig, denn in der Zwischenzeit wird der Einsatz nicht verzinst. Die Opportunitätskosten bei einem Gewinn in weiter Zukunft sind deshalb entsprechend höher. Ein weiterer Punkt tritt hinzu: Den Barwert bestimmen die *erwarteten* zukünftigen Gewinne. Das setzt eine Prognose voraus. Je weiter Gewinne in der Zukunft liegen, desto höher ist die Unsicherheit darüber, ob sich die Gewinne materialisieren. Wie die Welt in einer Woche aussehen wird, mag man sich noch vorstellen können, doch wie sie sich in zehn Jahren entwickelt haben mag, ist aufgrund der Vielzahl möglicher Ereignisse kaum abschätzbar. Das rechtfertigt eine Risikoprämie auf Gewinne, die sich erst zu einem Zeitpunkt realisieren, der in weiter Ferne liegt.

---

576 *Shiller*, Irrationaler Überschwang, 2001, S. 84 f.

577 *Malkiel*, A Random Walk Down Wall Street, 2003, S.272

578 Ausführlich: *Ruffner*, Die ökonomischen Grundlagen eines Rechts der Publikumsgesellschaft, 2000, S. 383ff.

Vertreter der Myopia-Theorie sehen allerdings eine zusätzliche Präferenz der Kapitalmärkte für kurzfristige Projekte, die aus *Informationsasymmetrien* resultieren sollen. Folgende Überlegung liegt dem zugrunde:

Investitionen sind schwierig glaubhaft zu signalisieren. Unternehmen können Details über ihre Forschungs- und Entwicklungsprogramme meist nicht offen legen, denn sie riskieren dadurch zugleich einen Wettbewerbsvorteil gegenüber ihren Mitbewerbern zu verlieren.[579] Geheimhaltung ist notwendig, weil mit Innovationen eine temporäre Monopolstellung erlangt werden kann, die sehr hohe Renditen zulässt. Selbst professionelle Investoren können nicht oder nur eingeschränkt beurteilen, ob und in welcher Höhe Rendite aufgrund der Forschungsausgaben erwartet werden kann. Investoren verlangen deshalb einen Risikozuschlag. Dagegen sind zukünftige Gewinnströme, die sich zeitnah materialisieren und aus den Kennzahlen der Bilanz leicht ablesen lassen, Informationen, die ein glaubhaftes Signal liefern. Es kommt nun zu einer Situation vergleichbar dem *Akerlofschen* „market for lemons".[580] Zwischen Investitionen mit guten Erfolgsaussichten und Investitionen mit schlechten Erfolgsaussichten kann der Kapitalmarkt aufgrund der notwendigen Geheimhaltung nicht differenzieren. Stattdessen werden Durchschnittserwartungen gebildet, die Investitionen, die erst in weiter Zukunft eine Rendite erzielen, diskriminieren. Für das Management wird deshalb eine Beggar-the-future-Strategie[581] attraktiv: Aktuelle Gewinne werden auf Kosten zukünftiger Gewinnströme erhöht.

Gegen die Myopia-Theorie sprechen aber einige Argumente. Unternehmen scheinen in der Praxis tatsächlich langfristige Projekte mit hohem Erwartungswert ausreichend signalisieren zu können. So finanzieren sich beispielsweise große Pharmafirmen erfolgreich über den Kapitalmarkt, obwohl die Medikamentenentwicklung sehr langfristige Planungen von bis zu 15 Jahren erfordert. Noch deutlicher zeigt sich dies bei Internet- und Biotech-Unternehmen, die hoch bewertet werden, obwohl sie nur geringe Gewinne in nächster Zeit, aber dafür hohe Gewinne in ferner Zukunft erwarten lassen. Auch empirische Untersuchungen widerlegen die Myopia-Theorie weitgehend. So haben für den US-amerikanischen Raum Untersuchungen gezeigt, dass Unternehmen mit hohen Forschungs- und Entwicklungsausgaben seltener Ziel von Übernahmen werden und dass Aktienkurse auf die Ankündigung von Unternehmen, die Forschungs- und

---

[579] *Ruffner*, Die ökonomischen Grundlagen eines Rechts der Publikumsgesellschaft, 2000, S. 387.

[580] *Akerlof*, 84 Quaterly J. Econ. 488 (1970); *Fleischer*, Informationsasymmetrien im Vertragsrecht, 2001, S. 121ff. Dazu bereits oben, S. 89ff.

[581] *Ruffner*, Die ökonomischen Grundlagen eines Rechts der Publikumsgesellschaft, 2000, S. 388.

Entwicklungsausgaben zu erhöhen, im Durchschnitt vom Kapitalmarkt mit Kursgewinnen belohnt werden.[582]

3) Der Börsenkurs als Disziplinierungsfaktor

Der Preismechanismus eines effizienten Marktes hat nicht nur den Vorteil Informationen zwischen den Marktakteuren zu transportieren. Nebenbei bewertet der Börsenkurs tagtäglich die Leistung des Managements. Denn der Marktpreis bildet nach der Effizienzmarkthypothese den diskontierten Barwert aller erwarteten zukünftigen Renditen des Wertpapiers. Änderungen des Börsenkurses können somit nur durch veränderte Erwartungen über die zukünftige Rendite des Investments eintreten. Diese können variieren, weil sich das Marktumfeld ändert (z.B. aufgrund höherer Leitzinsen werden Anleihen interessanter). Die erwartete Rendite steigt oder fällt aber auch, wenn sich die Geschäftsaussichten eines einzelnen Unternehmens ändern, weil das Management eine neue Entscheidung getroffen hat. Der Kapitalmarkt bewertet somit über den Börsenkurs jede Geschäftsführungsmaßnahme dahingehend, ob sie zukünftige Rendite reduziert oder erhöht. Entstehen durch das Verhalten eines Managers Agency-Kosten, hat das Unternehmen in Zukunft geringere Mittel zur Ausschüttung zur Verfügung. Soweit die Agency-Kosten von Marktteilnehmern observierbar sind, sinkt der Kurs bis zu der Notierung, die die gesunkene Renditeerwartung widerspiegelt.

Der Börsenkurs selbst kann bereits Anreiz für das Management sein, denn er ist Gradmesser, der zur Reputation der Unternehmensführung beiträgt. Zudem ist er für die Kapitalkosten des Unternehmens relevant. Expansionen, für die Kapitalerhöhungen notwendig sind, werden bei einem niedrigen Aktienkurs teurer. Allerdings sind der Disziplinierung durch den Börsenkurs Grenzen gesetzt, denn die Neuaufnahme von Eigenkapital ist ein unregelmäßiges Ereignis, insbesondere bei den stark fremdfinanzierten deutschen Gesellschaften[583]. Deswegen bedarf es weiterer Mechanismen, damit die Nutzenfunktion des Managements mit dem Börsenkurs korreliert. Wirtschaftswissenschaftler sehen solche Instrumente insbesondere in einem funktionierenden Übernahmemarkt und in der Vergütung durch Stock Options. Die Grundidee des *„Market for Corporate Control*“, die auf *Manne*[584] zurückgeht, ist einfach: Machen Manager schlechte Arbeit, sinkt der Aktienkurs. Durch den niedrigen Aktienkurs wird das Unternehmen zu einem interessanten Übernahmekandidaten. Denn die Ressourcen des Unternehmens könnten durch ein neues oder hinreichend motiviertes Management

---

[582] Ausführliche Studie von *McConnell/Muscarella* 14 J. Fin. Econ. 399 (1985); *Easterbrook/Fischel*, The Economic Structure of Corporate Law, 1991, S. 201f.

[583] Ausführlich hierzu: *Rudolph*, BB 2003, 2053.

[584] *Manne*, 73 J. Pol. Econ. 110.

besser genutzt werden. Der Vorteil besteht darin, dass sich das Angebot an die Aktionäre des Übernahmekandidaten richtet. Die Manager müssen dagegen nicht zustimmen.[585] Diese Gefahr antizipiert die Unternehmensführung von vorneherein, wodurch ein Anreiz für gutes Management gesetzt wird.

Oben wurde dargelegt, dass risikoaverse Manager dazu neigen, trotz fehlender geeigneter Investitionsmöglichkeiten nicht benötigte finanzielle Reserven im Unternehmen zu halten, statt sie an Aktionäre auszuschütten. Die ökonomische Theorie sieht nun insbesondere in so genannten *Leveraged Buyouts (LBO)* eine Möglichkeit die Agency-Kosten, die nach der Free-Cash-Flow-Theorie entstehen, zu reduzieren.[586] Unter einem Leveraged Buyout wird eine Übernahme verstanden, bei der der Erwerber die Übernahme zu großen Teilen durch die Aufnahme von Fremdkapital zu Lasten des Zielunternehmens finanziert und teilweise das Unternehmen nach der Übernahme von der Börse nimmt (*Delisting/Going Private*). Zugrunde liegt folgender Gedankengang: Die Erhöhung des Fremdkapitals führt zu geringerem freien Spielraum für das Management, denn bei dem Bedienen von Kreditzinsen besteht kaum Ermessen.[587] Dadurch verringern sich die von der Free-Cash-Flow-Theorie prognostizierten Agency-Kosten. Der Übernehmer kann sich die Effizienzreserven in Form von hohen finanziellen Reserven durch Sonderausschüttungen aneignen. Auch diese Form der Übernahmen soll Manager bereits *ex ante* motivieren Ausschüttungen vorzunehmen, um nicht Ziel eines LBOs zu werden.

4) Zwischenergebnis

Die Corporate-Finance-Theorie erklärt die Vorteile eines weit gestreuten Anteilsbesitzes: Die Aktionäre erhalten eine höhere Rendite, wenn sie ihre Anteile diversifizieren. Die Effizienzmarkthypothese zeigt die Vorzüge der Börsennotierung, namentlich die Informationsfunktion des Kapitalmarktes und die damit verbundene Disziplinierungswirkung des Managements.

D. Ansätze der Public-Choice-Theorie

Wichtige Impulse zum Verständnis der Kosten kollektiver Entscheidungen in der Kapitalgesellschaft liefert die Public-Choice-Literatur, die demokratische Entscheidungs-

---

[585] *Romano*, Foundations of Corporate Law, 1993, S. 229.

[586] Vgl. hierzu ausführlich *Jensen*, 76 Am. Econ. Rev. 323 (1986); *Jensen*, 2 J. Econ. Persp. 21 (1988).

[587] Anschaulich *Jensen*, 2 J. Econ. Persp. 21 (1988): „Debt reduces the agency cost of free cash flow by reducing the cash flow available for spending at the discretion of managers.[...] The threat of failure to make debt service payments serves as a strong motivation force to make organizations more efficient."

prozesse mithilfe des ökonomischen Verhaltensmodells untersucht.[588] Sie widmet sich zwar eigentlich politischen Prozessen. Ihre Ergebnisse sind jedoch so abstrakt, dass sie sich auf Problemlagen der Aktiengesellschaft übertragen lassen.

Dieser Ansatz füllt damit eine Lücke: Während die Corporate-Finance-Theorie die Vorteile gestreuten Anteilbesitzes beleuchtet, kann die Public-Choice-Literatur die Kosten erklären, die zugleich damit verbunden sind. Großen Gruppen fällt es schwer, effiziente (Investitions-)Entscheidungen zu treffen. Wegbereiter für diese Erkenntnis war *Mancur Olson*, der 1965 in seinem Werk *The Logic of Collective Action* erstmals die These vertrat, dass Gruppen, die ein gemeinsames Interesse verfolgen, trotzdem nicht die Schritte unternehmen, die zur Verwirklichung ihres gemeinsamen Ziels notwendig sind.[589] Er hob hervor, dass nicht die Gruppe als solche rational und Nutzen maximierend handelt, sondern nur ihre Mitglieder. Jedes Individuum verfolgt sein eigenes Interesse, das nicht notwendigerweise deckungsgleich mit dem Gruppeninteresse sein muss.[590] Individuelle Rationalität führt also nicht zu kollektiver Rationalität.[591] Aus der Spieltheorie sind diese Situationen als *Gefangenendilemma* bekannt.[592] Die Public-Choice-Theorie beschäftigt sich mit den Gründen des Auseinanderfallens von Gruppeninteresse und Individualinteresse.

Doch welcher *Maßstab* muss gewählt werden, um zu bestimmen, ob eine Gruppe eine effiziente oder ineffiziente Entscheidung trifft? Bezogen auf eine Kapitalgesellschaft ist richtigerweise von einem effizienten Beschluss auszugehen, wenn ein Alleineigentümer anstelle mehrerer Gesellschafter die Entscheidung ebenso getroffen hätte.[593] Ein solche Entscheidung maximiert demnach die „aggregierte gemeinsame Wohlfahrt der Gesellschafter insgesamt […], ohne dass es darauf ankommen muss, dass in jedem Fall jeder Gesellschafter davon profitiert".[594]

---

[588] Exzellenter Überblick über dieses Gebiet im Standardlehrbuch *Mueller,* Public Choice III, 2003; kurze Einführung mit vielen Beispielen: *Stevens*, The Economics of Collective Choice, 1993. Vgl. auch *Behrens*, Die ökonomischen Grundlagen des Rechts, 1986, S. 246ff.

[589] *Olson*, The Logic of Collective Action, 1965, S. 1 f.

[590] *Olson*, The Logic of Collective Action, 1965, S. 2:„But it is *not* in fact true that the idea that groups will act in their self-interest follows logically from the premise of rational and self-interested behaviour. It does not follow, because […] rational and self-interested individuals will not act to achieve their common or group interests." Hervorhebungen im Original.

[591] *Azfar*, The logic of collective action, in: Shughart/Razzolini (Hrsg.), The Elgar Companion to Public Choice (2001), S. 59, 61.

[592] Ausführlich hierzu: *Pindyck/Rubinfeld*, Microeconomics, 5. Auflage (2001), S. 443ff.

[593] *Schäfer/Ott*, Lehrbuch der ökonomischen Analyse des Zivilrechts, 4. Auflage (2005), S.606.

[594] *Walz*, in: Ott/Schäfer (Hrsg.), Ökonomische Analyse des Unternehmensrechts, 1993, S. 50 (66).

Der Public-Choice-Ansatz liefert vier Erklärungen, warum nicht immer effiziente Beschlüsse getroffen werden: Das Streben nach privaten Vorteilen einzelner Aktionäre oder Aktionärsgruppen (Inter-Shareholder-Opportunism)[595], Informationsasymmetrien zwischen Aktionären, die sog. Kosten der kollektiven Aktion und so genannte Pathologien des Stimmrechts. Dazu im Einzelnen:

I. Rent-seeking (Inter-Shareholder-Opportunism)

Kollektive Entscheidungen sind ineffizient, wenn Teile der Gruppe versuchen private Vorteile (*rent-seeking*) zu realisieren, die auf die Gesamtgruppe bezogen zu Vermögensverlusten führen.[596]

Ein Beispiel kann dies verdeutlichen:

Beschluss	Gewinn/Verlust Mehrheitsaktionär	Gewinn/Verlust Minderheitsaktionäre	Addierter Gewinn/Verlust
A	60	40	100
B	100	0	100
C	60	-20	40
D	60	-70	-10
E	60	- 60	0
F	-30	20	-10

Abbildung 1 Payoffs des Mehrheits- und des Minderheitsaktionärs in verschiedenen Konstellationen

In den Fällen A, B und C liegt ein effizienter Beschluss vor; im Fall von D, E und F liegt dagegen ein ineffizienter Beschluss vor.

1) Opportunistische Mehrheit

Die Gefahr ineffizienter Entscheidungen entsteht insbesondere, wenn nur ein Teil der Gruppe von Beschlüssen profitiert und deshalb ein vom Interesse der gesamten Gruppe abweichendes Eigeninteresse verfolgt.[597] *Hansmann* bringt das anschauliche Beispiel einer Wohnungseigentümergesellschaft, die entscheiden muss, ob ein Aufzug

[595] *Stout*, UCLA L. a. E. Research Paper Series No. 06-19 (2006), S.5; teilweise wird auch von „Sharking" gesprochen, vgl. *Orts*, 16 Yale L. & Pol'y Rev. 265, 279 (1998).

[596] *Hansmann*, The Ownership of Enterprise, 1996, S. 40.

[597] *Hansmann*, The Ownership of Enterprise, 1996, S. 39.

eingebaut werden soll. Von dem Einbau profitieren lediglich die Bewohner der oberen Stockwerke, die die Bewohner des Erdgeschosses überstimmen.[598] Das Beispiel zeigt, dass eine Mehrheitsregel nicht automatisch zu einem effizienten Beschluss führen muss. Denn ein Maximierung des Gruppengewinns wird nur erreicht, wenn der auf jeden Anteil entfallende durchschnittliche Gewinn maximiert wird. Durch die Beschlussfassung nach dem Mehrheitsprinzip wird dagegen nicht der Gewinn des durchschnittlichen Anteils, sondern des medianen Anteils maximiert. Sobald der Durchschnitts-Aktionär und der Median-Aktionär erheblich unterschiedliche Präferenzen haben, führt das Mehrheitsprinzip nicht mehr automatisch zu einem effizienten Ergebnis:[599] Deshalb besteht grundsätzlich die Gefahr, dass sich die Hauptversammlungsmehrheit opportunistisch verhält.[600] Dies entspricht den Annahmen des ökonomischen Verhaltensmodells. Ein kontrollierender Aktionär, der rational versucht seinen Nutzen zu maximieren, wird immer dann ausbeuterisch tätig werden, wenn ein privater Gewinn an einer Maßnahme den seiner Beteiligungsquote entsprechenden Einkommensverlust übersteigt. Er maximiert den Wert seines Anteils, nicht dagegen den Unternehmenswert, wodurch er eine für die anderen Aktionäre negative Externalität produziert.[601]

Die Gefahr ineffizienter Entscheidungen steigt, wenn ein Teil der Aktionäre, der entscheidenden Einfluss auf das Abstimmungsergebnis hat, in einer vertraglichen oder vertragsähnlichen Beziehung zur gemeinsamen Unternehmung steht.[602] Diese Teilgruppe kann dadurch eine Rente auf Kosten der Mitaktionäre[603] erzielen (z. B. Übertragung von Vermögenswerten auf eine vom Mehrheitsgesellschafter beherrschte Gesellschaft oder Abschluss von nicht marktgerechten Verträgen[604]). Typischerweise handelt es sich dabei um Blockaktionäre, die sich die rationale Apathie anderer Aktionäre zu nutze machen können.[605] Die negativen Folgen opportunistischen Verhaltens haben wohlfahrtsökonomische Implikationen. Denn Eigenkapitalgeber antizipieren die Gefahr rechtswidrigen Verhaltens. Das Risiko der Ausbeutung findet so seinen Niederschlag im Aktienkurs. In der Praxis werden deshalb höhere Preise für Aktienpakete

---

598 *Hansmann*, The Ownership of Enterprise, 1996, S. 39.

599 *Hansmann*, The Ownership of Enterprise, 1996, S. 40.

600 Zu dem Begriff: *Williamson*, The Economic Institutions of Capitalism, 1985, S. 47ff.

601 *Reul*, Die Pflicht zur Gleichbehandlung der Aktionäre bei privaten Kontrolltransaktionen, 1991, S. 134.

602 *Ruffner*, Die ökonomischen Grundlagen eines Rechts der Publikumsgesellschaft, 2000, S. 185.

603 *Erhardt/Nowak*, AG 2002, 336 (338).

604 Mit weiteren Beispielen: *Bak*, Aktienrecht zwischen Markt und Staat, 2003, S. 253.

605 *Ruffner*, Die ökonomischen Grundlagen eines Rechts der Publikumsgesellschaft, 2000, S. 185.

von Mehrheitsaktionären in Form eines „Paketzuschlags" bezahlt.[606] Dadurch verteuert sich die Finanzierung für alle Gesellschaften, also auch für solche, deren kontrollierende Mehrheit keine Ausplünderungen plant.

2) *Opportunistische Minderheit*

Ineffiziente Beschlüsse können aber auch dadurch entstehen, dass sich die Minderheit opportunistisch verhält. Denn wenn es einzelnen Gruppenmitgliedern gelingt, hinreichend Einfluss auf den Abstimmungsprozess zu gewinnen, kann auch eine Minderheit die Mehrheit ausbeuten.[607] Dies kann beispielsweise geschehen, wenn Beschlüsse Einstimmigkeit erfordern oder die Minderheit von einem Vetorecht Gebrauch machen kann. Einzelne Gruppenmitglieder können auch dadurch Einfluss erlangen, dass sich die restlichen Mitglieder passiv verhalten. Der vorliegende Untersuchungsgegenstand belegt diese Möglichkeit. „Räuberische Aktionäre" blockieren wichtige Entscheidungen, um sich auf Kosten der gesamten Gruppe zu bereichern, also private Vorteile zu erzielen. Zudem kommt es immer wieder vor, dass das Auskunfts- und Fragerecht zu Lasten der Gesamtgesellschaft für private Zwecke missbraucht wird. So verlängerte sich beispielsweise die Hauptversammlung der Deutschen Bank AG am 25. Mai 2007 um fünf Stunden, weil Anwälte des Medienunternehmers Kirch das Auskunftsrecht dazu nutzten, um sich vom Vorstand insgesamt 80 Fragen bezüglich der Rolle der Bank bei der Pleite des Medienunternehmens von Kirch beantworten zu lassen.[608]

3) *Trade-off bei opportunistischem Verhalten*

Jedes Regime, das darauf abzielt, opportunistisches Verhalten zu erschweren, steht vor einem Zielkonflikt: Es besteht eine negative wechselseitige Abhängigkeit zwischen der Gefahr der Ausbeutung der Minderheit durch die Mehrheit und der Gefahr der Erpressung der Mehrheit durch die Minderheit.

Die Übervorteilung der Minderheit kann komplett verhindert werden, indem alle Beschlüsse einstimmig gefasst werden müssen. Unterstellt alle Anteilseigner verhalten sich rational und voll informiert, werden nur Beschlüsse gefasst, die jeden Einzelnen gleich oder besser stellen (Pareto-Verbesserung). Beschlüsse der Mehrheit zu Lasten der Minderheit sind demnach nicht möglich. Allerdings hat in diesem Regelungsregime jeder Anteilseigner mit wenigen Aktien den Anreiz, sich strategisch zu verhalten,

---

606 *Schäfer/Ott*, Lehrbuch der ökonomischen Analyse des Zivilrechts, 4. Auflage (2005), S. 646.

607 *Hansmann*, The Ownership of Enterprise, 1996, S. 41.

608 Vgl. den Bericht über den Verlauf der Hauptversammlung der Deutsche Bank AG am 24. Mai 2007, SZ v. 25.05.07, S. 27.

indem er die Zustimmung zu effizienten Beschlüssen verweigert und so die restlichen Aktionäre erpresst.

Genügt dagegen zur Beschlussfassung die einfache Mehrheit der Stimmen, können einzelne Aktionäre einen effizienten Beschluss nicht verhindern. Allerdings erhöhen sich die Anreize der Anteilseigner, die über die Mehrheit der Stimmen verfügen, Beschlüsse zum Nachteil der Minderheit zu treffen.

Der Gesetzgeber steht nun vor einem Dilemma: Minimiert er die Möglichkeiten der Mehrheit, die Minderheit zu benachteiligen, maximiert er zugleich die Anreize für opportunistisches Verhalten einzelner Aktionäre. Minimiert er dagegen das Erpressungspotential, maximiert er zugleich die Anreize der Mehrheit zur Ausbeutung der Minderheit.

II. Informationskosten

Neben opportunistischem Verhalten verteuern insbesondere Informationskosten die kollektive Entscheidungsfindung. Der Preismechanismus eines informationseffizienten Kapitalmarktes beseitigt Informationsasymmetrien zwischen den Aktionären automatisch. Es genügt, dass einige Marktteilnehmer informiert sind.[609] Anders verhält es sich dagegen mit dem Stimmrechtsmechanismus: Dieser funktioniert nur, wenn die Abstimmenden eine so genannte „informierte Wahl" treffen.[610] Das heißt, alle Aktionäre müssen einen ähnlichen Wissensstand haben.

Eine „informierte Wahl" verursacht hohe Opportunitätskosten: Es wird auf Skaleneffekte und Vorteile der Spezialisierung bei der Informationsgewinnung verzichtet. Zudem besteht die Gefahr, dass Geschäftsgeheimnisse öffentlich werden. Im Einzelnen:

Man stelle sich das Szenario vor, dass alle geschäftlichen Entscheidungen durch die Anteilseigner herbeigeführt würden. Um eine effiziente Entscheidung herbeizuführen, müsste mindestens die Mehrheit der Aktionäre eine sinnvolle Prognose über den Erwartungswert ihrer Entscheidung abgeben können. Sie müsste sich mit den Feinheiten der Geschäftsstrategie befassen, das Marktumfeld beleuchten und sich in Produktdetails einarbeiten. Jeder Gesellschafter müsste sich das notwendige Fachwissen aneignen. Je komplexer der Markt und das Produkt (z.B. Mikroprozessoren) sind, desto an-

---

[609] Vgl. hierzu oben, S. 120f.

[610] *Ruffner*, Die ökonomischen Grundlagen eines Rechts der Publikumsgesellschaft, 2000, S. 178. Der Grund liegt in der fehlenden Arbitragemöglichkeit für den besser informierten Aktionär: Zum einen lassen sich nicht isoliert Stimmrechte kaufen. Zum anderen kann er nur Gewinne durch seiner besseren Information erzielen, wenn er die Wahl in die Richtung lenken kann. Er muss also über die Mehrheit der Stimmen verfügen, um von seiner besseren Information zu profitieren.

spruchsvoller und teurer ist der Lernprozess. Doch selbst wenn dies den Anteilseignern gelänge, wäre es doch eine Verschwendung von Ressourcen. Denn auf *Skalenerträge bei der Informationsgewinnung* würde verzichtet. Ein Skaleneffekt liegt vor, wenn für eine Verdoppelung des Ertrags weniger als der doppelte Aufwand nötig ist.[611] Zentralisiert man die Informationsgewinnung, können deshalb Kosten gespart werden. Die kumulierten Informationskosten auf der Ebene der Aktionäre sind somit höher als die Informationskosten, die bei Vorstand und Aufsichtsrat auftreten.

Bei der Entscheidung durch die Anteilseigner wird zudem auf die Vorteile der Spezialisierung und Arbeitsteilung verzichtet, die darin bestehen kann, dass Aktionäre Kapital für ein Unternehmen geben, das von Managementexperten betrieben wird.[612]

Die Kosten für eine „informierte Wahl" beschränken sich nicht nur auf die Gruppe der Anteilseigner, sondern betreffen das gesamte Unternehmen. Das Management würde viel Zeit damit verbringen Beschlüsse der Anteilseigner vorzubereiten und sie über die Beschlussgegenstände zu informieren.[613] *Kenneth Arrow*, der 1972 den Nobelpreis für Ökonomie erhielt, folgert deshalb für Organisationen: [Im Hinblick auf die Kosten der Informationsübertragung] „…ist es billiger und vor allem effizienter, alle Informationseinheiten in eine Zentrale zu übertragen, als jede Einheit jedem Mitglied der Organisation zu überleiten".[614] *Arrow* sieht in der Schnelligkeit einen entscheidenden Vorteil der Übertragung von Entscheidungsmacht von einem Kollektiv auf eine Autorität.[615] Als plastisches Beispiel nennt er das Militär, bei dem das Bedürfnis nach schnellen Entscheidungen zu einer sehr hierarchischen Organisation führt.[616]

Kollektive Entscheidungen dauern darüber hinaus länger, weil die *Koordination* der Mitglieder mit zunehmender Gruppengröße schwieriger wird. Einen gemeinsamen Termin für eine Gruppe von drei Personen zu finden, kann mit zwei Telefonanrufen erledigt werden. Doch bei einer Gruppengröße von 100 oder gar 1000 Personen ein aufwendiges, zeitraubendes, wenn nicht sogar unmögliches Unterfangen.

---

[611] *Pindyck/Rubinfeld*, Microeconomics, 5. Auflage (2001), S. 227.

[612] *Gordon*, 60 U. Cin. L. Rev. 347, 353 (1991).

[613] *Gordon*, 60 U. Cin. L. Rev. 347, 356 (1991).

[614] *Arrow*, Wo Organisation endet, 1980, S. 69.

[615] *Arrow*, Wo Organisation endet, 1980, S. 69.

[616] *Arrow*, Wo Organisation endet, 1980, S. 69.

Daneben müssen die Mitglieder viel *Zeit aufwenden*, um Informationsasymmetrien zu beseitigen und so zu einer „informierten Wahl“ zu gelangen. Noch mehr Zeitverluste entstehen durch die langwierigen Verhandlungen in großen Gruppen.[617]

Einen weiteren – in der Literatur in diesem Zusammenhang allerdings kaum angesprochener – Aspekt hat die Informationsökonomie herausgearbeitet: Der Erfolg einer Unternehmung basiert häufig auf Innovationen, die geheim gehalten werden müssen.[618] Innovationen ermöglichen Unternehmungen für eine gewisse Zeit einen Wettbewerbsvorteil und damit Gewinne über dem Marktniveau.[619] Sie verkörpern einen Informationsvorsprung gegenüber den Wettbewerbern. Das Gut der Information weist gegenüber anderen Gütern spezifische Besonderheiten auf: Informationen zu produzieren (beispielsweise durch Forschung) ist teuer, sie zu übertragen aber extrem günstig. Sind sie einmal weitergeleitet, können sie nicht mehr zurückgeholt werden.[620] Aus einer *privaten Information* wird damit schnell eine öffentliche.[621] Unternehmen versuchen sich deshalb durch Geheimhaltung zu schützen.[622] Die Kosten für die Geheimhaltung steigen exponentiell mit der Anzahl der Mitwisser. Denn die Entdeckungswahrscheinlichkeit sinkt je größer die Anzahl der Menschen ist, denen das Geschäftsgeheimnis bekannt ist. Wenn also Anteilseigner Entscheidungen treffen, die geheim bleiben müssen, kann eine große Gruppe erheblich höhere Verluste durch Geheimnisverrat auslösen.

III. Kosten der kollektiven Aktion

Neben den soeben beschriebenen Informationskosten entstehen Kosten der so genannten kollektiven Aktion. So lohnt es sich für Anteilseigner, die ihre Investitionen mithilfe eines Portfolios weitgehend diversifiziert haben, unter Kosten-Nutzen-Aspekten nicht, sich in Fragen der Tagespolitik eines Unternehmens einzuarbeiten. Es ist also für den einzelnen Aktionär rational, passiv zu bleiben (*rationale Apathie*).[623]

---

[617] *Arrow*, Wo Organisation endet, 1980, S. 71.

[618] In diese Richtung aber *Bainbridge*, Corporation Law and Economics, 2002, S. 467.

[619] *Cooter/Schäfer* The Mystery of Growth, S. 4, unveröffentlichtes Working Paper..

[620] *Cooter/Ulen*, Law & Economics, 4. Auflage (2004), S. 120ff.

[621] Unter öffentlichen Informationen werden solche verstanden, die sich in Quellen finden, die der Allgemeinheit zugänglich sind (Zeitschriften, Bücher, Internet), vgl. *Cooter/Schäfer* The Mystery of Growth, S. 4, unveröffentlichtes Working Paper.

[622] Neben Geheimhaltung können Unternehmungen allerdings auch alternativ Innovationen durch gewerbliche Schutzrechte schützen statt durch Geheimhaltung. Allerdings können nicht alle Innovationen geschützt werden, wie beispielsweise Prozessinnovationen.

[623] Der Begriff wird mittlerweile auch im juristischen Bereich gebraucht, vgl. z. B. Bericht des Bundesministeriums der Justiz über die Entwicklung der Stimmrechtsausübung in börsennotierten

Zudem profitieren sämtliche Aktionäre von der Aktivität einzelner Aktionäre. Das bemühen einzelner Aktionäre produziert für die anderen Aktionäre positive Externalitäten. Bei positiven Externalitäten profitiert derjenige, der die Kosten der Handlung trägt, nicht in dem vollen Umfang von den Vorteilen, sondern teilt sie mit anderen. Deshalb hat er einen geringeren Anreiz aktiv zu werden.[624]

Jeder Anteilseigner hofft, nicht selbst aktiv werden zu müssen. Stattdessen spekuliert er darauf, umsonst von den Aktivitäten der restlichen Aktionäre zu profitieren. Die Attraktivität dieses *Free-Rider-Verhaltens*, das von Mancur Olson erstmals identifiziert wurde [625], begünstigt die Passivität der Aktionäre zusätzlich.

Der Mechanismus des Stimmrechts verstärkt diesen Effekt. Ein rationaler Aktionär wählt nach Kosten-Nutzen-Aspekten (*Rational Voter Hypotheses*).[626] Die Stimme eines Einzelnen wird nur relevant, wenn sie die Entscheidung tatsächlich beeinflusst. Das ist nur der Fall, wenn ohne die Stimmabgabe ein anderes Beschlussergebnis erreicht worden wäre (z.B. Ablehnung statt Zustimmung des Beschlussgegenstandes). Je wahrscheinlicher es ist, dass seine Stimme für das Beschlussergebnis relevant wird, desto eher lohnt es sich für ihn, die Stimme abzugeben. Die Relevanz seiner Stimme hängt maßgeblich von der Größe des Gesellschafterkreises bzw. der Höhe seiner eigenen Beteiligung ab. Diesem Erwartungswert muss der Aktionär die Kosten des Abstimmungsprozesses (Anreise, investierte Zeit etc.) gegenüberstellen. Diese Überlegungen lassen sich formal zusammenfassen: Ein Individuum nimmt an einer Abstimmung teil, wenn $P \times B + D \geq C$ sind, wobei P die Wahrscheinlichkeit, B der Benefit aus dem günstigeren Wahlausgang, D die Freude an der Partizipation im Wahlprozess und C die Kosten für die Ausübung des Stimmrechts sind.[627] P ist abhängig von der Höhe des eigenen Gesellschaftsanteils. Je höher der eigene Anteil, desto größer ist die Wahrscheinlichkeit das Beschlussergebnis entscheidend zu beeinflussen. Je geringer die Kosten, desto eher lohnt die Partizipation. Für die Höhe von B ist entscheidend, wel-

---

Aktiengesellschaften in Deutschland seit Inkrafttreten des Namensaktiengesetzes am 25.1.2001, NZG 2004, 948 (950). Er stammt aus der amerikanischen Literatur, vgl. z.B. *Bainbridge*, Corporation Law and Economics, 2002, S. 485.

[624] Ausführlich: *Pindyck/Rubinfeld*, Microeconomics, 5. Auflage (2001), S. 623 f. Dazu bereits oben, S. 88f.

[625] *Olson*, The Logic of Collective Action, 1965, S. 163 f.; *Schäfer/Ott*, Lehrbuch der ökonomischen Analyse des Zivilrechts, 4. Auflage (2005), S. 577; *Ruffner*, Die ökonomischen Grundlagen eines Rechts der Publikumsgesellschaft, 2000, S. 176.

[626] Zur Rational Voter Hypotheses grundlegend *Downs,* An Economic Theory of Democracy, 1957; vgl. *Mueller,* Public Choice III, 2003, S. 304ff.; *Munger,* Voting, in: *Shughart/Razzolini* (Hrsg.), The Elgar Companion to Public Choice, 2001, S. 197 (206); *Stevens*, The Economics of Collective Choice, 1993, S. 182.

[627] Ebenda.

che Bedeutung der Beschlussgegenstand für die Vermögenssituation des Aktionärs hat. B besteht in der erwarteten Vermögensdifferenz, die mit der Zustimmung oder Ablehnung entsteht. Diese Kosten-Nutzen-Rechnung führt dazu, dass es sich für rationale Kleinaktionäre regelmäßig nicht lohnt, an der Abstimmung teilzunehmen.

IV. Pathologien des Stimmrechts: Arrows Unmöglichkeitstheorem

Des Weiteren leiden kollektive Abstimmungsmechanismen darunter, dass aus den individuellen Präferenzen der Gruppenmitglieder keine kollektiven Präferenzen der Gruppe abgeleitet werden können.[628] Es wird deshalb von den so genannten Pathologien des Stimmrechts gesprochen.

Insbesondere kann das Phänomen des so genannten *cyclings* auftreten.[629] Hierunter versteht man das Problem, dass eine Gruppe unter bestimmten Voraussetzungen keine transitive Ordnung ihrer Präferenzen erreichen kann. In der Folge kommt es bei Abstimmungsprozessen bei denen jede durch eine Mehrheit gewählte Alternative einer anderen Alternative unterliegt, die von einer anderen Mehrheitskoalition favorisiert wird.[630] Dieses Problem zyklischer Abstimmungsprozesse lässt sich am besten mithilfe eines Beispiels zeigen: Eine Kapitalgesellschaft verfügt über die drei Gesellschafter Maier, Müller und Groß. Sie müssen darüber entscheiden, ob die Gesellschaft einen Geschäftsbereich einstellt, verkauft oder in diesen investiert. Maier fände es am besten, wenn das Geschäft eingestellt würde; es zu verkaufen gefällt ihm aber immer noch besser, als noch einmal Geld nachzuschießen. Müller hält Investieren für die klügste Stategie; glaubt aber, dass das Einstellen immer noch besser ist als an einen Konkurrenten zu veräußern. Groß glaubt dagegen, dass die Gesellschaft am erfolgreichsten

---

[628] *Arrow*, Social Choice and Individual Value (1966); *McKelvey*, 12 J. Econ. Th. 472 (1976); Er bewies mathematisch, dass kein Verfahren existiert, Präferenzen in der Gruppe zusammenzufassen, dass vier Mindestkriterien erfüllt. Namentlich das „Nicht-Diktatur-Prinzip“, das „schwache Pareto-Prinzip“, der „unbegrenzte Bereich“ und die „Unabhängigkeit von irrelevanten Alternativen“, vgl. ausführliche Darstellung bei *Schulz*, Kollektive Entscheidungen in der Aktiengesellschaft, 2005, S. 21 f.; *Schäfer/Ott*, Lehrbuch der ökonomischen Analyse des Zivilrechts, 4. Auflage (2005), S. 42 f. Das nach seinem Schöpfer benannte Arrow-Unmöglichkeitstheorem offenbart, dass der einzige Wahlmechanismus, der immer zu einer transitiven Präferenzordnung führt, eine Diktatorregel ist, die einer einzelnen Person die Entscheidungsmacht überträgt, vgl. *Munger*, in: Shughart/Razzolini (Hrsg.), The Elgar Companion to Public Choice, 2001, S. 197 (215) wörtlich: "The only collective choice mechanism that is always transitive, allowing for any possible fixed set of pairwise preferences over alternatives, is dictatorship."

[629] Vgl. hierzu: *Gordon*, 60 U. Cin. L. Rev. 347, 361 (1991); *Cain*, Social Choice Theory, in: Shughart/Razzolini (Hrsg.), The Elgar Companion to Public Choice, S. 83, 104ff.; *Schäfer/Ott*, Lehrbuch der ökonomischen Analyse des Zivilrechts, 4. Auflage (2005), S. 43; *Ruffner*, Die ökonomischen Grundlagen eines Rechts der Publikumsgesellschaft, 2000, S. 43.

[630] *Ruffner*, Die ökonomischen Grundlagen eines Rechts der Publikumsgesellschaft, 2000, S. 184.

mit einem Verkauf sein würde; zur Not ist er aber bereit noch mal Geld nachzuschießen; dagegen hält er Einstellen für die schlechteste Idee.

Auf folgender Übersicht ist die Rangfolge der Präferenzen der Gruppenmitglieder noch einmal aufgeführt:

Maiers Präferenzordnung	Müllers Präferenzordnung	Groß Präferenzordnung
Einstellen	Investieren	Verkaufen
Verkaufen	Einstellen	Investieren
Investieren	Verkaufen	Einstellen

Abbildung 2 Präferenzordnungen von Maier, Müller und Groß

Nun stimmen die Gesellschafter paarweise über die verschiedenen Optionen ab. Als erstes wird darüber abgestimmt, ob Einstellen besser ist als der Verkauf. Die Gesellschafter ziehen Einstellen gegenüber Verkaufen mit 2:1 Stimmen vor (Maier und Groß stimmen für Einstellen). In der folgenden Abstimmung ziehen die Gesellschafter Verkaufen gegenüber Investieren mit 2:1 Stimmen vor (Maier und Groß stimmen für Verkaufen). Schließlich wird auch über die Konstellation Investieren gegenüber Einstellen abgestimmt, wobei Müller und Groß für Investieren stimmen (ebenfalls 2:1). Die Gesellschafter „drehen sich im Kreis", denn die Gruppe kann ihre Optionen nicht in einer transitiven Rangfolge anordnen. Die sozialwahltheoretische Literatur spricht in diesen Fällen von Intransitivität der sozialen Präferenzen.[631] Es gelingt der Gruppe nicht eine rationale Entscheidung zu treffen.

In diesen Fällen kann ein zentralisiertes Management inkonsistente und damit potentiell unsinnige und schädliche Entscheidungen der Gruppe verhindern.[632]

Diese Ansicht wird allerdings vereinzelt in Frage gestellt. So argumentiert *Bebchuk*, das Problem des cyclings sei durch die Delegation auf das Management nicht gelöst. Denn dieses könne eine völlig andere Präferenz haben als die Anteilseigner.[633] Modifizieren wir dazu unser Beispiel: Wären sich die Gesellschafter Maier, Müller und Groß darüber einig, dass eine vierte Möglichkeit, „Weiter so wie bisher", die schlechteste Wahlmöglichkeit wäre und das Management genau diese Möglichkeit bevorzugen würde, käme es bei der Übertragung der Entscheidungsautorität auf das Management zur der aus Aktionärssicht negativsten Auswahl.

---

[631] *Schäfer/Ott*, Lehrbuch der ökonomischen Analyse des Zivilrechts, 4. Auflage (2005), S. 43.

[632] *Gordon*, 60 U. Cin. L. Rev. 347, 363 (1991); *Hansmann*, The Ownership of Enterprise, 1996, S. 42.

[633] *Bebchuk*, 118 Harv. L. Rev. 833, 886 (2005).

Gegen *Bebchuks* Argument spricht aber, dass nur dann von „völlig anderen Präferenzen" gesprochen werden kann, wenn die kollektiven Präferenzen der Anteilseigner transitiv sind. Bei intransitiven Präferenzen ist eine rationale Entscheidung eben nicht möglich. Die Entscheidung einer zentralen Autorität bleibt dagegen rational.

Doch was sind die Determinanten, die cycling begünstigen? In erster Linie kann dieses nur auftreten, wenn die Anteilseigner unterschiedliche Präferenzen haben.[634] Dabei ist innerhalb der Literatur umstritten, inwiefern unterschiedliche Präferenzen in der Aktiengesellschaft auftreten können. Zum Teil wird vertreten, dass die Aktionäre grundsätzlich der Wunsch nach einem möglichst hohen Aktienpreis eint.[635] Dies gelte zumindest in den Fällen, in denen die Aktionäre die Möglichkeit haben, ihre Investitionen zu diversifizieren, um ihre persönliche Risikopräferenz zu verwirklichen und über Short und Longselling ihren Investmentzeithorizont abzubilden.[636] Ohne diese Möglichkeit haben risikoaverse Investoren andere Präferenzen als risikofreudige. *Gordon* hält die Annahme identischer Präferenzen für nicht überzeugend, denn zum einen würden alle Absicherungsmechanismen Transaktionskosten verursachen, zum anderen würden Märkte nicht immer entsprechend gut funktionieren.[637] Auch *Bainbridge* argumentiert, dass von heterogenen Präferenzen ausgegangen werden müsste: Anteilseigner in verschiedenen Steuerklassen seien regelmäßig sowohl in Fragen der Dividendenpolitik uneins als auch über den Umfang neuer Investitionen.[638] Zudem sind Aktionäre aufgrund der oben beschriebenen Probleme der kollektiven Aktion unterschiedlich gut informiert. Abweichungen im Wissensstand können zu unterschiedlichen Präferenzen der Akteure und damit zum Phänomen des cyclings führen. Nach *Arrow* kann cycling am ehesten vermieden werden, wenn Gruppenmitglieder den gleichen Informationsstand und gleiche Präferenzen haben.[639] Diese zwei Voraussetzungen seien nur gegeben, wenn die Gruppenmitglieder in direktem Kontakt zueinander stünden und zu geringen Kosten ihre Informationsstände angleichen könnten (*Face-to-Face-Gruppen*).[640]

---

[634] *Buchanan/Tullock*, The Calculus of Consent, 1962, 364; andernfalls spricht man von "eingipfligen Präferenzen" (single-peaked), vgl. *Miller*, in: Eatwell/Milgate/Newman (Hrsg.), The New Palgrave: A Dictionary of Economics, Volume IV,1998, S. 826.

[635] Dies wird ausführlich diskutiert bei *Gordon*, 60 U. Cin. L. Rev. 347, 367 (1991).

[636] Zur Corporate-Finance-Theorie bereits oben, S. 117ff.

[637] *Gordon*, 60 U. Cin. L. Rev. 347, 369f. (1991).

[638] *Bainbridge*, 119 Harv. L. Rev. 1735, 1745 (2006).

[639] *Arrow*, Wo Organisation endet, 1980, S. 72.

[640] *Arrow*, Wo Organisation endet, 1980, S. 70.

V. Zwischenergebnis

Die Public-Choice-Theorie erklärt, warum die Verlagerung der Entscheidungsmacht auf die Ebene der Anteilseigner kostspielig ist:

- Es besteht die Gefahr, dass Aktionärsgruppen bei der Beschlussfassung private Vorteile auf Kosten der Gemeinschaft realisieren.
- Gewinne aus Arbeitsteilung und Skalenerträge werden nicht realisiert, denn Manager könnten Informationen stellvertretend für die Anteilseigner sammeln und verwerten.
- Entscheidungen verzögern sich
- Geschäftsgeheimnisse können leichter an die Öffentlichkeit geraten.
- Probleme der kollektiven Aktion führen zu niedrigen Anreizen, Informationsaufwendungen zu tätigen und an der Beschlussfassung teilzunehmen.
- Der Beschluss der Anteilseigner kann aufgrund des Cycling-Phänomens irrational sein.

E. Ergebnis

Dieses Kapitel hat gezeigt, dass es nicht *die* ökonomische Theorie der Kapitalgesellschaften gibt. Ex existieren verschiedene „Theoriestränge", die die Vor- und Nachteile der Kompetenzaufteilung zwischen Aktionären und Managern beleuchten.

Nutzen der Delegation von Entscheidungsmacht	**Kosten der Delegation von Entscheidungsmacht**
Corporate-Finance-Theorie: Investorengruppen können die Finanzierung übernehmen *Portfoliotheorie*: Risikominimierung durch Diversifikation *Effizienzmarkthypothese*: Der Börsenkurs als Informationsquelle und Disziplinierungsfaktor	*Prinzipal-Agenten-Theorie*: Agency-Kosten
Public-Choice-Theorie: Verluste durch kollektive Entscheidungen werden vermieden	
Property-Rights-Theorie: Tragedy of the Commons; Kontrollanreize sinken bei gemeinsamen Eigentum	*Property-Rights-Theorie*: Verluste durch Trennung von Residualeinkommen und residualem Kontrollrecht
Nexus-of-Contract-Theorie: Unmöglichkeit des vollständigen Vertrages	*Nexus-of-Contract-Theorie*: Opportunismus durch unvollständige Verträge

Abbildung 3 Theorieüberblick

Eine Bestätigung dieses theoretischen Gebäudes findet sich, wenn man die Rechtsform der typischen GmbH mit der Rechtsform der börsennotierten Aktiengesellschaft vergleicht. Die Public-Choice-Theorie prognostiziert höhere Kosten je größer die Anzahl der Aktionäre ist. Umgekehrt verringern sich die Agency-Kosten mit der Börsennotierung der Aktiengesellschaft. Damit lässt sich gut erklären, warum die Hauptversammlung deutlich geringere Kompetenzen hat als die Gesellschafterversammlung in der GmbH. Die Kosten der kollektiven Entscheidungsfindung (rationale Apathie, *rent-seeking*, *cycling*, Geheimhaltung etc.) sind in einer börsennotierten Aktiengesellschaft mit tausenden Anteilseignern regelmäßig sehr hoch. Die Überwachung des Managements durch die Aktionäre wird deshalb teuer. Zugleich existiert eine externe Kontrolle durch den Kapitalmarkt, die relativ günstiger ist als aktives Monitoring durch die Aktionäre. Anders die Situation in der GmbH: Bei über 90 % aller Gesellschaften mit beschränkter Haftung besteht der Gesellschafterkreis nur aus bis zu fünf Personen.[641] Damit sind die kollektiven Entscheidungskosten weit geringer als in der börsennotierten Aktiengesellschaft. Zugleich fehlt die Disziplinierung des Managements durch die Börsennotierung. Somit lohnt sich für die Gesellschafter Agency-Kosten abzusenken, indem sie das Management aktiv, das heißt die Geschäftsführer intensiver überwachen. Konsequenterweise ist die Gesellschafterversammlung dem Geschäftsführer Weisungen zu erteilen, soweit die Satzung Entsprechendes nicht verbietet (§ 37 Abs. 1 Alt. 2 GmbHG). Dagegen ist die Hauptversammlung der Aktiengesellschaft nur in den ausdrücklich vom Gesetz vorgesehenen Fällen zur Entscheidung berufen.

Die GmbH ist aus ökonomischer Sicht also eine besonders geeignete Organisationsform, wenn die Anteile von wenigen Gesellschaftern gehalten werden. Die Zahlen belegen dies.

---

[641] *Ulmer*, in: Ulmer, GmbHG, 2005, Einl. A. Rz. 72 f.

5. Kapitel: Hauptversammlungszuständigkeit, Anfechtungsklage und Freigabeverfahren aus rechtsökonomischer Sicht

In diesem Kapitel wird die Frage geklärt, welche Funktion die Hauptversammlungszuständigkeit, die Anfechtungsklage und das Freigabeverfahren aus rechtsökonomischer Sicht erfüllen.

Es wird gezeigt, dass die Hauptversammlungszuständigkeit dazu dient, Agency-Kosten zu verringern.

Die Anfechtungs- und die Nichtigkeitsklage sollen wiederum die Verluste minimieren, die durch die kollektive Entscheidung in der Hauptversammlung entstehen. Die Wirkung einer Beschlussmängelklage erschöpft sich nicht in der gerichtlichen Ex-post-Kontrolle, sondern erzeugt bereits bei der Beschlussfassung präventive Effekte. Allerdings leidet die Funktionsfähigkeit der Beschlussmängelklage unter erheblichen Fehlanreizen: Einerseits bestehen Probleme der kollektiven Aktion, namentlich rationale Apathie und Trittbrettfahrerverhalten, die redliche Klagen abschrecken. Andererseits bestehen Anreize, Klagen mit missbräuchlicher Zielsetzung zu erheben. Die Möglichkeit, mithilfe einer Klage einen lukrativen Vergleich zu erzielen, resultiert aus den asymmetrischen Erwartungswerten, die eine Klage bei dem Beschlussmängelkläger und bei der Gesellschaft auslösen. Sodann wird mithilfe eines spieltheoretischen Modells untersucht, ob das Verhalten „räuberischer Aktionäre" zumindest aufgrund der abschreckenden Wirkung wohlfahrtsökonomischen Nutzen stiftet.

Im nächsten Schritt wird die Funktion des Freigabeverfahrens untersucht. Es ist ein Instrument zur Reduzierung der unerwünschten Folgen, die durch die Fehlanreize der Beschlussmängelklage entstehen. Dazu wird analysiert, wie sich die wesentlichen Faktoren, die missbräuchliche Klagen begünstigen, durch die Reform verändert haben. Das Bild ist gemischt: Die zeitliche Verzögerung der Beschlüsse durch Klageerhebung wird verringert, aber nicht beseitigt. Die Gefahr der Ex-nunc-Nichtigkeit der Beschlüsse wird durch die Etablierung dauerhafter Bestandskraft im Falle der Freigabe aufgehoben. Die Asymmetrie der Erwartungswerte begrenzt das Freigabeverfahren dadurch, dass lediglich Schadenersatz an den Anfechtungskläger, nicht jedoch an die restlichen Kläger im Falle der erfolgreichen Klage zu leisten ist.

Im wirtschaftswissenschaftlichen Sinn ist das Freigabeverfahren ein Kontrollmechanismus eines Kontrollmechanismus eines Kontrollmechanismus: Die Hauptversammlungszuständigkeit soll die Agency-Kosten reduzieren, die durch Arbeitsteilung zwischen Management und Aktionären entstehen; die Beschlussmängelklage soll wiederum die Verluste verringern, die durch kollektive Entscheidungsfindung entstehen und das Freigabeverfahren hat schließlich die Aufgabe, die Kosten, die durch missbräuchliche Klagen entstehen, zu verkleinern.

Nachdem im vorangegangenen Kapitel die Grundlagen der ökonomischen Theorie des Gesellschaftsrechts erörtert wurden, muss nun näher der Frage nachgegangen werden, welche Funktion die Hauptversammlungszuständigkeit, die Beschlussmängelklage und das Freigabeverfahren aus wirtschaftswissenschaftlicher Sicht erfüllen. Dies ist die

Vorbedingung, um die positiven und normativen Konsequenzen der Einführung des § 246a AktG beurteilen zu können.

A. Hauptversammlungszuständigkeit aus ökonomischer Sicht

Die Funktion der Hauptversammlung hängt davon ab, welcher ökonomischen Theorie gefolgt wird:

- Beschreibt man das Verhältnis der Aktionäre zum Management als Prinzipal-Agenten-Verhältnis, so ist die Hauptversammlungszuständigkeit ein Governance-Mechanismus zur Reduzierung der Agency-Kosten. In Fällen, in denen besondere Interessengegensätze zwischen den Anteilseignern auf der einen Seite und Aufsichtsrat und Vorstand auf der anderen Seite bestehen, verlagert sich die Entscheidung auf die Anteilseigner.

- In der Terminologie der Property-Rights-Literatur begründet die Hauptversammlungszuständigkeit ein Verfügungsrecht, das bestimmte Entscheidungen auf die Aktionäre überträgt. Das Verfügungsrecht ist die Wahl des Aufsichtsrats durch die Anteilseigner (§§ 119 Abs. 1 Nr. 1, 101 Abs. 1 S. 1 AktG). Doch auch Strukturentscheidungen stehen unter dem Vorbehalt der Zustimmung der Anteilseigner (vgl. §§ 119 Abs. 1 Nr. 5, 119 Abs. 1 Nr. 6 AktG). Die Hauptversammlungszuständigkeit reduziert so die Verluste, die durch die Trennung von residualer Kontrolle und residualem Einkommen entstehen.

- Die Hauptversammlungszuständigkeit erfüllt nach dem Nexus-of-Contract- Ansatz[642] die Funktion, Lücken des „unvollständigen" relationalen Vertrages auszufüllen. In einer Welt ohne Transaktionskosten könnte ein komplexes Vertragswerk alle Ereignisse und Entwicklungen, die je eintreten könnten, abbilden. Jeder Akteur könnte seine Investition (sei es Kapital oder Arbeit) von vornherein perfekt absichern. In der Realität existieren aber erhebliche Transaktionskosten, die keinen „perfekten Vertrag" zulassen. Langfristige Kooperation ist deshalb nur machbar, wenn eine Anpassung der Interaktionsregeln an neue Gegebenheiten möglich ist.[643] Verwendet man den Nexus-of-Contract-Ansatz, so gibt die Hauptversammlungszuständigkeit den Aktionären für be-

---

[642] *Behrens*, in: FS Drobnig, 1998, S. 491 (494); Begriff geht zurück auf: *Jensen/Meckling,* 3 J. Fin. Econ 305 (1976).

[643] *Walz*, in: Ott/Schäfer (Hrsg.), Ökonomische Analyse des Unternehmensrechts, 1993, S. 50 (66).

stimmte Fragen das Recht, das – in der Praxis unvollständige – Vertragsnetz anzupassen.[644]

Auch wenn sich die verschiedenen Ansätze in der Terminologie unterscheiden, so lässt sich doch zusammenfassend festhalten, dass die Hauptversammlungszuständigkeit die Kosten verringern soll, die durch die Arbeitsteilung zwischen Anteilseignern und Management entstehen.

B. Anfechtungs- und Nichtigkeitsklage aus ökonomischer Sicht

Auch das Recht, Beschlüsse der Hauptversammlung vor Gericht anzufechten oder deren Nichtigkeit festzustellen, stellt einen Governance-Mechanismus dar. Besonders die Public-Choice-Theorie und der Nexus-of-Contract-Ansatz können diese Funktion beleuchten.

I. Funktion aus Public Choice Sicht

Die Public-Choice-Theorie hat zahlreiche Defizite identifiziert, die bei einer Entscheidung durch die Anteilseigner auftreten können. Aufgabe der Anfechtungsklage ist es demgemäß Verluste zu reduzieren, die durch ineffiziente Beschlüsse entstehen.

Wenn Entscheidungen nicht einstimmig getroffen werden, besteht die Gefahr, dass sich die Mehrheit Vermögen der Minderheit aneignet.[645] Eine nachträgliche gerichtliche Kontrolle verringert den Anreiz zur Expropriation. Das Gesetz und von der Rechtsprechung entwickelte Grundsätze sanktionieren opportunistische Hauptversammlungsbeschlüsse. Teilweise sind die Maßstäbe, an denen die Rechtsprechung die Beschlüsse der Hauptversammlung misst, ausdrücklich geregelt: Gem. § 255 Abs. 2 AktG können die (Minderheits-)Aktionäre die Beschlussmängelklage darauf stützen, dass der Ausgabebetrag der neuen Aktien zu niedrig festgesetzt wurde (und damit der Wert ihrer eigenen Anteile sinkt). Ein Beschluss, der einzelnen Aktionären Sondervorteile gewährt, ohne dass die restlichen Aktionäre einen angemessenen Ausgleich erhalten, verstößt gegen § 243 Abs. 2 AktG. Darüber hinaus hat die Rechtsprechung ungeschriebene Schranken der Mehrheitsmacht entwickelt, die nicht ausgleichsfähig sind.[646] Diese Schranken sind dogmatisch aus dem Gleichbehandlungsgrundsatz (§ 53 a AktG) und der Treuepflicht der Aktionäre[647] entwickelt worden.

---

[644] Vgl. zum Nexus-of-Contract-Ansatz bereits oben S. 111f.

[645] Vgl. oben, S. 129f.

[646] Vgl. hierzu: *Hirte*, Kapitalgesellschaftsrecht, 5. Auflage (2006), S. 195f., Rn. 3.290ff.

[647] BGHZ 103, 184 – *Linotype.*

Für den Ausschluss des Bezugrechts hat die Rechtsprechung zudem eine materielle Beschlusskontrolle etabliert: Danach bedarf es eines im Gesellschaftsinteresse liegenden sachlichen Grundes, der den Eingriff rechtfertigt.[648] Es zeigt sich also, dass das Beschlussmängelrecht unter anderem darauf abzielt, *rent-seeking* der Hauptversammlungsmehrheit zu erschweren.

Als weitere Schwäche kollektiver Entscheidungen identifiziert der Public-Choice-Ansatz die Gefahr der Informationsasymmetrien zwischen den Akteuren.[649] Das Gesetz stellt deshalb den Aktionären Verfahrensrechte zur Verfügung, die die Informationsasymmetrien verringern können. Mit der Einberufung ist die Tagesordnung bekannt zu machen (§ 124 Abs. 1 S. 1 AktG). Die Aktionäre, die an der Hauptversammlung teilnehmen, können über die Angelegenheiten der Gesellschaft Auskunft verlangen, soweit sie im Zusammenhang mit der Tagesordnung stehen (§ 131 Abs. 1 S. 1 AktG). Zwar ist das Auskunftsrecht nicht grenzenlos gewährt (vgl. § 131 Abs. 3 AktG) und die Verweigerung des Rechts berechtigt nur insoweit zur Anfechtung, als der Informationsmangel für die Mitwirkungsrechte des Aktionärs relevant ist (Relevanztheorie).[650] Gleichwohl lässt sich festhalten, dass das Anfechtungsrecht, die aus ökonomischer Sicht wichtige Aufgabe übernimmt, Informationsasymmetrien zu beseitigen, und so ineffiziente Beschlüsse zu vermeiden.

II. Funktion nach dem Nexus-of-Contract-Ansatz

Legt man den vertragstheoretischen Ansatz[651] zugrunde, ist die Beschlussmängelklage ein Instrument, das die gerichtliche Durchsetzung der expliziten und impliziten vertraglichen Pflichten des Vertragsnetzes sicherstellt. Nach dieser Sichtweise stellt das normierte Gesellschaftsrecht nur einen standardisierten Vertrag dar. Die Anfechtungs- und Nichtigkeitsklage ist deshalb ein Instrument zur Durchsetzung des relationalen Vertrages. Für den expliziten Gesellschaftsvertrag bestätigt auch der Wortlaut des Gesetzes diesen Ansatz. So heißt es in § 243 Abs. 1 AktG: „Ein Beschluss der Hauptver-

---

[648] BGHZ 71, 40 – *Kali und Salz.*

[649] Vgl. oben, S. 132f.

[650] BGHZ 160, 385 – *Thyssen-Krupp.* Unklar ist allerdings, ob der durch das UMAG eingeführte § 243 Abs. 4 S. 1 AktG die neue Rechtsprechung infrage gestellt wird. Denn dieser scheint nach dem Wortlaut auf die von der Rechtsprechung aufgegebene potentielle Kausalität des Beschlussmangels zurückzugreifen („wenn ein objektiv urteilender Aktionär die Erteilung als wesentliche Voraussetzung für die sachgerechte Wahrnehmung seiner Teilnahme- und Mitgliedschaftsrechte angesehen hätte"). Doch zugleich wollte der Gesetzgeber ausweislich der Gesetzesbegründung die Relevanztheorie kodifizieren, vgl. *Regierungsentwurf UMAG*, BT-Drucks. 15/5092, S. 53. Zur Diskussion dieses Widerspruchs, vgl. *Hüffer*, AktG, 7. Auflage (2006), § 243 Rn. 46a.

[651] Vgl. zum Nexus-of-Contract-Ansatz ausführlich oben S. 111f.

sammlung kann wegen Verletzung des Gesetzes *oder der Satzung* durch Klage angefochten werden“[652].

III. Ex-ante-Wirkung

Die Wirkung der Beschlussmängelklage erschöpft sich allerdings nicht in einer Ex-post-Kontrolle, die diese Verluste eindämmt. Vielmehr werden Beschlussmängel zugleich sanktioniert. Eine rationale Verwaltung und rationale Aktionäre antizipieren die Folgen einer gerichtlichen Kontrolle bereits *ex ante*. Diese Ex-ante-Wirkung ist besonders bedeutsam, denn im Idealfall werden wegen der angedrohten Sanktion Beschlussmängel von vornherein verhindert, ohne dass tatsächlich Kosten durch die gerichtliche Prüfung anfallen. Unter Effizienzgesichtspunkten steht sie im Vordergrund.[653]

Diese Präventivwirkung, die durch das ökonomische Verhaltensmodell prognostiziert wird, findet auch in der rechtswissenschaftlichen Literatur ihren Niederschlag: „Schon die Tatsache, dass jeder Akt der Anfechtung unterliegt, [ist] ein sehr wertvoller Zwang für die Organe [...], nicht durch gesetz- oder statutenwidrige Anträge Anfechtungsgründe zu geben. Jeder, der die Verwaltung von Aktiengesellschaften kennt, weiß, wie jeder Beschluss sorgsam auf seine Anfechtbarkeit geprüft wird, und so sorgt das Recht der Anfechtung auch hier für die Solidität der Gesellschaft“, erklärte *Pinner* bereits in den Verhandlungen zum 34. Deutschen Juristentag 1926.[654] *Bayer* hebt sie ebenfalls besonders hervor:[655] Mit der Sanktion der rückwirkenden Beschlussvernichtung solle die Verwaltung dazu angehalten werden, Gesetz und Satzung zu respektieren. Auch *Baums* betont die „rechtspolitisch bedeutsame präventive Wirkung, die sich aus dem Bestehen des Rechtsbehelfs“ ergebe.[656] Diese Ansicht teilen *Hommelhof* und *Timm*, nach deren Ansicht schon die Existenz des Anfechtungsrechts den Vorstand dazu veranlassen soll, die Mitverwaltungsrechte der einzelnen Aktionäre und ihrer Gesamtheit in der Hauptversammlung ernst zu nehmen. Das reiche von ihrer Entscheidungskompetenz über die Begründungs-, Erläuterungs- und Informationspflichten des Vorstands bis hin zum Auskunftsanspruch des einzelnen Aktionärs. Der Aktionär sei Mitgarant

---

[652] Hervorhebung durch den Verfasser.

[653] Ausführlich zum Zielkonflikt zwischen Ausgleich und Prävention: *Schäfer/Ott*, Lehrbuch der ökonomischen Analyse des Zivilrechts, 4. Auflage (2005), S. 125ff.

[654] *Pinner*, in: Ständige Deputation des Deutschen Juristentages (Hrsg.), Verhandlungen des 34. DJT, 1927, S. 615 (630).

[655] *Bayer*, NJW 2000, 2609 (2618).

[656] *Baums/Vogel/Tacheva*, Rechtstatsachen zur Beschlusskontrolle im Aktienrecht, *Institut für Bankrecht* Arbeitspapiere Nr. 86, 1999, S. 17.

für die Legalität in der Aktiengesellschaft und deshalb könne der Staat darauf verzichten, ein staatliches Aufsichtsamt zu schaffen.[657] Ebenso betont *Guntz* die Doppelfunktion: Einerseits müsse die Anfechtungsklage eine effektive repressive Kontrolle bereits vorgekommener Rechtsverletzungen sichern, andererseits müsse sie präventiv die Verwaltungen anderer Gesellschaften zu rechtmäßigem Verhalten veranlassen[658]. Der Gesetzgeber hat dies nun ausdrücklich bestätigt. So heißt es in der Begründung zum Gesetzentwurf des UMAG wörtlich: „Die positiven Präventivwirkungen der Anfechtungsklage sind [...] bedeutende Bestandteile unseres Corporate Governance Systems und überwiegen eventuelle Nachteile".[659]

IV. Durchsetzungshürden

Die soeben dargelegte Kontrollfunktion der Anfechtungsklage wird allerdings durch Fehlanreize zu einem gewissen Grad entwertet. Aus rechtsökonomischer Sicht bestehen nämlich nur geringe Anreize für die Rechtsverletzungen mithilfe der Beschlussmängelklage zu verfolgen. Insofern stellen sich die gleichen Probleme, die bereits die Ausübung des Stimmrechts unattraktiv machen.[660]

1) Niedriger Anreiz für redliche Klagen

Denn nach dem ökonomischen Verhaltensmodell erhebt ein Kläger eine Klage, wenn sein erwarteter Gewinn infolge der Klage die erwarteten Kosten übersteigt.[661] Das heißt, der Erwartungswert muss positiv sein. Der Erwartungswert bildet sich dabei aus drei Faktoren: Aus dem Gewinn im Falle des Klageerfolgs, der Wahrscheinlichkeit zu gewinnen und den Kosten der Prozessführung.

Der *potentielle Gewinn* des Aktionärs besteht in der Differenz des Wertes seiner Anteile, wenn der Hauptversammlungsbeschluss für nichtig erklärt wird gegenüber dem Wert seiner Anteile, wenn der Hauptversammlungsbeschluss Bestand hat. Dies wäre z. B. bei einer Kapitalerhöhung unter Bezugrechtsausschluss der Wertverlust der Anteile infolge einer Verwässerung.

Allerdings erhält er diese Summe nur, wenn die Klage Erfolg hat. Der Beschlussmängelkläger prognostiziert den Klageerfolg und kommt so zu einer *Wahrscheinlichkeit,* die er seiner Kosten-Nutzen-Rechnung zugrunde legen kann.

---

[657] *Hommelhoff/Timm*, AG 1989, 168.

[658] *Guntz,* Treubindungen von Minderheitsaktionären, 1997 S. 301.

[659] *Regierungsentwurf UMAG*, BT-Drucks. 15/5092, S. 29.

[660] Vgl. oben, S. 134.

Von diesem erwarteten Gewinn, zieht er dabei die *Kosten* ab, die der Prozess erwartungsgemäß verursachen wird. Die unterliegende Partei trägt die Kosten des Rechtstreits zu tragen (§ 91 ZPO). Die *erwarteten Kosten* bilden sich aus den Kosten im Falle der Niederlage multipliziert mit der Wahrscheinlichkeit zu verlieren. Dieses Prozessrisiko wird durch die Möglichkeit der Streitwertspaltung gem. § 247 Abs. 2 AktG nur geringfügig verringert. Denn von dieser wird in der Praxis nur beschränkt Gebrauch gemacht.[662] Des Weiteren muss er die Fixkosten abziehen, die ihm unabhängig von dem Prozessausgang verbleiben. Dazu gehören der zeitliche Aufwand, die nicht ersetzbaren Prozesskosten (z.B. ein Anwalt, der über dem BRAGO-Satz abrechnet) und die Aufwendungen zur Informationsbeschaffung[663]. Hinzu tritt der Aufwand des Besuchs der Hauptversammlung und des Einlegens des Widerspruchs (§ 245 Numm. 1 AktG).[664] Besitzt der Aktionär nur wenige Aktien, so wird der Erwartungswert selbst bei hoher Erfolgschance regelmäßig aufgrund der Fixkosten negativ sein.[665]

2) *Trittbrettfahrerverhalten*

Des Weiteren erschwert „Trittbrettfahrerverhalten“ eine effektive Kontrolle.

Aufgrund der Gestaltungswirkung der Anfechtungsklage profitieren nichtklagende Minderheitsaktionäre von der Beschlussvernichtung ohne die Kosten hierfür tragen zu müssen.[666] Die Anfechtung eines rechtswidrigen Hauptversammlungsbeschlusses stellt damit ein auf die Gesellschafter beschränktes „öffentliches Gut“ dar. Die Wirtschaftswissenschaft spricht von einem öffentlichen Gut[667], wenn der Nutzen einer Investition durch Nichtrivalität und Nichtexklusivität gekennzeichnet ist. Nichtrivalität besteht, wenn die Grenzkosten, einen weiteren Konsumenten mit dem Konsum des Guts zu

---

661 *Shavell*, Foundations of Economic Analysis of Law, 2004, S. 390.

662 *Weiler*, Aktienrechtliches Anfechtungsrecht und Rechtsmissbrauch, 1996, S. 36.

663 Zu den Kosten der Informationsaufwendung vgl. *Weiler*, Aktienrechtliches Anfechtungsrecht und Rechtsmissbrauch, 1996, S. 34 f.

664 Der Aktionär kann sich aber vertreten lassen, vgl. *Hüffer*, AktG, 8. Auflage (2008), § 245 Rn. 12.

665 Die Entscheidung zu klagen, lässt sich in folgende Gleichung fassen: $(W_o-W_m) * P - (1 - P) * K_v - C = E$; W_o ist der Wert der Aktien ohne den Hauptversammlungsbeschluss, W_m ist der Wert der Aktien mit dem belastenden Beschluss; P ist die subjektive Wahrscheinlichkeit zu gewinnen und muss zwischen 0 und 1 liegen; K_v sind die Prozesskosten, die der Kläger im Falle des Misserfolgs zu tragen hat; C die Kosten, die nicht mit dem Prozessausgang zusammenhängen (Bsp. zeitlicher Aufwand) etc. Für Kleinaktionäre ist C meist bereits prohibitiv hoch.

666 *Adams*, Ökonomische Theorie des Rechts, 2. Auflage (2002), S. 364.

667 Dazu allgemein: Microeconomics S. 644ff.; *Schäfer/Ott*, Lehrbuch der ökonomischen Analyse des Zivilrechts, 4. Auflage (2005) S. 559ff.; *Cooter/Ulen*, Law & Economics, 4. Auflage (2004) S. 107ff.

versorgen, gleich Null sind.[668] Ein Gut ist nichtexklusiv, wenn andere nicht vom Konsum des Gutes ausgeschlossen werden können[669].

Die Gestaltungswirkung einer Anfechtungsklage verursacht für die nicht klagendenden Gesellschafter, die in ihren Genuss kommen, keine zusätzlichen Kosten. Denn gem. § 248 Abs. 1 AktG wirkt das Anfechtungsurteil *inter omnes*. Bei öffentlichen Gütern ist ein „Collective Action" Problem zu konstatieren. Obwohl eine Gruppe insgesamt von einer Maßnahme profitiert, wird sie nicht durchgeführt, weil jedes Gruppenmitglied hofft, von der Aktivität der anderen zu profitieren.[670] Dieses Verhalten wird auch als „Trittbrettfahrerverhalten" oder „Schwarzfahrerverhalten" bezeichnet.[671] Auf das Beschlussmängelrecht übertragen bedeutet das: Jeder der benachteiligten Aktionäre spekuliert darauf, dass ein anderer klagt und er kostenlos davon profitieren kann.

3) Hoher Anreiz für missbräuchlicher Klagen

Das Anfechtungsrecht ist wenig attraktiv für Kläger, die tatsächlich den Hauptversammlungsbeschluss vernichten wollen, um die Strukturmaßnahme zu verhindern. Dennoch bestehen zugleich hohe Anreize, unredliche Klagen zu erheben, die allein auf den Auskauf der Klage abzielen.

a) Asymmetrische Erwartungswerte

Diese Anreize werden durch die *asymmetrische Erwartungswerte* ausgelöst, die zwischen dem Kläger und der beklagten Gesellschaft bestehen.[672] Der Kläger und die beklagte Gesellschaft sind von der Wirkung der Klageerhebung und von dem Erfolg oder Misserfolg in der Hauptsache unterschiedlich stark betroffen, wenn der Kläger wenige Anteile an der Gesellschaft hält.

Ein Beispiel: Der „räuberische Aktionär" geht davon aus, dass seine Beschlussmängelklage nur mit einer Wahrscheinlichkeit von 10 % Erfolg hat. Auch die Gesellschaft geht von dieser niedrigen Erfolgswahrscheinlichkeit aus. Sollte sie aber Erfolg haben, muss die Gesellschaft damit rechnen, dass ein Schaden von 10 Millionen Euro entsteht, denn eine erneute Beschlussfassung ist nötig und Maßnahmen müssen rückgän-

---

[668] *Pindyck/Rubinfeld*, Microeconomics, 5. Auflage (2001), S. 644.

[669] *Pindyck/Rubinfeld*, Microeconomics, 5. Auflage (2001), S. 645.

[670] Dazu bereits oben, S. 134.

[671] Microeconomics, S. 647; *Schäfer/Ott*, Lehrbuch der ökonomischen Analyse des Zivilrechts, 4. Auflage (2005) S. 559; *Cooter/Ulen*, Law & Economics, 4. Auflage (2004) S.108; *Weiler*, Aktienrechtliches Anfechtungsrecht und Rechtsmissbrauch, 1996.

[672] *Adams*, AG 2000, 396 (402); das Standard-Modell hierzu wurde erstmals von *Rosenberg/Shavell* entwickelt, vgl. *Rosenberg/Shavell*, 5 Int. Rev. L. Econ. 3 (1985).

gig gemacht werden. Die Klage hat damit trotz ihrer geringen Erfolgswahrscheinlichkeit für die Gesellschaft einen negativen Erwartungswert von 1 Mio. Euro (0.1 * 10 Mio.). Für die Gesellschaft ist es deshalb rational, einem Vergleich zuzustimmen, der einen Abkauf der Klage für unter 1 Mio. Euro vorsieht. Hinter diesem hohen negativen Erwartungswert der Gesellschaft treten die Prozesskosten des Anfechtungsklägers im Falle des Unterliegens deutlich zurück. Das heißt der negative Erwartungswert des Klägers im Falle der Klageabweisung fällt sehr viel geringer aus. Mit steigender Asymmetrie der Erwartungswerte verstärkt sich das Erpressungspotenzial. Der eigene Verlust durch die Blockade tritt dann hinter dem Verlust der restlichen Gesellschafter immer weiter zurück. Kurz gesagt: Je kleiner der eigene Anteil, desto größer wird die Hebelwirkung der Klage.[673] Dieses Phänomen ist naturgemäß in einer börsennotierten Gesellschaft besonders groß. Denn einzelne Aktien lassen sich auf dem Kapitalmarkt zu geringen Transaktionskosten erwerben. Für die Anfechtungsbefugnis genügt der Besitz einer einzigen Aktie (§ 245 AktG). Die verringerte Renditeerwartung in Folge einer unterlassenen wichtigen Maßnahme tritt für den Anfechtungskläger damit völlig hinter der Summe zurück, die insgesamt bei allen Aktionären als Schaden entstehen kann.

Fehlt es dagegen an der Asymmetrie der Erwartungswerte, ist eine solche Vorgehensweise nicht möglich. Gehört eine Aktiengesellschaft zwei Personen zu gleichen Anteilen, kann keiner der Beteiligten den anderen durch eine Anfechtungsklage zu einer Zahlung nötigen. Denn unter der Aufhebung eines wirtschaftlich sinnvollen Beschlusses leidet der potenzielle Kläger mittelbar über die verringerte Renditeerwartung in identischer Höhe.

b) Drohpotential durch Verzögerungsmöglichkeit

Die Asymmetrie der Erwartungswerte bezieht sich dabei nicht nur auf den Ausgang der Klage in der Hauptsache, sondern auch auf die Verfahrensdauer. Bei eintragungsbedürftigen Beschlüssen führt eine anhängige Klage zur Blockade der geplanten Strukturmaßnahme. Völlig unabhängig vom Ausgang des Verfahrens kann damit auch rational eine Klage erhoben werden, die überhaupt keine Aussicht auf Erfolg hat. Denn durch die Verzögerung entstehen ebenfalls asymmetrische Kosten, die als Erpressungshebel genutzt werden können. Die Rechtsökonomie spricht in diesen Fällen von einem *Hold-up*. Die zeitlich begrenzte Blockade verursacht Kosten, weil in einer schnelllebigen Wirtschaftswelt viele Geschäftsmöglichkeiten nur für einen kurzen Zeitraum existieren. Insbesondere die galoppierende technische Entwicklung in den Gütermärkten kann zügige Entscheidungen erfordern (Einführung der nächsten Com-

---

[673] Treffend *Schlaus*, AG 1988, 113 (114): „Leverage-Effekt“.

putergeneration etc.). Flexibilität bei der Kapitalbeschaffung kann deshalb notwendig sein. Doch selbst wenn das Geschäft auch in der ferneren Zukunft noch erfolgsversprechend ist, entstehen durch die Verschiebung *Opportunitätskosten*. Ein Geschäft, das aufgeschoben wird, ist weniger Wert, weil der Gewinn aus dem Geschäft, der erzielt würde, wenn es sofort durchgeführt werden würde, in der Zwischenzeit nicht verzinst werden kann. Die Finanzierungstheorie beschreibt dieses Phänomen mit der *Present Value Analyse*,[674] indem sie den aktuellen Barwert zukünftiger Erträge berechnet. Je nach der Höhe der Verzinsungsmöglichkeit und der Dauer der Verzögerung können erhebliche Wertverluste eintreten.[675]

Für „räuberische Aktionäre" ist es deshalb rational, einen Teil dieser zusätzlichen Rendite für schnelles Handeln zu fordern, um die Blockade zu lösen. Auch für das Unternehmen ist es rational, sich auf dieses Geschäft einzulassen. Denn der Gewinn ist immer noch höher, als wenn die geplante Maßnahme verzögert würde.[676]

c) Drohpotential: Erschwerte Rückabwicklung bei Klageerfolg

Neben der Blockadewirkung und den Kosten einer nicht durchgeführten Maßnahme entstehen zusätzlich noch Belastungen für die Rückabwicklung, die im Vertrauen auf den Bestand der Maßnahme getätigt wurden.[677] Zwar sind die Gesellschaften über die *Grundsätze der fehlerhaften Gesellschaft* für den Zeitraum bis zum Urteil geschützt. Doch auch bei der Ex-nunc-Rückabwicklung können erhebliche Kosten entstehen.[678]

d) Drohpotential: Verlust von privaten Vorteilen

Allerdings darf nicht übersehen werden, dass sich der Erpressungswert auch aus der Rechtswidrigkeit einer Maßnahme ergeben kann. Wenn also z. B. ein Mehrheitsaktionär eine Strukturänderung beschließt, die Minderheitsaktionären Vermögen entzieht, so kann er dadurch einen privaten Vorteil erzielen. Ein professioneller Kläger, der dies erkennt, kann auch hier Gewinne erzielen, indem er gegen die Maßnahme klagt. Die Hauptversammlungsmehrheit kann diese privaten Vorteile nicht realisieren, wenn die Durchführung der Maßnahme blockiert wird oder später durch das Gericht für rechts-

---

[674] Ausführlich: *Ross/Westerfield/Jaffe*, Corporate Finance, 7. Auflage (2005), S. 60ff.

[675] Auf diesen Aspekt weist bereits hin *Hirte*, DB 1993, 77 (78).

[676] Etwas anderes kann sich allerdings daraus ergeben, wenn die Gesellschaft damit kalkulieren muss, dass sie sich den Ruf einer „erpressbaren" Gesellschaft erwirbt. Dann wird spieltheoretisch gesprochen aus dem „one-shot"-Game ein „repeated Game". Das heißt, die Gesellschaft muss auch die zukünftigen Kosten, die durch erneute Blockaden entstehen, in der Kalkulation berücksichtigen.

[677] Zu diesem Problemkreis bereits ausführlich oben S. 42ff.

[678] Zu der unterschiedlichen Höhe je nach Art der Maßnahme vgl. oben S. 42ff.

widrig erachtet wird. Auch in diesen Fällen besteht für professionelle Kläger ein Anreiz, einen Teil dieses privaten Vorteils abzuschöpfen.

4) Wohlfahrtsökonomische Folgen „missbräuchlicher Klagen"

Nachdem soeben die Anreize untersucht wurden, die zur Erhebung von Klagen führen, die nicht auf ein Urteil abzielen, sondern allein auf den Auskauf, stellt sich die Frage, wie dieses Phänomen unter wohlfahrtsökonomischen Gesichtspunkten zu bewerten ist.

Man könnte überlegen, ob die zu niedrigen Anreize zur Klageerhebung für „redliche" Kläger durch zu hohe Anreize für „räuberische Aktionäre" ausgeglichen werden. Aus ökonomischer Sicht darf dies nicht mit dem Hinweis auf das „eigensüchtige Verhalten" räuberischer Kläger abgelehnt werden. Denn eigennütziges Verhalten ist die Grundlage einer marktbasierten Wirtschaftsordnung. Erst das gewinnorientierte Verhalten des Einzelnen ermöglicht es der „unsichtbaren Hand" des Marktes die Ressourcen optimal zu allokieren. *Adam Smith,* der geistige Ur-Vater der modernen Wirtschaftswissenschaften, sah einen zentralen Vorteil des Marktes darin, dass die Gesellschaft nicht darauf angewiesen ist, dass „der Bäcker die Leute aus Nächstenliebe mit Brot versorgt, sondern [...] dies aus Eigeninteresse" tut.[679] Man könnte also überlegen, ob Berufsopponenten einen Kontrollbeitrag liefern, der andernfalls unterbliebe. Ist ein professioneller Kläger also faktisch ein „Robin Hood der Aktionäre", also ein „Wohltäter"[680]? Auch in der wirtschaftswissenschaftlichen Literatur wird Entsprechendes nicht ohne Weiteres abgelehnt. So unterteilt die ökonomische Wissenschaft Klagen, die lediglich auf einen Vergleich zielen, in *frivolous suits* und *negative value suits*. Unter *frivolous suits* werden Klagen verstanden, die materiell unbegründet sind und nur aufgrund ihres Lästigkeitswerts erhoben werden. Mit *negative value suits* werden dagegen Klagen bezeichnet, die materiell begründet sind, aber einen negativen Erwartungswert aufweisen. Überträgt man diese Kategorien auf die Beschlussmängelklagen, ist zwischen missbräuchlichen Klagen gegen rechtmäßige Hauptversammlungsbeschlüsse einerseits und gegen rechtswidrige Hauptversammlungsbeschlüsse andererseits zu differenzieren.

---

[679] Im Original schreibt *Smith*: "It is not from the benevolence of the butcher, the brewer, or the baker that we expect our dinner, but from their regard to their own interest. We address ourselves, not to their humanity but to their self-love, and never talk to them of our own necessities but of their advantages."

[680] *Theisen/Raßhofer*, Der Aufsichtsrat 2007, 107 fragen im Titel rhetorisch: „Räuber oder Wohltäter?".

a) Missbräuchliche Klagen gegen rechtmäßige Hauptversammlungsbeschlüsse

Missbräuchliche Klagen gegen rechtmäßige Hauptversammlungsbeschlüsse liefern als *frivolous suits* keinen volkswirtschaftlich wünschenswerten Kontrolleffekt. Der Grund ist offensichtlich: Sie unterbinden nicht rechtswidriges, sondern rechtmäßiges Verhalten. Ein solcher Ex-post-Opportunismus[681] erschwert die Kooperation im Vorfeld: Vertragsparteien sehen die Gefahr, dass das Gegenüber nur simuliert, das vereinbarte Ziel zu verfolgen, tatsächlich aber nach dem Vertragsschluss eine unkooperative Strategie wählt und eine noch höhere Opportunismusprämie kassiert.[682] Die Gefahren sind besonders hoch, wenn eine der Parteien vertragsspezifisches Kapital investiert und die andere ihn anschließend hiermit erpressen kann. Der „räuberische Aktionär" verhält sich dementsprechend opportunistisch, wenn er eine Klage erhebt, die in der Sache nicht begründet ist. Dem Anfechtungsrecht wohnt ein Vertrauensvorschuss inne, dass es nur dann eingesetzt wird, wenn es tatsächlich begründet ist.[683] Der „räuberische Aktionär" macht sich dagegen die hold-up-Möglichkeit zunutze. Er tauscht die Vertrauensprämie, die in der höheren Renditeerwartung jeder einzelnen Aktie liegt, gegen den Erpressungswert der Blockade, den er abschöpfen kann.[684]

Die Gefahr missbräuchlicher Klagen verteuert dadurch Eigenkapital, denn die Eigenkapitalgeber antizipieren das Risiko, das wichtige Entscheidungen blockiert werden und Klagen abgekauft werden müssen. Dies verringert die Rendite des Eigenkapitals. Dadurch entstehen soziale Verluste, denn Kapital wird nicht mehr in seiner bestmöglichen Weise verwendet (suboptimale Ressourcenallokation). Entsprechend unbestritten ist es deshalb, dass *frivolous suits* unter volkswirtschaftlichen Gesichtspunkten unerwünscht sind.[685]

b) Missbräuchliche Klagen gegen rechtswidrige Hauptversammlungsbeschlüsse

Deutlich schwieriger ist dagegen die Frage nach den sozialen Kosten oder dem sozialen Nutzen von Klagen zu beantworten, die professionelle Kläger zwar mit dem Ziel erheben, sie sich im Vergleichsweg „abkaufen" zu lassen, die aber zugleich tatsächlich

---

[681] Zur Unterscheidung zwischen Ex-ante- und Ex-post-Opportunismus vgl. *Richter/Furubotn*, Neue Institutionenökonomik, 3. Auflage (2003), S. 162 f.

[682] *Weiler*, Aktienrechtliches Anfechtungsrecht und Rechtsmissbrauch, 1996, S. 42.

[683] *Weiler*, Aktienrechtliches Anfechtungsrecht und Rechtsmissbrauch, 1996, S. 42.

[684] *Weiler*, Aktienrechtliches Anfechtungsrecht und Rechtsmissbrauch, 1996, S. 42.

[685] *Shavell*, Foundations of Economic Analysis of Law, 2004, S.422; *Bebchuk*, in: Newman (Hrsg.), New Palgrave Dictionary of Economics and the Law, 1998, S. 551.

in der Sache begründet sind (*negative value suits*)[686]. Klagen, die an sich einen negativen Erwartungswert aufweisen, obwohl die zugrunde liegenden Ansprüche begründet sind, werden nur erhoben, wenn ein anderes Ziel mit der Klageerhebung erreicht werden kann. Dieses Ziel liegt in der höheren Vergleichszahlung. Deshalb weist *Shavell* darauf hin, dass der Auskauf fehlende Anreize zur Rechtsdurchsetzung ausgleichen kann. Die Hoffnung auf einen Vergleich führe dazu, dass Kläger Verfahren anstrebten, die andernfalls unterblieben.[687] Allerdings müsse zugleich berücksichtigt werden, dass keine optimale Rechtsdurchsetzung erfolge, weil Vergleiche den Abschreckungseffekt verringerten. Dies sei notwendig der Fall, da andernfalls Beklagte den Vergleich nicht gegenüber einem Urteil vorziehen würden. Unklar sei aber, welcher Effekt überwiege.[688] Auch *Bebchuk* betont, dass Klagen mit negativem Erwartungswert nicht von vornherein negativ sein müssten.[689] Die bisherige Literatur habe sich hauptsächlich der positiven Analyse der Klagen mit negativem Erwartungswert gewidmet, bislang habe aber kaum eine normative Analyse stattgefunden. Die Möglichkeit, Vergleiche zu erzwingen, könne insgesamt positive oder negative Folgen haben. Soweit es sich aber um in der Sache begründete Klagen handele, die allein wegen hoher Klagekosten einen negativen Erwartungswert hätten, seien sie insgesamt zu begrüßen. Die Herausforderung für die Konstruktion von Regelungen sei jedoch sicherzustellen, dass Vergleiche nur bei begründeten Klagen erhoben werden könnten.[690]

Diese Überlegungen können nicht ohne Weiteres auf das Beschlussmängelrecht übertragen werden. Denn bei einem Vergleich zwischen Kläger und Gesellschaft werden die nicht klagenden rational apathischen Aktionäre, die durch den rechtswidrigen Hauptversammlungsbeschluss ebenfalls benachteiligt sind, in zweifacher Weise belastet. Erstens wird der rechtswidrige Hauptversammlungsbeschluss bestandskräftig. Zweitens wird die Vergleichssumme in der Regel aus dem Gesellschaftsvermögen finanziert, so dass mittelbar der Wert der Aktien sinkt. Mit dem Vergleich externalisieren die Parteien Kosten auf Dritte. *Ex post* betrachtet, verringert der Abkauf begründeter Anfechtungsklagen somit die Wohlfahrt.

Gleichwohl stehen damit noch nicht abschließend die volkswirtschaftlich negativen Folgen fest. Denn der dynamische Effizienzbegriff berücksichtigt auch die Folgen, die

---

[686] *Shavell*, Foundations of Economic Analysis of Law, 2004, S.422; *Bebchuk*, in: Newman (Hrsg.), New Palgrave Dictionary of Economics and the Law, 1998, S. 551.

[687] *Shavell*, Foundations of Economic Analysis of Law, 2004, S. 422.

[688] *Shavell*, Foundations of Economic Analysis of Law, 2004, S. 422.

[689] *Bebchuk*, in: Newman (Hrsg.), New Palgrave Dictionary of Economics and the Law, 1998, S. 551 (553).

[690] *Bebchuk*, in: Newman (Hrsg.), New Palgrave Dictionary of Economics and the Law, 1998, S. 551 (553).

der Abkauf von Klagen bereits bei der Beschlussfassung hat. Diese Frage ist diffiziler, denn auch die abschreckende Wirkung der Klagen muss in die Kosten-Nutzen-Rechnung mit einbezogen werden: Nach dem ökonomischen Verhaltensmodell antizipieren die Verwaltung und kontrollierende Aktionäre die Gefahr von Anfechtungsklagen, die nur auf einen Vergleich zielen, bereits bei der Vorbereitung der Hauptversammlung. Die Klagen der „räuberischen Aktionäre" verursachen Kosten und Zeitaufwand. Ist nun für das Management oder für den kontrollierenden Aktionär der Ertrag eines rechtswidrigen Hauptversammlungsbeschlusses geringer als die Kosten durch potentielle Klagen, ist es günstiger den Beschluss nicht zu fassen oder rechtmäßig auszugestalten. Wie groß dieser volkswirtschaftlich wünschenswerte Abschreckungseffekt ist, kann mit einem spieltheoretischen Modell geprüft werden.[691] Ein spieltheoretisches Modell besteht aus drei Elementen: Den Spielern, den möglichen Strategien und den Payoffs, die jeder Spieler mit jeder denkbaren Strategie erreichen kann.[692]

[691] Zu den spieltheoretischen Grundlagen vgl. *Bannier*, Vertragstheorie, 2005, S. 20ff.

[692] *Cooter/Ulen*, Law & Economics, 4. Auflage (2004), S.39.

aa) Überblick

Das folgende Modell kann zur Übersicht wie folgt dargestellt werden:

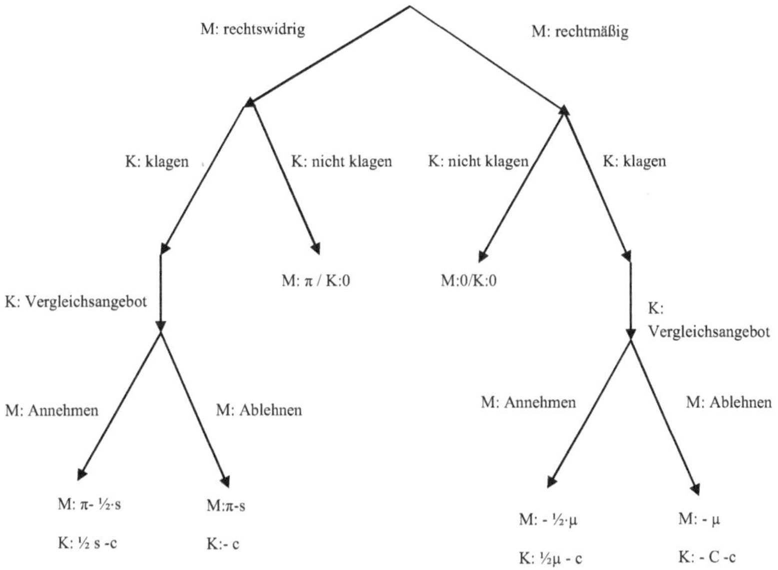

[693]

Abbildung 4 Übersicht über spieltheoretisches Modell (Extensivform)

bb) Bezeichnungen

- π ist der Gewinn des Mehrheitsaktionärs aus einem rechtswidrigen Beschluss
- C sind die Gerichts- und Anwaltskosten, die die unterlegene Partei tragen muss

[693] Ein Grundmodell für Klagen mit reinem Lästigkeitswert findet sich bei *Bannier*, Vertragstheorie, 2005, S. 58ff.

- s ist die Sanktion des Gerichts im Falle eines rechtswidrigen Beschlusses (z.B. bei Nichtigerklärung des Beschlusses als Sanktion wäre $s \geq \pi$)
- c sind die nicht erstattungsfähigen Kosten für K
- μ ist der Lästigkeitswert einer rechtswidrigen Klage

cc) Spieler

Es gibt zwei Spieler. Den Mehrheitsaktionär M und den „räuberischen" Aktionär K. Zur Vereinfachung wird angenommen, dass der Mehrheitsaktionär M auch die Handlungen der Verwaltung der Aktiengesellschaft kontrolliert, so dass kein dritter Spieler benötigt wird.

dd) Strategien

M kann in der ersten Stufe des Spiels entscheiden, ob er einen rechtmäßigen oder rechtswidrigen Hauptversammlungsbeschluss herbeiführt. In der zweiten Stufe des Spiels kann sich K entscheiden, zu klagen oder nicht zu klagen. Klagt er, macht er mit der Klageerhebung ein Angebot an M zur Klagerücknahme gegen Entschädigung. M kann in der dritten Stufe entscheiden, ob er das Angebot annimmt oder ablehnt. Nimmt er das Angebot an, bleibt der Hauptversammlungsbeschluss bestehen; er muss aber die Entschädigung bezahlen. Lehnt er das Vergleichsangebot ab, ergeht ein Urteil. Wenn der Hauptversammlungsbeschluss rechtswidrig war (linke Seite), ergeht ein stattgebendes Urteil. Wenn der Hauptversammlungsbeschluss rechtmäßig war, ergeht ein die Klage abweisendes Urteil (rechte Seite). Es wird also die Annahme getroffen, dass das Gericht immer richtig entscheidet. Des Weiteren wird die vereinfachende Annahme getroffen, dass der Mehrheitsaktionär die Entschädigung direkt aus seinem Vermögen bezahlt. Es wird von vollständiger Information der Beteiligten über alle Spielzüge und alle Payoffs ausgegangen.

ee) Payoffs

Nun müssen die Payoffs bei allen denkbaren Strategien untersucht werden.

- Führt M einen rechtswidrigen Hauptversammlungsbeschluss herbei (1. Stufe) und klagt K nicht (2. Stufe), so kann M den Rechtswidrigkeitsgewinn π einbehalten (in der Praxis kann dies beispielsweise ein Gewinn aufgrund eines „verwässernden" Kapitalerhöhungsbeschlusses unter Ausschluss des Bezugsrechts sein). Zur Vereinfachung wird angenommen, dass K aufgrund seines geringen Aktienbesitzes keinen relevanten Verlust erleidet, deshalb erhält oder verliert K nichts.

- Führt M einen rechtswidrigen Hauptversammlungsbeschluss herbei (1. Stufe) und klagt K nicht und macht ein Vergleichsangebot (2. Stufe) und akzeptiert M dieses (3. Stufe), kann M seinen Rechtswidrigkeitsgewinn behalten. Er muss aber eine Vergleichssumme in Höhe von $\frac{1}{2}$ [π -(π-s)] bezahlen, sein Payoff ist also π - $\frac{1}{2}$ [π-(π-s)] = π- $\frac{1}{2}$ s. Es wird also angenommen, dass K immer anbietet, die Klage für die Hälfte der Summe zurückzunehmen, die sich M erspart.[694] M erspart sich die Differenz zwischen dem Rechtswidrigkeitsgewinn π und dem alternativen Status ohne Vergleich π –s. K erhält π – $\frac{1}{2}$ s, muss aber die mit jeder Klageerhebung entstehenden fixen Kosten c tragen. Der Payoff von K ist also π – $\frac{1}{2}$ s - c.

- Führt M einen rechtswidrigen Hauptversammlungsbeschluss herbei (1. Stufe) und klagt K nicht und macht ein Vergleichsangebot (2. Stufe) und akzeptiert M dieses nicht (3. Stufe), muss M die vom Gericht verhängte Sanktion s bezahlen (diese könnte beispielsweise in der Nichtigerklärung des Beschlusses liegen). K bleibt auf den fixen Kosten c seiner Klage sitzen. Der Payoff von M ist also π – s.

- Führt M einen rechtmäßigen Hauptversammlungsbeschluss herbei (1. Stufe) und klagt K nicht (2. Stufe), erhält M keinen Rechtswidrigkeitsgewinn π und M muss keine Kosten tragen.

- Führt M einen rechtmäßigen Hauptversammlungsbeschluss herbei (1. Stufe) und klagt K und macht ein Vergleichsangebot (2. Stufe) und akzeptiert M dieses (3. Stufe), so muss M $\frac{1}{2}$ μ als Vergleichssumme bezahlen: K macht ein Angebot über die Hälfte der Summe μ, die sich M erspart, wenn K die Klage zurücknimmt. K erhält $\frac{1}{2}$ μ und muss die fixen Kosten c tragen.

- Führt M einen rechtmäßigen Hauptversammlungsbeschluss herbei (1. Stufe) und klagt K und macht ein Vergleichsangebot (2. Stufe) und lehnt M dieses ab (3. Stufe), wird die Klage abgewiesen. M muss aber den vollen Lästigkeitswert der Klage μ tragen. K muss die fixen Kosten c tragen und die zusätzlich vom Gericht auferlegten Kosten C für die Klageabweisung.

ff) Lösung des Spiels

Nachdem alle denkbaren Strategien erörtert sind, wird ein spieltheoretisches Modell dadurch gelöst, dass verschiedene Annahmen über die Variablen getroffen werden und

[694] Sog. „Nash-Bargaining“; eine vereinfachende Annahme, die häufig in spieltheoretischen Modellen gemacht wird, um die Komplexität einer Verhandlungslösung zu reduzieren.

sodann im Wege der Rückwärtsinduktion die Strategiekombination gesucht wird, mit der die Akteure ihre Payoffs maximieren. Nun stellt sich die Frage, unter welchen Voraussetzungen die potentielle Klage des räuberischen Aktionärs abschreckende Wirkung auf die rechtswidrige Beschlussfassung hat, also die volkswirtschaftlich wünschenswerte Strategiekombination gewählt wird, dass der Mehrheitsaktionär einen rechtmäßigen HV-Beschluss herbeiführt und hiergegen nicht geklagt wird. Wie müssen also die Variablen gewählt werden, damit M einen rechtswidrigen Hauptversammlungsbeschluss unterlässt und K diesen nicht angreift?

Beginnen wir mit der linken Seite

- M nimmt in der 3. Stufe das Vergleichsangebot an, wenn
  - $s > 0$ ist.
- K klagt in der zweiten Stufe, wenn
  - $c < ½s$ und $s > 0$ ist.
- Das heißt für die erste Stufe: M führt einen rechtswidrigen Beschluss herbei, wenn
  - $c > ½ s$ ist, weil K in diesen Fällen nicht klagen wird (vgl. zweite Stufe).
  - $c < ½ s$ und $\pi > ½ s$ ist; denn in diesem Fall wird sein Rechtswidrigkeitsgewinn durch den Vergleich nicht vollständig aufgezehrt.
- M entscheidet sich für einen rechtmäßigen Beschluss, wenn
  - $c < ½ s$ und $\pi < ½ s$ ist; nur in diesem Fall hat die Existenz des räuberischen Aktionärs tatsächlich abschreckende Wirkung, da der erwartete Gewinn aus der rechtswidrigen Beschlussfassung vollständig durch den späteren Vergleich aufgezehrt würde. Zu dem Vergleich wäre M aber gezwungen, weil die Sanktion andernfalls noch höher wäre.

Bislang haben wir die rechte Seite ignoriert. Nehmen wir aber nun an, dass K auch darauf spekuliert, den Lästigkeitswert von Klagen dazu zu nutzen, rechtmäßige Beschlüsse anzugreifen. Dafür sei unterstellt, dass $\mu > 0$ sei. Zudem nehmen wir an, dass $\mu \leq s$. Der Lästigkeitswert kann somit nicht über der Sanktion des Gerichts im Falle der erfolgreichen Klage liegen. Inwiefern ändert sich das Ergebnis? Betrachten wir dazu die rechte Seite.

- M entscheidet sich in der dritten Stufe immer dafür, auf das Vergleichsangebot einzugehen, da
  - $\frac{1}{2}\mu > \mu$ ist.
- K entscheidet sich in der zweiten Stufe zu klagen, wenn
  - $\frac{1}{2}\mu - c > 0$ bzw. $\frac{1}{2}\mu > c$ ist.
- K entscheidet sich in der zweiten Stufe nicht zu klagen, wenn
  - $\frac{1}{2}\mu < c$ ist.

Für die Entscheidung von M in der ersten Stufe einen rechtmäßigen oder rechtswidrigen Beschluss herbeizuführen, bedeutet dies:

- M entscheidet sich, einen rechtswidrigen Beschluss herbeizuführen, wenn
  - $c > \frac{1}{2}s$ ist; es ändert sich also nichts, da nach unseren Annahmen $\mu \leq s$ ist.
  - $\pi - \frac{1}{2} \cdot s > -\frac{1}{2}\mu$ bzw. $\pi > \frac{1}{2}s - \frac{1}{2}\mu$ ist; M entscheidet sich immer noch für den rechtswidrigen Beschluss, da ihm ein Teil des Rechtswidrigkeitsgewinn verbleibt.
- Indifferent zwischen rechtmäßiger und rechtswidriger Beschlussfassung ist M, wenn
  - $\pi = \frac{1}{2}s - \frac{1}{2}\mu$ ist.
- M entscheidet sich, einen rechtmäßigen Beschluss herbeizuführen, wenn
  - $\pi - \frac{1}{2} \cdot s < -\frac{1}{2}\mu$ bzw. $\pi < \frac{1}{2}s - \frac{1}{2}\mu$ ist; die Abschreckungswirkung reduziert sich also durch die Möglichkeit von Lästigkeitsklagen.

gg) Erläuterung der Ergebnisse

Die Vorfeldwirkung des „räuberischer Aktionärs“ ist also sehr begrenzt. Nur wenn die Klagekosten des räuberischen Aktionärs niedrig, die angedrohte Sanktion hoch und der Rechtswidrigkeitsgewinn des kontrollierenden Aktionärs niedrig sind, hat die Existenz „räuberischer Aktionäre“ abschreckende Wirkung. Dieses Ergebnis leuchtet intuitiv ein. Denn weder Management noch Hauptversammlungsmehrheit können beispielsweise einen Gewinn dadurch erzielen, dass sie einen Ladungsfehler begehen.

Dadurch begünstigen sie aber den Erfolg einer Anfechtungsklage. Es lohnt sich deshalb für sie, von vornherein die Verfahrensvorschriften einzuhalten.

Jenseits dieser Fälle ist es für einen kontrollierenden Aktionär weiterhin rational, rechtswidrige Beschlüsse herbeizuführen. Entweder weiß er, dass es sich für räuberische Aktionäre nicht lohnt zu klagen (weil die fixen Klagekosten höher sind als die erwartete Entschädigung), oder weil es immer noch günstiger ist, die Maßnahme durchzuführen und einen Teil des Gewinns den Klägern abzugeben. Während in der Praxis Ersteres keine Rolle spielt, da die Klagekosten in der Regel immer hinter den erzielten Vergleichssummen zurückbleiben, hat Zweitgenanntes erhebliche Relevanz. Denn es bedeutet, dass Beschlüsse, die Minderheitsaktionäre besonders schädigen, weil Vermögen von ihnen transferiert wird, gerade nicht durch die Existenz der „räuberischen Aktionäre“ verhindert werden. In diesem Fall antizipiert die Hauptversammlungsmehrheit (bzw. der Vorstand) von vornherein die Möglichkeit, die Berufskläger „zu bestechen“, wenn diese gegen den Beschluss vorgehen.

Das Modell zeigt weiter, dass die Abschreckungswirkung noch geringer wird, wenn die Klagen – unabhängig von ihrem materiellen Gehalt – einen Lästigkeitswert haben, also in jedem Fall Kosten bei dem Beklagten verursachen. Warum ist das so? Weil die Hauptversammlungsmehrheit auch durch eine rechtmäßige Beschlussfassung die anschließenden Klagen nicht verhindern kann. Die Berufskläger klagen in jedem Fall. Damit besteht kein Anreiz mehr rechtmäßig zu handeln, denn es fehlt die Belohnung (z.B. der sofort vollziehbare Beschluss). Je größer der Lästigkeitswert der Klage ist, umso größer wird dieser Effekt. Bei eintragungsbedürftigen Hauptversammlungsbeschlüssen besteht ein hoher Lästigkeitswert, denn sie blockieren den Vollzug des Beschlusses. Dies spricht demnach dafür, dass die Abschreckung für rechtswidrige Beschlüsse sinkt.

Dem Modell liegen vereinfachende Annahmen zugrunde: Es wird perfekte Information unterstellt, die Situation auf zwei Spieler reduziert und das Verhandlungsergebnis zwischen dem Kläger und der Gesellschaft exogen festgelegt. Deshalb können die Ergebnisse nicht ohne weiteres in die Rechtswirklichkeit übertragen werden. Eine Tendenz lässt sich gleichwohl erkennen: Die Ex-ante-Wirkung der Berufsopponenten ist gering. Sie tragen lediglich dazu bei, dass die Verwaltung die Verfahrensvorschriften einhält. Die Rechtswirklichkeit scheint dem Modell Recht zu geben. So beschreibt *Schiessl* die Situation bei Vorbereitungen der Hauptversammlung folgendermaßen: „Um Hauptversammlungen ‚anfechtungsfest‘ zu machen, wird ein kaum vertretbarer Aufwand getrieben. Unmengen von Unternehmensangehörigen und externen Beratern sitzen in den Hinterzimmern. Zum Teil werden ganze Hauptversammlungen schon vorab geprobt, um Vorstand und Versammlungsleiter ebenso wie das so genannte ‚back office' für den Ernstfall zu trainieren".[695] Die Existenz der räuberischen Aktionäre hat also durchaus abschreckende Wirkung, soweit es sich um Mängel handelt, die das Verfahren betreffen. Dies scheint auch die aktuelle Studie von *Theisen/Raßhofer* zu bestätigen, die zu dem Ergebnis kommt, dass die Klageflut der professionellen Kläger dazu geführt habe, dass die Vorstände Fristen und Informationspflichten genauer einhielten.[696] Doch die Einhaltung des Verfahrens ist kein Selbstzweck. Denn nur wenn eine Verfahrensverletzung dazu genützt wird, Minderheitsaktionäre materiell zu benachteiligen, sind diese aus rechtsökonomischer Sicht schädlich. Für dieses Ergebnis spricht auch die Rechtstatsachenuntersuchung von *Baums*: Formale Fehler, insbesondere eine Verletzung des Auskunftsrechts, werden am meisten mit der Anfechtungsklage verfolgt.[697] Dagegen scheint sich in der Rechtswirklichkeit die weitere Prognose des Modells nicht zu bestätigen, nach der der hohe Lästigkeitswert von Klagen gegen rechtmäßige Beschlüsse zu einer Zunahme rechtswidriger Beschlüsse führt.

Wir können festhalten: Klagen von „räuberischen Aktionären" verursachen wohlfahrtsökonomische Verluste. Denn der Auskauf der Klage zementiert den rechtswidrigen Beschluss. Zugleich entzieht der Vergleich der Aktiengesellschaft Vermögen. Diese Wohlfahrtsverluste werden nicht durch Ex-ante-Gewinne ausgeglichen. Denn die Ex-ante-Abschreckung beschränkt sich vornehmlich auf Beschlussmängel, an denen sich die Hauptversammlungsmehrheit nicht bereichern kann. Opportunistische Beschlüsse werden dagegen nicht verhindert. Denn die Hauptversammlungsmehrheit bzw. die Verwaltung weiß, dass sie die Kläger bei opportunistischen Hauptversammlungsbeschlüssen „bestechen" können. Das Ziel des Gesetzgebers, missbräuchliche Klagen eindämmen zu wollen, ist deshalb unter Effizienzgesichtspunkten zu begrüßen.

Gleiches gilt für den Missbrauchsansatz des BGH.[698] Von einer Mindermeinung in der Literatur wird vertreten, dass ein Missbrauch des Anfechtungsrechts im Hinblick auf das öffentliche Interesse an der Einhaltung von Gesetz und Satzung der Hauptversammlung nicht möglich sei.[699] Das Modell indiziert, dass der Ansatz der h. M. unter

[695] *Schiessl*, in: Gesellschaftsrechtliche Vereinigung (Hrsg.), Gesellschaftsrecht in der Diskussion 1999, 2000, S. 57 (59).

[696] *Theisen/Raßhofer*, Der Aufsichtsrat 2007, 107 (109).

[697] *Baums/Vogel/Tacheva*, ZIP 2000, 1649 (1652).

[698] BGHZ 107, 296 (310f.) – *Kochs Adler*; so auch die überwiegende Literatur: *Boujong*, in: FS Kellermann, S. 1 (6); GroßkommAktG/*K. Schmidt*, § 245 Rn. 53; KK-AktG/*Zöllner*, § 245 Rn. 78ff.; *Hüffer*, AktG, 7. Auflage (2006), § 245 Rn. 22 f.

[699] *Bokelmann*, Rechtsmissbrauch durch den Aktionär, 1970, passim; *Bokelmann*, BB 1972, 733 (736 f.); *Bokelmann*, in: Balser/Bokelmann/Ott/Piorreck, Die Aktiengesellschaft, 4. Auflage (2002), S. 111 Rn. 240; *Mestmäcker*, Verwaltung, Konzerngewalt und Rechte des Aktionärs, 1958, S. 14 f.; *Mestmäcker*, BB 1961, 945 (951 f.).

volkswirtschaftlichen Gesichtspunkten vorzuziehen ist. Denn der zusätzliche Ex-ante-Kontrolleffekt, der von diesen Klagen ausgeht, ist so gering, dass die zusätzlichen Kosten, die durch sie verursacht werden, nicht aufwogen werden.

5) Zusammenfassung

Das Anfechtungsrecht soll die Kosten kollektiver Beschlüsse verringern, indem es opportunistisches Verhalten zwischen den Aktionären erschwert und Informationsasymmetrien reduziert. Je weiter die Anteile gestreut sind, desto höhere Hürden bestehen für die Erhebung redlicher Anfechtungsklagen, weil der erwartete Gewinn hinter den Kosten zurück bleibt. Trittbrettfahrerverhalten erschwert eine optimale Kontrolle zusätzlich. Zugleich steigen die Anreize zur Erhebung „missbräuchlicher" Klagen. Diese Klagen verursachen soziale Verluste; der zusätzliche Kontrolleffekt ist gering.

C. Die Funktion des Freigabeverfahrens aus ökonomischer Sicht

Die Aufgabe des Freigabeverfahrens besteht darin, die soeben dargelegten Kosten der Anfechtungsklage zu verringern.

Allerdings adressiert es von vornherein nur das Problem missbräuchlicher Klagen. Dagegen erhöhen sich die Anreize nicht, redliche Klagen zu erheben.

Aus rechtsökonomischer Sicht kann das Ziel der Verringerung von rechtsmissbräuchlichen Klagen nur erreicht werden, wenn sich die Anreize der Beteiligten durch die Reform verändern. Es muss deshalb geprüft werden, inwieweit die Faktoren, die Hauptversammlungsbeschlüsse zu einem so attraktiven Klageziel für „räuberischer Aktionäre" machen, modifiziert worden sind. Im Folgenden muss deshalb besonderes Augenmerk darauf gelegt werden, ob das Freigabeverfahren die Asymmetrie der Erwartungswerte und das Drohpotential der Klage verringert.

I. Verringerung der Erwartungswerte-Asymmetrie

Der rechtskräftige Freigabebeschluss verringert schließlich auch die asymmetrischen Erwartungswerte, weil der Hauptversammlungsbeschluss bestandskräftig wird. Der Beschlussmängelkläger kann nur noch Schadenersatz verlangen, wenn die Anfechtungs- oder Nichtigkeitsklage im Anschluss erfolgreich ist (§ 246a Abs. 4 S. 1 AktG). Die Beschlussmängelklage verliert damit die Drittwirkung, die zu den asymmetrischen Erwartungswerten führt und die sich die „räuberischen Aktionäre" zunutze machen. Dies gilt allerdings erst ab der rechtskräftigen Freigabeentscheidung. In dem Zeitraum zwischen Anmeldung des Hauptversammlungsbeschlusses zur Eintragung und der Freigabeentscheidung bleibt die Registersperre bestehen. Zuvor bleibt es bei der asymmetrischen Wirkung hinsichtlich der Blockade des Hauptversammlungsbeschlusses. Denn von der Aussetzung des Vollzugs sind die beklagte Gesellschaft und der Kläger unterschiedlich stark betroffen.

Dass asymmetrische Erwartungswerte eine wichtige Triebfeder des Prozesses sind, bestätigt sich in der Rechtswirklichkeit bei § 16 Abs. 3 UmwG: Häufig verzichten Beschlussmängelkläger darauf, die Klage nach dem rechtskräftigen Unbedenklichkeitbeschluss weiterzuverfolgen.

II. Verringerung des Drohpotentials

Drei Faktoren entwickeln bei eintragungsbedürftigen Hauptversammlungsbeschlüssen erhebliches Drohpotential: Die Verzögerung der Eintragung, die Gefahr fehlender dauerhafter Bestandskraft und der mögliche Verlust von privaten Vorteilen.

1) Beschleunigung der Eintragung

Das Freigabeverfahren soll die Eintragung des Hauptversammlungsbeschlusses beschleunigen. Aus ökonomischer Sicht liegt in der Verzögerung erhebliches Erpressungspotential.[700] Durch die Entscheidung des Prozessgerichts wird das Registergericht gebunden.[701] Damit ist Dreh- und Angelpunkt für die Erpressbarkeit die Geschwindigkeit der Entscheidung des Prozessgerichts. Der Gesetzgeber knüpft an mehreren Punkten an, um eine Beschleunigung zu erreichen:

Der Beschluss durch das Prozessgericht soll innerhalb von drei Monaten ergehen (§ 246a Abs. 3 S. 5 AktG). Das Gericht muss eine Verzögerung begründen (§ 246a Abs. 3 S. 5 AktG). Auf den ersten Blick erscheint dies als sehr geringe Sanktion für eine längere Bearbeitungsdauer. Allerdings kann die Frist für den Richter Anreiz sein, das Freigabeverfahren gegenüber anderen rechtshängigen Verfahren vorrangig zu bearbeiten. Denn bei diesen werden Verzögerungen in keiner Weise sanktioniert. In der Praxis scheinen sich die Gerichte an die gesetzliche Vorgabe zu halten.[702]

Zudem gelten die Regeln des Eilverfahrens, die eine schnellere Entscheidung ermöglichen. Die Antragstellerin muss die vorgebrachten Tatsachen, die eine Freigabe rechtfertigen, lediglich glaubhaft machen (§ 246a Abs. 3 S. 2 AktG; § 294 ZPO). Auf eine mündliche Verhandlung kann bei Eilbedürftigkeit in dringenden Fällen verzichtet

---

[700] Vgl. oben S. 149.

[701] Vgl. oben S. 33ff.

[702] *Baums/Keinath/Gajek,*ZIP 2007, 1629 (1648).

werden (§ 246a Abs. 3 S. 1 AktG). Gegen den Beschluss ist lediglich die sofortige Beschwerde statthaft, über die in der Regel ohne mündliche Verhandlung entschieden wird.

Schließlich bestehen auch geringere materielle Hürden, den Beschluss freizugeben. Das Gericht kann den Beschluss nach einer Interessenabwägung freigeben.

Insgesamt wird dadurch die Verzögerungsmöglichkeit erheblich verringert. Gleichwohl ist die faktische Registersperre nicht vollständig beseitigt worden. Denn üblicherweise erheben die „räuberischen Aktionäre" immer Rechtsmittel gegen den Freigabebeschluss. In der Praxis verlängert sich dadurch der Zeitraum bis zur rechtskräftigen Freigabe meist um weitere drei Monate, so dass eine rechtskräftige Freigabe, die Voraussetzung für die Bindungswirkung ist, in der Regel frühestens nach 6 Monaten erreicht wird. Dies ist in der modernen Wirtschaftswelt immer noch ein vergleichsweise langer Zeitraum. Noch problematischer ist die Lage, wenn Kapitalmaßnahmen zur Sanierung eines in die Krise geratenen Unternehmens notwendig sind.[703] Dass die Verzögerungsmöglichkeit noch immer erheblich ist, zeigen aber auch zahlreiche Vergleiche, die nach dem Inkrafttreten des UMAG geschlossen wurden.[704] Dieser Befund deckt sich mit der Sicht der Praktiker: *Waclawik* berichtet, dass noch immer zahlreiche Anfechtungsklagen gegen Strukturmaßnahmen von den „alten Bekannten" erhoben werden und die Reform nur geringfügige Entlastung gebracht hat.[705]

Die Anfechtungs- und Nichtigkeitsklagen verzögern damit die Eintragung noch immer so deutlich, dass es sich weiterhin lohnt, missbräuchliche Klagen zu erheben.

2) Dauerhafte Bestandskraft

Der rechtskräftige Freigabebeschluss beseitigt die Gefahr, dass der Beschluss durch das Anfechtungs- oder Nichtigkeitsurteil seine Wirksamkeit verliert. Damit verringern sich die Kosten der Rückabwicklung, die einen Teil des Drohpotentials der Anfechtungsklage ausmachen. Zwar wird der Beschluss bei erfolgreicher Anfechtungs- und Nichtigkeitsklage auch weiterhin für nichtig erklärt bzw. die Nichtigkeit festgestellt (§§ 248 Abs. 1, 241 Numm. 5 AktG). Jedoch kann das Urteil nicht mehr im Handelsregister eingetragen werden (§ 242 Abs. 2 S. 5 AktG). Der Hauptversammlungsbeschluss wird dauerhaft bestandskräftig (§ 246a Abs. 4 S. 2 AktG).

---

[703] *Bungert*, in: Gesellschaftsrechtliche Vereinigung (Hrsg.), Gesellschaftsrecht in der Diskussion 2004, 2005, S. 59 (93):„Dennoch wird auch das Freigabeverfahren nicht bei allen Strukturmaßnahmen künftig helfend eingreifen können. So werden etwa Sanierungskapitalmaßnahmen, die stets unter hohem Zeitdruck stehen, nicht die Durchführung eines Freigabeverfahrens abwarten können."

[704] *Baums/Keinath/Gajek*, ZIP 2007, 1629 (1643ff.).

[705] *Waclawik*, DStR 2006, 2177ff.

Ein gewisses Drohpotential bleibt nur in Form des Schadenersatzanspruchs bestehen (§ 246a Abs. 4 AktG), soweit sich die h. M. durchsetzt, die annimmt, dass auch ein Verwässerungsschaden zu ersetzen ist. Denn dies kann die Gesellschaft Liquidität kosten. Allerdings ist nur der Antragsgegner – das heißt der Beschlussmängelkläger – anspruchsberechtigt. Mithin ist die Höhe der Zahlungen im Normalfall geringer als die Kosten, die bei der Rückabwicklung eines Hauptversammlungsbeschlusses entstehen würden.

Allerdings gilt die Bestandskraft erst ab rechtskräftigem Freigabebeschluss, so dass Unsicherheit für den Zwischenzeitraum bestehen bleibt, die sich „räuberische Aktionäre" zunutze machen können. Aber auch diese wird verringert, denn Vorstand und Mehrheitsaktionär können wahrscheinliche Freigaben antizipieren. Die Freigabe ist leichter zu erreichen als der Erfolg in der Hauptsache. Denn die Interessenabwägung lässt die Freigabe auch zu, wenn der Hauptversammlungsbeschluss rechtswidrig ist (§ 246a Abs. 2 Var. 3 AktG)[706]. Insbesondere bei kleineren Mängeln ist die Freigabe sehr wahrscheinlich. Inwiefern sich dadurch der Anreiz zu opportunistischem Verhalten der Hauptversammlungsmehrheit vergrößert, wird in den nächsten Kapiteln ausführlich erörtert.[707]

Insgesamt kann also festgehalten werden: Das Drohpotential der Ex-tunc-Nichtigkeit wird durch das Freigabeverfahren deutlich beschränkt. Dies gilt bereits im Vorfeld der rechtskräftigen Freigabe, soweit der Hauptversammlungsbeschluss lediglich an einem Verfahrensmangel leidet.

D. Ergebnis

Der Gesetzgeber versucht aus ökonomischer Sicht Kontrollkosten in der Aktiengesellschaft durch Einführung eines neuen Kontrollsystems zu verringern:

- Die Hauptversammlungszuständigkeit soll die Kosten aus der Arbeitsteilung zwischen Managern und Anteilseignern verringern (1. Kontrollmechanismus). Die Reduktion der Agency-Kosten durch die Hauptversammlung verursacht allerdings hohe kollektive Entscheidungskosten. Die niedrigen Anreize, eine „informierte Wahl" zu treffen, sowie die Pathologien des Stimmrechts und das *rent-seeking* der Aktionäre erschweren die Kontrolle der Manager.
- Die Verluste durch die Kontrolle mithilfe des Stimmrechts sollen durch die Beschlussmängelklage begrenzt werden (2. Kontrollmechanismus). Die Anfech-

[706] Ausführlich oben S. 54ff.

[707] Siehe unten S. 183ff.

tungsklage leidet jedoch unter erheblichen Fehlanreizen: Einerseits bestehen nur geringe Anreize zur „redlichen“ Rechtsdurchsetzung. Zugleich generiert das Beschlussmängelrecht hohes Erpressungspotential, welches Erpressungsversuche fördert. Dieser missbräuchliche Gebrauch des Klagerechts liefert keinen volkswirtschaftlich nützlichen Kontrollbeitrag.

- Um die unerwünschten Folgen der Beschlussmängelklage einzugrenzen, schafft der Gesetzgeber mit dem UMAG ein Freigabeverfahren (3. Kontrollmechanismus). Es soll missbräuchliche Klagen erschweren ohne zugleich das Anfechtungsrecht zu beschneiden.[708] Die Anreize zur Erhebung von „eigensüchtigen Klagen“ sinken durch die Einführung dieses neuen Verfahrens. Denn die Gesellschaften können die Hauptversammlungsbeschlüsse schneller eintragen. Der Erpressungswert verringert sich außerdem durch die dauerhafte Bestandskraft, die durch den rechtskräftigen Freibgabebeschluss herbeigeführt wird. Die Begrenzung des Schadenersatzanspruchs auf den Antragsgegner verringert die Asymmetrie der Erwartungswerte. Trotzdem verbleibt der Hauptversammlungsbeschluss ein attraktives Ziel, denn eine Klage kann die Durchführung weiterhin für einen Zeitraum von ca. sechs Monaten blockieren, indem der Kläger ein Rechtsmittel einlegt.

Die Reform erreicht ihr Ziel deshalb nur teilweise. Ob die Neuregelung zu einer Pareto-Verbesserung geführt hat, ist damit noch nicht beantwortet. Denn zugleich muss geprüft werden, ob das Anfechtungsrecht als wichtiges Kontrollrecht erhalten bleibt. Der zugrunde liegende Zweck des Rechtsbehelfs, ineffiziente Beschlüsse zu verhindern, darf bei der Bewertung nicht außer Acht bleiben. Andernfalls gäbe es eine weit einfachere Lösung, die Aktivitäten „räuberischer Aktionäre“ zu verhindern, indem nämlich die Anfechtungs- und Nichtigkeitsklage einfach abgeschafft würde. Das kann, soweit keine alternativen Kontrollinstrumente entwickelt werden, nicht sinnvoll sein. Denn dadurch würde es sich für die Hauptversammlungsmehrheit verstärkt lohnen, opportunistische, das heißt rechtswidrige oder plündernde Maßnahmen zu beschließen. Das Freigabeverfahren ist also im Kontext der anderen Kontrollsysteme zu betrachten. Soweit die Wirkung der Anfechtungsklage durch den Freigabebeschluss erheblich eingeschränkt wird, besteht die Gefahr, dass das Pendel zu stark in die andere Richtung ausschlägt.

In den nächsten Kapiteln werden deshalb wichtige Erkenntnisse der rechtsökonomischen Literatur genutzt, um die Effekte des Freigabeverfahrens genauer zu beleuchten und unter Effizienzgesichtspunkten zu bewerten.

---

[708] *Regierungsentwurf UMAG*, BT-Drucks. 15/5092.

6. Kapitel: Ökonomische Analyse mithilfe des Calabresi-Melamed-Konzeptes

In diesem Kapitel wird untersucht, welche positiven und normativen Folgen die Substituierung der Kassationswirkung des Anfechtungsurteils durch einen monetären Schadenersatzanspruch hat. Zur Analyse greift der Autor auf ein Konzept der Property-Rights-Literatur zurück: Calabresi/Melamed unterteilen Normen in property rules und liability rules. Eine property rule verbietet ein bestimmtes Verhalten, soweit keine Zustimmung des Rechtsinhabers vorliegt. Eine liability rule erlaubt dagegen einen Rechtseingriff gegen die Gewährung von Schadenersatz. Die property rule ist nach der ökonomischen Theorie überlegen, wenn die Transaktionskosten niedrig sind und der Schaden schwer zu quantifizieren ist. Die liability rule ist von Vorteil, wenn die Transaktionskosten hoch sind und sich der Schaden leicht bestimmen lässt. Der Verfasser zeigt, dass die erfolgreiche Beschlussmängelklage bei eintragungsbedürftigen Beschlüssen ohne Freigabe wie eine property rule wirkt. Durch den Freigabebeschluss wird das Anfechtungsrecht zu einer liability rule modifiziert. Daraus lässt sich folgern, dass die Beseitigung der kassatorischen Wirkung auf die börsennotierte Gesellschaft beschränkt werden sollte. Denn die Transaktionskosten zwischen den Gesellschaftern steigen, während im Gegenzug die Bewertungsschwierigkeiten aufgrund der Preisinformationen durch den Kapitalmarkt sinken.

Daneben wird gezeigt, dass das gleiche Ergebnis erzielt wird, wenn der Nexus-of-Contract-Ansatz als analytischer Ausgangspunkt gewählt wird. Die unterschiedliche Terminologie, die die rechtsökonomische Analyse bei vertraglichen Vereinbarungen gebraucht, hat keine Auswirkungen auf das Ergebnis.

A. Beseitigung der Kassationswirkung

Der rechtskräftige Freigabebeschluss beseitigt durch die Herbeiführung der dauerhaften Bestandskraft faktisch die Kassationswirkung des Anfechtungsurteils. [709] An die Stelle der Beschlussvernichtung tritt ein monetärer Schadenersatzanspruch, der jedoch nur den Beschlussmängelklägern zusteht.[710] Im Einzelnen:

Gibt das Prozessgericht auf Antrag der beklagten Gesellschaft einen Hauptversammlungsbeschluss zur Eintragung rechtskräftig frei, wird dieser dauerhaft bestandskräftig. Stellt sich im weiterhin rechtshängigen Anfechtungs- oder Nichtigkeitsprozess heraus, dass die Anfechtungs- oder Nichtigkeitsklage begründet ist, bleibt der Beschluss auch für die Zukunft durchführbar (§ 246a Abs. 4 S. 2 AktG). Der Tenor der erfolgreichen Anfechtungs- oder Nichtigkeitsklage, der trotz Vorliegen des Freigabebeschlusses weiterhin auf Erklärung oder Feststellung der Nichtigkeit lautet, entfaltet keinerlei

[709] Handelsrechtsausschuss des DAV, NZG 2004, 555 (564).

[710] Dazu bereits ausführlich oben S. 39ff.; 70ff.

Wirkung mehr, weil das Urteil die einmal erlangte Bestandskraft nicht mehr beseitigen kann. Die Bestandskraft wird dabei über den modifizierten § 242 Abs. 2 AktG erreicht, der normiert, dass das stattgebenden Urteil entgegen §§ 248 Abs. 1 S. 3, 249 Abs. 1 S. 1 AktG nicht mehr im Wege des Vermerks nach § 44 HRV in das Handelsregister eingetragen werden kann, wenn ein Freigabebeschluss erfolgt ist. Ebenso schließt § 242 Abs. 2 AktG die Amtslöschung gem. § 144 Abs. 2 FGG aus. Durch § 246a Abs. 4 S. 2 Halbs. 1 AktG wird zudem klargestellt, dass die Erklärung oder Feststellung der Nichtigkeit keinerlei Auswirkungen auf die Durchführbarkeit der Maßnahme hat, die der Hauptversammlungsbeschluss zum Gegenstand hatte. Das heißt, dass die Durchführungsgeschäfte infolge des Hauptversammlungsbeschlusses weiterhin Bestand haben und dem Anfechtungskläger keinerlei Abwehr- oder Unterlassungsansprüche gegen den Vollzug der beschlossenen Maßnahme entstehen. Gem. § 246a Abs. 3 S. 2 AktG wirkt die Bestandskraft der Eintragung *inter omnes*.

Als Ausgleich für die dauerhafte Bestandskraft eines mängelbehafteten Beschlusses entsteht im Falle des erfolgreichen Anfechtungs- oder Nichtigkeitsprozesses für den Kläger ein rein monetärer Schadenersatzanspruch gem. § 246a Abs. 4 AktG auf Ersatz des durch die Eintragung entstandenen Schadens. Naturalrestitution im Sinne von § 249 Abs. 1 BGB ist gem. § 246a Abs. 4 S. 4 AktG ausgeschlossen, um zu verhindern, dass über diesen Umweg die Bestandskraft ausgehebelt wird.

Nun stellt sich die Frage, von welchen Faktoren es aus rechtsökonomischer Sicht abhängt, ob unter Effizienzgesichtpunkten ein mangelhafter Beschluss durch einen monetären Schadenersatzanspruch oder durch die Nichtigkeit des Beschlusses sanktioniert werden sollte.

B. Property rules vs. liability rules

In der ökonomischen Theorie findet die Diskussion der optimalen Sanktion seit einer grundlegenden Arbeit von *Calabresi* und *Melamed*[711] unter den Stichworten *„property rule vs. liability rule“* statt.[712] Unter *property rule* wird eine Rechtsregel verstanden, die einen Eingriff in ein „Handlungsrecht“ nur erlaubt, wenn der Inhaber des Rechts einverstanden ist. Ihm steht gegen unerwünschte Eingriffe ein Abwehr- bzw. Unterlas-

---

[711] *Calabresi/Melamed*, 85 Hav. L. Rev. 1090 (1972).

[712] Dazu allgemein: *Schäfer/Ott*, Lehrbuch der ökonomischen Analyse des Zivilrechts, 4. Auflage (2005), S.551; *Cooter/Ulen*, Law & Economics, 4. Auflage (2004), S.105ff.; *Miceli*, Economics of the Law, 1997, S. 116ff.; *Shavell*, Foundations of Economic Analysis of Law, 2004, S. 93 ff.; *Posner*, Economic Analysis of Law, 6. Auflage (2005), S. 67ff. Detaillierter *Calabresi/Melamed*, 85 Harv. L. Rev. 1090 (1972); kritisch zur traditionellen Sicht: *Kaplow/Shavell*, 109 Harv. L. Rev 713 (1996); aus Sicht der "behavioural law and economics" Perspektive: *Lewinson-Zamir*, 80 Tex. L. Rev. 219 (2001).

sungsrecht zu. Unter einer *liability rule* wird dagegen eine Norm verstanden, die eine Verletzung eines „Handlungsrechts“ gegen Kompensation zulässt. Der Inhaber des Rechts kann also die Beeinträchtigung seines Rechts nicht verhindern, sondern muss sich mit einem finanziellen Ausgleich begnügen. Die ökonomische Literatur hat untersucht, unter welchen Umständen die eine Regel der anderen unter Effizienzgesichtspunkten vorzuziehen ist.

I. Erleichterung vertraglicher Einigungen

Nach dem Coase-Theorem kommt es unabhängig von der Rechtsinhaberschaft immer zu einer effizienten Allokation der Ressourcen, wenn keine Transaktionskosten existieren.[713] In der Rechtswirklichkeit entstehen aber hohe Kosten im Zusammenhang mit dem Vertragsschluss (Kosten der Information, der Koordination der Interessen und der Durchsetzung der Vereinbarung)[714]. Das führt dazu, dass keine optimale Ressourcenallokation realisiert wird. Denn wenn die Transaktionskosten die Vorteile einer vertraglichen Einigung aufzehren, kommt es trotz hypothetischer Besserstellung beider Parteien nicht zum Transfer der Ressourcen. Aufgabe des Gesetzgebers ist es deshalb vertragliche Einigungen zu erleichtern, um die effiziente Allokation der Ressourcen im Wege des Tauschmechanismusses zu fördern.[715]

Nun stellt sich die Frage, von welchen Faktoren es abhängt, ob die *property rule* oder die *liability rule* eine vertragliche Einigung erleichtert.

1) Vorteile der property rule

Die rechtsökonomische Literatur erkennt komparative Vorteile der *property rule* bei niedrigen Transaktionskosten.[716] Denn die *property rule* hat den Vorteil, dass der Wert des Rechts allein von den Reservationspreisen der Vertragspartner abhängt und deshalb der Inhalt des Rechts eindeutiger spezifiziert ist. Dagegen muss bei einer *liability rule* ein Gericht die richtige Schadenshöhe bestimmen. Das bedeutet für die Parteien, dass sie bereits zum Zeitpunkt der vertraglichen Einigung die Schadenshöhe, die das Gericht für eine Vertrags- oder Rechtsverletzung zubilligen wird, antizipieren müssen. Der Spielraum vergrößert sich also. Während eine *property rule* nur eine Prognose über das Bestehen oder Nichtbestehen des Rechts erfordert („ja oder nein“), muss für eine *liability rule* die exakte Höhe aus einem unendlichen Kontinuum möglicher Werte

---

[713] Vgl. hierzu ausführlich oben S. 91ff.

[714] *Schäfer/Ott*, Lehrbuch der ökonomischen Analyse des Zivilrechts, 4. Auflage (2005), S. 105.

[715] *Cooter/Ulen*, Law & Economics, 4. Auflage (2004), S. 97.

[716] *Miceli*, Economics of the Law, 1997, S. 116.

von beiden Parteien zumindest ähnlich vorhergesagt werden. Gerichte haben aber Schwierigkeiten, den genauen Wert eines Abwehrrechts zu bestimmen.[717] Wenn mangels eines Marktpreises die Höhe der angemessenen Kompensation schwer zu schätzen ist und Transaktionskosten niedrig sind, erleichtert die *property rule* die wünschenswerte vertragliche Einigung.[718] Denn die Vertragsparteien wissen selbst am besten, zu welchem Preis sich der Ressourcentausch lohnt.

Ein Beispiel einer *property rule* aus dem Gesellschaftsrecht findet sich in dem gesetzlichen Zustimmungserfordernis aller Gesellschafter einer abhängigen GmbH bei Abschluss eines Unternehmensvertrages.[719] *Hirte* hält hierzu fest:„Jeder Gesellschafter hat es in der Hand durch Verweigerung der Zustimmung oder *durch Verhandlung über die Bedingungen* einer Zustimmung seine Interessen selbst zu wahren“[720]. Damit beschreibt er exakt die Funktionsweise einer *property rule.*

2) Vorteile der liability rule

Eine *liability rule* kann dagegen helfen, wenn die Transaktionskosten zwischen den Parteien hoch sind. Zum einen kann durch die richtige Schadensschätzung des Gerichts eine vertragliche Einigung simuliert werden. Zum anderen erschwert die *liability rule* strategisches Verhalten, das zum Scheitern der Vertragsverhandlungen führen kann.

Transaktionskosten können dazu führen, dass ein Ressourcentransfer unterbleibt, obwohl das Geschäft für beide Parteien von Vorteil wäre. In diesem Fall führt die *liability rule* dazu, dass eine effiziente Ressourcenallokation immer noch möglich ist. Denn die Rechtsverletzung wird nicht verhindert, aber im Idealfall nachträglich kompensiert. Inhaltlich soll die Kompensation dann so ausfallen, wie sie die Parteien in einer hypothetische Vereinbarung ohne Transaktionskosten vorgesehen hätten.

---

[717] Zu den sich daraus ergebenden ungünstigen Folgen: *Posner*, Economic Analysis of Law, 6. Auflage (2005), S. 68ff.

[718] *Calabresi/Melamed*, 85 Harv. L. Rev. 1090, 1106 (1972). In der aktuelleren rechtsökonomischen Literatur gibt es aber auch Stimmen, die auch bei niedrigen Transaktionskosten eine *liability rule* für überlegen halten. Es wird bezweifelt, ob eine *property rule* tatsächlich vertragliche Lösungen stärker unterstützt als die *liability rule* vgl. hierzu insbesondere: *Kaplow/Shavell*, 109 Harv. L. Rev 713 (1996).

[719] Umstritten, aber wohl h. M.: *Emmerich/Sonnenschein/Habersack*, Konzernrecht, 7. Auflage (2001), § 32 II 3, S. 484; a. A. *Hirte*, Kapitalgesellschaftsrecht, 5. Auflage (2006), S. 441, Rn. 8.117,.

[720] *Hirte*, Kapitalgesellschaftsrecht, 5. Auflage (2006), S. 444, Rn. 8126, Hervorhebung durch den Verfasser.

Schließlich besteht die Gefahr, dass sich die Parteien *strategisch* verhalten.[721] So kann der Rechtsinhaber darauf spekulieren, einen besonders großen Anteil von der gemeinsamen Ersparnis zu erhalten. Wenn eine vertragliche Einigung zu einem Gewinn von 5.000 € führt, können beide Parteien versuchen, 4.000 € zu erhalten und hoffen, dass die andere Partei nachgibt. Strategisches Verhalten gefährdet also die vertragliche Einigung. Bei einer *property rule* scheitert damit das Tauschgeschäft.

Eine *property rule* ist insbesondere problematisch, wenn das Recht mehreren Personen zusteht. Denn in diesem Fall erhöhen sich sowohl die Transaktionskosten als auch die Anreize zu strategischem Verhalten. Auf diesen Umstand weisen insbesondere die Vertreter des Public-Choice-Ansatzes *Buchanan* und *Tullock* hin: „In kleinen Gruppen mag das Erreichen allgemeinen Konsensus' oder der Einstimmigkeit bei Themen, die der kollektiven Entscheidung unterliegen, nicht allzu hohe Kosten verursachen, aber in größeren Gruppen würden die Kosten des Verhandelns und Feilschens über die gegenseitigen Bedingungen, bis eine Übereinkunft erzielt ist, größer sein, als das Individuum zu leisten bereit ist."[722] Die *liability rule* verhindert keine vertragliche Einigung, erschwert aber strategisches Verhalten. Denn der Rechtsinhaber kann den anderen nicht mit einem Veto „erpressen".

Einschränkend muss man allerdings festhalten, dass eine *liability rule* nur zu den gewünschten Ergebnissen führt, wenn die Gerichte die wahren Präferenzen der Parteien richtig einschätzen. Sie müssen also beurteilen, wer welchen Nutzen an der Ausübung des Rechts gehabt hätte. Die Gerichte müssen also die Kompensation gewähren, die zwischen den Parteien ohne strategisches Verhalten und Transaktionskosten vereinbart worden wäre. Dies kann ein schwieriges Unterfangen sein.[723]

II. Zusammenfassung

Die Entscheidung, ein Recht durch eine *property rule* oder durch eine *liability rule* zu schützen, sollte unter Effizienzgesichtspunkten von zwei Faktoren abhängig gemacht werden, nämlich von der Höhe der Transaktionskosten einerseits und von den Informationsmöglichkeiten der Gerichte zur Schadenshöhe andererseits. Niedrige Transaktionskosten und große Hürden bei der Bewertung der Kompensation durch die Ge-

---

[721] Vgl. hierzu *Schäfer/Ott*, Lehrbuch der ökonomischen Analyse des Zivilrechts, 4. Auflage (2005), S. 105.

[722] *Buchanan/Tullock*, in: Widmaier (Hrsg.), Eine allgemeine ökonomische Theorie der Verfassung, 1974, S. 67 (75f.). *Buchanan* erhielt 1986 für seine Arbeiten auf dem Gebiet der Public Choice den Nobelpreis in Ökonomie.

[723] *Posner*, Economic Analysis of Law, 6. Auflage (2005), S. 68.

richte sprechen für eine *property rule*. Hohe Transaktionskosten und gute Schätzungsmöglichkeiten der Gerichte sprechen für eine *liability rule* (vgl. Übersicht).

	Transaktionskosten	**Schadensschätzung der Gerichte**
property rule	wenn niedrig, das heißt: – leichte Interaktion – geringe Informationsasymmetrien – wenige Parteien	wenn schwierig, das heißt: – Aufwand zur Ermittlung der Schadenshöhe hoch.
liability rule	wenn hoch, das heißt: – Informationsasymmetrien – viele Parteien – teure Kommunikation – strategisches Verhalten	wenn leicht, das heißt – Gericht kann Schadenshöhe leicht ermitteln

Abbildung 5 Übersicht Vor- und Nachteile der property und liablility rule

C. Anwendbarkeit auf das Beschlussmängelrecht

Die Ergebnisse der ökonomischen Theorie können allerdings nur zur Bewertung herangezogen werden, wenn die erfolgreiche Anfechtungsklage ohne Freigabebeschluss wie eine *property rule* wirkt und wenn sie nach rechtskräftigem Freigabebeschluss wie eine *liability rule* wirkt.

Nach der Definition der Rechtsökonomie wird von einer *property rule* gesprochen werden, wenn ein Eingriff in ein „Handlungsrecht" von der Zustimmung des Rechtsinhabers abhängig gemacht wird (vgl. oben).

Es muss also geprüft werden, ob das Beschlussmängelrecht einen Zustimmungsvorbehalt im ökonomischen Sinn darstellt. Im zweiten Schritt ist zu untersuchen, ob die Anfechtungsberechtigung ein „Handlungsrecht" darstellt.

I. Anfechtungsrecht als Zustimmungsvorbehalt

Auf den ersten Blick erscheint es fraglich, ob das Anfechtungsrecht tatsächlich einen Zustimmungsvorbehalt darstellt. Schließlich muss der Anfechtungsberechtigte gerade nicht seine Zustimmung erklären. Denn wenn er nichts erklärt, wird der Beschluss wirksam.

Freilich darf nicht übersehen werden, dass es sich bei dem Zustimmungsvorbehalt um einen ökonomischen Begriff handelt und nicht um juristische Terminologie. Das Anfechtungsrecht ist also nicht an den Definitionen des BGB oder des AktG zu messen, sondern es ist zu fragen, ob das Anfechtungsrecht faktisch einem Zustimmungsvorbehalt gleichkommt. Das ist zu bejahen. Denn sowohl der Vorbehalt der Zustimmung als auch die Möglichkeit der Anfechtung versetzen den Berechtigten in die Lage, über den Bestand des Beschlusses zu entscheiden. Nur an seine Reaktion werden unterschiedliche Aussagen geknüpft. Bedarf es nach dem Gesetz einer ausdrücklichen Genehmigung oder Zustimmung, so knüpft sich die Rechtsfolge an ein aktives Tun. Bei der Anfechtbarkeit hat dagegen das Unterlassen der Anfechtung den gleichen Erklärungswert. Im ersteren Fall handelt es sich also um eine Zustimmung durch aktives Tun, bei letzterem Fall um eine Zustimmung durch Unterlassen.

Doch warum macht der Gesetzgeber den Bestand mancher Rechtsgeschäfte von der aktiven Zustimmung eines Beteiligten abhängig und andere bloß von der unterlassenen Anfechtung innerhalb einer Frist? Aus rechtsökonomischer Sicht muss die Antwort in den Kosten der Zustimmung liegen. Jedwede Erklärung verursacht Kosten in Form von Zeit und Aufwand. Diese Kosten können für die Masse der Fälle gespart werden, wenn der Gesetzgeber berücksichtigt, ob der Berechtigte im Normalfall den Bestand oder Nichtbestand eines Geschäftes wünscht. Erwartet der Gesetzgeber, dass typischerweise keine Zustimmung erteilt wird, sollte das Geschäft von einer ausdrücklichen Zustimmung abhängig gemacht werden. In diesen Fällen fallen für die Verweigerung des Rechtsgeschäfts keine Kosten an, denn allein dadurch, dass der Berechtigte die Erteilung der Zustimmung oder Genehmigung unterlässt, scheitert das Rechtsgeschäft. Nimmt der Gesetzgeber dagegen an, dass der Berechtigte im Regelfall die Zustimmung erteilen möchte, sollte dem Unterlassen von Aktivität diese Aussage zukommen. In diesen Fällen sollte der Gesetzgeber das Rechtsgeschäft lediglich anfechtbar machen.

Zwischen einem ausdrücklichen Zustimmungserfordernis oder der bloßen Anfechtbarkeit besteht also kein qualitativer Unterschied. Anfechtbarkeit oder Zustimmungspflichtigkeit sind demnach nur zwei Seiten derselben Medaille, die je nach Normalfall zu den niedrigsten sozialen Kosten führt.

II. Beschlussmängelrecht als Handlungsrecht

Problematischer ist, ob es sich bei dem Schutz vor Beschlussmängeln um die Ausgestaltung eines Handlungsrechts im Sinne des Property-Rights-Ansatzes handelt. Der Property-Rights-Ansatz beschäftigt sich mit der Zuordnung von Kompetenzen bei der Nutzung von Ressourcen[724]. Der Begriff der Handlungsrechte („property rights“) deckt sich allerdings nicht mit dem juristischen Verständnis von Privateigentum, sondern ist deutlich weiter angelegt.

---

[724] *Schäfer/Ott*, Lehrbuch der ökonomischen Analyse des Zivilrechts, 4. Auflage (2005), S. 550.

Zum Teil wird die Gesamtheit aller Normen als eine Ausgestaltung der Handlungsrechte verstanden.[725] Bei diesem weiten Verständnis stellt das Aktiengesetz und mithin der Schutz vor Beschlussmängeln eine Ausgestaltung von Handlungsrechten dar.

Aber auch im rechtsökonomischen Schrifttum wird eine Beschränkung vertreten, um der dadurch entstehenden Beliebigkeit entgegenzuwirken. Deshalb wird eine Begrenzung der Handlungsrechte auf diejenigen Normen vorgeschlagen, die absolut wirken und gegenüber jedermann durchsetzbar sind.[726] Beispielsweise fällt hierunter der sachenrechtliche Schutz des Privateigentums gem. § 903 BGB. Auch das Deliktsrecht verkörpert nach diesem Verständnis diverse Handlungsrechte. Dagegen sollen vertragliche Rechte nicht hierunter fallen, weil sie lediglich im Verhältnis zum Vertragspartner Rechte einräumen.

Folgt man dem kontraktualistischen Ansatz, der Gesellschaftsrecht als einen standardisierten Gesellschaftsvertrag begreift[727], könnte man deshalb vertreten, dass das Anfechtungsrecht kein Handlungsrecht darstellt. Allerdings muss man die Inter-omnes-Wirkung der erfolgreichen Anfechtung beachten. Der Hauptversammlungsbeschluss wird nicht nur im Verhältnis der Gesellschafter zueinander für nichtig erklärt, sondern gegenüber jedermann. Auch unter diesem Gesichtspunkt kann deshalb der Charakter als Handlungsrecht bejaht werden.

III. Specific performance vs. monetary damages

Doch auch wenn man das Beschlussmängelrecht lediglich als vertragliche Governance Struktur begreift, kann die Grundidee des soeben erörterten Calabresi-Melamed-Konzepts fruchtbar gemacht werden. Denn auch im Bereich der ökonomischen Analyse des Vertragsrechts findet sich eine vergleichbare Diskussion, die zeigt, dass die Beschränkung des Konzepts auf Handlungsrechte nicht zwingend ist. Sie findet allerdings unter dem Schlagwort *specific performance vs. monetary damages* statt[728], ohne dass in der Sache andere Argumente vorgetragen werden. Unter diesen Begrifflichkeiten wird die Frage diskutiert, wie Nichterfüllung oder Verzug aus ökonomischer Sicht sanktioniert werden sollte. Dabei steht der Gesetzgeber vor der Alternative, die vertragliche Erfüllung zwangsweise durchzusetzen (*specific*

[725] Kritisch hierzu: *Schäfer/Ott*, Lehrbuch der ökonomischen Analyse des Zivilrechts, 4. Auflage (2005), S. 549.

[726] Hierfür: *Schäfer/Ott*, Lehrbuch der ökonomischen Analyse des Zivilrechts, 4. Auflage (2005), S. 550.

[727] Vgl. oben S. 111ff.

[728] *Ulen*, 83 Mich. L. Rev. 341 (1984).

performance) oder lediglich (monetären) Schadenersatz statt der Leistung (*monetary damages*) im Falle des Vertragsbruchs zu gewähren.[729]

In der rechtsökonomischen Forschung wird das rechtswissenschaftliche Mantra „pacta sunt servanda" nicht wörtlich genommen. Vielmehr kann es aus ökonomischer Sicht einen *effizienten Vertragsbruch* geben. Voraussetzung hierfür ist, dass die Parteien einen unvollständigen Vertrag geschlossen haben. Das heißt, dass im Vertrag nicht bereits alle denkbaren zukünftigen Ereignisse abschließend vorhergesehen und geregelt wurden.[730] Nimmt nun alles einen anderen Verlauf als ursprünglich geplant, besteht Raum für einen effizienten Vertragsbruch. Ein solcher liegt nach der ökonomischen Theorie vor, wenn der Bruch des Vertrages durch eine Partei das Pareto-Kriterium erfüllt.[731] Eine Partei muss durch den Bruch des Vertrages besser und die andere Partei darf zumindest nicht schlechter gestellt sein, als wenn der Vertrag ordnungsgemäß erfüllt worden wäre. Mithin liegt ein effizienter Vertragsbruch vor, wenn die Ressourcen, die den Vertragsgegenstand bilden, außerhalb des vertraglich vorgesehenen Gebrauchs besser genutzt werden können.[732]

Die optimale Sanktion muss dies dementsprechend berücksichtigen. Auf den ersten Blick scheint die Lehre des effizienten Vertragsbruchs für die Sanktion der *monetary damages* zu sprechen. Denn in diesem Fall kann der Vertrag gegen eine spätere Entschädigung gebrochen werden.

Ulen hebt jedoch hervor, dass der effiziente Vertragsbruch auch dann möglich ist, wenn dieser mit *specific performance* geahndet wird. Allerdings muss in diesem Fall der Vertragsbruch mit der anderen Partei verhandelt werden. Soweit der Gewinn aus dem Vertragsbruch den Verlust der anderen Partei übersteigt, ist Raum für eine vertragliche Lösung. Der Überschuss kann zwischen den Parteien aufgeteilt werden und beide sind besser gestellt. Umgekehrt verhindert *specific performance* den ineffizienten Vertragsbruch. Ist der Gewinn der einen Partei aus dem Vertragsbruch geringer als der Verlust der anderen Partei, kann keine Verhandlungslösung erzielt werden. Denn die Partei, die Anspruch auf Erfüllung hat, wird auf ihren Anspruch nur verzichten, wenn ihr Verlust mindestens voll ausgeglichen wird. Doch ein voller Ausgleich würde den Gewinn des Vertragsbrechers übersteigen.

---

[729] Vgl. hierzu auch: *Schäfer/Ott*, Lehrbuch der ökonomischen Analyse des Zivilrechts, 4. Auflage (2005), S. 456.

[730] Vgl. zur Theorie des unvollständigen Vertrages bereits oben S. 111f.

[731] *Ulen,* in: The New Palgrave Dictionary of Economics and the Law, Volume 3, 1998, S. 481.

[732] *Cooter/Ulen*, Law & Economics, 4. Auflage (2004), S. 254.

Specific performance hat jedoch den Nachteil einer jeden Verhandlungslösung.[733] Soweit ein Gewinn mit einer kooperativen Lösung erzielt werden kann, müssten sich die Vertragsparteien vernünftigerweise auf eine vertragliche Lösung einigen können. Gleichwohl lässt sich in der Rechtswirklichkeit häufig beobachten, dass Verhandlungen scheitern. Mehrere Gründe kommen hierfür in Betracht. Neben hohen Transaktionskosten, die eine Verhandlung verhindern, kann strategisches Verhalten die Kooperation erschweren. Bei einem gemeinsamen Kooperationsgewinn besteht für jede Seite der Anreiz möglichst viel von dem Gewinn zu fordern und ansonsten mit dem Abbruch der Verhandlungen zu drohen. Ist die Drohung glaubhaft, wird das Gegenüber immer noch besser gestellt als ohne Vertrag. Spekulieren die Parteien allerdings darauf, dass die andere Seite nachgibt, können sich die Parteien trotz der Vorteilhaftigkeit für beide Seiten nicht einigen.

Wenn bereits bei Vertragsschluss ersichtlich ist, dass im Falle veränderter Umstände Nachverhandlungen nicht oder nur schwer möglich sind, führt *specific performance* zudem zu suboptimal hohen Aufwendungen des Schuldners, um jede Leistungsstörung zu vermeiden.[734] Umgekehrt besteht für den Gläubiger keinerlei Anreiz, sein negatives Interesse klein zu halten. Denn der Schuldner muss unter allen Umständen leisten.

Der Vorteil der *specific performance* liegt in den niedrigeren Informationsaufwendungen der Gerichte. Das Gericht kann den Vertragsbruch sanktionieren, ohne dass es die Erfüllungskosten des Schuldners und die Schäden des Gläubigers schätzen muss.[735] Diese Informationskosten können erheblich sein. Zum Teil wird sogar vertreten, dass Dritte den Schaden nicht schätzen können. Denn der Schaden des Gläubigers hängt ab von dem subjektiven Nutzen, den er an der Erfüllung des Vertrages hätte. Der Nutzen basiert auf persönlichen Präferenzen. Dritte können die Präferenzen lediglich über die Äußerungen des Geschädigten feststellen. Der Geschädigte hat allerdings den Anreiz, im Nachhinein einen höheren Nutzen an der Vertragserfüllung zu behaupten.

Vergleicht man nun das rechtsökonomische Konzept der *property rules vs. liability rules* mit dem Konzept von *specific performance vs. monetary damages*, so fällt auf, dass für die identische Idee verschiedene Begrifflichkeiten benutzt werden. *Specific performance* entspricht dabei der *property rule*, den *monetary damages* die *liability rule*.

---

[733] *Ulen*, in: Newman (Hrsg.), The New Palgrave Dictionary of Economics and the Law, Volume 3, 1998, S. 481 (483).

[734] *Shavell*, Foundations of Economic Analysis of Law, 2004, S. 313.

[735] *Schäfer/Ott*, Lehrbuch der ökonomischen Analyse des Zivilrechts, 4. Auflage (2005), S. 464.

Auch wenn man allein dem kontraktualistischen Ansatz folgt, kann mithin das *Calabresi-Melamed*-Konzept angewendet werden.

IV. Zwischenergebnis

Ohne Freigabebeschluss wirkt die Ausübung des Anfechtungsrechts bei eintragungsbedürftigen Beschlüssen wie eine *property rule*. Die rechtliche oder faktische Registersperre oder das stattgebende Anfechtungsurteil führt dazu, dass ohne die Zustimmung des Anfechtenden die Durchführung der Maßnahme blockiert ist.[736]

Der Freigabebeschluss wandelt dagegen das Anfechtungsrecht von einer *property rule* zu einer *liability rule*. Der Beschluss der Hauptversammlungsmehrheit kann vollzogen werden. Dem Anfechtenden verbleibt lediglich ein monetärer Schadenersatzanspruch im Falle des erfolgreichen Anfechtungsprozesses.

V. Übertragung der Kriterien

Um zu einer Bewertung zu gelangen, ob diese Modifikation sinnvoll ist, müssen die Transaktionskosten und die Bewertungsmöglichkeiten der Gerichte bei Beschlussmängeln analysiert werden.

1) Transaktionskosten

Die Transaktionskosten hängen in der Aktiengesellschaft von der *Eigentümerstruktur* ab. Je geringer die Anzahl der Gesellschafter, desto niedriger sind die Kosten für eine einvernehmliche Einigung. Gesellschafter müssen gefunden werden, Informationen ausgetauscht und Verhandlungen geführt werden. Allerdings ist schwer vorstellbar, dass gesetzlich geregelt wird, dass ab einer bestimmten Anzahl von Gesellschaftern das Freigabeverfahren eröffnet ist. Als Kriterium käme dagegen die *Börsennotierung* in Betracht. Zwar ist die Anzahl der Gesellschafter auch in der nicht notierten Aktiengesellschaft unbeschränkt. Gleichwohl führt der fehlende Handelsplatz in der Praxis zu sehr überschaubaren Gesellschafterkreisen, die sich eher an denen der Gesellschaft mit beschränkter Haftung orientieren.

Verhandlungen mit allen Aktionären einer Publikumsgesellschaft über den Verzicht auf ihre materiellen Rechte sind dagegen aufwendig. Die Gefahr strategischen Verhaltens steigt in der börsennotierten Gesellschaft, weil die Anteilseigner aufgrund der

---

[736] Die Wirkung des Anfechtungsrechts wird in der Literatur nur wenig diskutiert. Für eine Einordnung als *property rule* aber auch: *Ruffner*, Die ökonomischen Grundlagen eines Rechts der Publikumsgesellschaft, 2000, S. 209 (in der Fußnote 59).

Höhe ihrer Beteiligung unterschiedliche Erwartungswerte haben.[737] Nehmen wir an, ein Mehrheitsaktionär hat mit 999 von 1.000 Minderheitsaktionären eine Einigung erzielt. Der letzte verbliebene Aktionär kann sich nun sein Anfechtungsrecht besonders teuer abkaufen lassen. Da er die gesamte Einigung platzen lassen kann und für ihn selbst darüber hinausgehend nichts auf dem Spiel steht, kann er den Mehrheitsaktionär oder die Verwaltung aufgrund der asymmetrischen Erwartungswerte zu einer besonders hohen Abfindung nötigen. Das heißt, im Normalfall sind Transaktionskosten und die Gefahr strategischen Verhaltens in der börsennotierten Gesellschaft besonders hoch, wenn man die Börsennotierung als Indikator für eine höhere Zahl von Gesellschaftern gelten lässt.

2) Schadensevaluierung

Die Einteilung nach *Calabres* und *Melamed* identifiziert als weiteres Kriterium zur Entscheidung zwischen *property rule* und *liability rule,* ob und wie leicht die Höhe des Schadens zu bestimmen ist.

Die Möglichkeiten der Gerichte, der Nichtausübung des Anfechtungsrechts einen Wert zuzumessen, hängt von dem die Anfechtung begründenden Anfechtungsgrund ab. Wie oben dargestellt wurde, sollten die Gerichte eine hypothetische vertragliche Einigung über die Nichtausübung des Anfechtungsrechts gegen eine Entschädigung nachbilden. Die Gerichte müssen zum einen bestimmen, welche Kosten sich die Hauptversammlungsmehrheit durch die Rechtsverletzung erspart, und zum anderen feststellen, welche Verluste durch die Rechtsverletzung bei den Anfechtungsberechtigten entstehen. Der Höhe nach muss der finanzielle Ausgleich mindestens die Verluste der benachteiligten Aktionäre beseitigen. Die Bewertungsmöglichkeit der Verluste hängt maßgeblich davon ab, welche gesetzlichen Regelungen verletzt wurden.

Wenn durch den Vollzug des Hauptversammlungsbeschlusses potentiell der Anteilswert des Klägers verletzt ist, muss der Richter für die Schadenshöhe Annahmen über den Unternehmenswert[738] vor und nach dem Vollzug des Hauptversammlungsbeschlusses treffen. Die Unternehmensbewertung ist jedoch ein komplizierter Prozess. Unabhängig von dem gewählten Ansatz hängt dieser einerseits von den erwarteten zukünftigen Erträgen und andererseits von der Höhe des Zinses ab, mit denen dieser diskontiert wird.[739] Dies setzt eine schwierige Prognose voraus.

---

[737] Zum Problem asymmetrischer Erwartungswerte oben S. 148.

[738] *Bayer*, ZHR 163 (1999), 505 (535): Feststellung des Unternehmenswertes ist Rechtsfrage und darf nicht kritiklos einem Sachverständigen überlassen werden.

[739] Vgl. zur den verschiedenen Verfahren der Unternehmensbewertung die übersichtliche Zusammenfassung m. W. Nachw. *Fritzsche/Dreier/Verfürth*, SpruchG, 2004, § 1 Rn. 160ff.

Soweit es sich um eine *börsennotierte* Gesellschaft handelt, bietet nach der Effizienzmarkthypothese[740] der Marktpreis der Aktien im Zeitraum vor dem Beschluss über die Strukturmaßnahme einen Referenzwert. Unter der Voraussetzung eines hinreichend liquiden Marktes und der Bekanntheit der wesentlichen kursrelevanten Informationen ist der Börsenkurs aus ökonomischer Sicht zuverlässiger in der Wertbestimmung als jedes Sachverständigengutachten.[741] In dem Kurs des Wertpapiers werden auch verstreute Informationen der Marktteilnehmer mithilfe des Preismechanismusses gesammelt.[742] Es darf auch nicht übersehen werden, dass bei einer Wertermittlung durch den Gutachter die zugrunde gelegten erwarteten Erträge ebenfalls durch Angebot und Nachfrage auf (Produkt- oder Dienstleistungs-) Märkten zustande kommen.[743] Trotz dieser – aus ökonomischer Sicht – klaren Überlegenheit des Börsenkurses als Referenzwert hatten die Gerichte die finanzwissenschaftlichen Erkenntnisse lange Zeit weitgehend ignoriert und dem Börsenkurs jede Eignung für die Bewertung des Unternehmens abgesprochen.[744] Erst mit dem *DAT/Altana*-Beschluss des BVerfG, wonach es mit Art. 14 GG unvereinbar sei, wenn bei der Bestimmung der Abfindung oder des Ausgleichs für außenstehende oder ausgeschiedene Aktionäre bei Beherrschungs- und Gewinnabführungsverträgen und bei der Mehrheitseingliederung der Börsenkurs der Aktien außer Betracht gelassen werde[745], wurde die Relevanz des Börsenkurses bei der Unternehmensbewertung grundsätzlich anerkannt. Die Verkehrsfähigkeit als Eigenschaft des Aktieneigentums darf bei der Bewertung dementsprechend nicht außer Betracht bleiben.[746] Es ist allerdings bislang noch ungeklärt, inwieweit die Grundsätze dieser Rechtsprechung auch bei Kapitalmaßnahmen zu berücksichtigen sind. Der Gesetzgeber knüpft jedenfalls bei dem erleichterten Bezugsrechtsausschluss gem. § 186 Abs. 3 S. 4 AktG selbst an den Börsenkurs an, und mangels Marktenge der gehandelten Aktien bestehen auch nur selten Bedenken, den Börsenkurs bei der Bewertung heranzuziehen.

---

[740] S. 120f.

[741] *Steinhauer*, AG 1999, 299 (306 f.).

[742] Dazu oben, S. 120f.

[743] *Fritzsche/Dreier/Verfürth*, SpruchG, 2004, § 1 Rn. 223; *Luttermann*, ZIP 1999, 45ff.

[744] BGH AG 1967, 246; BGHZ 71, 40 (51); OLG Düsseldorf WM 1984, 732 (733); OLG Düsseldorf AG 1995, 85 (86); BayObLG, WM 1995, 1580: „Der Börsenkurs wird von verschiedenen Faktoren beeinflusst und gibt den Unternehmenswert nicht zuverlässig wieder"; OLG Celle AG 1999, 128 (129): „Ein unmittelbarer Zusammenhang zwischen Preis einzelner Aktien oder Aktienpakete besteht [...]nicht".

[745] BVerfGE 100, 289 (305ff.) – *DAT/Altana*, m. Anm. *Vetter*, AG 1999, 569 ff.; Umsetzung der Vorgaben des BVerfG durch BGHZ 147, 108 (109); vgl. hierzu *Luttermann*, ZIP 2001, 869ff.

[746] BVerfGE 100, 289 (307 f.) – *DAT/Altana*.

Dagegen ist die Schadensevaluierung mithilfe des Börsenkurses problematisch, wenn nicht vermögensmäßige Nachteile durch den angegriffenen Beschluss entstehen, wie beispielsweise ein Verlust an Herrschaftsmacht. So kann bei einer Kapitalerhöhung unter Ausschluss des Bezugsrechts der Ausgabepreis angemessen im Sinne des § 255 Abs. 2 AktG sein. Die Aktien werden in ihrem Wert nicht verwässert. Mit dem Ausschluss des Bezugsrechts ist aber zugleich die dauerhafte Verschiebung des Beteiligungsverhältnisses verbunden. Die ausgeschlossenen Aktionäre verlieren damit an Einfluss bei zukünftigen Hauptversammlungsbeschlüssen.[747] Aus ökonomischer Sicht müsste deshalb der Schadenersatz auch die damit verbundenen Gefahren in monetärer Form abbilden. Zugrunde gelegt werden müsste der erwartete zukünftige Verlust aufgrund der Beteiligungsverschiebung, der wiederum auf einen gegenwärtigen Barwert diskontiert werden müsste. Dieser hängt allerdings von mehreren unbekannten Faktoren ab, wie der Wahrscheinlichkeit opportunistischen Verhaltens der Hauptversammlungsmehrheit in der Zukunft, dem Zeitpunkt und der Häufigkeit solcher Ereignisse sowie der Zinsrate für Perioden bis zu diesem Ereignis.[748] Die Berechung erfordert eine komplizierte Prognose, die mit hoher Unsicherheit belastet ist und einen Richter überfordert. Insbesondere bei Übernahmen bekommt das Stimmrecht selbst einen eigenen Wert, der sich in Paketpreisen niederschlägt.[749] Durch den Stimmrechtsverlust verringert sich deshalb auch die Chance, hieran in vollem Umfang zu partizipieren. Zur Bestimmung des Schadenersatzes sind deshalb sogar hypothetische Übernahmeszenarien durchzuspielen. Dies ist ein nahezu unmögliches Unterfangen (*bounded rationality*). Es ist fraglich, ob hier der Preismechanismus des Kapitalmarktes eine Erleichterung bietet. Zwar sorgt dieser nach der Effizienzmarkthypothese dafür, dass auch schwer zu kalkulierende Risiken im Börsenkurs berücksichtigt werden.[750] Vorliegend würde dies bedeuten, dass die Preisnotierung auch sämtliche Risiken durch Beteiligungsverschiebungen inkorporiert. Jedoch berücksichtigt der Börsenkurs in einem effizienten Markt auch die zukünftige gerichtliche Entscheidung selbst, so dass das Gericht sich im Kreis drehen würde, wenn es den Börsenkurs für den Zeitraum nach dem Hauptversammlungsbeschluss berücksichtigt. Das heißt, der Kapitalmarkt liefert nur eine brauchbare Unternehmensbewertung für den Zeitraum vor der Ankündigung der Durchführung einer Kapitalmaßnahme. Ab diesem Zeitpunkt wird bereits die Wahrscheinlichkeit der (Nicht-)Durchführung im Kurs reflektiert.

---

[747] Vgl. *Hirte*, Bezugsrechtsausschluß und Konzernbildung, 1986, S. 246.

[748] Zur Present-Value-Berechnung vgl. *Haas*, Corporate Finance, 2004, S. 68ff.

[749] *Schäfer/Ott*, Lehrbuch der ökonomischen Analyse des Zivilrechts, 4. Auflage (2005), S. 646.

[750] Zur Effizienzmarkthypothese bereits ausführlich oben S. 120ff.

Man kann also zusammenfassen: Insgesamt ist die Schadensermittlung in der börsennotierten Gesellschaft deutlich leichter aufgrund der Informationen, die der Kurswert der Anteile liefert.[751] Allerdings gilt dies vorrangig für die vermögenswerten Rechte der Aktionäre, während bei mitgliedschaftlichen Rechtsverletzungen der Vorsprung der börsennotierten Gesellschaft geringer ausfällt.

Hirte vertritt die Auffassung, dass der Schadenersatzanspruch auch den Wertzuwachs umfassen muss, den der Mehrheitsgesellschafter durch die Strukturmaßnahme genießt.[752] Nach dem *Calabresi-Melamed*-Konzept ist dies nicht zwingend, aber auch nicht falsch. Der Schadenersatzanspruch muss entsprechend dem hypothetischen Verhandlungsergebnis nur *zwischen* dem Verlust der Minderheit und dem Gewinn der Mehrheit liegen, damit es zu einer Win-Win-Situation kommt.

D. Ergebnis

Die Sanktionierung von Beschlussmängeln durch Schadenersatz statt durch Beschlussnichtigkeit ist effizient, soweit es sich um börsennotierte Gesellschaften handelt, die von zahlreichen Aktionären gehalten werden. Umgekehrt sollte die Kassationswirkung der Anfechtungsklage bei nichtbörsennotierten Gesellschaften beibehalten werden.

Die Ergebnisse dieses Kapitels gehen über die konkrete Fragestellung hinaus, denn sie liefern neue Erkenntnisse, die nicht nur das Freigabeverfahren betreffen: Auch an anderer Stelle arbeitet das Aktiengesetz nach dem Grundsatz „Dulde und liquidiere" (vgl. §§ 243 Abs. 2 S. 2, 304, 305, 327ff. AktG). Der Ausbau des „vermögensbezogenen Anlegerschutzes"[753] in der börsennotierten Aktiengesellschaft zu Lasten der „verbandsrechtlichen Teilhabe"[754] des Aktionärs lässt sich vor dem Hintergrund, dass der Kleinaktionär in erster Linie als Anlegeraktionär verstanden wird, mithilfe des hier vorgestellten Konzeptes erklären.

Doch darf nicht vorschnell ein abschließendes Urteil über die Effizienz von § 246a AktG gefällt werden: Das *Calabresi-Melamed*-Konzept setzt voraus, dass das Gericht die Kompensation richtig einschätzt und mindestens die gesamte Benachteili-

---

[751] Im Ergebnis auch *Spindler*, NZG 2005, 825 (830): „Dabei dürfte auch danach zu differenzieren sein, ob es sich um eine börsennotierte Gesellschaft handelt, denn die Möglichkeiten für den Aktionär, seinen Schaden nach § 246 IV zu berechnen, sind im Falle der nichtbörsennotierten Gesellschaft noch geringer".

[752] *Hirte*, Bezugsrechtsausschluß und Konzernbildung, 1986, S. 246 f.

[753] *Mülbert,* Aktiengesellschaft, Unternehmensgruppe und Kapitalmarkt, 2. Auflage (1996), S. 97ff.

[754] Zu der Fragestellung aus juristischer Sicht: *Mülbert,* Aktiengesellschaft, Unternehmensgruppe und Kapitalmarkt, 2. Auflage (1996), S. 259ff.; *ders.*, in: FS Ulmer, S. 434ff.; *Hirte*, WM 1997, 1001ff.

gung der Minderheitsgesellschafter beseitigt. In den folgenden Kapiteln wird deshalb untersucht, inwieweit diese Kriterien eingehalten werden. Dabei stellt sich insbesondere die Frage, wer Anspruchsgegner sein soll (dazu das 7. Kapitel) und ob die kollektive oder individuelle Durchsetzung der Ansprüche vorzuziehen ist (dazu 8. Kapitel).

7. Kapitel: Ökonomische Analyse mithilfe der Theorie des Haftungsrechts

In diesem Kapitel wird gezeigt, dass die Ersetzung der kassatorischen Wirkung der Anfechtungsklage durch ein monetäres Schadenersatzregime zu einer Haftungsverschiebung führt. Die Erklärung der Nichtigkeit und damit die Unvollziehbarkeit eines Beschlusses ohne Freigabe bestraft primär den von der Beschlussfassung ursprünglich Begünstigten (typischerweise die Hauptversammlungsmehrheit). Wird dagegen ein rechtswidriger Beschluss rechtskräftig freigegeben, tragen die Gesellschaft und damit mittelbar auch die benachteiligten Aktionäre die Kosten hierfür. Der Verfasser zeigt, dass hierdurch Externalitäten entstehen, die zu unerwünschten Anreizen bei der Beschlussfassung führen. Es werden zwei Lösungen angeboten: Zum einen könnte stattdessen eine Kompensation zwischen den Aktionären stattfinden, indem der kontrollierende Aktionär direkt Entschädigung an die Minderheitsaktionäre leistet. Alternativ wäre es denkbar, die Kostentragung der Minderheitsaktionäre bei Schadenersatzzahlungen der Gesellschaft zu berücksichtigen, indem man eine „Überkompensation" zulässt. Der Autor zeigt, dass dadurch die Umverteilung zwischen den Aktionären vermieden wird, zugleich aber die Gefahr besteht, dass der Gesellschaft in großem Maße Liquidität zu Lasten der Gläubiger entzogen wird. Die Internalisierung kann auch erreicht werden, wenn die Gesellschaft selbst Ansprüche gegen die Hauptversammlungsmehrheit realisiert oder wenn ein Ausgleich zwischen den Aktionärsgruppen stattfindet.

Aber auch auf Seiten des klagenden Aktionärs resultiert der Erpressungswert aus der fehlenden Internalisierung der Verluste, die der Beschlussmehrheit entstehen. Eine Internalisierung der negativen Externalitäten über ein Haftungsregime würde aber die Rechtsverfolgung extrem unattraktiv machen, so dass sie im Ergebnis nicht empfohlen werden kann.

A. Haftungsverlagerung durch den Freigabebeschluss

Die Ersetzung der kassatorischen Wirkung der Anfechtungsklage durch einen Schadenersatzanspruch hat – neben den im vorherigen Kapitel besprochenen Folgen – noch weitere Konsequenzen. Der Schadenersatzanspruch gem. § 246a Abs. 4 AktG richtet sich gegen die Aktiengesellschaft. Mittelbar mindern geltend gemachte Ansprüche die Rendite aller Aktionäre, denn die Zahlung erfolgt aus dem Unternehmensvermögen. Es stellt sich also die Frage, welche Anreize eine solche Haftungsregel auslöst und wie diese aus ökonomischer Sicht zu bewerten ist. Im ersten Schritt wird deshalb abstrakt die ökonomische Theorie bezüglich Haftungsregeln erörtert (unter B.). Sodann werden die gewonnenen Erkenntnisse angewendet, um das Haftungsregime des Freigabeverfahrens zu erörtern (unter C.).

B. Haftungsregeln in der ökonomischen Theorie

Die ökonomische Analyse sieht die zentrale Aufgabe von Haftungsnormen nicht im Ausgleich zwischen Schädiger und Geschädigtem, sondern in der Prävention von volkswirtschaftlich schädlichem Handeln.[755] Aus normativer Sicht ist eine Handlung schädlich, wenn sie bezogen auf die Gesamtwohlfahrt Verluste verursacht. Das heißt, eine fiktive Bilanz der Folgen einer Handlung, die allen Nutzen und alle Schäden beim Verursacher und Dritten berücksichtigt[756], muss insgesamt positiv ausfallen, damit sie unter volkswirtschaftlichen Gesichtspunkten wünschenswert ist. Führt die Handlung dagegen zu Verlusten, sollte sie unter Effizienzgesichtspunkten unterbleiben.

Wenn eine Tätigkeit nur Konsequenzen für den Handelnden hat, bedarf es keiner Regulierung. Denn ein rationaler Nutzen-Maximierer wird eine Maßnahme nur durchführen, wenn er durch diese mehr gewinnt als verliert. Durch die Aktivität selbst offenbart er seine positive Kosten-Nutzen-Rechnung. Auch aus volkswirtschaftlicher Sicht ist dies ein wünschenswertes Ergebnis. Der zusätzliche Nutzen des Einzelnen erhöht entsprechend die volkswirtschaftliche Gesamtbilanz.

Problematisch ist es dagegen, wenn eine Tätigkeit Externalitäten verursacht, das heißt, dass die Handlung Kosten oder Nutzen bei Dritten verursacht.[757] Ein rationaler Akteur hat grundsätzlich keinen Anreiz, die Kosten, die bei Dritten entstehen, in seiner Kosten-Nutzen-Rechnung zu berücksichtigen. Denn auch wenn eine Aktion bei Dritten mehr Kosten verursacht, als sie bei dem Verursacher Nutzen stiftet, bleibt sie für ihn attraktiv, solange er die Kosten des Dritten nicht tragen muss. Eine volkswirtschaftlich schädliche Handlung wird so attraktiv. Externalitäten können deshalb einen regulatorischen Eingriff rechtfertigen. Der Staat kann allerdings nicht jede Tätigkeit verbieten, die externe Effekte hervorruft. Es sind kaum Handlungen denkbar, die nicht zumindest mittelbar irgendeine Wirkung bei Dritten haben. Zugleich besteht die Schwierigkeit *ex ante* abzuschätzen, welche Aktivitäten eine positive Gesamtbilanz aufweisen. Dieses Dilemma lösen Haftungsregeln, indem sie im Idealfall zur „Internalisierung externer Effekte“ führen[758]: Nach dem ökonomischen Verhaltensmodell motivieren sie den Verursacher, alle externen Effekte, die seine Aktivität auslöst, in seiner Kosten-Nut-

---

[755] Hierzu: *Calabresi,*The Cost of Accidents, 1972, S. 26ff.; *Kötz/Schäfer*, AcP 189 (1989), 501 (502ff.); *Schäfer/Ott*, Lehrbuch der ökonomischen Analyse des Zivilrechts, 4. Auflage (2005), S. 125.

[756] *Endres,* Ökonomische Grundlagen des Haftungsrechts, 1991, S. 1.

[757] Zu dem Problem der Externalitäten bereits oben S. 89 ff.; *Shavell*, Foundations of Economic Analysis of Law, 2004, S. 77ff.; *Cooter/Ulen*, Law & Economics, 4. Auflage (2004), S. 44ff.

[758] *Endres,* Ökonomische Grundlagen des Haftungsrechts, 1991, S. 2; *Röckrath*, Kausalität, Wahrscheinlichkeit und Haftung, 2004, S. 83ff.; *Behrens*, Die ökonomischen Grundlagen des Rechts, 1986, S. 161f.

zen-Rechnung zu berücksichtigen. Denn er weiß, dass er für alle Folgen bei Dritten haftbar ist, und internalisiert deshalb alle Schäden, die bei Dritten auftreten, bereits bei der Entscheidung über die Handlung. Bei einer perfekten Haftungsregel sind die volkswirtschaftliche Gesamtbilanz und die private Kosten-Nutzen-Rechnung identisch. Wohlfahrtsverluste werden vermieden, ohne dass die Tätigkeit von staatlicher Seite unterbunden werden müsste.

Zusammenfassend lässt sich also festhalten: Die ökonomische Analyse von Haftungsregeln untersucht mithilfe des Modells des *homo oeconomicus*, inwieweit die zu prüfende Norm das Ideal der perfekten Internalisierung erreicht.[759]

Die rechtsökonomische Literatur beschränkt die Analyse von Haftungsregeln weitgehend auf Normen des Delikts- und Sachenrechts.[760] Der Grund hierfür liegt im Coase-Theorem, nach dem gesetzliche Haftungsregeln keine Allokationswirkung haben, wenn die Parteien die Möglichkeit haben, eine abweichende vertragliche Regelung zu treffen.[761] Jede Externalität kann danach von den Parteien internalisiert werden.[762] Dispositive Haftungsregeln des Vertragsrechts sind damit für die rechtsökonomische Forschung ein weniger interessantes Untersuchungsobjekt. Gleichwohl ist diese Tatsache keine Hürde, um die Analyse durchzuführen. Zwar wird von Anhängern des kontraktualistischen Ansatzes jegliches Kapitalgesellschaftsrecht als spezielles Vertragsrecht begriffen[763], so dass auf den ersten Blick eine Analyse abgelehnt werden könnte. Jedoch hat die Untersuchung im vorangegangenen Kapitel ergeben, dass die Grundbedingungen des Coase-Theorems aufgrund hoher Transaktionskosten in einer Gesellschaft mit vielen Aktionären gerade nicht erfüllt sind, so dass die gesetzlichen Regelungen unter Effizienzgesichtspunkten Bedeutung erlangen.[764]

Auf den ersten Blick mag ein Wohlfahrtsverlust bei bloßer Umverteilung zwischen Aktionären ausgeschlossen sein: Eignet sich ein Mehrheitsaktionär Vermögen der Minderheit an, entsteht in gleicher Höhe ein Vermögenszuwachs auf seiner Seite. Das

---

[759] *Endres,* Ökonomische Grundlagen des Haftungsrechts, 1991, S. 3.

[760] Die wichtigste Pionierarbeit auf diesem Gebiet leistete *Calabresi,*The Cost of Accidents, 1972; im Übrigen vgl. hierzu: *Posner*, Economic Analysis of Law, 6. Auflage (2005), S. 167 ff; *Shavell,* Foundations of Economic Analysis of Law, 2004, S. 77ff., 175 ff; mittlerweile liegen auch Arbeiten in deutscher Sprache vor: *Adams*, Ökonomische Analyse der Verschuldens- und Gefährdungshaftung, 1985; *Endres,* Ökonomische Grundlagen des Haftungsrechts, 1991.

[761] *Adams*, Ökonomische Theorie des Rechts, 2. Auflage (2002), S. 15. Zu dem Coase-Theorem bereits ausführlich oben S. 91ff.

[762] *Shavell*, Foundations of Economic Analysis of Law, 2004, S. 83ff.

[763] Vgl. zu dem vertragstheoretischen Nexus-of-Contract-Ansatz S. 111ff.

[764] Vgl. dazu oben S. 177ff. Folgt man dem Property-Rights-Ansatz bei der Analyse der Kapitalgesellschaft, so stellt sich dieses Problem ohnehin nicht.

heißt die soeben angesprochene Gesamtbilanz scheint nicht negativ zu sein. Doch dies ist ein Irrtum: Ein dynamischer Effizienzbegriff berücksichtigt auch die Folgen, die *ex ante* durch opportunistisches Verhalten entstehen. Minderheitsaktionäre antizipieren die Gefahr der Expropriation, wodurch ihre Bereitschaft sinkt, Eigenkapital zu investieren. Eigenkapital wird somit teurer. Das opportunistische Verhalten hat damit mittelbar allokative Wirkung.

C. Ökonomische Analyse des Beschlussmängel-Haftungsregimes

Wie soeben dargelegt, soll der Verursacher eines Schadens nach der ökonomischen Theorie alle Kosten seiner Handlung tragen. Dadurch internalisiert er die Folgen seiner Handlung. Das perfekte Haftungsregime führt dazu, dass der Schädiger alle Kosten, die bei Dritten entstehen, in seine Kosten-Nutzen-Rechnung einbezieht. Ein optimales Haftungsregime führt deshalb dazu, dass der Schädiger keine Möglichkeit hat, Kosten zu externalisieren. Nun muss untersucht werden, inwieweit das Beschlussmängelrecht diese Internalisierung erreicht.

Die erfolgreiche Beschlussmängelklage führt zur Nichtigkeit des Beschlusses (§ 241 Nr. 5 AktG). Der Beschluss kann nicht vollzogen werden. Ist er bereits vollzogen, so ist er grundsätzlich – soweit möglich – für die Zukunft rückabzuwickeln.[765] Das heißt, dass ein kontrollierender Aktionär allenfalls vorübergehend den Gewinn aus einer rechtswidrigen Strukturmaßnahme behalten kann. Es entstehen deshalb bei der Rechtsfolge der Nichtigkeit des Beschlusses mit der Pflicht zur Rückabwicklung nur geringe Externalitäten.

Der rechtskräftige Freigabebeschluss beseitigt die kassatorische Wirkung der Beschlussmängelklage. Der Hauptversammlungsbeschluss wird bestandskräftig. Stattdessen erhält der Beschlussmängelkläger einen monetären Schadenersatzanspruch gegen die Gesellschaft (§ 246a Abs. 4 AktG). Das Freigabeverfahren ändert damit nicht nur die Art des Ersatzes (zu diesem Effekt bereits im vorangegangenen Kapitel), sondern faktisch auch das Haftungssubjekt: Die Folgen eines Beschlussmangels trägt nicht länger die Hauptversammlungsmehrheit oder der kontrollierende Aktionär, sondern die Gesellschaft. Es stellt sich also die Frage, inwiefern im Rahmen eines monetären Schadenersatzregimes Externalitäten entstehen und vermieden werden können.

---

[765] Ausführlich zu den Folgen der Nichtigkeit bei eingetragenen und vollzogenen Hauptversammlungsbeschlüssen oben S. 41.

I. Internalisierung durch Ersatzpflicht der Gesellschaft

1) Ersatz des Verwässerungsschadens

Vergegenwärtigen wir uns das Grundproblem: Jede Schadenersatzzahlung aus dem Gesellschaftsvermögen führt zu einer Externalität, denn ein kontrollierender Aktionär kann den Gewinn aus einer rechtswidrigen Strukturmaßnahme behalten, ohne die vollen Kosten zu internalisieren. Die klagenden Minderheitsaktionäre tragen einen Teil der Schadenersatzsumme mittelbar über den Wertverlust der Anteile selbst, der durch die Minderung des Gesellschaftsvermögens infolge der Schadenersatzzahlung entsteht.[766] Das heißt, sie finanzieren Teile der Schadenersatzsumme, die ihnen zugute kommen soll. Dazu folgendes Beispiel:

> Die A-AG hat einen Wert von € 200 Mio. Mehrheitsaktionär M gehören 60 % aller Anteile. Die restlichen 40 % der Anteile gehören K. Durch eine von der Hauptversammlung beschlossene Strukturmaßnahme[767] entzieht M der A-AG € 100 Mio. Nachdem die Strukturmaßnahme aufgrund einer Freigabeentscheidung des Prozessgerichts bestandskräftig im Handelsregister eingetragen wurde, hat K mit seiner gegen den Hauptversammlungsbeschluss gerichteten Beschlussmängelklage Erfolg, weil der Hauptversammlungsbeschluss gegen materielles Aktienrecht verstößt. Die Nichtigkeit des Hauptversammlungsbeschlusses (§ 241 Nr. 5 AktG) wird jedoch vom Registergericht wegen der zuvor erfolgten Freigabe nicht in das Handelsregister eingetragen (§ 242 Abs. 2 S.5 AktG).

Faktisch führt die Strukturänderung zu einer Umverteilung von Vermögen zwischen den Aktionären:

- Vor der Strukturänderung hat M ein Vermögen von € 120 Mio. (60 % von € 200 Mio.) in Form von Aktien an der A-AG. Nach der Strukturänderung hat sich sein Vermögen um die Summe von € 100 Mio. vergrößert, die er der Gesellschaft entzogen hat. Allerdings ist durch die Strukturmaßnahme der Wert seiner Anteile auf € 60 Mio. gesunken (60 % von € 200 - € 100 Mio.). Durch die Strukturmaßnahme

[766] Das Problem der Mitfinanzierung der geschädigten Minderheitsaktionäre bei Schadenersatzzahlungen der Gesellschaft bei Eingriffen in die Beteiligung identifiziert bereits *Hirte*, Bezugsrechtsauschluß und Konzernbildung, 1986, S. 242; ähnlich (hinsichtlich der Diskussion Spruchverfahren statt Anfechtungsrecht) auch *Lutter*, JZ 2000, 837 (838): „[...] zum anderen wäre eine Lösung über das Spruchstellenverfahren insoweit inadäquat, als der im Falle der Feststellung der Verletzung des Bezugsrechts aus dem Gesellschaftsvermögen zu zahlende Schadenersatz mittelbar – nämlich durch die resultierende Wertminderung der Anteile – zu Lasten der Aktionäre selbst ginge; letztlich würden sie den ihnen zugesprochenen Schadenersatz somit, jedenfalls quotal, selbst finanzieren".

[767] Mehrere Strukturmaßnahmen sind hier denkbar, wie beispielsweise eine Sachkapitalerhöhung mit einer überbewerteten Einlage oder ein ungünstiger Unternehmensvertrag. Auf die genaue Einordnung wird bewusst verzichtet, um das allgemeine Prinzip einer Transaktion, die nicht „arm's length" ist, zu verdeutlichen. Es muss auch nicht geklärt werden, welche Mehrheitsverhältnisse für eine solche Strukurmaßnahme notwendig sind und welche Rechtsverletzung vorliegt, um das Problem zu analysieren.

hat er also sein Vermögen um € 40 Mio. auf € 160 Mio. vergrößert [0.6 * (200 Mio. - 100 Mio.) + 100 Mio. = 160 Mio.]. Es setzt sich nun aus Aktien im Wert von € 60 Mio. und Cash i. H. v. € 100 Mio. zusammen.

- Vor der Strukturmaßnahme hat K ein Vermögen von € 80 Mio. (40 % von 200 Mio.) Nach der Strukturmaßnahme sinkt der Wert der Anteile und damit sein Vermögen auf € 40 Mio. [0.4 * (€ 200 Mio. - € 100 Mio.)]

Die Strukturänderung führt also im Ergebnis dazu, dass sich M € 40 Mio. von K aneignet.

Nun gilt es zu überlegen, welche Konsequenzen die Schadenersatzleistung der Gesellschaft gemäß § 246a Abs. 4 AktG auf die Vermögenssituation der Beteiligten hat:

- K erhält von der A-AG Schadenersatz in Höhe von € 40 Mio. für den Wertverlust seiner Anteile. Zugleich führt die Schadenersatzleistung dazu, dass sich das Gesellschaftsvermögen um € 40 Mio. verringert. Daran partizipiert K anteilsmäßig über den Wertverlust der Gesellschaft [€ 40 Mio. + € 40 Mio. - 0.4 * € 40 Mio. = € 64 Mio.]. Nach der Strukturmaßnahme hat sich sein Vermögen trotz Ausgleich des ursprünglichen Schadens somit um € 16 Mio. Euro verringert (€ 80 Mio. - € 64 Mio. = € 16 Mio.).

- M behält die € 100 Mio., die er aus dem Vollzug der rechtswidrigen Strukturänderung erhalten hat. Durch die Schadenersatzzahlung an K verringert sich der Wert des Gesellschaftsvermögens um € 40 Mio., woran M entsprechend seinem Anteil wirtschaftlich partizipiert (€ 60 Mio. – 0.6 * € 40 Mio. = € 36 Mio.). Nach der Strukturänderung hat er somit sein Vermögen von € 120 Mio. auf € 136 Mio. vergrößert, obwohl die Minderheit scheinbar durch den Schadenersatzanspruch geschützt ist.

An dem Beispiel lässt sich erkennen, dass der reine Ausgleich des Wertverlustes durch eine Schadenersatzzahlung seitens der Gesellschaft nicht geeignet ist zu verhindern, dass die Hauptversammlungsmehrheit Kosten auf die restlichen Aktionäre externalisiert. Denn die Schadenersatzzahlung vermindert das residuale Einkommen aller Aktionäre und nicht nur die des kontrollierenden Aktionärs. Das Ideal der perfekten Internalisierung wird nicht erreicht. Opportunistisches Verhalten der Hauptversammlungsmehrheit wird dadurch attraktiv.

2) Zusätzlicher Ausgleich für Minderung des Gesellschaftsvermögens

Das wirft die Frage auf, ob die Umverteilung zwischen einem kontrollierenden Aktionär und der Minderheit verhindert werden kann, wenn die Höhe der Schadenersatzzahlung auch die Wirkung der Kompensation auf das Gesellschaftsvermögen – und damit mittelbar den Anteilswert – berücksichtigt.

Eine *„perfekte Kompensation"* müsste den benachteiligten Aktionär so stellen, dass seine Vermögenssituation nach der Schadenersatzzahlung nicht geringer ausfällt als vor der Strukturmaßnahme. In einer Gleichung ausgedrückt, bedeutet dies:

> Wert seines Anteils nach der Strukturmaßnahme + der zugesprochene Schadenersatz - dem Wertverlust seines Anteils durch die Schadenersatzzahlung der Gesellschaft = Wert des Anteils vor der Strukturmaßnahme.

Dies lässt sich formal folgendermaßen darstellen:

$$\alpha U_2 + D - \alpha D = \alpha U_1$$

wobei

- α den Anteil des Minderheitsaktionärs; $(1>\alpha>0)$,
- D die Höhe des Schadenersatzes,
- U_1 den Wert der Gesellschaft vor der Strukturmaßnahme,
- U_2 den Wert der Gesellschaft nach der Strukturmaßnahme,

bezeichnet.

Löst man diese Gleichung nach D auf, so ergibt sich folgende Formel:

$$D = \alpha\,(U_1 - U_2) : (1 - \alpha)$$

Wenn wir nun die Zahlen aus dem obigen Beispiel einsetzen, zeigt sich, dass zwischen den Aktionären keine Umverteilung mehr stattfindet, wenn das Gericht eine scheinbare Überkompensation gewährt:

$$D = 0{,}4\ (€\ 200\ \text{Mio} - €\ 100\ \text{Mio}) : (1 - 0{,}4)$$

$$D = €\ 66.7\ \text{Mio.}$$

Für die Beispielsrechnung bedeutet dies:

– Der Anteil von K an der A-AG war vor der Strukturänderung € 80 Mio. wert. Nach der Strukturänderung hat sein Anteil nur noch einen Wert von € 40 Mio. Das Gericht spricht ihm eine Schadenersatzsumme von € 66.7 Mio. zu. Durch den mit der Ausgleichszahlung verbundenen Verlust an Gesellschaftsvermögen sinkt der Wert des Unternehmens entsprechend von € 100 Mio. auf € 33.3 Mio. Der 40 % Anteil von K hat demgemäß nur noch einen Wert von € 13.3 Mio. Sein Vermögen, bestehend aus Schadenersatz i. H. v. € 66.7 Mio. und dem Restwert der Aktien an der A-AG i. H. v. € 13.3 Mio. weist die gleiche Höhe auf wie vor der Strukturänderung, nämlich € 80 Mio.

- Gleiches gilt für den Anteil des M, der vor der Strukturänderung € 120 Mio. wert war. Nach der Strukturänderung erhält er durch die Transaktion € 100 Mio. aus dem Gesellschaftsvermögen. Dadurch sinkt zugleich der Wert seines Gesellschaftsanteils auf € 60 Mio. [0.6 * (200-100)]. Durch die Schadenersatzzahlung i. H. v. € 66.6 Mio. der Gesellschaft verringert sich mittelbar der Wert seines Gesellschaftsanteils auf € 20 Mio. [0.6 * (200-100-66.6)]. Addiert mit seinem Gewinn aus der Transaktion von € 100 Mio. ist er also wirtschaftlich genauso gestellt wie vor der Transaktion.

Wie soeben gezeigt wurde, kann also auch ein Schadenersatzanspruch gegen die Gesellschaft vermeiden, dass Gesellschafter Kosten auf ihre Mitgesellschafter externalisieren. Dies setzt allerdings voraus, dass die Höhe entsprechend angepasst wird. Es wäre also denkbar, in Zukunft bei der Berechnung der Höhe der Schadenersatzsumme des § 246a Abs. 4 AktG nach dem obigen Muster vorzugehen. Das Gericht müsste also auch den Wertverlust der Aktien, der durch Entzug von Gesellschaftsvermögen durch die Zahlung von Schadenersatz entsteht, entsprechend der oben entwickelten Formel berücksichtigen.

Trotz dieser theoretischen Vorteile einer solchen *„perfekten Kompensation"* bei der Bestimmung der Höhe der Schadenersatzzahlung darf das bislang ausgeblendete Problem nicht übersehen werden, dass zwar die Umverteilung zwischen den Aktionären vermieden wird, zugleich jedoch der Gesellschaft in erheblichem Maße Liquidität entzogen wird. Die optimale Sanktionierung geht damit zu Lasten der Kapitalerhaltung und der Gläubiger. Aus ökonomischer Sicht besteht deshalb die Gefahr, dass Aktionäre eine Transaktion nach obigem Muster dazu nutzen, sich Vermögen der Gläubiger anzueignen.

- Verändern wir obiges Beispiel dahingehend, dass die A-AG auch noch Verbindlichkeiten von € 50 Mio. gegenüber der C-Bank hat. Durch die Transaktion des M und die Schadenersatzzahlung an K verringert sich das Gesellschaftsvermögen und dadurch die Haftungsmasse von € 200 Mio. auf € 37 Mio. Die C-Bank wird ohne Sanktion geschädigt, wenn man entsprechend der Literaturmeinung annimmt, dass § 246a Abs. 4 AktG eine lex specialis zu § 57 AktG bildet.[768]

Eine Schadenersatzzahlung durch die Gesellschaft in Form der hier entwickelten „perfekten Kompensation" birgt deshalb Gefahren für die Kapitalerhaltung der Gesellschaft. Eine mögliche Lösung könnte darin liegen, Schadenersatzzahlungen nur aus dem Bilanzgewinn zuzulassen. Das Problem des Ausgleichs über eine Schadenersatz-

---

[768] Handelsrechtsausschuss des DAV, NZG 2004, 555 (565).

zahlung aus dem Gesellschaftsvermögen verschärft sich noch erheblich, wenn der kontrollierende Gesellschafter über einen geringeren Anteil der Gesellschaft verfügt (z. B. nur etwa 30 % der Aktien hält und die übrigen Anteile gestreut sind). Denn letztlich führt die oben entwickelte „perfekte Kompensation" dazu, dass eine riesige Ausschüttung an die Aktionäre vorgenommen wird. Die Strukturmaßnahme bedeutet faktisch eine verdeckte Ausschüttung an den kontrollierenden Aktionär. Über den Schadenersatzanspruch wird die einseitige Ausschüttung an den kontrollierenden Aktionär um eine verdeckte Ausschüttung an die benachteiligten Aktionäre in Form des Schadenersatzanspruchs ergänzt, wodurch sichergestellt wird, dass alle Aktionäre an der Ausschüttung in gleicher Weise partizipieren. Wenn der kontrollierende Aktionär über einen verhältnismäßig geringen Anteil verfügt, steigt die Schadenersatzzahlung an die klagenden, benachteiligten Aktionäre entsprechend an.

Die *„perfekte Kompensation"* bleibt deshalb allenfalls bei solchen Gesellschaften eine Option, die über freie Mittel verfügen und bei der zugleich der vom Hauptversammlungsbeschluss einseitig profitierende Aktionär über eine deutliche Mehrheit verfügt.

3) Zwischenergebnis

Der Schadenersatzanspruch des § 246a AktG internalisiert nicht alle Externalitäten opportunistischen Abstimmungsverhaltens. Eine gewisse Korrektur ist über die Anpassung der Höhe des Schadenersatzes möglich. Jedoch kommt es in diesen Fällen zur Kollision mit Grundsätzen der Kapitalerhaltung und des Gläubigerschutzes.

II. Internalisierung durch Ansprüche der Gesellschaft gegen den kontrollierenden Aktionär

Externe Effekte können aber nicht nur dadurch internalisiert werden, dass benachteiligten Aktionären ein Anspruch gegen die Gesellschaft eingeräumt wird. Eine weitere Regelungsmöglichkeit besteht darin, Ansprüche der Gesellschaft gegen den kontrollierenden Aktionär zuzulassen, die mittelbar der benachteiligten Gruppe zugute kommen.

Der Grundgedanke dieses Haftungsmodells findet sich in § 62 Abs. 1 AktG, wonach jede Leistung der Aktiengesellschaft an die Gesellschafter, die gegen die Grundsätze der Kapitalerhaltung verstößt, an die Gesellschaft zurückgewährt werden muss.

Auch die Differenzhaftung bei unterbewerteter Sacheinlage folgt diesem Haftungskonzept.

Bilden wir dazu erneut ein Beispiel:

M gehören 75 % der Stimmrechtsaktien an der B-AG. Die übrigen 25 % der Anteile hält K. Die B-AG hat einen Wert von 200 Mio. Euro. Die Hauptversammlung beschließt eine kombinierte

Sach- und Barkapitalerhöhung[769], die das Grundkapital um 100 Mio. erhöht. Dabei erbringt M seine Einlage durch eine Sacheinlage in Form eines in seinem Eigentum stehenden Unternehmens, das mit 75 Mio. Euro bewertet wird. K erhebt gegen den Hauptversammlungsbeschluss eine Beschlussmängelklage, macht jedoch trotzdem von seinem Bezugsrecht Gebrauch und zeichnet die neu auszugebenden Aktien und erbringt die damit verbundene Einlage i. H. v. 25 Mio. Euro in bar. Der Hauptversammlungsbeschluss und der Durchführungsbeschluss werden nach erfolgreichem Freigabeverfahren bestandskräftig in das Handelsregister eingetragen. Später stellt sich heraus, dass die von M geleistete Sacheinlage nur 50 Mio. Euro wert war. Die auf § 255 Abs. 2 AktG analog[770] gestützte Anfechtungsklage hat Erfolg. Die Nichtigkeit des Hauptversammlungsbeschlusses (§ 241 Nr. 5 AktG) wird jedoch vom Registergericht wegen der zuvor erfolgten Freigabe nicht in das Handelsregister eingetragen (§ 242 Abs. 2 S.5 AktG).

Für diesen Fall kommt ein Anspruch des K aus § 246a Abs. 4 AktG gegen die B-AG in Betracht. Daneben könnte die B-AG selbst einen Anspruch gegen den Gesellschafter M aus Differenzhaftung haben.

Wenn eine Sachkapitalerhöhung aufgrund Eintragung wirksam ist, sich aber später herausstellt, dass die Sacheinlage überbewertet ist, hat die Gesellschaft gegen den Einleger einen Anspruch aus Differenzhaftung. Die Differenzhaftung wird aus § 188 Abs. 2 S. 1 AktG i. V. m. § 36 a Abs. 2 S. 3 AktG und dem Grundsatz der realen Kapitalerhöhung hergeleitet.[771] Der Anspruch umfasst die Wertdifferenz zwischen dem Wert des eingebrachten Gegenstandes im Zeitpunkt der Anmeldung der Durchführung der Kapitalerhöhung und dem in dem Kapitalerhöhungsbeschluss angenommen Wert.

Vergleichen wir nun die Internalisierungswirkung eines Anspruchs aus Differenzhaftung der Gesellschaft zu einem Anspruch des Gesellschafters aus § 246a Abs. 4 AktG.

- Vor der Kapitalerhöhung haben die Anteile von M einen Wert von € 150 Mio. (0.75 * € 200 Mio.) und die Anteile von K einen Wert von € 50 Mio. (0.5* € 100 Mio.). Durch die Sacheinlage des M und die Bareinlage des K erhöht sich der Wert der Gesellschaft um € 75 Mio. auf € 275 Mio. Nach der Kapitalerhöhung hat der Anteil von M einen Wert von € 206. 25 Mio. (0.75 * € 275 Mio.) und der Anteil des K einen Wert von € 68.75 Mio. (0.25 * 275 Mio.). Zugleich vermindert sich das Vermögen des M durch die geleistete Einlage um € 50 Mio. und das des K um € 25 Mio. M macht also insgesamt durch die Strukturmaß-

[769] Die Möglichkeit einer gemischten Sach- und Barkapitalerhöhung in einem Hauptversammlungsbeschluss ist grundsätzlich anerkannt: OLG Jena, ZIP 2006, 1989; *Hirte*, Bezugsrechtsauschluß und Konzernbildung, 1986, S. 81 f.; *Happ,* in: Happ, Aktienrecht, 3. Auflage (2007), 12.02 Rn. 4; GroßkommAktG/*Wiedemann*, § 186 Rn. 145; a. A. noch *Lutter,* ZGR 1979, 401 (406).

[770] Ein Hauptversammlungsbeschluss, der eine gemischte Sach- und Barkapitalerhöhung zum Gegenstand hat, soll bei Überbewertung der Sacheinlage analog § 255 Abs. 2 AktG anfechtbar sein, vgl. OLG Jena, ZIP 2006, 1989ff.; a. A. wohl *Hüffer*, AktG, 7. Auflage (2006), § 183 Rn. 20.

[771] OLG Jena, a. a. O.; *Hüffer*, AktG, 7. Auflage (2006), § 183 Rn. 21; KK-AktG/*Lutter*, § 183 Rn. 66.

nahme einen Gewinn von € 6.25 Mio. (€ 206.25 Mio. - € 50 Mio. - € 150 Mio.). K's Gesamtvermögen reduziert sich dagegen gem. € 6.25 Mio. durch die Wertverwässerung seiner Anteile (€ 68.75 Mio. - € 25 Mio. - € 50 Mio.). Durch die Transaktion kommt es also zu einer Vermögensverschiebung i. H. v. € 6.25 Mio. von K zu M.

- Würde nun K einen Anspruch gem. § 246a Abs. 4 AktG auf Ersatz seines „Verwässerungsschadens" geltend machen, hätte er einen Anspruch auf € 6.25 Mio. Dies würde allerdings dazu führen, dass sich zugleich das Gesellschaftsvermögen und damit der Wert der B-AG um diesen Betrag auf € 268.75 Mio. verringert (€ 275 Mio. - € 6.25 Mio.). Daran partizipiert K seinem Anteil entsprechend, so dass ihm ein Verlust i. H. v. € 1.68 Mio. verbleibt. Etwas anderes gilt nur, wenn der Ersatz des „Verwässerungsschadens" entsprechend der obigen Formel auch den Wertverlust in Folge der Schadenersatzzahlung mitberücksichtigt. Die Formel ist allerdings dahingehend zu modifizieren, dass U_1 den hypothetischen Wert der Gesellschaft bei voller Sacheinlage repräsentieren muss. Dann hätte K einen Anspruch auf € 8.33 Mio. [0.25 * (€ 300 Mio. - € 275 Mio.): (1-0.25)]. Zwar würde durch diese „perfekte Kompensation" die Umverteilung zwischen den Aktionären verhindert. Doch auch hier bestünde damit eine erhebliche Gefahr für Gläubiger. Denn faktisch hätte sich durch die Kapitalmaßnahme das Grundkapital nicht um € 100 Mio. erhöht, wie es in dem Handelsregister eingetragen ist, sondern lediglich um € 66.66 Mio. (€ 275 Mio. – € 8.33 Mio. – € 200 Mio.).
- Nun vergleichen wir den Fall mit der Differenzhaftung: Die B-AG fordert von M die Wertdifferenz auf seine Sacheinlage i. H. v. € 25 Mio. (€ 100 Mio. - € 75 Mio.). Das Gesellschaftsvermögen erhöht sich auf € 300 Mio. Die Umverteilung zwischen den Aktionären ist beseitigt. Die im Register eingetragene Kapitalerhöhung entspricht dann dem tatsächlichen Zuwachs des Gesellschaftsvermögens. Die Vermögensbilanz von M und K nach der Transaktion mit Ausgleich über die Differenzhaftung bleibt ihren Anteilen entsprechend gleich (M: € 300 Mio.* 0.75 - € 50 Mio. - € 25 Mio.= € 125 Mio.; K: € 300 Mio. * 0.25 - € 25 Mio. = € 75 Mio.)

Daran lässt sich ablesen, dass die Internalisierung von Externalitäten über Ansprüche der Gesellschaft gegenüber dem Einleger nicht zu Lasten der Gläubiger wirkt. Die einzige Gefahr könnte darin bestehen, dass die Organe die Ansprüche der Gesellschaft nicht geltend machen.[772] Ein weiterer Nachteil dieser Ausgleichskonzeption besteht

---

[772] Allerdings ist die Überbewertung durch die erfolgreiche Anfechtungsklage festgestellt, so dass die Organe potentiell für ein Unterlassen persönlich haften würden. Das OLG Jena glaubt jedoch, dass

darin, dass die Differenzhaftung nicht ohne weiteres realisiert werden kann, wenn die neuen Aktien mittlerweile weiter veräußert wurden.[773]

III. Internalisierung durch Ausgleichsansprüche auf Ebene der Gesellschafter

Eine weitere mögliche Haftungsregel strebt die Internalisierung über einen Ausgleich auf Ebene der Aktionäre an.

Ein Beispiel sind hierfür die konzernrechtlichen Ausgleichsanspruch der außenstehenden Aktionäre bei Abschluss eines Gewinnabführungsvertrages gem. § 304 Abs. 1 AktG. Schuldner dieser Forderung ist der andere Vertragsteil, also nicht die Gesellschaft, an der der außenstehende Aktionär Anteile hält.[774] Außenstehende Aktionäre sind alle Aktionäre mit Ausnahme des anderen Vertragsteils. Zwar scheint das Gesetz den Unternehmensvertrag als Vertrag zwischen zwei selbständigen Unternehmen entworfen zu haben, doch rechtstatsächlich besteht regelmäßig eine Mehrheitsbeteiligung des „anderen Vertragsteils".[775] Das Gesetz schafft somit faktisch eine Ausgleichsverpflichtung für einen Eingriff des Mehrheitsaktionärs in die Organisationsstruktur zwischen dem kontrollierenden Aktionär, dem anderen Vertragsteil, auf der einen Seite und den Minderheitsaktionären, den außenstehenden Aktionären, auf der anderen Seite.[776]

Wenn der Ausgleichsanspruch auf Ebene der Aktionäre der Höhe nach richtig bestimmt wird, kann es nicht zur Externalisierung kommen. Denn der kontrollierende Aktionär muss in diesen Fällen die Minderheit anteilsmäßig an dem partizipieren lassen, was ihr hypothetisch zugestanden hätte, wenn das Vermögen in der Gesellschaft bleiben würde (§ 304 Abs. 2 S. 1 AktG).

---

die Organe dieses Risiko regelmäßig nicht eingehen werden, vgl. OLG Jena, ZIP 2006, 1989 (1991).

[773] Im Zusammenhang mit den Überlegungen einer Erweiterung des Anwendungsbereichs des Spruchverfahrens weisen einige Autoren vor allem auf dieses Problem hin, vgl. *Baums*, Gutachten F für den 63. Deutschen Juristentag, in: Ständige Deputation des Deutschen Juristentages (Hrsg.), Verhandlungen des Dreiundsechzigsten Deutschen Juristentages, Bd. I, 2000, S. 123 f.; GroßkommAktG/*Hirte*, § 203 Rn. 10; *Hirte*, ZHR 167 (2004), 8, 34; *Zöllner*, AG 2000, 145 (151); *J. Vetter*, ZHR 168 (2004), 9 (40f.), der darin einen Verstoß gegen das Verbot der Nachschusspflicht sieht.

[774] KK-AktG/ *Koppensteiner*, § 304 Rn. 15; MünchKommAktG/*Bilda*, § 304 Rn. 32 f.; *Hüffer*, AktG, 7. Auflage (2006), § 304 Rn. 4; a. A. *v. Godin/Wilhelmi*, Aktiengesetz, 4. Auflage (1971), § 304 Rn. 2.

[775] *Hirte*, Kapitalgesellschaftsrecht, 5. Auflage (2006), S. 421, Rn. 8.67.

[776] *Hirte*, Kapitalgesellschaftsrecht, 5. Auflage (2006), S. 422, Rn. 8.68: „Ausgleich zwischen Mehrheits- und Minderheitsgesellschaftern".

Natürlich besteht auch bei der Internalisierung über den Ausgleich zwischen den Gesellschaftern die Gefahr, dass dies auf Kosten der Gläubiger geschieht. Jedoch sieht beispielsweise das Konzernrecht entsprechende Schutzvorschriften in §§ 300 – 303 AktG vor.

Ein Ausgleich, der sich gegen die Aktionäre selbst richtet, leidet jedoch darunter, dass die vom Beschluss profitierende Mehrheit leicht identifizierbar sein muss, damit er nicht leer läuft. Des Weiteren darf sie zwischenzeitlich nicht ihre Aktien weiterveräußert haben.[777] Belastet man dagegen auch einen etwaigen Erwerber von Aktien mit Ausgleichsansprüchen, erhöhen sich die Transaktionskosten beim Aktienkauf. Denn jeder Erwerber muss dann genau prüfen, inwieweit er potentiell Haftungsansprüchen ausgesetzt sein könnte.

IV. Vergleich der verschiedenen Internalisierungsstrategien

Die vorangegangene Untersuchung hat gezeigt, dass sich die Internalisierung am einfachsten über einen Anspruch der benachteiligten Minderheitsaktionäre gegen einen kontrollierenden Aktionär bzw. die beschlusstragende Mehrheit erreichen lässt.

[777] Auf dieses Problem weisen hin: *Zöllner*, AG 2000, 145 (151); gegen eine Ausgleichsverpflichtung der bevorzugten Gesellschafter insbesondere *J. Vetter*, ZHR 168 (2004), 9 (40f.), der darin einen Verstoß gegen das Verbot der Nachschusspflicht sieht.

Folgender Überblick kann die Vor- und Nachteile des jeweiligen Haftungsregimes noch einmal verdeutlichen:

Art des Schadenersatzanspruchs	Vorteile	Nachteile
Anspruch auf Wertverlust gegen Gesellschaft (z.B. § 246a Abs. 4 AktG)	Schuldner kann leicht bestimmt werden (Gesellschaft)	– Minderheit finanziert Anspruch gegen sich selbst mit – Anreiz für opportunistische Beschlüsse – Gläubigerschutz wird vernachlässigt
Anspruch auf „perfekte Kompensation" gegen Gesellschaft (Schaden umfasst auch Folgen, die durch Schadenersatzzahlung aus Gesellschaftsvermögen entstehen)	– Schuldner kann leicht bestimmt werden (Gesellschaft) – keine Umverteilung zwischen Aktionären	– Schadenersatzzahlung führt zu hohem Liquiditätsverlust – Gläubigerschutz wird besonders stark vernachlässigt
Anspruch der Gesellschaft gegen beschlusstragende Mehrheit (z.B. Differenzhaftung)	– keine Externalitäten bzw. Umverteilung zwischen den Aktionären – Gläubiger werden geschützt	– Schuldnerbestimmung schwierig, wenn kontrollierender Aktionär fehlt – Transaktionskosten für Aktienerwerb erhöhen sich – Durchsetzung fraglich, wenn abhängig von kontrollierendem Aktionär
Anspruch der benachteiligten Aktionäre gegen beschlusstragende Mehrheit (z.B. konzernrechtliche Haftung des anderen Vertragsteils)	– keine Externalitäten bzw. Umverteilung zwischen den Aktionären – Durchsetzung nicht abhängig von Organen	– P: Schuldnerbestimmung, wenn kontrollierender Aktionär fehlt – Transaktionskosten für Aktienerwerb erhöhen sich – flankierender Gläubigerschutz notwendig

Abbildung 6 Vor-und Nachteile verschiedener Haftungssysteme

Im Ergebnis ist festzuhalten: Die Lösung des UMAG-Gesetzgebers, die Gesellschaft zur Schuldnerin des Anspruchs aus § 246a Abs. 4 AktG zu machen, verstärkt den Anreiz des Mehrheitsaktionärs, opportunistische Strukturmaßnahmen in der Hauptversammlung durchzusetzen. Die damit verbundene Problematik wurde zuvor bereits von rechtswissenschaftlicher Seite erkannt. Es ist deshalb *Zöllner* zuzustimmen, der im Vorfeld warnte: „Nicht angängig wäre es ja, dass die Verwässerungsabfindung bei der Kapitalerhöhung aus dem Gesellschaftsvermögen bezahlt wird. Aufkommen müsste für sie die Mehrheit. Man könnte daher [...] der Mehrheit gegenüber der Geltendmachung eines zu niedrigen Ausgabekurses eine einseitige Option auf Herbeiführung der Bestandskraft des Kapitalveränderungsbeschlusses einräumen mit der Folge, daß sie gegebenenfalls später Ausgleichszahlungen leisten muss."[778]

D. Exkurs: Strategien zur Reduzierung von Externalitäten, verursacht durch missbräuchliche Klagen

Neben der Internalisierung des Verhaltens der beschlusstragenden Mehrheit über eine Haftungsregel kann aber auch eine Internalisierung aller Kosten, die durch das Verhalten einer blockierenden Minderheit entstehen, diskutiert werden.

I. Internalisierung durch Haftung für verzögerte Eintragung

Die Blockade des Hauptversammlungsbeschlusses durch eine Klage führt zu erheblichen Externalitäten bei ungerechtfertigten Klagen. Denn die Folgen der Verzögerung durch den Hauptversammlungsbeschluss müssen nicht nur die klagenden Gesellschafter tragen, sondern die Gesellschaft und mittelbar alle übrigen Gesellschafter.[779]

- Wenn Aktionär A also beispielsweise 0,01 % des Grundkapitals einer Gesellschaft hält und Anfechtungsklage erhebt, die bei der Gesellschaft zu Verlusten i. H. v. € 1 Mio. führten, partizipiert er mittelbar über den Wertverlust seiner Anteile nur in Höhe von € 100, während die restlichen € 999.900 mittelbar von den übrigen Gesellschaftern getragen werden.[780]

Auf den ersten Blick könnte man deshalb annehmen, dass es aus ökonomischer Sicht wünschenswert wäre, eine Haftung des Klägers für die Schäden der Gesellschaft einzuführen, die durch den verzögerten Vollzug entstehen.

II. Vorbilder einer Haftung für verzögerte Eintragung

Ein solches Haftungsregime existierte bis 1965 im deutschen Aktienrecht. Denn das AktG von 1937 kannte eine solche Regelung. So lautet § 200 Abs. 2 AktG 1937: „Für einen Schaden aus unbegründeter Anfechtung sind der Gesellschaft die Kläger, denen Vorsatz oder grobe Fahrlässigkeit zur Last fällt, als Gesamtschuldner verantwortlich."[781] Bei der Klageerhebung kann das Prozessgericht zudem die Erbringung einer

---

[778] *Zöllner*, AG 2000, 145 (151); ähnlich auch *Lutter*, JZ 2000, 837 (839).

[779] Zu den asymmetrischen Erwartungswerten bereits oben S. 148f.

[780] Die Kosten, die ihm gemäß §§ 91 ZPO, 247 AktG auferlegt werden, umfassen nicht die Kosten der Verzögerung durch den Rechtsstreit.

[781] Abdruck bei *Kropff*, Aktiengesetz, 1965, S. 625.

Sicherheitsleistung gem. § 199 Abs. 4 AktG anordnen: „Macht die Gesellschaft glaubhaft, daß ihr nach § 200 Abs. 2 oder nach Vorschriften des bürgerlichen Rechts gegen den klagenden Aktionär ein Ersatzanspruch zusteht oder erwachsen kann, so kann das Prozeßgericht auf ihren Antrag anordnen, daß der klagende Aktionär der Gesellschaft Sicherheit leiste. Art und Höhe der Sicherheit bestimmt es nach freiem Ermessen. Die Vorschriften der Zivilprozessordnung über die Festsetzung einer Frist zur Sicherheitsleistung und die Folgen der Versäumung der Frist sind anzuwenden."[782] Der Gesetzgeber hat sich jedoch bei der Aktienreform von 1965 entschlossen, dieses Haftungsregime zu beseitigen: „Der Entwurf übernimmt diese Vorschrift [§ 200 Abs. 2 AktG] nicht. Sie enthält eine ungerechtfertigte Benachteiligung des Anfechtungsklägers. Auch bei anderen gerichtlichen Verfahren kann es vorkommen, daß der Kläger durch die Klageerhebung dem Beklagten schuldhaft einen Schaden zufügt. Für diese Fälle ist nirgends im Gesetz eine besondere Haftung vorgesehen, auch dort nicht, wo zwischen den Parteien gesellschaftsrechtliche Beziehungen bestehen."[783] Das aktuell geltende deutsche Aktienrecht kennt die Haftung des Klägers für die Verzögerung nur im einstweiligen Rechtsschutz.[784]

Dagegen kennt das italienische Recht eine Haftung für missbräuchliche Klagen. So kann das Gericht gem. Art. 2377 Abs. 3 c. c. anordnen, dass der anfechtende Gesellschafter eine angemessene Kaution für eventuell zu leistenden Schadenersatz hinterlegt, wenn er die Aussetzung der Eintragung begehrt.[785]

Für den Nutzen einer solchen Haftungsnorm sprechen zunächst auch die Erfahrungen, die mit diesen Regelungen gemacht wurden. Unter dem AktG von 1937 gab es kaum missbräuchliche Klagen. Deshalb konnte der Regierungsentwurf bei der Aktienreform von 1965 feststellen: „[Der Entwurf] sieht namentlich davon ab, das Anfechtungsrecht des Aktionärs zu erschweren. Dieses Recht ist die wirksamste Waffe des Aktionärs. Wirklich missbräuchliche Anfechtungsklagen sind in den letzten Jahren nicht bekannt geworden."[786]. Ähnliches gilt für Italien, wo missbräuchliche Anfechtungsklagen nur eine nebensächliche Rolle spielen.[787]

---

[782] Abdruck bei *Kropff*, Aktiengesetz, 1965, S. 624 f.

[783] Begründung Reg E 1965, abgedruckt bei *Kropff*, Aktiengesetz, 1965, S. 335.

[784] Dazu oben S. 45 f.

[785] Abgedruckt und übersetzt bei *v. Schnurbein*, Missbrauch von Minderheitsrechten im deutschen und italienischen Aktienrecht, 2005, S. 250 f.

[786] Abgedruckt bei: *Kropff*, Aktiengesetz, 1965, S. 332.

[787] *v. Schnurbein*, Missbrauch von Minderheitsrechten im deutschen und italienischen Aktienrecht, 2005, S. 207 m.w. Nachw.

III. Hohe Abschreckung redlicher Klagen

Die Abschreckungswirkung, die ein solches Haftungsregime entwickelt, ist tatsächlich sehr groß (*Overdeterrence)*. Greifen wir hierzu erneut auf das obige Beispiel zurück:

- A muss bei einer unbegründeten Klage damit rechnen, dass er die Kosten für den Verzug i.H.v. € 1 Mio. tragen muss, wenn ein entsprechendes Haftungsregime existiert. Er kann mithin keine Verzugsfolgen externalisieren. Dadurch verschwindet die Asymmetrie der Erwartungswerte.[788]

Doch darf man nicht übersehen, welchen Einfluss der Ersatzanspruch auf redliche Klagen hat, die nicht den Abkauf zum Ziel haben. Bilden wir hierzu erneut ein Beispiel.

> A hält Aktien i.H.v. 1 % des Grundkapitals. Die Hauptversammlung beschließt eine Strukturmaßnahme, die der Gesellschaft € 10 Mio. Vermögen entzieht. A schätzt, dass eine Beschlussmängelklage zu 80 % Erfolg hat. Allerdings entstehen durch die damit verbundenen Verzögerungen Belastungen für das Gesellschaftsvermögen i.H.v. € 1 Mio.

Vergleichen wir die Entscheidung von A ohne Haftung für Verzögerungsfolgen und mit der Haftung für Verzögerungsfolgen.

A klagt, wenn:

$$(W_o - W_m) * P > (1 - P) * K_v + C \qquad (1.)$$

wobei

- W_o den Wert seiner Aktien nach Nichtigerklärung des Hauptversammlungsbeschlusses,
- W_m den erwarteten Wert seiner Aktien mit dem belastenden Beschluss,
- P die subjektive Wahrscheinlichkeit zu gewinnen, die zwischen 0 und 1 liegt,
- K_v die Prozesskosten, die der Kläger im Falle des Misserfolgs zu tragen hat,
- C die Kosten, die nicht mit dem Prozessausgang zusammenhängen (z.B. zeitlicher Aufwand)

bezeichnen.

Nach dem hier gebildeten Beispiel beträgt die Wertdifferenz $(W_o - W_m)$ = 100.000, denn A partizipiert mittelbar über seinen Anteil i. H. v. 1 % an dem Vermögensverlust,

---

[788] Zur Asymmetrie der Erwartungswerte bereits aufführlich oben S.148f.

der durch die Strukturmaßnahme entsteht (0.01*€ 10 Mio.). Nehmen wir des Weiteren an, dass die gerichtlichen Kosten K_v im Falle des Verlusts € 10.000 und die nicht zu ersetzenden Kosten C € 2000 betragen. In diesem Fall lohnt es sich für K zu klagen, denn

$$100.000 * 0.8 > 0.2* 10.000 + 2000 \quad (2.)$$

$$80.000 > 4000 \quad (3.)$$

Nun ergänzen wir die Haftung für Verzögerungsschäden im Falle der Klageabweisung in die Überlegung. Die Formel muss auf der rechten Seite entsprechend ergänzt werden. K klagt, wenn

$$(W_o-W_m) * P >(1 - P) * K_v + (1 - P) * D + C \quad (4.)$$

wobei

- D für den zu ersetzenden Verzögerungsschaden steht

Für A lohnt es sich nun nicht mehr zu klagen, denn

$$80.000 < 2000 + 0.2* 1.000.000+ 3000 \quad (5.)$$

$$80.000 < 205.000 \quad (6.)$$

Trotz einer Chance von 80 % zu gewinnen, ist es für A nicht mehr rational zu klagen. Denn seine Verluste im Falle der Klageabweisung sind so hoch, dass diese auch nicht durch die hohe Gewinnchance ausgeglichen werden.[789]

Das Beispiel verdeutlicht ein strukturelles Problem. Der negative Erwartungswert für den Fall der Klageabweisung ist sehr viel größer als der positive Erwartungswert im Falle des Klageerfolgs. Diese Asymmetrie beruht darauf, dass der Kläger am Gewinn der Beschlussmängelklage nur in der Höhe seines Anteils partizipiert. Unterliegt er dagegen vor Gericht, muss er aber den Schaden in Folge der Verzögerung für die verspätete Eintragung alleine tragen.

Ein Haftungsregime, das neben den Prozesskosten auch die Kosten der Verzögerung dem unterlegenen Beschlussmängelkläger auferlegt, führt so zu einem extrem hohen Grad der Abschreckung.[790] Denn auch Klagen, die der Sache nach begründet sind, und

---

[789] Der Einfachheit halber wurde ignoriert, dass A an seiner Schadenersatzzahlung an die Gesellschaft über die Steigerung des Gesellschaftsvermögens mittelbar partizipieren würde. Dies hätte keinen Einfluss auf das Ergebnis. Die rechte Seite müsste ergänzt werden um: - 0.2*0.01*1.000.000 = - 2000.

[790] Dieses Problem erkannte bereits das BVerfG 14, 263 (283) – *Feldmühle*: Die Schadenersatzverpflichtung gem. § 200 Abs. 2 AktG 1937 belaste den Anfechtungskläger mit einem hohen Prozessrisiko und könne die Anfechtungsklage erschweren; es müsste deshalb bei der Prüfung des Verschuldens entsprechend sorgfältig geprüft werden. Wie wir soeben gezeigt haben, ist der Korrekturansatz ungeeignet, denn hohe Anforderungen an das Verschulden senken zwar das

deshalb hohe Erfolgschancen haben, werden dadurch unattraktiv. Dies können kontrollierende Aktionäre antizipieren und so verstärkt rechtswidrige Hauptversammlungsbeschlüsse herbeiführen.

Eine Haftung für Verzögerungsschäden würde nur dann nicht zur *Overdeterrence* führen, wenn zugleich bei erfolgreicher Klage eine höhere Kompensation den positiven Erwartungswert so stark vergrößert, dass der überhöhte negative Erwartungswert ausgeglichen wird. Ein verwandtes Modell hat *Adams* entwickelt, das die Internalisierung von Externalitäten über eine Modifikation des Kostenrechts erreichen will: Erfolgreiche Klagen sollen die doppelten Gebühren erhalten, fehlerhafte Klagen dagegen mit dem vierfachen Satz belastet werden.[791]

IV. Zwischenergebnis

Eine Haftung des Beschlussmängelklägers für Verzögerungsschäden kann die Klagen von „räuberischen Aktionären" weitgehend verhindern. Dies erklärt auch, warum „räuberische Aktionäre" kaum mit einstweiligen Verfügungen arbeiten. Denn in diesen Fällen droht die Verpflichtung zum Ersatz des Schadens gem. § 945 ZPO.

Jedoch wird bei einem solchen Haftungsregime „das Kind mit dem Bade ausgeschüttet". Denn auch redliche Klagen, die sehr hohe Gewinnchancen haben, werden sanktioniert, indem sich ihr Ex-ante-Erwartungswert drastisch verschlechtert. Auf Seiten der Hauptversammlungsmehrheit wird opportunistisches Verhalten attraktiv. Die Lösung des AktG 1937 zur Internalisierung von Verzögerungskosten und des italienischen Aktienrechts sind deshalb nicht zu empfehlen.

E. Ergebnis

Die Untersuchung des Schadenersatzanspruchs gem. § 246a Abs. 4 AktG mithilfe der ökonomischen Analyse der Haftung hat gezeigt, dass die derzeitige Konzeption nicht das Ideal der perfekten Internalisierung erreicht:

- Eine Internalisierung der – durch den Vollzug eines die Minderheit benachteiligenden Hauptversammlungsbeschlusses entstehenden – negativen Externalitäten wird durch den Anspruch gem. § 246a Abs. 4 AktG nicht erreicht, wenn dieser lediglich den Wertverlust der Anteile ausgleicht.

Risiko haftbar zu werden ab. Jedoch genügen schon extrem geringe Risiken, um *ex ante* einen negativen Erwartungswert zu generieren.

[791] Ausführlich *Adams*, AG 2000, 396 (408ff.); das von ihm entwickelte Modell zielt allerdings allein auf das Kostenrecht ab und dient der Beseitigung der Asymmetrie bei Klagen mit Drittwirkung, enthält jedoch keine Aussage über den Umgang mit Verzögerungsschäden.

- Eine Internalisierung der bei den Minderheitsaktionären auftretenden Externalitäten kann erreicht werden, wenn der Schadenersatz so bestimmt wird, dass auch der mittelbare Wertverlust der Anteile infolge der Schadenersatzzahlung aus dem Gesellschaftsvermögen berücksichtigt wird; hierdurch entstehen jedoch negative Externalitäten für die Gläubiger der Gesellschaft.

Die Konzeption des UMAG-Gesetzgebers ist damit insgesamt nicht gelungen. Statt der Gewährung von Schadenersatz gem. § 246a Abs. 4 AktG gibt es Haftungsregelungen, die dem Ideal der perfekten Internalisierung näher kommen. Sowohl mithilfe der Differenzhaftung als auch durch Ausgleichspflichten zwischen den Aktionären können Externalitäten weitgehend vermieden werden.

Die Einführung einer Haftung des Beschlussmängelklägers für Verzögerungsschäden im Falle unbegründeter Beschlussmängelklagen führt zu *Overdeterrence* und ist deshalb nicht wünschenswert. Wenn dagegen zugleich eine entsprechende Überkompensation für erfolgreiche Beschlussmängelklagen eingeführt würde, stünde der Haftungsregelung weniger im Wege.[792]

[792] Allerdings bestehen gegen eine solche Idee deutliche Vorbehalte: Der 63. Deutsche Juristentag lehnte eine Erfolgsprämie für Kläger aus der Gesellschaftskasse mit 63: 3 Stimmen ab, vgl. *Beschlüsse Abteilung Wirtschaftsrecht*, in: Ständige Deputation des Deutschen Juristentages (Hrsg.), Verhandlungen des Dreiundsechzigsten Deutschen Juristentages, Bd. II/1, I. 18 e), S. O 73 (O 78).

8. Kapitel: Ökonomische Analyse mithilfe der Theorie der kollektiven Rechtsdurchsetzung

In diesem Kapitel wird untersucht, welche Effekte die Begrenzung des Schadenersatzanspruchs bei erfolgreicher Anfechtungs- oder Nichtigkeitsklage auf den Beschlussmängelkläger haben. Der Verfasser vertritt die Ansicht, dass dadurch der Charakter der Beschlussmängelklage grundlegend verändert wird: Sie wandelt sich von einem Instrument der kollektiven zu einem Instrument der individuellen Rechtsdurchsetzung. Sodann werden die wesentlichen Vor- und Nachteile der individuellen und der kollektiven Rechtsdurchsetzung unter ökonomischen Gesichtspunkten herausgearbeitet: Bei weit gestreuten Schäden entsteht bei individueller Rechtsdurchsetzung das Problem der rationalen Apathie. Außerdem erhöhen sich die Rechtsverfolgungskosten, weil jedes Opfer klagen muss. Die kollektive Rechtsdurchsetzung kann dagegen Skaleneffekte erzielen, indem Ansprüche gebündelt werden. Allerdings weist die kollektive Rechtsdurchsetzung auch schwerwiegende Nachteile auf: Die Beziehung zwischen dem Kläger und den restlichen Opfern hat den Charakter einer Prinzipal-Agenten-Beziehung, die zu erheblichen Agency-Kosten führt. Zudem besteht die Gefahr des Trittbrettfahrerverhaltens zwischen den Opfern. Der Verfasser zeigt, dass sich diese Phänomene bei der Anfechtungs- und Nichtigkeitsklage wieder finden. Doch hat die rechtsökonomische Literatur mehrere Instrumente entwickelt, um die Kosten der kollektiven Rechtsdurchsetzung abzusenken. Drei Werkzeuge lassen sich identifizieren: Die gerichtliche Auswahl des Klägers, die Überwachung eines Vergleichs durch das Gericht und die Ermöglichung von sog. credible commitments. Es wird jeweils überprüft, inwieweit die gesetzlichen Grundlagen hierfür existieren und wie etwaige Reformen ausgestaltet werden könnten, die die Nachteile der kollektiven Rechtsdurchsetzung abmildern.

A. Beseitigung der kollektiven Wirkung durch den Freigabebeschluss

Die Eintragung in Folge des rechtskräftigen Freigabebeschlusses führt dazu, dass die Beschlussmängelklage ihre kollektive Wirkung verliert. Denn die Nichtigkeit des Beschlusses kann nicht mehr gem. § 248 Abs. 1 S. 3 AktG in das Handelsregister eingetragen werden (vgl. § 242 Abs. 2 S. 5 AktG). Die Feststellung der Bestandskraft wirkt für und gegen jedermann (§ 246a Abs. 3 S. 5 AktG). Die Durchführung des Hauptversammlungsbeschlusses wird durch die erfolgreiche Klage nicht mehr infrage gestellt (vgl. § 246a Abs. 4 S. 2 Halbs. 1 AktG). Trotz dieser umfassenden Wirkung der Freigabeentscheidung kommt nur der Antragsgegner in den Genuss des Schadenersatzanspruchs gem. § 246a Abs. 4 AktG. Faktisch wandelt die rechtskräftige Freigabeentscheidung deshalb die Beschlussmängelklage von einem Rechtsbehelf der kollektiven Rechtsdurchsetzung in einen Rechtsbehelf der individuellen Rechtsdurchsetzung.[793]

Nunmehr stellt sich die Frage, wie diese Veränderung aus rechtsökonomischer Sicht zu bewerten ist. Hierbei gilt es im ersten Schritt die unterschiedlichen Anreize und Wirkungen der individuellen und der kollektiven Rechtsdurchsetzung herauszuarbeiten und die normativen Implikationen abzuleiten. Im Folgenden werden der Nutzen (unter A.) und die Kosten der kollektiven Rechtsdurchsetzung (unter B.) herausgearbeitet. Schließlich werden Konzepte der ökonomischen Literatur vorgestellt, mit denen sich die Kosten der kollektiven Rechtsdurchsetzung verringern lassen (unter C.). Es werden jeweils abstrakt die rechtsökonomischen Überlegungen erörtert und sodann im Kontext des Beschlussmängelrechts diskutiert.

B. Nutzen der kollektiven Rechtsdurchsetzung

I. Ökonomische Theorie

Grundsätzlich erkennt die ökonomische Theorie komparative Vorteile der kollektiven gegenüber der individuellen Rechtsdurchsetzung, wenn ein insgesamt großer Schaden von vielen Opfern gemeinsam getragen wird (*Streuschäden*) und die Bündelung der Ansprüche Ressourcen schonen kann (*Skaleneffekte*).[794] Denn bei der rein individuellen Rechtsdurchsetzung besteht die Gefahr, dass die Anreize zur Rechtsdurchsetzung hinter dem sozial wünschenswerten Niveau zurückbleiben.

1) Sozial optimale Rechtsdurchsetzung

Wie im letzten Kapitel gezeigt wurde, haben Haftungsregeln aus ökonomischer Sicht die Funktion Externalitäten zu internalisieren.[795] Implizit vorausgesetzt wurde, dass diese Haftung durchgesetzt wird. Eine verminderte Durchsetzung verringert die Anreize des Normadressaten so, als ob der Haftungsmaßstab abgesenkt würde.[796]

Eine einfache Überlegung kann diesen Gedanken verdeutlichen: A plant eine Tat, die ihm einen Nutzen in Wert von € 30 erbringt. Zugleich führt sie aber bei B zu Verlusten in Höhe von € 40. Es entsteht also eine Externalität, deren volkswirtschaftliche Gesamtbilanz negativ ist. Denn die Tat verursacht insgesamt Verluste in Höhe von € 10

---

[793] Dazu bereits oben S. 71.

[794] *Cooter/Ulen*, Law & Economics, 4. Auflage (2004), S. 402.

[795] Zur Haftung vgl. das vorangegangene Kapitel.

[796] *Schäfer*, in: *Basedow/Hopt/Kötz/Baetge* (Hrsg.), Die Bündelung gleichgerichteter Interessen im Prozess, 1999, S. 67 (70): „Haftungsrecht verliert seine Steuerungsfähigkeit“.

(€ 30 - € 40). Bei einer perfekten Haftung unterlässt A jedoch die volkswirtschaftlich schädliche Handlung, denn er weiß, dass er auch die Verluste von B tragen muss, die seinen Gewinn nicht ausgleichen können. Die Entscheidung von A kann sich aber verändern, wenn er annimmt, dass er „vielleicht davonkommt“, weil er weiß, dass B oft zu beschäftigt ist, um seine Ansprüche geltend zu machen. Schätzt A also, dass B nur mit einer Wahrscheinlichkeit von 50 % den Schaden geltend macht, wird das volkswirtschaftlich schädliche Verhalten trotz Haftungsregel attraktiv. Seine Kosten-Nutzen-Rechnung wird positiv, denn dem Gewinn von € 30 stehen erwartete Verluste von € 20 gegenüber (0.5 * € 40).

Die steuernde Wirkung des materiellen Rechts ist also abhängig von der entsprechenden Durchsetzung.[797] Diese Wechselwirkung führt dazu, dass auch das materielle Recht genutzt werden kann, um eine zu niedrige Durchsetzung auszugleichen. Im amerikanischen Recht wird mit den so genannten *punitive damages* ein solcher Ansatz verfolgt. Beträgt die Wahrscheinlichkeit der Durchsetzung nur 10 %, kann dies zum Beispiel durch eine zehnfache Haftung ausgeglichen werden.

2) Überwindung der rationalen Apathie bei Streuschäden

Shavell hat erstmals gezeigt, dass die privaten Anreize zu klagen von dem sozial wünschenswerten Niveau abweichen können.[798] Denn der Gewinn des Klägers muss nicht identisch sein mit dem volkswirtschaftlichen Gewinn, der durch die Rechtsverfolgung entsteht.[799] Es können sowohl zu hohe als auch zu niedrige Klageanreize bestehen. Zu niedrige Klageanreize entstehen insbesondere durch hohe Rechtsverfolgungs- und Transaktionskosten. Denn ein rationaler Kläger klagt nur dann, wenn der erwartete Gewinn durch die Rechtsverfolgung höher ist als die dadurch entstehenden Kosten. Jede Klage verursacht beim Kläger Kosten (Aufwendungen zur Informationsgewinnung, zur Rechtsberatung, Zeit etc.). Sind diese nun höher als der erwartete Gewinn, unterlässt er die Durchsetzung und minimiert damit insgesamt seine Verluste.

Bei Streuschäden ist dieses Phänomen besonders ausgeprägt, weil die Gewinne des Einzelnen aus der Rechtsdurchsetzung nur klein sind und damit die Transaktionskosten relativ größer werden. Der Rechtsverletzer kann sich dieses Phänomen zunutze machen. *Schäfer* erklärt dies plastisch am Beispiel der „Politik des hohen Schornsteins“: Zu Beginn der Industrialisierung wehrten sich die direkten Nachbarn von Fab-

---

[797] *Hirte*, Berufshaftung, 1996, S. 322.

[798] *Shavell*, 11 J. Legal Studies 55 (1982); *Shavell*, Foundations of Economic Analysis of Law, 2004, S. 391 ff.; hierzu auch *Schäfer*, in: *Basedow/Hopt/Kötz/Baetge* (Hrsg.), Die Bündelung gleichgerichteter Interessen im Prozess, 1999, S. 67 (68).

[799] *Shavell*, Foundations of Economic Analysis of Law, 2004, S. 391.

riken juristisch erfolgreich gegen die Emissionen, die von der Schwerindustrie ausgingen. Statt die Emissionen zu verringern, installierten die Betreiber hohe Schornsteine. Zwar wurden dadurch die direkten Nachbarn geschont, die absolute Menge der Emissionen und die damit verbundenen Umweltschäden blieben allerdings gleich. Sie verteilten sich nur auf einen weiter entfernten, größeren Personenkreis. Für den Einzelnen, der zu dieser Gruppe gehörte, lohnte es sich aufgrund des relativ geringeren Schadens nicht mehr gegen die Emissionen vorzugehen.[800]

Die kollektive Rechtsdurchsetzung ermöglicht es nun, die Streuschäden zu bündeln und damit die rationale Apathie des Einzelnen zu überwinden. Damit steigt zugleich die Abschreckung der Haftungsregelung und nähert sich dem sozial optimalen Niveau an.

3) Skaleneffekte

Die kollektive Rechtsdurchsetzung hat des Weiteren den Vorteil, dass Rechtsdurchsetzungs-Ressourcen geschont werden.[801] Denn wenn die Sachverhalte, die einen Anspruch begründen, für eine Vielzahl von Personen identisch sind, werden unnötige Aufwendungen getätigt, wenn alle Opfer Zeit und Geld für die Rechtsdurchsetzung einsetzen. So müsste sich andernfalls jeder von ihnen ein Bild von der Rechtslage machen, einen Anwalt einschalten und Klage erheben. Dadurch werden zahlreiche Schritte von vielen Akteuren statt von einem Einzelnen getätigt. Auch diese Kosten der Aufdeckung und Rechtsverfolgung sind volkswirtschaftlich relevant; sie werden von der rechtsökonomischen Literatur seit *Calabresi* als *tertiäre Kosten* bezeichnet[802] und müssen bei der Bewertung von Rechtsnormen berücksichtigt werden.

Mit der kollektiven Wirkung eines Urteils können dagegen *Skaleneffekte* erreicht werden. Ein Skaleneffekt liegt nach der ökonomischen Definition vor, wenn für eine Verdoppelung des Ertrags weniger als der doppelte Aufwand nötig ist.[803] Skaleneffekte lassen sich also insbesondere dann realisieren, wenn die Ansprüche der Einzelnen

---

[800] *Schäfer*, in: *Basedow/Hopt/Kötz/Baetge* (Hrsg.), Die Bündelung gleichgerichteter Interessen im Prozess, 1999, S. 67 (69).

[801] *Macey/Miller*, 58 U. Chi. L. Rev. 1, 8f. (1991).

[802] Mit der Dreiteilung der Kosten in primäre, sekundäre und tertiäre Kosten beschreibt *Calabresi* die gesamtgesellschaftlichen Kosten von Normverstößen. Primäre Kosten sind die Kosten die durch die Rechtsverletzung selbst entstehen, sekundäre Kosten sind die Kosten, die durch die Risikoaversität potentiell Geschädigter aufgrund ihrer Angst vor der Rechtsverletzung entstehen, vgl. ausführlich *Schäfer/Ott*, Lehrbuch der ökonomischen Analyse des Zivilrechts, 4. Auflage (2005), S. 140; *Calabresi*,The Cost of Accidents, 1972.

[803] *Pindyck/Rubinfeld*, Microeconomics, 5. Auflage (2001), S. 227.

ähnliche Charakteristika aufweisen, so dass eine gemeinsame Verhandlung möglich ist.

II. Anwendung auf Beschlussmängelklage

Wie soeben gezeigt wurde, identifiziert die ökonomische Theorie zwei Faktoren, die für eine kollektive Rechtsdurchsetzung sprechen, nämlich die Streuung von Schäden und die Ähnlichkeit der Sachverhalte.

1) Rationale Apathie in der Aktiengesellschaft

Rationales Desinteresse der Aktionäre an der Rechtsverfolgung besteht vornehmlich in der börsennotierten Gesellschaft, weil in diesen Fällen der Anteil, den ein Aktionär hält, im Normalfall geringer ausfällt. Wie die Portfoliotheorie zeigt[804], ist es ein zentraler Vorteil der Aktiengesellschaft kleine Anteile zu halten: Die Gesellschafter können so die Möglichkeiten der Diversifikation ausnutzen.[805] Damit werden die Schäden weit gestreut.

2) Höherer Anreiz zu opportunistischen Hauptversammlungsbeschlüssen

Nach der ökonomischen Theorie führt die Beseitigung der kollektiven Wirkung durch den Freigabebeschluss *ex ante* dazu, dass der Anreiz steigt, rechtswidrige Beschlüsse zu fassen. Die kontrollierende Hauptversammlungsmehrheit kann rational apathisches Verhalten antizipieren und von vornherein damit kalkulieren, dass nur ein geringer Anteil des Schadens geltend gemacht wird. Damit entsteht aber die Möglichkeit, sich ohne Sanktion Vermögen der rational desinteressierten Aktionäre anzueignen. Die Argumentation, ein Aktionär, der nicht Klage erhebe, sei nicht schutzwürdig,[806] verkennt damit die Probleme der rationalen Apathie.

Zugleich steigen die *tertiären Kosten*. Denn nunmehr muss jeder Aktionär, der in den Genuss des Schadenersatzanspruchs gem. § 246a Abs. 4 AktG kommen will, auch selbst Klage erheben. Prozessökonomisch ist dies ungünstig.

III. Zwischenergebnis

Die ökonomische Theorie prognostiziert, dass die Beseitigung der kollektiven Wirkung zu einer höheren Zahl opportunistischer Hauptversammlungsbeschlüsse führt. Zugleich erhöhen sich die Gesamtkosten der Rechtsdurchsetzung.

---

[804] Dazu bereits oben S. 118f.

[805] Vgl. zu den Vorteilen der Diversifikation oben S. 118f.

C. Kosten der kollektiven Rechtsdurchsetzung

Auf den ersten Blick scheint die ökonomische Analyse zu indizieren, dass die Beseitigung der kollektiven Wirkung jedenfalls bei börsennotierten Gesellschaften nachteilig ist. Die Analyse darf jedoch an dieser Stelle nicht Halt machen. Denn die ökonomische Theorie zeigt zugleich, dass die kollektive Rechtsdurchsetzung auch unerwünschte Anreize begründet, die im Folgenden genauer untersucht werden müssen.

I. Ökonomische Theorie

Die kollektive Rechtsdurchsetzung wirft zwei zentrale Probleme auf. Eine Klage hat Drittwirkung und schafft damit Externalitäten. Zudem kommt es zwischen dem Kläger, der die Rechtsdurchsetzung übernimmt, und den restlichen Opfern, die davon profitieren, zu Agency-Kosten.

1) Probleme der kollektiven Aktion

a) Externalität bei Klage mit kollektiver Wirkung

Die kollektive Rechtsdurchsetzung führt zu Externalitäten. Denn der Kläger, der für alle Opfer die Rechtsverfolgung übernimmt, trägt die Kosten der Klage, während er im Erfolgsfall, mit den übrigen Opfern den Gewinn teilt. Eine kollektiv wirkende Klage ist mithin ein *Public Good*[807]. Diese positive Externalität führt also dazu, dass weniger Klagen eingereicht werden, als aus sozialer Sicht wünschenswert wäre.

b) Trittbrettfahrerverhalten

Verstärkt wird dieser Effekt noch durch das so genannte *Trittbrettfahrerverhalten.*[808] Obwohl eine Gruppe insgesamt von einer Maßnahme profitiert, wird sie nicht durch-

---

[806] Bericht Regierungskommission "Corporate Governance", BT-Drucks. 14/7515, S. 78.

[807] Vgl. zu dem Public Good bereits oben S. 89 ff. Zur Erinnerung: Die Wirtschaftswissenschaft bezeichnet damit eine Investition, deren Nutzen durch Nichtrivalität und Nichtexklusivität gekennzeichnet ist. Nichtrivalität besteht, wenn die Grenzkosten einen weiteren Konsumenten mit dem Konsum des Guts zu versorgen, gleich Null sind. Ein Gut ist nichtexklusiv, wenn andere nicht vom Konsum des Gutes ausgeschlossen werden können, vgl. *Pindyck/Rubinfeld*, Microeconomics, 5. Auflage (2001), S. 644; *Schäfer/Ott*, Lehrbuch der ökonomischen Analyse des Zivilrechts, 4. Auflage (2005) S. 559ff.; *Cooter/Ulen*, Law & Economics, 4. Auflage (2004) S. 107ff.

[808] *Pindyck/Rubinfeld*, Microeconomics, 5. Auflage (2001), S. 647; *Schäfer/Ott*, Lehrbuch der ökonomischen Analyse des Zivilrechts, 4. Auflage (2005) S. 559; *Cooter/Ulen*, Law & Economics, 4. Auflage (2004) S.108.

geführt, weil jedes Gruppenmitglied hofft, von der Aktivität der anderen zu profitieren.[809]

Diese Probleme der kollektiven Aktion führen deshalb nach der ökonomischen Theorie zu geringen Klageanreizen.

2) Agency-Kosten

Werden die Probleme der kollektiven Aktion überwunden, kommt es zu einem weiteren Anreizproblem. Der Kläger vertritt die übrigen, rational desinteressierten Opfer. Ein solches Geschäftsbesorgungsverhältnis kann mithilfe der Prinzipal-Agenten-Theorie[810] analysiert werden.[811] Der Agent nutzt seinen diskretionären Handlungsspielraum, um seine eigenen Interessen zu verfolgen. Der diskretionäre Handlungsspielraum entsteht, weil sich für die übrigen Opfer keine Überwachung lohnt und es so zu einer Informationsasymmetrie kommt: Agency-Kosten können sowohl bei Eintritt in die Prinzipal-Agenten-Beziehung entstehen als auch *ex post* nachdem diese begründet wurde. *Ex ante* entstehen Agency-Kosten, wenn der Prinzipal bestimmte Qualitätsmerkmale des Agenten nicht kennt (*adverse Selektion*). *Ex post* entstehen Verluste, wenn der Prinzipal Handlungen des Agenten nicht beobachten kann oder wenn der Agent Wissen erwirbt, das er an den Prinzipal nicht weitergibt (*moral hazard*).[812]

Bei der kollektiven Rechtsdurchsetzung resultieren die jeweiligen Informationsasymmetrien aus dem rationalen Desinteresse der Opfer. So wie es sich für sie nicht lohnt selbst Klage zu erheben, rechnet es sich für sie auch nicht, Informationsasymmetrien durch Informationsaufwendungen zu beseitigen. Die Prinzipal-Agenten-Theorie prognostiziert drei unerwünschte Nebenfolgen, die durch die kollektive Rechtsverfolgung entstehen. Erstens, dass die Kläger nicht die notwendige Qualität haben, um die Opfer ordnungsgemäß zu repräsentieren. Zweitens, dass sie Klagen Klagen ohne Erfolgsaussicht erheben. Und drittens, dass sie sich Klagen vom Normverletzer zu Lasten ihrer Prinzipale abkaufen lassen. Im Einzelnen:

---

[809] *Pindyck/Rubinfeld*, Microeconomics, 5. Auflage (2001), S. 647; *Schäfer/Ott*, Lehrbuch der ökonomischen Analyse des Zivilrechts, 4. Auflage (2005) S. 559; *Cooter/Ulen*, Law & Economics, 4. Auflage (2004) S.108.

[810] Zur Prinzipal-Agenten-Theorie schon oben S. 104ff.; *Behrens*, in: FS Drobnig, 1998, S. 491 (494); *Grundmann*, Europäisches Gesellschaftsrecht, 2004, § 3 Rn. 82 ff.; *Jensen/Meckling*, 3 J. Fin. Econ 305 (1976); *Richter/Furubotn*, Neue Institutionenökonomik, 3. Auflage (2003), S. 174 ff.; *Williamson*, The Economic Institutions of Capitalism, 1985 S. 47 ff.; *Macey/Miller*, 58 U. Chi. L. Rev. 1,9 (1991).

[811] Die Analyse des Verhältnisses zwischen dem Kläger und seinen Repräsentanten mithilfe der Prinzipal-Agenten-Theorie geht zurück auf *Coffee*, 86 Colum. L. Rev. 669 (1986); ihm folgend *Macey/Miller*, 58 U. Chi. L. Rev. 1, 8ff. (1991).

[812] *Richter/Furubotn*, Neue Institutionenökonomik, 3. Auflage (2003), S. 174.

a) *Mangelhafte Qualität des Agenten*

Die Opfer haben aufgrund der Probleme der kollektiven Aktion keine oder nur geringe Anreize, einen Kläger auszuwählen, der die Fähigkeit und die Motivation hat, die Interessen der Opfer in bestmöglicher Weise zu repräsentieren. Umgekehrt erschweren opportunistische Kläger die Wahl zusätzlich, indem sie sich als altruistische Kläger tarnen. Dadurch kann es zu dem von *Akerlof* beschriebenen Market-for-Lemons-Phänomen kommen.[813] Können sich redliche Kläger nicht mehr von opportunistischen abgrenzen, lohnt es sich für sie nicht mehr, die Rechtsdurchsetzung zu betreiben. Weil sie keine Gewinne aus opportunistischem Verhalten erzielen, haben sie gegenüber den unredlichen Klägern einen Wettbewerbsnachteil.

b) *Klagen mit geringer Erfolgsaussicht*[814]

Für den Agenten besteht des Weiteren ein Anreiz Klagen zu erheben, die keine oder nur geringe Erfolgschancen haben. Denn die kollektive Wirkung einer Klage führt zur Asymmetrie der Erwartungswerte.[815] Der Beklagte legt bei der Berechnung seines Erwartungswertes die Kosten zugrunde, die er an die gesamte repräsentierte Gruppe bezahlen muss, während der Kläger bei Verlust nur seine eigenen Kosten tragen muss. Diese Hebelwirkung führt dazu, dass es sich für den Beklagten lohnt, auch Klagen mit geringer Erfolgsaussicht zuvor abzukaufen.[816]

c) *Auskauf begründeter Klagen*

Der Agent hat darüber hinaus den Anreiz bei Klagen, die der Sache nach begründet sind, mit dem Beklagten kollusiv zum Nachteil der von ihm repräsentierten Prinzipale zusammenzuwirken, indem er einen für die Prinzipale ungünstiger Vergleich schließt.[817] Ein solcher Vergleich ist sowohl für Agent und Beklagten attraktiv. Der Beklagte kann den Verlust, der ihm durch die erfolgreiche Klage entsteht, verringern. Der Agent erhält dafür einen Teil der Summe, die seine Prinzipale im Falle des Erfolges zugestanden hätte.

---

[813] Hierzu siehe oben S. 84.

[814] Hierzu ausführlich *Schäfer*, in: *Basedow/Hopt/Kötz/Baetge* (Hrsg.), Die Bündelung gleichgerichteter Interessen im Prozess, 1999, S. 67 (72).

[815] Zu der Wirkung asymmetrischer Erwartungswerte oben, S. 148.

[816] *Posner*, Economic Analysis of Law, 6. Auflage (2005), S. 587 zur class action: „Even if the suit has no merit and the probability of an erroneous verdict for the class is only 2 percent, the defendent may be forced to settle to avoid risking bankruptcy".

[817] *Macey/Miller*, 58 U. Chi. L. Rev. 1, 22 (1991).

II. Anwendung auf die Beschlussmängelklage

Die erfolgreiche Beschlussmängelklage wirkt gem. § 248 Abs. 1 S. 1 AktG für und gegen alle Aktionäre. Die Gestaltungswirkung einer Anfechtungsklage verursacht für zusätzliche Gesellschafter, die in ihren Genuss kommen, keine weiteren Kosten. Die Wirkung ist auch nicht auf die Kläger beschränkbar. Sie ist deshalb eine Klage mit kollektiver Wirkung. Entsprechend prognostiziert die ökonomische Theorie, dass

- zu wenig redliche Beschlussmängelklagen erhoben werden,
- auch in Fällen geklagt wird, in denen der Hauptversammlungsbeschluss höchstwahrscheinlich rechtmäßig ist,
- aussichtsreiche Klagen zu Lasten der übrigen Kläger verglichen werden.

Das rechtswissenschaftliche Schrifttum zur Beschlussmängelklage scheint die modelltheoretischen Überlegungen zu bestätigen:

1) Probleme der kollektiven Aktion bei der Beschlussmängelklage

Die jüngsten empirischen Untersuchungen von *Baums/Keinath/Gajek*[818] und von *Theißen/Raßhofer*[819] zeigen, dass wohl mindestens die Hälfte aller Klagen von Berufsklägern erhoben wird. Im Umkehrschluss bedeutet dies aber zugleich, dass nur wenige Klagen von „altruistischen" Personen erfolgen, die nicht auf einen Vergleich dringen, sondern ein stattgebendes Urteil anstreben. Insoweit haben *Adams* Feststellungen noch Bestand: „Es besteht guter Grund für die Annahme, daß die Zahl der Klagen in Deutschland zumindest bis in die Mitte der 80er Jahre viel zu gering war. [...] Zieht man die Zahl der räuberischen Aktionärsklagen ab, ist auch die Klagetätigkeit ab Mitte der 80er Jahre keinesfalls beeindruckend und bewegt sich im Bereich des Bruchteils eines Promilles pro Beschlussgegenstand."[820]

Die Beseitigung der kollektiven Aktion durch den Freigabebeschluss müsste nach der ökonomischen Theorie dazu führen, dass sich die Probleme der kollektiven Aktion verringern. Das Trittbrettfahrerverhalten wird weniger attraktiv, denn nur wer selbst Beschlussmängelklage erhebt, kann einen Anspruchs gem. § 246a Abs. 4 AktG geltend machen.

---

[818] *Baums/Keinath/Gajek*, ZIP 2007, 1629 (1636).

[819] *Theisen/Raßhofer*, Der Aufsichtsrat 2007, 107 (109): 40,8 % der Klagen von den zehn aktivsten Klägern erhoben.

[820] *Adams*, AG 2000, 396 (397) in Fußnote 13.

2) *Agency-Kosten*

a) *Qualität des Beschlussmängelklägers*

Die ökonomische Analyse prognostiziert, dass die meisten Kläger weder über die Fähigkeit noch den Willen verfügen, als redliche Treuhänder der nicht beteiligten Aktionäre aufzutreten. Auch diese These scheinen die zahllosen Berichte über „räuberische Aktionäre" zu bestätigen.[821] Praktikerberichte sprechen eine deutliche Sprache: „Den privaten Kapitalanleger, der sich in einem Einzelfall dazu veranlasst sieht, gegen einen – vermeintlichen oder tatsächlichen – Missgriff ‚seiner Hauptversammlung' vor Gericht zu ziehen, trifft man jedenfalls in Anfechtungsprozessen nicht an. Dem Verfasser ist er in seiner mehrjährigen Prozesstätigkeit nicht ein einziges Mal begegnet. Die Kläger sind nahezu ausschließlich Personen oder (Zweck-)Gesellschaften, die sich vorrangig an einer Vielzahl börsennotierter Gesellschaften nur deshalb minimal beteiligt haben, um bei passender Gelegenheit Hauptversammlungsbeschlüsse anzufechten."[822]

Die Rechtswirklichkeit bestätigt also die ökonomische Prognose.

b) *Erhebung von Beschlussmängelklagen mit geringen Erfolgsaussichten*

Die ökonomische Theorie zur kollektiven Rechtsdurchsetzung indiziert, dass auch Beschlussmängelklagen erhoben werden, obwohl gegen die Rechtmäßigkeit des Hauptversammlungsbeschlusses keine Bedenken bestehen. Dieses opportunistische Verhalten lohnt sich aufgrund der asymmetrischen Erwartungswerte der Klage. Denn der Erwartungswert, den ein Aktionär einer erfolgreichen Anfechtungsklage zumisst, ist durch die Höhe seiner Beteiligung begrenzt. Der negative Erwartungswert der Gesellschaft im Falle eines stattgebenden Urteils beinhaltet auch die Wirkung gegenüber nicht klagenden Aktionären und beträgt deshalb ein Vielfaches des Erwartungswerts des Klägers. Ein Beispiel: Einer beklagten Gesellschaft würden durch die Beschlussvernichtung Kosten in Höhe von € 20 Mio. entstehen. Auch wenn die Gesellschaft erwartet, dass die Klage mit 95 % Sicherheit abgewiesen wird, lohnt es sich für sie bis zu 1 Mio. € an einen räuberischen Aktionär zu bezahlen (€ 20 Mio.* 0.05), um den Kläger zu einer Klagerücknahme zu bewegen.

Beobachtungen in der Unternehmenspraxis scheinen auch dies zu bestätigen: Auf Hauptversammlungen versuchen räuberische Aktionäre durch exzessive Nutzung ihrer

---

[821] Siehe oben S. 3ff.

[822] *Waclawik*, DStR 2006, 2177 (2178); ähnlich deutlich zuvor schon *Schlaus*, AG 1988, 113. Im Übrigen siehe oben S. 3ff.

Aktionärsrechte Verfahrensfehler zu provozieren, um sich auch bei materiell rechtmäßigen Beschlüssen einen Angriffspunkt zu verschaffen.[823]

Die Beseitigung der kollektiven Wirkung durch den rechtskräftigen Freigabebeschluss führt theoretisch dazu, dass Klagen ohne Erfolgsaussicht ab diesem Zeitpunkt nicht mehr fortgeführt werden. Denn die Asymmetrie der Erwartungswerte wird beseitigt.

c) *Auskauf von Beschlussmängelklagen mit hohen Erfolgsaussichten*

Die ökonomische Theorie prognostiziert, dass auch erfolgversprechende Klagen ausgekauft werden.

So kann die Klage eines einzelnen Aktionärs den Vollzug einer Kapitalmaßnahme verhindern, den der Mehrheitsaktionär mit mehreren Millionen Euro bewertet. Dies schafft auf Seiten der beklagten Gesellschaft den Anreiz, eine Summe zwischen dem Erwartungswert des Klägers und der beklagten Gesellschaft anzubieten, um die Rücknahme der Klage zu erwirken. Die Annahme eines solchen Angebots führt aber zu einer negativen Externalität gegenüber den restlichen durch den Beschluss benachteiligten Aktionären. Durch eine Klagerücknahme sind diese doppelt getroffen: Zum einen verliert ihr Unternehmensanteil Wert aufgrund des Vollzugs des rechtswidrigen Hauptversammlungsbeschlusses. Zum anderen tragen sie anteilig die Entschädigungszahlung, soweit sie aus Gesellschaftsmitteln beglichen wird.

Auch diese Prognose der ökonomischen Theorie hat sich in der Praxis hinreichend bestätigt.[824]

D. Minimierung der Kosten der kollektiven Rechtsdurchsetzung

Die bisherige Untersuchung hat gezeigt, dass den Vorteilen der kollektiven Rechtsdurchsetzung erhebliche Nachteile gegenüberstehen.

---

[823] Über die verschiedenen Strategien, die dabei zum Einsatz kommen, berichtet *Waclawik*, DStR 2006, 2177 (2179).

[824] Insofern sei auf die Ausführungen im ersten Kapitel verwiesen, siehe S. 3ff.

Folgende Übersicht kann dies noch einmal verdeutlichen:

Art der Rechtsdurchsetzung	**Vorteile**	**Nachteile**
Individuelle Rechtsdurchsetzung	– Klagen nur aus lauteren Motiven – Keine Externalitäten	– Hohe addierte Rechtsdurchsetzungskosten – Streuschäden zu gering sanktioniert
Kollektive Rechtsdurchsetzung	– Haftungsoptimierte Sanktion – Skalenerträge	– Agency-Kosten – Trittbrettfahrerverhalten

Abbildung 7 Vor- und Nachteile individueller und kollektiver Rechtsdurchsetzung

Zwischen den Vor- und Nachteilen der kollektiven Rechtsdurchsetzung besteht ein Trade-off, das heißt zwischen ihnen besteht eine negative wechselseitige Abhängigkeit. Elemente des kollektiven Rechtsschutzes führen somit zwangsläufig zu Trittbrettfahrerverhalten, ebenso automatisch führt individueller Rechtschutz zu niedrigerer Sanktionswirkung. Eine volkswirtschaftlich wünschenswerte Lösung minimiert die Gesamtkosten, kann aber nicht verhindern, dass Kosten überhaupt entstehen. Das wirft die Frage auf, ob die Beseitigung der kollektiven Wirkung durch den Freigabebeschluss aus rechtsökonomischer Sicht der Minimierung der Gesamtkosten nahe kommt. Auch innerhalb der rechtsökonomischen Literatur ist dies umstritten:

Zum Teil wird der so genannten *Beutetheorie* gefolgt.[825] Danach generiere die kollektive Rechtsdurchsetzung vor allem Geschäfte für klagefreudige Anwälte, die auch dann Klagen vorantrieben, wenn diese materiellrechtlich geringe oder überhaupt keine Erfolgschancen hätten.

Andere folgen dagegen der *Rechtsdurchsetzungstheorie*:[826] Ihre Vertreter nehmen an, dass die positiven Folgen der kollektiven Rechtsdurchsetzung überwiegen. Auch wenn Rechtsanwälte von Vergleichen profitierten, erschließe die intensivere Sanktionswirkung erhebliche positive Präventivwirkungen.

Richtigerweise muss wohl eine vermittelnde Ansicht eingenommen werden. Denn es existieren Strategien, um die negativen Folgen der kollektiven Wirkung abzumildern, die im Folgenden dargestellt werden. Darüber hinaus wird herausgearbeitet, inwieweit sie bereits in der rechtswissenschaftlichen Literatur diskutiert werden.

---

[825] *Schäfer*, in: *Basedow/Hopt/Kötz/Baetge* (Hrsg.), Die Bündelung gleichgerichteter Interessen im Prozess, 1999, S. 67 (71).

[826] Hierzu *Schäfer*, in: *Basedow/Hopt/Kötz/Baetge* (Hrsg.), Die Bündelung gleichgerichteter Interessen im Prozess, 1999, S. 67 (71), der diese jedoch ablehnt.

Die Analyse hat gezeigt, dass das zentrale Problem der kollektiven Rechtsdurchsetzung in der Prinzipal-Agenten-Beziehung zwischen den nicht klagenden, aber benachteiligten Minderheitsaktionären (Prinzipale) auf der einen Seite und den Beschlussmängelklägern (Agenten) auf der anderen Seite besteht. Die Prinzipal-Agenten-Theorie identifiziert jedoch nicht nur die Verluste, die durch die Interessengegensätze in dem Geschäftsbesorgungsverhältnis entstehen, sondern hat auch verschiedene Konzepte entwickelt, mit denen diese verringert werden können. Sie lassen sich in drei Kategorien einteilen: *Signaling*, *Monitoring* und *Incentives*, die sich im Ergebnis teilweise überschneiden.[827] *Signaling* beschäftigt sich mit der Frage, wie Informationsasymmetrien zwischen Prinzipal und Agenten zu Beginn des Geschäftsbesorgungsverhältnisses (*ex ante*) verringert werden können. Monitoring-Konzepte versuchen Informationsasymmetrien während der Geschäftsbesorgung (*ex post*) abzusenken, indem das Verhalten des Agenten überwacht wird. Incentive-Strategien knüpfen nicht an der Informationsasymmetrie zwischen Prinzipal und Agenten an, sondern versuchen die Anreizstruktur des Agenten dahingehend zu verändern, dass dieser im Interesse des Prinzipals handelt.

I. Signaling

1) Ökonomische Theorie

Die Idee des Signaling ist im Anschluss an die Arbeiten von *Akerlof* zu den Effekten von Informationsasymmetrien entstanden. *Akerlof* zeigt anhand des Gebrauchtwagenmarktes, dass ein Markt zusammenbrechen kann, wenn zwischen Nachfragern und Anbietern Informationsasymmetrien über die Qualität des angebotenen Produktes bestehen (*Market for Lemons*)[828]: Der Gebrauchtwagenkäufer kann nicht zwischen schlechten und guten Gebrauchtwagen unterscheiden. Er bildet deshalb einen durchschnittlichen Erwartungswert. Die Verkäufer der guten Gebrauchtwagen werden hierdurch bestraft, denn sie können nur noch einen Preis unter dem Wert ihres Wagens erzielen. Die Verkäufer der schlechten Wagen werden dagegen belohnt, denn sie erhalten einen höheren Preis, als ihnen eigentlich zustünde. Dies kann zum Zusammenbruch des Marktes führen. Die Inhaber der guten Gebrauchtwagen verkaufen ihre Wagen nicht mehr, da sie nicht die angestrebten Preise erzielen können, so dass nur noch schlechte Qualität angeboten wird.

---

[827] So kann eine Haftungsklausel einerseits als Signaling-Device eingesetzt werden, andererseits dazu dienen die Anreize von Agent und Prinzipal anzugleichen.

[828] Ausführlich hierzu oben, S. 84ff.; *Akerlof*, 84 Quaterly J. Econ. 488 (1970) passim.

Spence, der gemeinsam mit *Akerlof* und *Stiglitz* im Jahr 2001 den Nobelpreis in Ökonomie erhielt, entdeckte einen Lösungsansatz zu diesem Problem: Wenn ein Verkäufer, der hohe Qualität anbietet, eine zusätzliche Tätigkeit findet, die ihn weniger kostet als den Verkäufer niedriger Qualität, kann er diese einsetzen, um dem Käufer die hohe Qualität seines Produkts zu signalisieren. Selbst wenn die Nachfrager nichts über die Kosten der Tätigkeit wissen, erkennen sie irgendwann, dass mit der Tätigkeit zugleich eine höhere Qualität des angebotenen Produkts verbunden ist.[829] Entwickelt wurde diese Überlegung anhand des Arbeitsmarktes, später jedoch vor allem auf den Bereich der Versicherungswirtschaft ausgeweitet. Dazu zwei Beispiele:

In den großen Wirtschaftskanzleien beschäftigen sich die Anwälte häufig mit Rechtsbereichen, die nicht Prüfungsgegenstand der juristischen Staatsexamina sind. Trotzdem legen diese Kanzleien besonderen Wert auf vollbefriedigende Examina. Denn sie können so das Potential ihres zukünftigen Arbeitnehmers abschätzen. Die Noten fungieren als Signaling-Device: Für einen unbegabten Juristen ist es deutlich aufwendiger, das heißt „teurer“, gute Noten zu erzielen als für einen begabten Juristen.

Auch Versicherungen leiden unter dem Problem asymmetrischer Informationen. Der Versicherer kennt einige Risiken schlechter als sein Kunde. Der Kunde weiß etwa über seine eigenen Krankheiten Bescheid (relevant bei der Krankenversicherung) oder ob er sich im Straßenverkehr leicht zurechtfindet (relevant bei der Kfz-Haftpflicht). Der Versicherer kann jedoch einen Signaling-Device einsetzen, um an diese versteckten Informationen zu gelangen. Er bietet jedem Neukunden eine deutlich günstigere Versicherung an, wenn dieser im Schadensfall einen Teil der Schadenssumme selbst trägt, den so genannten Selbstbehalt. Für einen Neukunden mit niedrigen Risiken ist ein solcher attraktiver als für einen Kunden, der zu einer hohen Risikogruppe gehört. Denn ein chronisch Kranker oder ein unfallträchtiger Autofahrer wird sich hüten, die Option mit dem Selbstbehalt zu wählen, weil er weiß, wie teuer diese für ihn wäre.[830] Der Versicherer kann so den Preis, den er verlangt, an das erwartete Risiko anpassen.

2) Rechtswissenschaftliche Konzepte

Auf das Problem der Beschlussmängelklage übertragen stellt sich die Frage, ob ein Signaling-Device existiert, der „gute Kläger“, die im Interesse der Minderheitsaktionäre handeln, von „schlechten Klägern“, die mit erpresserischer Absicht agieren, abgrenzt. Dabei muss die Besonderheit berücksichtigt werden, dass die Informationsasymmetrien unter anderem auf dem rationalen Desinteresse der nicht

[829] *Spence*, Market Signaling, 1973 passim.; *Riley*, in: Eatwell/Milgate/Newman (Hrsg.), The New Palgrave: A Dictionary of Economics, Bd. IV, S. 330ff. m. w. Nachw.

[830] *Rothschild/Stiglitz*, 80 Quaterly J. Econ. 629 (1976) passim.

beteiligten Minderheitsaktionäre beruhen. Signaling kann deshalb nur gegenüber dem Gericht erfolgen. Doch auch zwischen dem Gericht und potentiellen Klägern bestehen diese Informationsasymmetrien. Jeder potentielle Kläger wird versuchen zu signalisieren, dass er ausschließlich durch die Gruppeninteressen motiviert sei. Wir müssen also prüfen, ob Signale existieren, die für „schlechte Kläger" teurer sind als für „gute Kläger".

Anknüpfungspunkt für das Signal muss das Auskaufen sein. Für einen „schlechten Kläger" ist es teurer auf einen Auskauf der Klage zu verzichten. Denn sonst kann er keinen Erpressungsgewinn erzielen. Der „gute Kläger" erreicht dagegen auch sein Ziel, wenn seiner Beschlussmängelklage stattgegeben wird.

a) Rechtsprechung des BGH zum Missbrauch des Anfechtungsrecht

Der augenscheinlichste Versuch, einen Signaling-Device im Beschlussmängelklagerecht zu etablieren, ist die Missbrauchs-Rechtsprechung des BGH, wonach die Klagebefugnis des Anfechtungsklägers entfällt, wenn er eine Klage mit der Absicht erhebt, die Gesellschaft in grob eigennütziger Weise zu einer Leistung zu veranlassen, auf die er keinen Anspruch hat und billigerweise auch nicht erheben kann.[831] Als Signaling-Device ist ein Motiv freilich ungeeignet. Denn dieses ist von außen nicht observierbar. Jeder Kläger wird also behaupten, nur redliche Motive zu haben, der „Robin Hood der Minderheitsaktionäre" zu sein.[832] Es verwundert deshalb nicht, dass der BGH bestimmte Indizien des prozessualen und außerprozessualen Verhaltens des Klägers genügen lässt, aus dem Rückschlüsse auf das Motiv des Klägers gezogen werden können. Hat der Kläger beispielsweise bereits zuvor einen Versuch unternommen, sich die Klage abkaufen zu lassen, kann dies auf seine unredlichen Motive hindeuten.[833] Gleichwohl sind damit nicht die grundsätzlichen Schwierigkeiten behoben. Die Gerichte machen von der Möglichkeit, Klagen als „rechtsmissbräuchlich" abzuweisen, nur sehr beschränkt Gebrauch. Dafür steht exemplarisch die Aussage des Richters *Puszkajler* bei der Diskussion der Referate des 63. Deutschen Juristentages: „Im Gegensatz zu meinen Vorrednern meine ich, dass der BGH hier die Zauberformel nicht gefunden

---

[831] BGHZ 107, 296 (308ff.) – *Kochs Adler*; BGH ZIP 1989, 1388 – *DAT-Altana;* BGHZ 112, 382 – *SEN*; BGH ZIP 1991, 1577 – *Deutsche Bank.*

[832] Dieses Problem bestätigen Praktiker, vgl. *Marsch-Barner*, in: Ständige Deputation des Deutschen Juristentages (Hrsg.), Verhandlungen des Dreiundsechzigsten Deutschen Juristentages, Bd. II/1 S. O 55:„Der Rechtsmissbrauch wird damit wesentlich durch ein subjektives Element, nämlich die Absichten des Klägers, gekennzeichnet. Diese Absichten kennt die Gesellschaft regelmäßig nicht; der Kläger wird sie ihr tunlichst auch nicht offenbaren, jedenfalls nicht sogleich und nicht direkt, sondern allenfalls durch Mittelsmänner."

[833] BGHZ 107, 296 (312ff.) – *Kochs Adler*; BGH ZIP 1989, 1388 – *DAT-Altana*; weitere Indizien, die herangezogen werden können, vgl. *Boujong*, in: FS Kellermann, S. 1 (8).

hat. Mir fällt es auf jeden Fall sehr, sehr schwer, jemandem das Attest mit auf den Weg zu geben, dass er missbräuchlich gehandelt hat. Ich habe es, glaube ich, erst einmal getan […]".[834] Für die Gerichtspraxis sind die Kriterien mithin nicht eindeutig genug, bzw. können von Klägern umgangen werden.

Der Ansatz des BGH weist noch einen zweiten Nachteil auf: Die Selektion findet erst zum Zeitpunkt des Urteils statt, wenn die Klage als unbegründet abgewiesen wird. Doch die opportunistischen Kläger erreichen meist bereits einen Auskauf vor der Urteilsverkündung. Die Verzögerung bis zu einer gerichtlichen Entscheidung können sie nutzen, um einen Vergleich zu erpressen. Jeder Auswahlprozess sollte deshalb bereits bei Klageerhebung erfolgen und nicht erst mit der Verkündung des Urteils. Eine solche Eingangskontrolle ist dem Aktiengesetz auch nicht fremd: So ist bei der Haftungsklage zuerst die Zulassung der Klage zu beantragen, bevor die Klage erhoben werden kann (§ 148 Abs. 1 AktG).

Allerdings trifft dieser zweite Einwand nicht bei einer Entscheidung im Freigabeverfahren zu: Denn bei einer rechtsmissbräuchlichen Klage kann die Eintragung freigegeben werden, weil die Klage in der Hauptsache offensichtlich unbegründet ist. Damit verlagert sich die Prüfung nach vorne.

Insgesamt scheint allerdings die Missbrauchsrechtsprechung des BGH kein geeigneter Signaling-Device zu sein. Für „schlechte Kläger" ist es nicht teuer genug, sich als „gute Kläger" zu tarnen.

b) Quorum

Ein brauchbares Signal, um „schlechte Kläger" von „guten Klägern" abzugrenzen, könnte in der Beteiligungshöhe des Klägers liegen. Es muss also geprüft werden, ob die kollektive Wirkung des Rechtsbehelfs davon abhängig gemacht werden sollte, dass der Kläger ein bestimmtes Quorum erreicht. Doch warum könnte ein Quorum geeignet sein, um Kläger auszuwählen? Zwei Gründe sprechen hierfür:

- Je höher der eigene Anteil des Klägers ist, desto stärker verringert sich die Asymmetrie der Erwartungswerte zwischen den Parteien. Je kleiner die Anzahl der Aktien, desto größer ist die Hebelwirkung der Klage (Leverage). Die Erpressung wird damit mit höherer Beteiligung weniger attraktiv.
- Bei einem kleinen Anteil des Klägers indiziert das Phänomen der rationalen Apathie, dass der Kläger unredlich handelt, wenn er eine Klage erhebt. Wie be-

[834] *Puszkajler*, in: Ständige Deputation des Deutschen Juristentages (Hrsg.), Verhandlungen des Dreiundsechzigsten Deutschen Juristentages, Bd. II/1, S. O 108.

reits dargelegt wurde, kann ein Kläger, der nur über wenige Aktien verfügt, nicht kostendeckend die Beschlussmängelklage erheben: Denn selbst bei hoher Erfolgswahrscheinlichkeit wird er bei einem stattgebenden Urteil nicht für den Aufwand voll entschädigt, den er zuvor investieren musste. Er müsste dies eigentlich antizipieren und von vornherein rational apathisch bleiben. Legt man diesen Gedankengang zugrunde, muss ein typischer Kleinaktionär ein anderes Motiv haben. Einerseits kann sein eigentliches Ziel sein, sich die Klage im Wege eines lukrativen Vergleichs abkaufen zu lassen. Andererseits kann er aus uneigennützigen Motiven handeln: Er kann z. B. eine Präferenz für die Einhaltung des Aktienrechts haben, für die er auch monetären Aufwand nicht scheut. Ein Quorum ignoriert die Fälle dieser „selbstlosen Kläger" und unterstellt jedem Kläger, der eigentlich rational apathisch bleiben sollte, dass er nur klagt, um einen Vergleich zu erzielen. Deshalb werden alle Kläger, deren eigener potentieller Gewinn die Klagekosten nicht rechtfertigen kann, von der Klage von vornherein ausgeschlossen.

Der zentrale Vorteil eines Quorums liegt in den niedrigen Informationskosten für die Gerichte: Die Höhe der Beteiligung lässt sich leicht observieren und nachweisen. Zudem kann sie nur unter Einsatz hoher Kosten umgangen werden. Der Nachteil liegt darin, dass einige „altruistische" Kläger in Zukunft keinen Kontrollbeitrag mehr leisten könnten.

In der rechtswissenschaftlichen Diskussion ist bereits mehrfach gefordert worden, die Anfechtungsbefugnis von der Höhe der Beteiligung abhängig zu machen.[835] Diese Vorschläge sind allerdings nicht identisch mit dem an dieser Stelle diskutierten Weg. Denn vorliegend geht es um die Frage, wie die negativen Folgen der kollektiven Wirkung eines Rechtsbehelfs eingeschränkt werden können. Es ist also denkbar allein die kollektive Wirkung des Rechtsbehelfs von einem Quorum abhängig zu machen. Klagen, die das notwendige Quorum nicht erreichen, wirken dann nur individuell.

Genau einen solchen Weg hat der Gesetzgeber in Italien eingeschlagen. So heißt es in Art. 2377 Abs. 2 c.c. (ins Deutsche übersetzt): „Die Anfechtung kann von den Gesellschaftern erhoben werden, wenn sie so viele zur Abstimmung hinsichtlich des konkreten Beschlusses berechtigten Aktien innehaben, dass sie, evtl. zusammengerechnet, ein Promille des Stammkapitals der bei börsennotierten Gesellschaften und fünf Prozent bei den übrigen Gesellschaften repräsentieren. Die Satzung kann dieses Erforder-

[835] *Boujong*, in: FS Kellermann, S. 1 (14); *Marsch-Barner*, in: Ständige Deputation des Deutschen Juristentages (Hrsg.), Verhandlungen des Dreiundsechzigsten Deutschen Juristentages, Bd. II/1, S. O 55 (O 57); *Mertens*, AG 1990, 49 (55); *Schiessl*, in: Gesellschaftsrechtliche Vereinigung (Hrsg.), Gesellschaftsrecht in der Diskussion 1999, 2000, S. 57 (72 f.); *Schlaus*, AG 1988, 113 (117); *Waclawik*, DStR 2006, 2177 (2184 f.).

nis einschränken oder ausschließen. […] Die Gesellschafter, welche nicht den vom vorhergehenden Absatz bestimmten Anteil am Kapital innehaben, sowie diejenigen, welche mangels Stimmrecht nicht zum Erheben der Anfechtungsklage berechtigt sind, haben einen Anspruch auf Ersatz des Schadens, der ihnen durch die mangelnde Übereinstimmung mit dem Gesetz oder der Satzung entstanden ist."[836] Die Wirkung der Anfechtungsklage ist damit unterschiedlich je nach Höhe des Anteilsbesitzes:[837] Erreicht der Kläger das Quorum, wird der gesamte Beschluss vernichtet. Die Anfechtungsklage wirkt kollektiv. Verfügen die Beschlussmängelkläger dagegen nicht über die notwendige Anzahl an Anteilen, erhalten sie jeweils nur ihren eigenen Schaden. Die Anfechtungsklage wirkt somit in diesem Fall nur individuell.

Es könnte also erwogen werden, das italienische Modell zu kopieren.[838] Freilich stellt sich dann die schwer zu beantwortende Frage nach der Höhe des notwendigen Anteilsbesitzes, um die kollektive Wirkung herbeizuführen. Denn die beiden möglichen Anknüpfungspunkte, nämlich rationale Apathie einerseits und Asymmetrie der Erwartungswerte andererseits, hängen von der Größe der Gesellschaft, von dem Beschlussgegenstand und vom Börsenkurs ab und sind damit Fragen des Einzelfalles, die nicht für alle Fälle identisch beantwortet werden können. Bei einem Beschluss, der nur geringen Einfluss auf den Wert der Aktie hat, verharrt der rationale Aktionär selbst bei einem Anteilsbesitz im Wert von mehreren Hunderttausend Euro in Apathie. Dagegen kann es sich bei einer stark verwässernden Maßnahme schon bei einem Anteilsbesitz von mehreren zehntausend Euro lohnen, Beschlussmängelklage zu erheben. Jede genaue Zahl ist deshalb ein Kompromiss. Das bekannte Quorum aus § 148 Abs. 1 AktG sollte in jedem Fall die absolute Obergrenze bilden. Denn € 100.000 Euro Nennbetragsanteil oder 1 % des Grundkapitals kann je nach Börsenkurs bedeuten, dass eine Klage erst bei einem Aktienbesitz im Wert von mehreren Millionen Euro kollektive Wirkung zeitigt. Ein niedrigerer Wert scheint wohl angebracht; von *Marsch-Barner* wurden – allerdings im Hinblick auf die Anfechtungsbefugnis – 1000 Euro Nennbetrag ins Spiel gebracht.[839] Die Frage nach der Höhe ist allerdings bei dem hier diskutierten Weg unter Rechtsschutzgesichtspunkten nicht in gleichem Maße kritisch.

---

[836] Abdruck bei *v. Schnurbein*, Missbrauch von Minderheitsrechten im deutschen und italienischen Aktienrecht, 2005, S. 250; zu der Konzeption des italienischen Gesetzgebers vgl. auch *Hirte*, ZIP 2004, 1091f.

[837] S. hierzu auch *v. Schnurbein*, Missbrauch von Minderheitsrechten im deutschen und italienischen Aktienrecht, 2005, S. 209.

[838] Allerdings nur in der Hinsicht, dass die kollektive Wirkung von einer bestimmten Höhe abhängig gemacht wird.

[839] *Marsch-Barner*, in: Ständige Deputation des Deutschen Juristentages (Hrsg.), Verhandlungen des Dreiundsechzigsten Deutschen Juristentages, Bd. II/1, S. O 55 (O 58).

Einem Kläger mit einem geringeren Anteil wird nicht die Anfechtungsbefugnis genommen. Seine Klage verliert nur die kollektive Wirkung.

c) *Schadenersatzpflicht*

Als weiterer Signaling-Device kommt eine Haftung für die Folgen unbegründeter Beschlussmängelklagen in Betracht. Eine solche Haftung existiert im italienischen und existierte im deutschen Aktiengesetz von 1937. Die Grundidee funktioniert analog zu dem oben dargestellten Versicherungsbeispiel. Der Kläger, der eine Klage nur mit dem Ziel erhebt, sich später aufgrund des Lästigkeitswertes auskaufen zu lassen, geht ein größeres Risiko ein, nachträglich zu haften. Die Haftung ist damit teurer für ihn als für den redlichen Kläger. Dem Grunde nach wäre eine Haftungsregel demnach als Signaling-Device geeignet. Jedoch hat die Analyse im vorherigen Kapitel gezeigt, dass eine solche Regelung auch begründete Klagen zu stark abschreckt.[840] Das heißt auch „gute Kläger" würden eine Klage unterlassen.

II. Monitoring

1) Ökonomische Theorie

Unter Monitoring wird die Kontrolle des Agenten verstanden. Allerdings verursachen Kontrollaktivitäten selbst Kosten. Die marginalen Grenzkosten der Überwachung müssen immer unterhalb der marginalen Grenzkosten liegen, die durch den Interessengegensatz von Agent und Prinzipal entstehen. Ansonsten werden die Ersparnisse, die durch die Arbeitsteilung entstehen, wieder aufgebraucht.[841]

Überwachung kann entweder dadurch erfolgen, dass die Tätigkeit des Agenten observiert wird (*action*) oder aber dadurch, dass die Ergebnisse der Aktivitäten (*outcome*) gemessen werden.

2) Rechtswissenschaftliche Konzepte

Bei dem Prinzipal-Agenten-Verhältnis zwischen Beschlussmängelkläger und vertretenen Minderheitsaktionären sind die Hürden für eine effektive Überwachung besonders hoch.

Erstens sind allgemein Leistungen in der Rechtsberatung besonders schwer zu messen. Die Tätigkeit (*action*) kann kaum überwacht werden – ein Klient ist nicht zugegen, wenn der Anwalt seine Schriftsätze verfasst. Der durchschnittliche Mandant kann auch

---

[840] Vgl. oben S. 199f.

[841] Vgl. *Arrow*, Wo Organisation endet, 1980, S. 78.

nicht aus dem Ergebnis (*outcome*) Rückschlüsse ziehen. Denn er kann nicht beurteilen, ob er vor Gericht verliert, weil er einen schlechten Anwalt hat oder weil ihm das Gesetz den Anspruch verwehrt.[842]

Zweitens verschärft das rationale Desinteresse der Minderheitsaktionäre das grundsätzlich bestehende Überwachungsdefizit zusätzlich. Selbst wenn sie die Kompetenz hätten, kontrollieren sie den Agenten nicht. Betrachten wir vor diesem Hintergrund die verschiedenen Lösungskonzepte, die existieren oder diskutiert werden.

a) Erleichtertes Monitoring durch Publikationspflicht

Ein Ansatz, Informationsasymmetrien zwischen Prinzipal und Agent zu beseitigen, besteht darin, gesetzlich zwingende Veröffentlichungspflichten zu schaffen (*„Sunlight is the best desinfection"*). Zugrunde liegt die Überlegung, dass die Informationskosten des Prinzipals so abgesenkt werden, dass sich für ihn Kontrollaktivitäten wieder lohnen. So ist beispielsweise ein Blick in den elektronischen Bundesanzeiger günstiger als ein Verfahren vor Gericht zu verfolgen.

Auf den soeben beschriebenen Umstand zielt auch der UMAG-Gesetzgeber mit der neu geschaffenen Bekanntmachungspflicht für Vereinbarungen im Zusammenhang mit der Beendigung von Beschlussmängel- und Haftungsverfahren ab. Gem. §§ 248 a S. 2, 149 Abs. 2 AktG muss nun jede Vereinbarung, die zwischen beklagter Gesellschaft und Beschlussmängelkläger getroffen wird, veröffentlicht werden. Andernfalls ist die Leistung ohne Rechtsgrund erfolgt (§§ 248 a S. 2, 149 Abs. 2 S. 3 AktG). Der Gesetzgeber versprach sich von der Bekanntmachungspflicht „eine abschreckende Wirkung auf missbräuchliche Klagen und auf Vergleichsleistungen, die eine verbotene Einlagenrückgewähr darstellen".[843]

Tatsächlich zeigt die Veröffentlichungspflicht, dass Zahlungen an die Kläger in den Gebühren „versteckt" werden.[844] Die Summe, die jeder Kläger erhält, wird allerdings nicht explizit genannt, sondern nur der Vergleichswert und die Gebührentatbestände des RVG. Dadurch bleibt es mühsam und aufwendig, die Höhe zu bestimmen. *Noack* fordert deshalb, die Gesellschaften zu verpflichten, die absolute Summe, die jeder einzelne Kläger erhält, in der Bekanntmachung zu nennen.[845] Dem ist aus rechtsökonomi-

---

[842] *Macey/Miller*, 58 U. Chi. L. Rev. 1, 13 (1991).

[843] *Regierungsentwurf UMAG*, BT-Drucks. 15/5092, S. 24.

[844] Dazu schon oben ausführlich im 1. Kapitel.

[845] *Noack,* Unternehmensrechtliche Notizen, „Gerling AG zahlt über 11 Mio. € an Anfechtungskläger für Verfahrensbeendigung", 30.5.2006, abrufbar unter http://www.jura.uni-duesseldorf.de/dozenten/noack/notizen (Stand 20.6.2006).

scher Sicht zuzustimmen: Die Publikationspflicht kann nur entsprechende Effekte haben, wenn die Informationskosten weiter abgesenkt werden.

b) Monitoring über gemeinsamen Vertreter

Die Defizite der Überwachung des Beschlussmängelklägers können allerdings auch dadurch begrenzt werden, dass Institutionen geschaffen werden, die an Stelle der rational apathischen Minderheitsaktionäre deren Interessen wahrnehmen. Eine solche Konzeption verfolgt das Spruchverfahren mit dem gemeinsamen Vertreter gem. § 6 SpruchG. Dieser soll die Interessen der von der Entscheidung gem. § 13 Abs. 2 SpruchG betroffenen, aber am Verfahren nicht beteiligten Aktionäre wahren.[846]

Nach der Prinzipal-Agenten-Theorie kann sich die Überwachung entweder auf das Verfahren (*action*) oder auf das Ergebnis beziehen (*outcome*). Der gemeinsame Vertreter, der gem. § 6 Abs. 1 S. 1 SpruchG vom Gericht bestellt wird und die Stellung eines gesetzlichen Vertreters innehat, nimmt beide Formen der Überwachung wahr: Einerseits ist er Verfahrensbeteiligter und kann damit an der mündlichen Verhandlung teilnehmen und Schriftsätze einreichen (entspricht „*action*"). Seit dem UmwG vom 28.10.1994 kann er aber darüber hinaus nach Rücknahme eines Antrags das Verfahren weiterführen. Der Gesetzgeber begründete dies damit, dass zuvor zu beobachten war, dass Gesellschaften die Antragsteller auskauften, um dadurch der Stellung des gemeinsamen Vertreters den Boden zu entziehen.[847]

Diese Regelung wurde bei der Reform des Spruchverfahrens[848] beibehalten (vgl. § 6 Abs. 3 SpruchG). Der gemeinsame Vertreter kann damit auch das Ergebnis überwachen (entspricht „*outcome*"). Verstärkt wird diese Funktion noch gem. § 11 Abs. 4 SpruchG, wonach der gemeinsame Vertreter als Beteiligter einen Vergleich mitgestalten kann, der die Interessen der nicht beteiligten Aktionäre berücksichtigt.

---

[846] *Fritzsche/Dreier/Verfürth*, SpruchG, 2004, § 6 Rn. 2; KK-SpruchG/*Wasmann*, § 6 Rn. 1, 3ff.; *Wittgens*, Das Spruchverfahrensgesetz, 2005, S. 97ff.

[847] BT-Drucks. 12/6699, S. 170. Vgl. hierzu auch KK-SpruchG/*Wasmann*, § 6 Rn. 11: „Durch die Neuregelung entfiel der Anreiz für ein solches ‚Auskaufen', weil der gemeinsame Vertreter das Verfahren auch nach Rücknahme aller Anträge weiterführen konnte und insoweit einem Antragsteller gleichstand. Damit war die Funktion des gemeinsamen Vertreters mit neuem Leben erfüllt: Nicht nur sollte er den (ohnehin fraglichen) Anspruch des nichtantragstellenden Antragsberechtigten auf rechtliches Gehör erfüllen, sondern auch und vor allem ein ‚Auskaufen' von Antragstellern verhindern und so die Einhaltung des aktienrechtlich nach § 53 a AktG besonders geschützten Gleichbehandlungsgrundsatzes im Spruchverfahren sichern'".

[848] Gesetz zur Neuordnung des gesellschaftsrechtlichen Spruchverfahrens v. 12.6.2003, BGBl. I 2003, S. 838.

Es stellt sich jedoch die Frage, warum nicht auch bei dem gemeinsamen Vertreter die gleichen Agency-Kosten auftreten. Denn er ist im Verhältnis zu den nicht beteiligten Aktionären ebenfalls Agent. Die Prinzipal-Agenten-Theorie prognostiziert, dass ein Agent ohne Kontrolle lediglich seinen Nutzen maximiert. Wer kontrolliert also den Kontrolleur? Besonders pointiert beschreibt *Arrow* diese Dilemma: „If every decision of A is to be reviewed by B, then all we have really is a shift in the locus of authority from A to B and hence no solution to the original problem."[849]. Was verhindert also, dass der gemeinsame Vertreter nicht selbst zum „Räuber" wird? Warum kaufen die Gesellschaften nicht auch den gemeinsamen Vertreter aus? Die bisherigen Erfahrungen mit der Institution des gemeinsamen Vertreters scheinen darauf hinzudeuten, dass dies in der Praxis nicht passiert.[850] Aus rechtsökonomischer Sicht lässt sich ein solches Ergebnis nur dadurch erklären, dass der gemeinsame Vertreter andere Verhaltensanreize haben muss als der gewöhnliche Antragsteller. Drei Gründe kommen hierfür infrage:

- Der gemeinsame Vertreter wird im Gegensatz zu den übrigen Antragstellern vom Gericht von Amts wegen durch Beschluss bestellt (§ 6 Abs. 1 S. 1 Halbs. 1 SpruchG). Er kann – auch wenn dies das Gesetz nicht ausdrücklich normiert – aus wichtigem Grund wieder abberufen werden, wenn er sich als ungeeignet erweist.[851] Mutmaßlich lohnt es sich deshalb für den gemeinsamen Vertreter, Reputation aufzubauen. So wird jemand, der sich den Ruf erwirbt käuflich zu sein, im Zweifel nicht erneut bestellt. Personen, die zuvor als „räuberische Aktionäre" aufgefallen sind, werden vom Gericht typischerweise ebenfalls nicht berufen werden.

- Eine weitere Erklärung könnte darin liegen, dass der gemeinsame Vertreter nach übereinstimmender Ansicht den nicht antragstellenden Aktionären bei einer schuldhaften Pflichtverletzung zum Schadenersatz verpflichtet ist.[852] Wie oben gezeigt wurde, setzen Haftungsregime grundsätzlich Anreize zur Internalisierung von negativen Externalitäten. Allerdings ist fraglich, ob dieser Steuerungseffekt besonders groß ist: Denn die rationale Apathie der betroffenen Aktionäre senkt die Wahrscheinlichkeit der Durchsetzung deutlich ab.

- Schließlich kann allein die Rolle des gemeinsamen Vertreters als Treuhänder der Aktionäre gewissen Einfluss auf das Verhalten haben. So kann die Beauf-

[849] *Arrow*, Wo Organisation endet, 1980, S. 78.

[850] BT-Drucks. 15/371, S. 14.

[851] M. w. Nachw. KK-SpruchG/*Wasmann*, § 6 Rn. 32.

[852] KK-SpruchG/*Wasmann*, § 6 Rn. 22; MünchKommAktG/*Volhard* SpruchG, § 6 Rn. 15.

tragung dazu führen, dass der Agent sich von intrinsischen Motiven wie Gewissen, Stolz und Reputation leiten lässt (so genannte „low-powered incentives“).[853]

Es könnte durchaus überlegt werden, das erfolgreiche Konzept des gemeinsamen Vertreters für das Beschlussmängel- und Freigabeverfahren zu übernehmen. Vereinzelt ist dies auch schon in der rechtswissenschaftlichen Literatur geäußert worden.[854]

c) *Monitoring durch Gericht*

Des Weiteren stellt sich die Frage, ob die unterlassene Überwachung aufgrund der rationalen Apathie der Aktionäre durch Überwachungsaktivitäten des Gerichts ausgeglichen werden könnte. Theoretisch könnte das gerichtliche *Monitoring* einerseits die Anreize absenken, dass aussichtslose Klagen erhoben werden und andererseits verhindern, dass Klagen, die gute Erfolgsaussichten haben, zu Lasten der nicht beteiligten Aktionäre ausgekauft werden.[855]

Einen solchen Weg wählen viele US-Bundesstaaten. Die gerichtliche Kontrolle findet dabei in zwei Formen statt: Zum einen kann das Gericht die Klage abweisen, wenn der Kläger die Interessen aller Aktionäre nicht fair und angemessen vertritt („fairly and adequately represent the interest of the shareholders“, vgl. Federal Rule of Civil Procedure 23. 1)[856]. Zum anderen muss das Gericht einen Vergleich zwischen Kläger und beklagter Gesellschaft prüfen und genehmigen („The action should not be dismissed or compromised without the approval of the court“, vgl. Federal Rule of Civil Procedure 23.1).[857] Bei der Prüfung des Vergleichs muss das Gericht sicherstellen, dass Kläger

---

[853] *Hansmann/Kraakman*, in: Kraakman/Davis u.a. (Hrsg.), The Anatomy of Corporate Law, 2004, S. 21 (27): „This strategy assumes that, in the absence of strongly focused – or ‚high-powered' – monetary incentives to behave opportunistically, agents will respond to the ‚low-powered' incentives of concience, pride, and reputation […]“; *Williamson*, The Economic Institutions of Capitalism, 1985, S. 140.

[854] *Bezzenberger*, in: Lutter (Hrsg.), 25 Jahre Aktiengesetz, 1990, S. 162: „Allerdings darf auch hier nicht übersehen werden, daß der einzelne Aktionär mit seiner Klage die Geschicke der Aktiengesellschaft sehr weitgehend bestimmen kann, wie dies die in den letzten Jahren anhängig gemachten Klagen gegen Kapitalerhöhungen und Verschmelzungen gezeigt haben. Wenn ein Aktionär für die gesamte Klasse aller Aktionäre klagen kann, so sollte überlegt werden, diesen anderen Aktionären im Rechtsstreit ein gewisses Mitspracherecht zu geben. Im anglo-amerikanischen Recht ist es bei derartigen Prozessen nicht unüblich, dass das Gericht einen Treuhänder für die nicht am Prozeß beteiligten Aktionäre bestellt […]“.

[855] *Bainbridge*, Corporation Law and Economics, 2002, S. 381; *Miller,* in: Newman (Hrsg.), The New Palgrave Dictionary of Economics and the Law, 1998, S. 257 (259): „The purpose of this requirement is again to control agency costs by ensuring that an impartial third party reviews the transaction for fairness […]“.

[856] Abdruck bei *Bainbridge*, Corporation Law and Economics, 2002, S. 368 f. Die meisten Bundesstaaten haben ähnliche Regeln.

[857] Abdruck bei *Bainbridge*, Corporation Law and Economics, 2002, S. 368 f.

und beklagte Gesellschaft nicht kollusiv zu Lasten der repräsentierten Aktionäre handeln.[858]

Auch in Deutschland gibt es Ansätze für Kontrollaktivitäten durch die Gerichte: Einen Aspekt bildet die Missbrauchsrechtsprechung des BGH[859], nach der „eigensüchtige Klagen" abgewiesen können. Insofern besteht eine gewisse Vergleichbarkeit zum amerikanischen Ansatz. Anders als im US-amerikanischen Recht existiert jedoch im deutschen Recht kein Zustimmungsvorbehalt bei Vergleichen im Beschlussmängelverfahren. Jedoch zeigt die Praxis, dass die meisten Verfahren mit einem gerichtlichen Vergleich beendet werden, so dass jedenfalls faktisch auch in Deutschland die Gerichte an den Vergleichen mitwirken.

Insgesamt ist die rechtsökonomische Literatur allerdings skeptisch, ob gerichtliche Überwachung tatsächlich die Prinzipal-Agenten-Probleme, die durch kollektive Rechtsdurchsetzung entstehen, effektiv begrenzen kann.[860] Begründet wird dies damit, dass dem Richter zum einen Informationen fehlen (z.B. aufgrund der Dispositionsmaxime im Zivilprozess), um bewerten zu können, inwieweit der vorgeschlagene Vergleich tatsächlich die Drittinteressen der nicht beteiligten Parteien angemessen berücksichtigt, zum anderen damit, dass er selbst immer das Interesse hat ein Verfahren möglichst schnell „vom Tisch zu bekommen".[861]

Wir können festhalten: Das Gericht kann einen Kläger nicht effektiv überwachen. Ein Zustimmungsvorbehalt des Gerichts für Vergleiche könnte allenfalls als flankierende Maßnahme angedacht werden.

III. Incentive-Strategien

Schließlich können die Verluste, die durch das Prinzipal-Agenten-Verhältnis entstehen, dadurch reduziert werden, dass die Anreizstruktur des Agenten verändert wird.

Dies kann auf drei Arten geschehen. Erstens können die Interessen des Agenten mit denen des Prinzipals verknüpft werden, indem der Agent an Gewinnen und Verlusten der Geschäftsbesorgung partizipiert. Zweitens kann bestimmtes Verhalten des Agenten sanktioniert werden. Drittens kann der Anreiz missbräuchliche Klagen zu erheben ab-

---

858 *Desimone v. Indus. Bio-Test Labs, Inc.*, 83 F.R.D 615, 618 (S.D.N.Y. 1979): „fair, reasonable and adequate".

859 BGHZ 107, 296 (308ff.) – *Kochs Adler*; BGH ZIP 1989, 1388 – *DAT-Altana;* BGHZ 112, 382 – *SEN*; BGH ZIP 1991, 1577 – *Deutsche Bank.*

860 *Bainbridge*, Corporation Law and Economics, 2002, S. 381: „The judicial approval requirement seems all bark and no bite".

861 *Miller,* in: Newman (Hrsg.), The New Palgrave Dictionary of Economics and the Law, 1998, S. 257 (259).

gesenkt werden, indem sich der potentiell Beklagte verbindlich verpflichtet, niemals einen Vergleich abzuschließen.

1) Partizipation des Agenten an den Gewinnen und den Verlusten des Prinzipals

a) Ökonomische Theorie

Eine Möglichkeit hat die ökonomische Theorie in der so genannten *sharing rule* identifiziert, die zum Inhalt hat, dass das das Einkommen des Agenten an das Einkommen des Prinzipals geknüpft wird.[862] Die Bezahlung des Agenten hängt vom Gewinn des Prinzipals ab. Dadurch hat der Agent den Anreiz, den Gewinn des Prinzipals zu maximieren – schließlich kommt er nur dann in den Genuss einer Kompensation für seine Aufwendungen. Allerdings können die Interessen des Prinzipals und des Agenten mit dieser Strategie zwar angeglichen, aber nicht zur völligen Deckung gebracht werden. Denn der Agent partizipiert an den Gewinnen des Prinzipals immer nur zu einem gewissen Anteil (sonst bleibt kein Gewinn mehr für den Prinzipal). In der Unternehmenspraxis werden beispielsweise Aktienoptionsprogramme aufgelegt, um die Interessen von Aktionären und Managern an einer guten Entwicklung des Aktienkurses anzugleichen.

b) Rechtswissenschaftliches Konzept

Eine *sharing rule* lässt den Agenten an dem Gewinn des Prinzipals partizipieren. Bezogen auf die kollektive Rechtsdurchsetzung würde dies bedeuten, dass der Beschlussmängelkläger einen Teil der Gewinne, den nicht beteiligte Minderheitsaktionäre aufgrund der erfolgreichen Beschlussmängelklage in Form einer potentiellen Wertsteigerung ihrer Anteile erreichen, behalten darf. Es müsste also eine erfolgreiche Anfechtungsklage, von der nicht beteiligte Minderheitsaktionäre profitieren, besonders entlohnt werden. Bislang existiert eine solche Regelung nicht. In der Praxis werden jedoch häufig hohe Gegenstandswerte für verfahrensbeendende Vergleiche vereinbart. Die Gesellschaft verpflichtet sich regelmäßig darin, die gerichtlichen und außergerichtlichen Gebühren der Anwälte zu übernehmen. Soweit sich der Vergleichswert allein daran orientiert, wie sehr den Drittinteressen von nicht beteiligten Minderheitsaktionären zum Schutz verholfen wurde, funktioniert dieser wie eine *sharing rule*. Der Beschlussmängelkläger hat dann den Anreiz, die Interessen der nicht beteiligten Aktionäre besonders effektiv zu vertreten, um damit seine eigene Bezahlung zu maximie-

---

[862] *Hansmann/Kraakman*, in: Kraakman/Davis u.a. (Hrsg.), The Anatomy of Corporate Law, 2004, S. 21 (26): „[The] sharing rule motivates loyality by tying the agent's monetary returns directly to those of the principal".

ren.[863] Die Praxis zeigt jedoch zugleich den Haken einer *sharing rule*. Es werden der Gesellschaft teilweise sinnlose Verpflichtungen zugunsten der nicht beteiligten Aktionäre auferlegt, um den Gegenstandswert zu erhöhen. Bestes Beispiel hierfür ist der bereits oben erwähnte Vergleich über Anfechtungs- und Nichtigkeitsklagen gegen die Beschlüsse der außerordentlichen Hauptversammlung der Allianz AG am 8. Februar 2006. Die Gesellschaft verpflichtete sich dazu, Informationen über die Rechtsformunterschiede der AG und der SE in einem Gutachten herauszuarbeiten und dieses im Internet bereitzustellen. Im Gegenzug nahmen die Beschlussmängelkläger ihre Klagen zurück. Die Allianz AG vereinbarte mit den Klägern einen Vergleichswert von € 8.5 Mio. und verpflichtete sich dazu, die gerichtlichen und außergerichtlichen Gebühren zu tragen. Das führte dazu, dass jeder der 13 Klägeranwälte gerichtliche und außergerichtliche Gebühren in Höhe von € 72.165 geltend machen konnte. [864] Der Vergleich hat ersichtlich keinen Mehrwert für die nicht beteiligten Aktionäre geschaffen. Solange der Vergleichswert sich nicht allein am Nutzen der nicht beteiligten Aktionäre orientiert, handelt es sich um eine verfehlte *sharing rule*, die die Agency-Kosten nicht absenkt, sondern verschärft. Denn solange Beschlussmängelkläger und Gesellschaft den Vergleichswert unter sich ausmachen, ist dieser lediglich ein verdecktes Substitut für den Auskauf gegen Cash.

Insgesamt kann damit festgehalten werden, dass die Begrenzung der Agency-Kosten mithilfe einer *sharing rule* dadurch erschwert wird, dass eindeutige Indikatoren gefunden werden müssen, anhand derer der Mehrwert für die nicht beteiligten, aber betroffenen Minderheitsaktionäre abgeleitet werden kann. Auf die Bestimmung der Messgrößen dürften aber weder die beklagte Gesellschaft noch die Beschlussmängelkläger selbst Einfluss haben. Bislang ist dies noch nicht gelungen.

2) *Sanktionen*

a) *Ökonomische Theorie*

Eine andere Möglichkeit besteht darin, opportunistisches Verhalten des Agenten besonders zu sanktionieren. Dadurch wird dem erwarteten Gewinn aus opportunistischem Verhalten ein potentieller Verlust in Form einer Sanktion gegenübergestellt,

---

[863] In diesen Fällen sehen deshalb auch Stimmen in den Rechtswissenschaften keinen Missbrauch, vgl. *Boujong*, in: FS Kellermann, S. 1 (14): „Jedenfalls können solche Einwände [Missbrauch] nicht erhoben werden, wenn nicht nur der Anfechtungskläger, sondern auch alle außenstehenden Aktionäre der beklagten Gesellschaft einen derartigen Nachteilsausgleich erhalten.“; *Hirte,* BB 1988, 1469 (1474).

[864] Abruf unter www.ebundesanzeiger.de, Kategorie Gesellschaftsbekanntmachungen Aktiengesellschaften, Bekanntmachung Allianz AG vom 24.07.2006 (Stand: 20.6.2007).

der den Anreiz zu treuwidrigem Verhalten reduziert. Anknüpfungspunkt müssen dabei typische, observierbare Formen opportunistischen Verhaltens sein. Auf das Beschlussmängelrecht müsste also der Auskauf mit besonderen Sanktionen verknüpft werden.

b) Rechtswissenschaftliches Konzept

Grundsätzlich kann ein Kläger sich wegen Nötigung gem. § 240 StGB strafbar machen. Strafverfolgungsmaßnahmen waren allerdings bislang nur die absolute Ausnahme.

3) Credible Commitments/Threats des Beklagten

a) Ökonomische Theorie

Eine weitere Strategie, um erpresserische Klagen zu unterbinden, die allein aufgrund ihres asymmetrischen Erwartungswertes erhoben werden, haben *Rosenberg* und *Shavell* mit Arbeiten zu sog. *frivolous suits* oder *negative value suits* herausgearbeitet.[865] Eine Klage, die auf asymmetrischen Erwartungswerten beruht, wird nur erhoben, weil der Kläger weiß, dass es für den Beklagten günstiger ist die Klage auszukaufen als durchzufechten. Der eigentlich negative Erwartungswert einer Klage mit geringen Erfolgsaussichten wird durch die Aussicht auf einen lukrativen Vergleich positiv. *Rosenberg/Shavell* haben eine scheinbar einfache Lösung gefunden, um Klagen dieser Art zu verhindern: Gelingt es dem potentiell Beklagten vor der Erhebung der Klage glaubhaft zu versichern (*Credible Commitment*)[866], dass er die Klage nie auskaufen wird, lohnt sich für den Kläger die Erhebung der Klage nicht mehr. Der Kläger weiß dann, dass er keinen Vergleich erzielen kann, und unterlässt es von vornherein zu klagen. Das Problem besteht jedoch darin, dass ein solches Versprechen nicht ohne weiteres glaubhaft ist. Denn es sind zwei zeitliche Phasen zu unterscheiden, die in der rechtsökonomischen Terminologie als Periode I und Periode II bezeichnet werden. Periode I ist der Zeitraum vor Klageerhebung, Periode II ist der Zeitraum nach Klageerhebung. In Periode II verändern sich die Payoffs des Beklagten zugunsten eines Abkaufs, so dass die Behauptung in Periode I nicht glaubhaft ist. Betrachten wir dieses Phänomen genauer anhand eines Entscheidungsbaums mit fiktiven Beispielszahlen:

---

[865] Zum Folgenden im Detail: *Rosenberg/Shavell*, 5 Int. Rev. L. Econ. 3 (1985); *Rosenberg/Shavell*, 26 Int. Rev. L. Econ 42 (2006); *Bebchuk*, in: *Newman* (Ed.), New Palgrave Dictionary of Economics and the Law, 1998, S. 551.

[866] Allgemein zu Commitment-Strategien *Schelling*, in: *Newman* (Hrsg.), The New Palgrave Dictionary of Economics and the Law, Volume I, S. 295 ff.

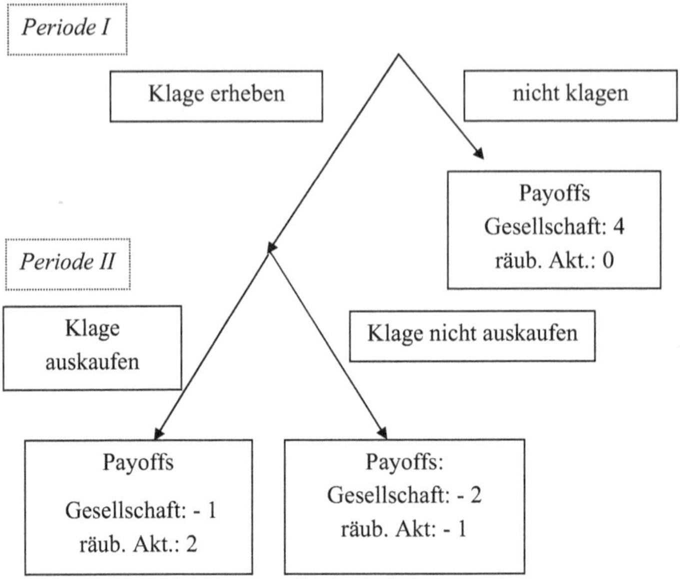

Abbildung 8 Beispiel für Situation in der Credible Threat fehlt

Die Rückwärtsinduktion offenbart[867]: In Periode II entscheidet sich die Gesellschaft die Klage abzukaufen, denn damit lassen sich ihre Verluste minimieren. Der räuberische Aktionär antizipiert dies, und entscheidet sich in der ersten Stufe die Klage zu erheben. Die Behauptung der Gesellschaft, die Klage nicht abzukaufen, ist nicht glaubhaft, denn sie würde dadurch höhere Verluste erzielen als notwendig.

Ein weiteres Beispiel für dieses Phänomen sind Lösegeldzahlungen des Staates bei Entführungen. Die Regierung erklärt regelmäßig in der Öffentlichkeit, niemals Geiseln freizukaufen oder auf Forderungen von Erpressern einzugehen. Ohne die Möglichkeit, einen Freikauf der Geisel zu erreichen, fehlt der wirtschaftliche Anreiz für die Entführung. Allerdings ist die Behauptung der Regierung nicht ohne weiteres glaubhaft: Die Angehörigen eines Entführungsopfers werden versuchen, die öffentliche Meinung zu mobilisieren, damit die Regierung mit den Entführern verhandelt. Kurzfristig ist es leichter dem Druck der Öffentlichkeit nachzugeben. Dies antizipieren die Entführer. Eine Möglichkeit „glaubhaft“ zu sein, besteht darin eine entsprechende Reputation zu erwerben. Diesen Weg ging Bundeskanzler *Helmut Schmidt*, als der Arbeitgeberpräsi-

[867] Zu der Lösung spieltheoretischer Modelle vgl. oben S. 155ff.

dent *Hans-Martin Schleyer* im September 1977 von der RAF entführt wurde. Um in der Zukunft nicht erpressbar zu sein, lehnte *Schmidt* jegliche Verhandlung mit den Entführern ab. Die Familie des Opfers versuchte sogar mit einem Eilantrag zum Bundesverfassungsgericht gegen die harte Haltung der Regierung vorzugehen. *Schleyer* wurde nach Ablauf des Ultimatums von der RAF ermordet.

Reputation aufzubauen, kann – wie sich an dem Beispiel erschreckend zeigt – extrem „kostspielig" sein. Auch wenn man diese Strategie auf die kollektive Rechtsdurchsetzung übertragen wollte, würde sie erst langfristig wirken. Vorstände müssten in ihren Gesellschaften also erst mehrere Beschlussmängelverfahren bis zur letztinstanzlichen Entscheidung durchfechten und damit erhebliche Verzögerungen in Kauf nehmen, bevor „räuberische Aktionäre" lernen würden, dass ein Auskauf bei ihnen nicht erzielt werden kann.

Auf das spieltheoretische Modell übertragen, bedeutet dies, dass der Beklagte selbst in der Periode I, d. h. vor Klageerhebung, seine Payoffs in Periode II dahingehend verändert, dass der Auskauf der Klage nicht mehr rational ist. Folgendes Schaubild kann dieses Vorgehen verdeutlichen.

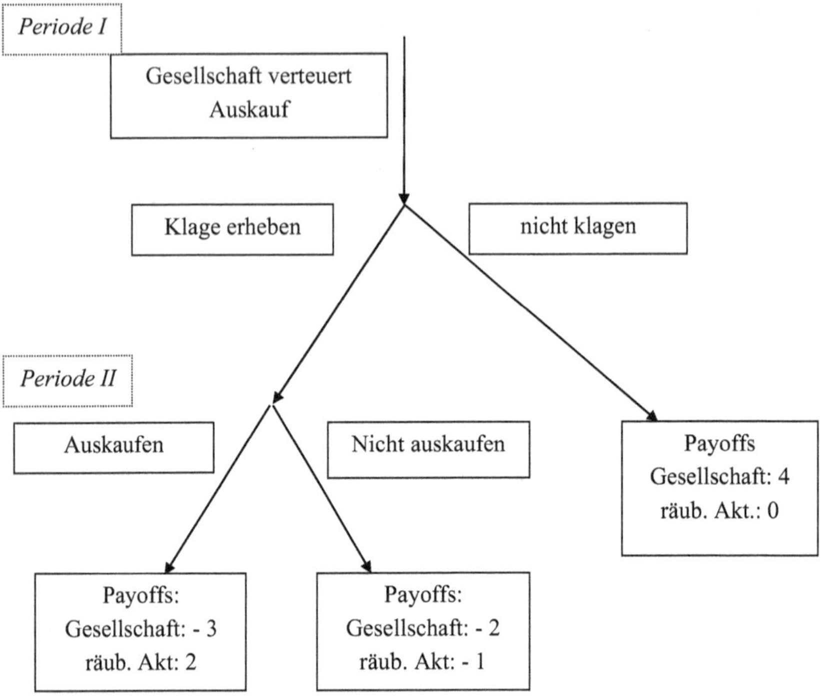

Abbildung 9 Situation in der Credible Threat möglich ist

Die Rückwärtsinduktion zeigt, dass der Beklagte in der letzten Stufe keinem Auskauf zustimmt, weil er diesen zuvor künstlich verteuert hat. Der Kläger entscheidet sich deshalb in der ersten Stufe keine Klage zu erheben. Denn passiv bleiben ist günstiger, als eine Klage zu erheben.

Ein anderer Weg, „glaubhaft" zu werden, besteht darin, vor der Erpressung die Entscheidung über den Auskauf unwiderruflich aus der Hand zu geben (sog. *Selfbinding*). Ein illustratives Beispiel für diese Vorgehensweise liefert die griechische Mythologie: Als Odysseus die Begegnung der Sirenen erwartete, wusste er, dass er ihrem Gesang nicht würde widerstehen können. Er ließ sich deshalb an den Mast binden, bevor sein Schiff deren Gewässer erreichte. So konnte er verhindern, den Verlockungen ihres wunderbaren Gesanges zu erliegen. Die Analogie ist allerdings nicht perfekt: Die Sirenen hätten – aus spieltheoretischer Sicht – das Singen abbrechen müssen, sobald sie realisierten, dass Odysseus, an den Mast gefesselt, ihrem Gesang nicht nachgeben konnte.

Der Ökonom *Thomas C. Schelling*, der die Grundlagen der *Commitment-Strategien* entwickelt hat[868] und hierfür im Jahr 2005 mit dem Nobelpreis für Ökonomie ausgezeichnet wurde, nennt als weiteres Beispiel die Selbstverleumdungsstrategie, die eine Drogenklinik in Denver entwickelt hat.[869] Dort können Patienten mit guter Prognose in einem Brief einer Person ihre Abhängigkeit gestehen, die keinesfalls von der Sucht erfahren darf. Ein drogenabhängiger Arzt kann zum Beispiel ein Schreiben an die Ärztekammer richten, indem er von seinem regelmäßigen Drogenmissbrauch berichtet und darum bittet, dass ihm seine Zulassung entzogen wird. Der Brief wird jedoch nicht abgeschickt, sondern bei der Klinik hinterlegt. Nur wenn der Patient bei einem der Drogentests, denen er sich regelmäßig zu zufälligen Zeitpunkten unterziehen muss, positiv getestet wird, wird der Brief gesendet. Dadurch „verteuert" sich der Rückfall für den Süchtigen. *Ex ante* kann der Patient somit seine *Ex-post-Payoffs* verändern.

Eine weitere Methode hat die italienische Polizei im Krieg gegen die Mafia entwickelt. Um Entführer abzuschrecken, werden die Konten der Angehörigen gesperrt, die dadurch das Opfer nicht freikaufen können. Im Idealfall führt dies dazu, dass Entführungen von vornherein unterbleiben.[870]

Eine weniger radikale Möglichkeit kann insbesondere darin bestehen, dass vertragliche Verpflichtungen ex ante eingegangen werden, die ex post fällig werden, wenn gegen das Commitment verstoßen wird. So arbeiten Unternehmen oft mit so genannten *Most-Favored-Nation-Clauses*, deren Name sich aus der völkerrechtlichen Vertragspraxis ableitet.[871] In ihnen verpflichten sie sich, jedem Kunden auch noch nachträglich einen Preisnachlass zu gewähren, wenn sie irgendeinem Kunden in der Zukunft einen solchen anbieten. Faktisch führt diese Klausel dazu, dass kein Kunde mehr einen Preisnachlass durchsetzen kann. Denn das Unternehmen müsste andernfalls tausenden anderen Kunden ebenfalls eine niedrigere Zahlung gewähren.

Eine Lösung für die Missbrauchsproblematik bei der Beschlussmängelklage könnte deshalb darin liegen, dass das Unternehmen *ex ante* einen Vertrag mit einem Dritten abschließt, in dem es sich zu einer hohen Zahlung verpflichtet, wenn es einem Abkauf zustimmt. Ein Dax Unternehmen könnte beispielsweise eine Spendenverpflichtung in

---

[868] *Schelling*, The Strategy of Conflict, 1960 passim.

[869] *Schelling*, in: Newman (Hrsg.), The New Palgrave Dictionary of Economics and the Law, Volume I, S. 295 (300).

[870] Beispiel stammt von *Schlaus*, AG 1988, 113 (115), der allerdings die auswegslose Situation der tatsächlich Erpressten anprangert.

[871] *Schelling*, in: *Newman* (Hrsg.), The New Palgrave Dictionary of Economics and the Law, Volume I, S. 295 (299).

Höhe von 40 Millionen Euro zugunsten des Roten Kreuzes vereinbaren, die nur unter der Bedingung entsteht, dass das Unternehmen sich mit einem der namentlich bekannten Berufsopponenten über den Auskauf einer Klage einigt. Theoretisch müsste dies dazu führen, dass die Berufskläger von vornherein von einer Klage absehen, da sie wissen, dass der Vorstand keinem Vergleich zustimmen kann, weil das Gesellschaftsvermögen in diesem Fall zusätzlich mit der Spendenzahlung belastet werden würde. Es wäre gewissermaßen die „Poison Pill" gegen räuberische Aktionäre. So schön eine solche Lösung auf dem Papier aussieht, so wenig ist sie allerdings wohl in der Praxis durchsetzbar.

Im Folgenden soll dargestellt werden, wie sich die Payoffs verändern, wenn eine solche *Selfbinding*-Strategie auf das Beschlussmängelrecht anwendet wird:

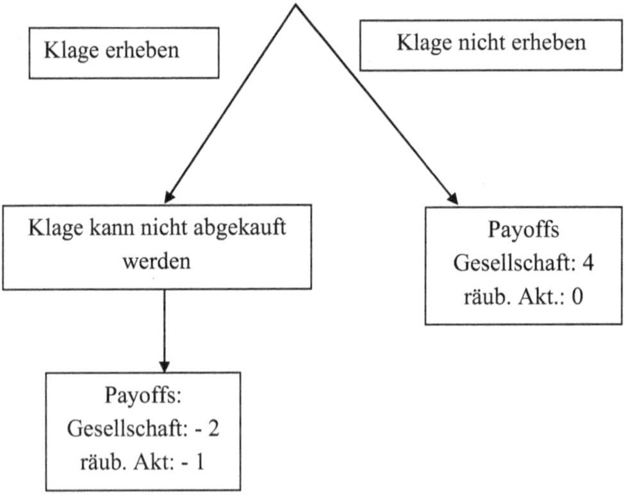

Abbildung 10 Situation bei Selfbinding Strategie

Die Rückwärtsinduktion zeigt, dass der unredliche Kläger, keine Klage erheben wird. Denn mangels Auskaufoption kommt ihn die Klage teurer zu stehen, als wenn er diese unterlässt.

b) Rechtswissenschaftliche Konzepte

Wir müssen also prüfen, ob die Rechtswissenschaften entsprechende *Selfbinding*-Strategien entwickelt haben. Die *Selfbinding*-Strategie verändert die Anreize des Agenten nur indirekt: Der Agent weiß, dass der Beklagte keinem Vergleich zustimmen kann, und unterlässt deshalb Klagen, die den Prinzipal potentiell schädigen. Zwei Konzepte kommen hierfür infrage: Das Verbot des Auskaufs und die Verfahrensfortführungsbefugnis des gemeinsamen Vertreters im Spruchverfahren.

aa) Verbot des Auskaufs

In abgeschwächter Form hat das Aktienrecht den Selfbinding-Mechanismus insoweit inkorporiert, als der Auskauf klagender Aktionäre einen Verstoß gegen § 57 Abs. 1 S. 1 AktG darstellen kann.[872] Würde dieses Auszahlungsverbot tatsächlich befolgt, gäbe es keinen Anreiz für missbräuchliche Klagen, denn „räuberische Aktionäre“ wüsste von vornherein, dass der Vorstand keinen Auskauf vereinbaren könnte, weil es ihm verboten ist. Tatsächlich aber wird dieses Verbot unterlaufen und Vorstände berufen sich nur in seltenen Fällen auf das Verbot der Einlagenrückgewähr, denn sie haben ja gerade *ex post* ein großes Interesse daran, das Verfahren möglichst zeitnah zu beenden. Zwar verhalten sie sich nach umstrittener, aber herrschender Meinung gem. § 93 Abs. 3 Nr. 1, 116 AktG pflichtwidrig und machen sich schadenersatzpflichtig.[873] Doch fehlt es hier an einer entsprechenden Durchsetzung. In der Praxis erfolgt der Auskauf mittlerweile genau aus diesem Grund „versteckt“ über die Gebühren, indem bei einem Vergleich ein hoher Gegenstandswert vereinbart wird, der an die Anwälte der klagenden Aktionäre als Rechtsberatungsgebühr fließt.

In der spieltheoretischen Terminologie heißt das, dass sich der Auskauf verteuert, aber nicht in einem solchen Maße, dass er sich nicht mehr für den Vorstand lohnt.

bb) Verfahrensfortführung durch den gemeinsamen Vertreter

Ein Selfbinding-Effekt lässt sich jedoch auch dadurch erreichen, dass die Kompetenz für einen Vergleich auf einen Dritten übertragen wird, dessen Payoffs sich nach der Klageerhebung nicht zugunsten eines Auskaufs verändern. Der Beklagte hat es nach der Klageerhebung nicht mehr allein in der Hand einen Vergleich abzuschließen.

Eine solche Lösung sieht das Spruchverfahren vor: Der gemeinsame Vertreter hat das Recht auch nach Rücknahme aller Anträge das Verfahren fortzuführen (§ 6 Abs. 3 SpruchG). Antragsteller und beklagte Gesellschaft können nicht mehr auf

---

[872] Mittlerweile h. M., dass ein Verstoß gegen § 57 Abs. 1 S. 1 AktG vorliegt, wenn es sich um eine überhöhte Erpressungszahlung handelt: BGH, AG 92, 317 – *AMB*; MünchKommAktG/*Bayer*, § 57 Rn. 88; *Hommelhoff/Timm*, AG 1989, 168 (169); *Hirte*, BB 1988, 1469 (1473 f.); *Hüffer*, AktG, 7. Auflage (2006), § 57 Rn. 5, 12; *Lutter*, ZGR 1978, 347 (354 f.); *Martens*, AG 1988, 118 (120), a. A. noch *Schlaus*, AG 1988, 113 (116); *Götz*, DB 1989, 261 (263).

[873] A. A. *Martens*, AG 1988, 118 (120), der keine Pflichtverletzung des Vorstands sieht, wenn Zahlungen nach Beendigung der Nötigungssituation gem. § 62 AktG zurückgefordert werden.

Kosten der übrigen Aktionäre kollusiv zusammenwirken. Nur wenn der gemeinsame Vertreter einem Vergleich zustimmt, der die Interessen der nicht beteiligten Aktionäre berücksichtigt, kann das Verfahren vorzeitig beendet werden (§ 11 Abs. 4 SpruchG). Die Regelung scheint sich in der Praxis zu bewähren, denn die Zahl der Auskäufe ist seit der Einführung der Regelung zurückgegangen.[874] Die Möglichkeit des gemeinsamen Vertreters das Verfahren fortzuführen hat mithin eine doppelte Wirkung: *Ex post* überwacht er die Antragsteller; *ex ante* macht er das Spruchverfahren für unredliche Kläger unattraktiver, weil kollusive Vergleiche nicht erzielt werden können.[875]

IV. Zwischenergebnis

Die Analyse hat gezeigt, dass verschiedene Konzepte existieren, mit denen die Kosten der kollektiven Rechtsdurchsetzung abgesenkt werden können, ohne zugleich auf deren Vorteile vollständig zu verzichten.

Zwei Rechtskonzepte scheinen dabei besonders viel versprechend zu sein:

- Das italienische Modell: Die kollektive Wirkung der Beschlussmängelklage bleibt bestehen, wenn der Kläger über so viele Anteile verfügt, dass er ein bestimmtes Quorum erreicht.
- Der gemeinsame Vertreter, der kollusives Zusammenwirken von beklagter Gesellschaft und „räuberischen Aktionären“ verhindert und damit entsprechende Klagen, die allein auf den Auskauf zielen, von vornherein abschreckt.

Beide Konzepte ergänzen sich. Das Quorum verhindert Klagen, die geringe Erfolgschancen haben und nur aufgrund asymmetrischer Erwartungswerte erhoben werden. Der gemeinsame Vertreter verhindert den Auskauf begründeter Klagen.

Übertragen wir nun dies Ergebnis auf das Freigabeverfahren. Es könnte erwogen werden, den Gerichten die Möglichkeit zu geben, auch im Anfechtungsprozess und Freigabeverfahren einen gemeinsamen Vertreter für die nicht beteiligten, aber aufgrund der Inter-omnes-Wirkung betroffenen Aktionäre zu bestellen. Zugleich könnte der Schadenersatzanspruch des § 246a Abs. 4 AktG so ausgestaltet werden, dass er kollektiv allen Aktionären zusteht, wenn der Beschlussmängelkläger über so viele Aktien verfügt, dass er ein Quorum erreicht.

---

[874] BT-Drucks. 15/371, S. 14; *Bezzenberger/Lutter,* AG 2000, 433 (440).

[875] Der gleiche Effekt tritt auch ein, wenn ein redlicher Kläger klagt, vgl. *Hirte,* BB 1988, 1469 (1477): „Das ‚Spiel' geht nur so lange gut, wie weder die klagenden Aktionäre noch die Tatsache der geleisteten Zahlungen in der breiten Öffentlichkeit bekannt sind. Denn der Erfolg dieser Erpressungen ist nur so lange möglich, wie es sich um eine Gruppe mit gleichgerichteten Interessen handelt, die

E. Ergebnis

Der Freigabebeschluss beseitigt die kollektive Wirkung der Beschlussmängelklage. Ist die Anfechtungsklage in der Hauptsache erfolgreich, erhält nur der Beschlussmängelkläger einen Anspruch auf Ersatz seines Schadens. In diesem Kapitel wurde untersucht, ob dies aus wohlfahrtsökonomischer Sicht zu begrüßen ist.

Die kollektive Rechtsdurchsetzung ist geeignet, in einer börsennotierten Gesellschaft mit weit gestreuten Aktionären das Problem der rationalen Apathie zu adressieren. Zugleich können Skaleneffekte realisiert werden, indem nicht jeder Anteilseigner Aufwendungen für die Rechtsverfolgung tätigen muss. Die ökonomische Theorie prognostiziert eine Zunahme rechtswidriger Hauptversammlungsbeschlüsse und eine größere Zahl von Klagen durch die rein individuelle Ausgestaltung des Schadenersatzes gem. § 246a Abs. 4 AktG.

Umgekehrt führt die kollektive Rechtsdurchsetzung aber zu erheblichen Fehlanreizen, die Wohlfahrtsverluste verursachen. Zum einen kommt es zu einem Problem der kollektiven Aktion – von der Klage profitieren alle benachteiligten Minderheitsaktionäre, während der Kläger den Aufwand hierfür trägt. Des Weiteren steht der Kläger zu den von ihm mitrepräsentierten Minderheitsaktionären in einem Prinzipal-Agenten-Verhältnis. Kläger haben den Anreiz, Beschlussmängelklagen mit lediglich geringen Erfolgsaussichten zu erheben. Beschlussmängelklagen, die an sich begründet wären, lassen sie sich von der Gesellschaft „abkaufen". Die ökonomische Theorie prognostiziert deshalb, dass mit der Beseitigung der kollektiven Wirkung durch die Freigabeentscheidung diese missbräuchlichen Klagen nicht weiter verfolgt werden.

Vorliegend wird empfohlen, die kollektive Wirkung nicht gänzlich abzuschaffen, sondern ihre negativen Folgen mithilfe anderer Instrumente zu reduzieren. Dazu wird auf Strategien zurückgegriffen, die die Prinzipal-Agenten-Theorie entwickelt hat, um opportunistisches Verhalten des Agenten zu minimieren. Zum einen wird vorgeschlagen, die kollektive Wirkung des Rechtsbehelfs von einem Quorum abhängig zu machen. Erreicht der Beschlussmängelkläger die notwendige Schwelle nicht, erhält nur er einen Anspruch auf Schadenersatz („italienisches Modell"). Darüber hinaus könnte überlegt werden, ob auch das Prozessgericht einen gemeinsamen Vertreter im Beschlussmängel- und Freigabeverfahren zum Schutz der rational apathischen Aktionäre bestellen können sollte. Schließlich sollte die Publikationspflicht bei Vergleichen auch die nominelle Höhe der Gebühren umfassen. Die übrigen diskutierten Konzepte erscheinen dagegen wenig Erfolg versprechend.

---

sich beim Abkauf der Klagen unter einen Hut bringen läßt. Sollte einmal ein „altruistischer Querulant" gleichzeitig klagen, dann haben „Räuber" keine Chance mehr".

9. Kapitel: Ökonomische Analyse mithilfe der Theorie zur öffentlichen Rechtsdurchsetzung

Dieses Kapitel beschäftigt sich mit der Frage, welche Konsequenzen die Bindungswirkung der Freigabeentscheidung für das Registergericht aus ökonomischer Sicht hat. Der Verfasser vertritt die Ansicht, dass die Beschlussmängelkontrolle vor dem Prozessgericht der privaten Rechtsdurchsetzung zuzuordnen ist, während die registergerichtliche Prüfung eine Form der öffentlichen Rechtsdurchsetzung darstellt. Sodann wird auf das rechtsökonomische Schrifttum zurückgegriffen, das die Vor- und Nachteile der öffentlichen gegenüber der privaten Rechtsdurchsetzung identifiziert. Die relativen Informationskosten der öffentlichen Rechtsdurchsetzung, die Anreize zur Rechtsdurchsetzung, die Möglichkeit von Skaleneffekten, die Flexibilität der Rechtsdurchsetzung und die Folgen der Beilegung im Wege des Vergleichs bilden die aus volkswirtschaftlicher Sicht relevanten Faktoren für die Entscheidung, ob die Rechtsdurchsetzung aufgrund privater oder öffentlicher Initiative erfolgen sollte. Im Anschluss werden diese Kriterien auf das Beschlussmängelsystem übertragen. Es wird gezeigt, dass die private Rechtsdurchsetzung geringere Informationskosten generiert, soweit der Anfechtungskläger an der Hauptversammlung teilgenommen hat. Hinsichtlich der anderen Faktoren ist die öffentliche Rechtsdurchsetzung jedenfalls dann geeigneter, wenn die Anteile an der Gesellschaft weit gestreut sind. Allerdings zeigt der Verfasser, dass im Freigabeverfahren private Rechtsdurchsetzung und öffentliche Rechtsdurchsetzung dergestalt zusammenspielen, dass ungünstige Effekte weitgehend ausgeschlossen werden. Jedoch kann in der börsennotierten Gesellschaft eine Substituierung der Anfechtungs- und Nichtigkeitsklage durch eine präventive staatliche Beschlusskontrolle angedacht werden.

Durch den Freigabebeschluss verlagert sich die Kompetenz zur Prüfung der Rechtmäßigkeit des einzutragenden Hauptversammlungsbeschlusses von dem Registergericht auf das Prozessgericht.[876]

Auf den ersten Blick erscheint es ökonomisch sinnvoll, eine doppelte Kontrolle zu vermeiden. Nur ein Gericht muss sich mit dem Hauptversammlungsbeschluss beschäftigen. Die Ressourcen werden so nicht verschwendet.

Allerdings unterliegen das Prozessgericht und das Registergericht unterschiedlichen Verfahrensordnungen. Das Verfahren des Prozessgerichts wird durch die ZPO geregelt, während das Registerverfahren durch das FGG modifiziert wird. Der größte Unterschied besteht in dem Amtsermittlungsgrundsatz gem. § 12 FGG. Auch von juristischer Seite wird deshalb hervorgehoben, dass die Rechtmäßigkeitskontrolle durch das Registergericht eine Form der öffentlichen Rechtsdurchsetzung ist.[877] Damit konzent-

[876] Vgl. oben S.33ff.

[877] MünchKommHGB/*Krafka*, § 8 Rn. 75; *Hirte*, Kapitalgesellschaftsrecht, 5. Auflage (2006), S. 308, Rn. 6.8; GroßkommAktG/*Wiedemann*, § 181 Rn. 25.

riert der Freigabebeschluss nicht nur die Überprüfung auf ein Gericht, sondern verändert zugleich die Art der Kontrolle, nämlich von der öffentlichen zur privaten Durchsetzung.

Im Folgenden sollen deshalb die wohlfahrtsökonomischen Vor- und Nachteile privater und öffentlicher Rechtsdurchsetzung dargestellt (unter A.) und auf das Freigabeverfahren angewendet werden (unter B.).

A. Determinanten für die öffentliche und private Rechtsdurchsetzung

Die rechtsökonomische Literatur identifiziert drei Kriterien, die für die Wahl des Durchsetzungsregimes aus ökonomischer Sicht entscheidend sind, nämlich die Höhe der Informationskosten, die Anreize der Parteien und die Steuerungsmöglichkeiten der Durchsetzungsintensität.[878]

I. Informationskosten

Ein entscheidender Faktor bei der Wahl des Durchsetzungsregimes sind seine relativen Informationskosten. Ein Normverstoß muss entdeckt und auf seinen materiellen Gehalt überprüft werden. Die Kosten entstehen sowohl bei der Feststellung des relevanten Sachverhalts (Tatsachenebene) als auch bei der rechtlichen Würdigung (Rechtsebene).

Auf den ersten Blick ist die private Rechtsdurchsetzung bei der Informationsgewinnung überlegen, denn bei der Geltendmachung von Ansprüchen verfügt das Opfer eines Rechtsverstoßes bereits über zahlreiche Informationen, die nicht erst gehoben oder transferiert werden müssen.[879] Das Opfer eines Verkehrsunfalls weiß in der Regel, wer der Verursacher ist; der Vertragspartner weiß Bescheid, wer welche Vertragspflichten nicht erfüllt hat.[880] Allerdings steht der private Rechtsdurchsetzer vor großen Hürden, wenn er auf relevante Informationen aus der Sphäre des Normverletzers angewiesen ist. Denn dieser verhält sich als Gewinn maximierendes Subjekt in der Regel unkooperativ. Ob Informationen aus der Sphäre des Normverletzers notwendig sind, hängt von der Darlegungs- und Beweislast der jeweiligen Norm ab.

[878] Die wesentlichen Grundlagen finden sich bei: *Polinsky/Shavell*, 38 J. Econ. Lit. 45 (2000); *Polinsky*, 9 J. Leg. Studies 105 (1980); *Landes/Posner*, 4 J. Leg. Studies 1 (1975); *Shavell*, 36 J. Law & Econ. 255 (1993). Exzellente Zusammenfassung bei *Krüger*, Öffentliche und private Durchsetzung des Kartellverbots gem. Art. 81 EG, 2007, S. 141ff.

[879] *Shavell*, 36 J. Law & Econ. 255 (1993), 266ff.

[880] *Posner*, Economic Analysis of Law, 6. Auflage (2005), S. 634.

Öffentliche Durchsetzungsorgane können von Vorteil sein, wenn hoheitliche Befugnisse den Zugang zu notwendigen Informationen erleichtern.[881] So können beispielsweise Offenlegungspflichten gegenüber staatlichen Stellen bestehen.

Zusammenfassend lässt sich feststellen, dass die private Rechtsdurchsetzung niedrigere Informationskosten verursacht, wenn das Opfer als Zeuge der Tat über relevante Informationen verfügt. Dagegen kann die öffentliche Rechtsdurchsetzung Informationskostenvorteile haben, wenn die Aufklärung nur mithilfe von hoheitlichen Befugnissen zu erlangen ist.

II. Anreize bei der privaten und der öffentlichen Durchsetzung

Einen weiteren wichtigen Faktor bei der Bewertung des Durchsetzungsregimes bilden die Anreize der Akteure, Rechtsdurchsetzungsaktivitäten zu unternehmen.

1) Anreizproblematik der privaten Durchsetzung

Ein Privater handelt grundsätzlich rational und gewinnorientiert. Durchsetzungsaktivitäten unternimmt er deshalb nur, wenn der erwartete Gewinn über dem erwarteten Kosten liegt.

Problematisch ist dies bei kleinen Schäden oder bei Schäden, die sich auf eine große Zahl von Opfern verteilt. In diesen Fällen besteht ein Anreiz, passiv zu bleiben.[882]

Ist dagegen ein potentieller Schaden und damit ein potentieller Gewinn (soweit diese miteinander verknüpft sind) sehr hoch, besteht für das Opfer ein Anreiz einen Normverstoß zu provozieren[883] oder zu simulieren.[884] Bei hohen Kosten steigt damit die Wahrscheinlichkeit, dass falsche Klagen erhoben werden (sog. *errorcosts*).[885]

2) Anreizproblematik der öffentlichen Durchsetzung

Aus zu niedrigen Anreizen für die private Durchsetzung darf allerdings nicht automatisch auf die Überlegenheit öffentlicher Durchsetzung geschlossen werden.

---

[881] Hawi Draft, S. 27.

[882] Zur Steuschaden-Problematik bereits ausführlich oben S. 205.

[883] Beispiele nennt *Posner*: „He can fabricate an offense. He can encourage an individual to commit an offense that he would not have commited without encouragement", *Posner*, Economic Analysis of Law, 6. Auflage (2005), S. 633.

[884] *Friedman*, 107 J. Pol. Econ S259 (1999), S264; *Polinsky/Shavell*, 81 J. Publ. Econ. 1 (2001), 1 ff; *Posner*, Economic Analysis of Law, 6. Auflage (2005), S. 633.

[885] *Posner*, Economic Analysis of Law, 6. Auflage (2005), S. 633.

Ein zentrales Charakteristikum der öffentlichen Durchsetzung ist die fehlende Gewinnorientierung der Durchsetzungsagenten. Dies ist Fluch und Segen zugleich. Die Rechtsdurchsetzung erreicht aus volkswirtschaftlicher Sicht das optimale Niveau, sobald die Grenzkosten dem Grenznutzen der Rechtsverfolgung entsprechen. Kostet eine „zusätzliche Einheit" Rechtsdurchsetzung mehr, als durch sie Wohlfahrtsverluste verhindert werden, lohnt sie sich aus ökonomischer Sicht nicht mehr. Es werden Ressourcen verschwendet. Das Gleiche gilt für den spiegelverkehrten Fall, in dem ein Rechtsdurchsetzungsniveau unterhalb des Optimums gewählt wird. Dies kann bei der öffentlichen Rechtsdurchsetzung leicht passieren, denn die fehlende Gewinnorientierung der öffentlichen Durchsetzungsorgane schafft geringe Anreize den Grenznutzen zu berücksichtigen. Denn die Individuen, die innerhalb von staatlichen Organen mit der Rechtsverfolgung betraut sind, partizipieren nicht an den Gewinnen oder Verlusten, die durch ordnungsgemäße oder mangelhafte Rechtsdurchsetzung entstehen. Auf diesen Punkt weisen insbesondere Vertreter der Public-Choice-Literatur hin: Es sei inkonsequent, einerseits die Individuen als rational und eigennützig zu modellieren, aber andererseits bei staatlichen Institutionen anzunehmen, sie seien allein daran interessiert, die Ziele der Allgemeinheit voranzubringen.[886] Es dürfe nicht übersehen werden, dass auch die Organe der öffentlichen Hand von Individuen geleitet werden, die wiederum selbst ebenfalls rational und Nutzen maximierend handelten.[887] Deshalb bedeuten Defizite bei der privaten Durchsetzung nicht automatisch, dass aus wohlfahrtsökonomischer Sicht zur öffentlichen Durchsetzung gegriffen werden sollte. Denn sonst wird unter Umständen nur das Marktversagen durch Staatsversagen ersetzt. Vielmehr ist im Einzelfall zu unterscheiden, welches Versagen kleiner ist.

3) Zwischenergebnis

Die private Rechtsdurchsetzung hat den Vorteil, dass die Akteure von der Rechtsverfolgung selbst profitieren und deshalb einen Anreiz zur Verfolgung haben. Jedoch versagt dieser Anreizmechanismus, wenn es sich um geringe Schäden handelt. Bei hohen potentiellen Gewinnen besteht ein Anreiz, Rechtsverletzungen vorzutäuschen.

Die öffentliche Rechtsdurchsetzung kann unabhängig von den erzielbaren Ausgleichszahlungen zu agieren. Streuschäden können so leichter verfolgt werden. Jedoch müssen staatliche Stellen die Kosten mangelhafter Rechtsverfolgung nicht selbst tragen, so dass sie das optimale Rechtsdurchsetzungsniveau nicht leicht erreichen. Die fehlende Gewinnorientierung begünstigt ineffiziente Verwendung von Ressourcen.

---

[886] *Friedman*, 107 J. Pol. Econ. S259, S262 (1999).

[887] *Friedman*, 107 J. Pol. Econ. S259, S262 (1999).

III. Skaleneffekte

Einen weiteren Faktor bilden die Rechtsdurchsetzungskosten, die bezogen auf die Volkswirtschaft insgesamt entstehen. Bei einer wohlfahrtsorientierten Betrachtung ist es gleichgültig, ob die Kosten bei privaten oder öffentlichen Durchsetzungsorganen entstehen. Entscheidend ist allein, inwieweit die Gesamtkosten minimiert werden.

Wie bereits erörtert wurde, sind ein Kostenfaktor die Informationskosten. Aufwendungen können dabei notwendig sein, um einen Normverstoß zu entdecken, ihn zu bewerten und zu verfolgen.

Während die Entdeckungskosten bei der privaten Rechtsverfolgung niedriger sind, wenn der Rechtsverfolger zugleich Opfer ist und bereits über gewisse Kenntnis über die Tatsachen verfügt, die den Rechtsverstoß begründen, fehlt es hinsichtlich der Bewertungskosten und Verfolgungskosten meist an diesem komparativen Vorteil. Denn für ein öffentliches Durchsetzungsorgan besteht die Möglichkeit der Spezialisierung. Die rechtliche Würdigung fällt leichter, wenn vergleichbare Sachverhalte tagtäglich bearbeitet werden müssen (die Behörde als *repeat player*). Vor allem aber können Skaleneffekte realisiert werden, wenn eine Vielzahl von Opfern betroffen ist. Ein Skaleneffekt liegt vor, wenn für eine Verdoppelung des Ertrages weniger als die Verdoppelung des Aufwandes notwendig ist. So kann beispielsweise ein Referat für Verkehrsdelikte geschaffen werden, um die Kompetenzen auf diesem Gebiet zu bündeln. Immer wiederkehrende Sachverhalte können schneller bearbeitet werden.

IV. Flexibilität der Durchsetzungsintensität

Ein Nachteil der privaten Durchsetzung kann in einer zu intensiven Durchsetzung des Rechts entstehen (*overenforcement*).[888] Folgender Gedankengang liegt dem zugrunde:

Aus wohlfahrtsökonomischer Sicht ist es grundsätzlich sinnvoll, die Sanktionshöhe für eine Normverletzung an den sozialen Verlusten zu orientieren. Der Normverletzer internalisiert durch die Sanktion sämtliche sozialen Kosten. Verletzt er dennoch die Norm, indiziert dies, dass sein Nutzen an der Normverletzung höher ist, als dadurch soziale Kosten entstehen. Dies trifft allerdings nur zu, wenn jede Rechtsverletzung sanktioniert wird. Um jeden Normverstoß zu entdecken sind hohe Aufwendungen notwendig. Das gleiche Ergebnis lässt sich mit geringeren Kosten erzielen, indem eine geringere Durchsetzungswahrscheinlichkeit über eine höhere Sanktion ausgeglichen wird.[889] Ein Beispiel: Für einen rationalen Normadressaten hat eine Normverletzung

[888] *Landes/Posner*, 4 J. Leg. Studies 1, 15 (1975).

[889] *Posner*, Economic Analysis of Law, 6. Auflage (2005), S. 632.

den gleichen negativen Erwartungswert, wenn die Sanktion (S) = - 1 und die Durchsetzungswahrscheinlichkeit (p) = 100 % ist oder wenn die Sanktion (S) = -2 und die Durchsetzungswahrscheinlichkeit (p)= 50% ist. In beiden Fällen beträgt die erwartete Sanktion (p * S)= - 1. Diese Vorgehensweise setzt allerdings voraus, dass die Durchsetzungswahrscheinlichkeit sorgsam gesteuert wird. Werden nämlich zu große Durchsetzungsaktivitäten unternommen, steigt die Durchsetzungswahrscheinlichkeit. Es kommt zur Überabschreckung, wenn die Sanktion nicht zugleich verringert wird. Steigt beispielsweise die Durchsetzungswahrscheinlichkeit auf (p) = 75 %, und bleibt die Sanktion bei (S) = - 2, beträgt der negative Erwartungswert (p * S) = - 1,5. Die Abschreckung ist somit suboptimal hoch.

Die rechtsökonomische Literatur argumentiert, dass in den Fällen, in denen die Durchsetzung nicht durch den Staat erfolgt, sondern auf Kosten und auf Initiative von Privatpersonen, diese Feinsteuerung versagt. Denn private Durchsetzungsagenten maximieren ihren Gewinn. Hohe Sanktionen schaffen den Anreiz in die Durchsetzung zu investieren, soweit anteilig an der Sanktion partizipiert werden kann. Es kommt deshalb leicht zur Überabschreckung.[890] Mit der öffentlichen Rechtsdurchsetzung kann dieser Effekt vermieden werden. Staatliche Stellen sind nicht gewinnorientiert. Sie können deshalb ihr Aktivitätsniveau optimal ausrichten, vorausgesetzt sie verfügen über ein entsprechendes Entschließungsermessen.[891]

Die flexible Anpassung des Durchsetzungsniveaus ist insbesondere auch dann von Vorteil, wenn der Gesetzgeber die optimale Sanktion für normwidriges Verhalten ex ante nicht für alle Fälle kennt.[892] Der Staat kann Fehleinschätzungen nachträglich korrigieren, indem er die Durchsetzungsintensität anpasst.[893]

Ein Beispiel liefern Verstöße gegen Straßenverkehrsrecht. Es wäre denkbar, Parkvergehen nicht öffentlich, sondern privat zu verfolgen. Der Gesetzgeber könnte also beispielsweise private Abschleppunternehmer mit dem Recht ausstatten, jeden PKW abzuschleppen, der nicht ordnungsgemäß geparkt ist. Die Kosten dürften die Abschleppunternehmer vom Falschparker verlangen. Die Wirkung ist leicht vorstellbar. Abschleppunternehmer würden durch die Straßen patrouillieren, immer auf der Suche nach neuen „Opfern“. Falschparken würde sich deutlich verteuern, denn die Wahrscheinlichkeit entdeckt zu werden, wäre höher.

---

[890] *Landes/Posner*, 4 J. Leg. Studies 1, 15 (1975).

[891] *Landes/Posner*, 4 J. Leg. Studies 1, 15 (1975).

[892] *Posner*, Economic Analysis of Law, 6. Auflage (2005), S. 635.

[893] *Landes/Posner*, 4 J. Leg. Studies 1, 38 (1975).

Die praktische Relevanz dieser Überlegungen zeigt sich auch für den Bereich des Internets: Die Vielzahl an rechtlichen Regelungen, die Betreiber einer Homepage zu beachten haben, überfordert viele Privatleute und Kleinunternehmer. Einige Rechtsanwälte machen sich diesen Umstand zunutze. Sie suchen gezielt nach Rechtsverstößen (Verstöße gegen gewerbliche Schutzrechte etc.), um die Betreiber kostenpflichtig abzumahnen (aus G. o. A. bzw. § 12 Abs. 1 S. 2 UWG). Betroffene beklagen die unverhältnismäßigen Kosten.[894] Als Reaktion plant die Bundesregierung, die monetären Anreize zur Abmahnung abzusenken. Der Kostenerstattungsanspruch für die Erstabmahnung soll in Zukunft auf € 50 begrenzt werden.[895] Der Gesetzgeber hat also erkannt, dass die private Rechtsverfolgung in diesem Fall zu einer suboptimal hohen Rechtsverfolgung führt.

Wenn der Staat Schwierigkeiten hat, das effiziente Sanktionsniveau *ex ante* festzulegen, kann die Korrektur über die Durchsetzungsintensität erreicht werden. Auf das Beispiel übertragen: Die optimale Regulierung des Straßenverkehrs für unterschiedliches Verkehrsaufkommen ist *ex ante* schwer zu bestimmen. Die Anpassung kann dann dadurch erfolgen, dass die Durchsetzungsintensität durch den Verkehrspolizisten vor Ort entsprechend angepasst wird, indem er nach seinem Ermessen „auch mal ein Auge zudrückt". Um es genereller zu fassen: Das materielle Recht wird im Wege der Durchsetzung praktischen Bedürfnissen angepasst.

V. Abkauf der Klage

Bei der privaten Rechtsdurchsetzung besteht die Möglichkeit, dass sich der Normverletzer „freikauft", um die Sanktion zu verringern.[896] Zwischen dem Normverletzer und dem privaten Rechtsdurchsetzer besteht Raum für ein Geschäft, wenn die angedrohte Sanktion höher ist als die erwartete Belohnung des privaten Rechtsdurchsetzers im Fall der erfolgreichen Klagen. Denn beide Parteien werden besser gestellt: Derjenige, der gegen das Recht verstoßen hat, kann profitieren, weil er nicht die volle Sanktion zahlt. Der private Rechtsdurchsetzer kann eine höhere Entlohnung erzielen. Auf den ersten Blick erscheint dies als Pareto-Verbesserung. Allerdings gilt dies nicht, wenn mit der Sanktion auch Drittinteressen geschützt werden. Denn der Vertrag zwischen den Parteien berücksichtigt nicht die Kosten der Normverletzung bei Dritten. Andernfalls führt der Abkauf der Klage zu einer negativen Externalität: Die Sanktion für normwidriges Verhalten wird abgeschwächt. Diese Schwäche der privaten Rechts-

---

894 Zahlreiche Internetforen beschäftigen sich mit diesem Phänomen, z. B. www.abmahnwelle.de.

895 Vgl. Pressemitteilung der Bundesregierung "Mehr Schutz für das geistige Eigentum", 24. Januar 2007, download über www.bmj.bund.de.

896 *Posner*, Economic Analysis of Law, 6. Auflage (2005), S.635f.

durchsetzung kann auch nicht ohne weiteres durch Verbote des Abkaufs der Klage erreicht werden. Denn diese sind oft schwer durchsetzbar. Beide Parteien wollen nicht, dass der Normverstoß und der Abkauf publik werden. Zudem können Zahlungen verschleiert werden, indem der Klageabkauf nach Außen als Einigung im Hinblick auf einen unsicheren Prozessausgang dargestellt wird.

Posner sieht hierin einen der maßgeblichen Gründe, warum strafrechtliche Normen zum größten Teil öffentlich durchgesetzt werden.[897] Einen Beleg für seine These liefert dabei ein Blick in die Geschichte:[898] Im England des achtzehnten Jahrhunderts basierte die Strafverfolgung noch auf privater Rechtsdurchsetzung. Es gab weder Polizei noch Staatsanwälte, die eine öffentliche Verfolgung sicherstellten. Ein Opfer einer Straftat musste deshalb selbst vor Gericht ziehen und den Täter anklagen. Allerdings gab es keinen Anreiz zu klagen. Anders als bei zivilgerichtlichen Klagen, bei denen die Aussicht auf Schadenersatz einen Anreiz für Klagen setzt, fehlte ein solcher bei strafrechtlichen Klagen. Das Opfer erhielt keine Entschädigung, sondern lediglich die Genugtuung den Täter ins Gefängnis oder an den Galgen gebracht zu haben. *Friedman* stellt die These auf, dass die Rechtsdurchsetzung allerdings im Verborgenen stattfand. Das Ziel des Klägers war nicht die tatsächliche Verurteilung des Täters, sondern eine Entschädigung gegen Rücknahme der privaten Anklage.[899] Denn die Täter waren bereit, dem Galgen oder Gefängnis zu entgehen, indem sie den privaten Kläger mit einer Geldzahlung zur Rücknahme der Klage „überredeten".

Bei der öffentlichen Rechtsdurchsetzung ist diese Gefahr des Abkaufs dagegen deutlich geringer. Zwar können auch öffentliche Durchsetzungsorgane käuflich sein. Gegen Bestechlichkeit der öffentlichen Rechtsdurchsetzung können allerdings innerhalb der Institutionen leichter gegenläufige Anreize geschaffen werden, die auch leichter zu überwachen sind (z.B. Verlust des Arbeitsplatzes und einer stattlichen Pension, strafrechtliche Sanktionen bei Entdeckung, Überwachung durch Kollegen).

---

[897] *Posner*, Economic Analysis of Law, 6. Auflage (2005), S. 634.

[898] *Friedman*, Univ. Chi. L. Roundtable 475 (1995).

[899] *Friedman*, Univ. Chi. L. Roundtable 475, 490 (1995).

VI. Zusammenfassung

Die Vor- und Nachteile des jeweiligen Systems noch einmal im Überblick:

	Determinanten für die öffentliche Durchsetzung	**Determinanten für private Durchsetzung**
Informationsstand	- Zur Ermittlung sind hoheitliche Befugnisse notwendig	- Opfer verfügt über Informationen hinsichtlich Normverstoß und Normverletzer
Anreize	- Viele Opfer (Streuschäden; Trittbrettfahrerverhalten führt zu Passivität) - Sanktion hoch ist (um Fehlerkosten abzusenken)	- Wenige Opfer - Schaden führt nicht zu rationaler Apathie
Skaleneffekte	- Viele Opfern - Gleichartige Sachverhalte	- Wenige Opfer - Ungleichartige Sachverhalte
Flexibilität der Durchsetzung	- 100% Durchsetzung führt zu Überabschreckung und zu hohen Durchsetzungskosten - Gesetzgeber kann keine optimale Sanktion ex ante festlegen	- Überabschreckung nicht denkbar - Sanktionshöhe entspricht sozialem Schaden
Abkauf von Klagen	- Hohe Sanktion - Schäden bei Dritten - Schwere Überprüfbarkeit von Zahlungen	- Alle Opfer sind am Vergleich beteiligt

Abbildung 11 Übersicht über Vor- und Nachteile der öffentlichen und privaten Durchsetzung

Betrachtet man den Nutzen des jeweiligen Regimes, fällt auf, dass die öffentliche Rechtsdurchsetzung vor allem zur Verfolgung von Streuschäden geeignet ist. Damit weist sie eine Parallele zur kollektiven (privaten) Rechtsdurchsetzung auf. Beide Durchsetzungsregime adressieren das Problem fehlender individueller Anreize zur Durchsetzung möglicher Ansprüche.[900] Doch warum wird dann nicht immer die öffentliche Rechtsdurchsetzung der kollektiven Rechtsdurchsetzung vorgezogen? Ein Grund hierfür kann darin liegen, dass es politisch nicht leicht durchzusetzen ist, der öffentlichen Hand die notwendigen Ressourcen für eine umfassende Kontrolle zur

[900] *Miller,* in: Newman (Hrsg.), The New Palgrave Dictionary of Economics and the Law, 1998, S. 257 (258), fasst dies wie folgt zusammen: "Most importantly, administrative agencies often fill the function of enforcing rights on behalf of small claimants and punishing large scale misconduct. The class action can be understood as, in effect, the privatization of the social enforcement action and thus to serve as an alternative to enforcement by administrative agency."

Verfügung zu stellen.[901] Zum anderen existieren weiterhin Unterschiede zwischen der kollektiven Rechtsdurchsetzung und der öffentlichen Rechtsdurchsetzung: Wie gezeigt wurde, fehlt Staatsdienern der Anreiz des Gewinnstrebens, der private Klagen motiviert. Schließlich können private Kläger Informationsvorteile haben. Die Entscheidung zwischen kollektiver Rechtsdurchsetzung und öffentlicher Rechtsdurchsetzung fällt deshalb nicht zwangsläufig zugunsten der öffentlichen Rechtsdurchsetzung aus.

B. Anwendung der Determinanten auf das Beschlussmängelrecht

Um die Reform des Beschlussmängelrechts bewerten zu können, muss nun die Beschlussmängelkontrolle auf die soeben herausgearbeiteten Determinanten untersucht werden. Zuerst wird die Kontrolle durch die Beschlussmängelklage mit der Kontrolle durch das Registergericht verglichen. Erst im nächsten Schritt analysieren wir das Zusammenspiel im Rahmen des Freigabeverfahrens (dazu unter V.).

I. Informationskosten

Für die Informationskosten ist der Zugang zu relevanten Informationen entscheidend. Dabei ist zwischen tatsächlicher und rechtlicher Ebene zu differenzieren:

Ein Aktionär, der an der Hauptversammlung teilgenommen hat, verfügt im Gegensatz zum Registergericht bereits über relevante Informationen. Er kann insbesondere von seinem Auskunftsrecht Gebrauch machen (§ 131 Abs. 1 AktG). Im Vorfeld der Beschlussfassung erhält er Informationen in Form der Tagesordnung und der Beschlussempfehlungen (§ 124 Abs. 3 AktG).

Da der Registerrichter selbst nicht an der Hauptversammlung teilgenommen hat, fehlen ihm diese Informationen. Allerdings kann er auf die einzureichenden Unterlagen zurückgreifen. Neben der geänderten Satzung (§ 181 Abs. 1 S. 2 AktG) ist die notariell beurkundete Niederschrift einzureichen (§ 130 Abs. 1 S. 1, Abs. 5 AktG). Die Niederschrift muss Ort und Tag der Verhandlung sowie die Art und das Ergebnis der Beschlussfassung enthalten (§ 130 Abs. 2 AktG). Ebenso verhält es sich mit Widersprüchen von Aktionären gegen den Beschluss (§ 245 Abs. 1 Nr. 1 AktG). Bestehen Unklarheiten, kann das Registergericht im Freibeweisverfahren gem. § 12 FGG selbst Nachforschungen anstellen.

Im Vergleich hat das Registergericht damit einen geringeren Informationsstand als ein Aktionär, der an der Hauptversammlung teilgenommen hat. Denn er erhält nur einen

---

[901] *Miller,* in: Newman (Hrsg.), The New Palgrave Dictionary of Economics and the Law, 1998, S. 257 (258).

Ausschnitt an Informationen. Er muss die relevanten Stellen des Protokolls selbst herausfinden. Die Aktionäre kennen den gesamten Sachverhalt bereits, so dass erneute Informationsaufwendungen notwendig sind. Freilich gilt dieser Informationsvorsprung nur im Vergleich zu den teilnehmenden Aktionären.

Bei der rechtlichen Beurteilung der Sachverhalte haben die Aktionäre keinen Vorsprung. Der Registerrichter kennt das Kapitalgesellschaftsrecht, denn er muss täglich Vorgänge ins Handelsregister eintragen. Die besseren Rechtskenntnisse können ihm deshalb helfen, fehlerhafte Beschlüsse leichter zu erkennen.

Es kann festgehalten werden: Die Aktionäre sind grundsätzlich geeignet den rechtlich relevanten Sachverhalt besser zu ermitteln. Das Registergericht kann dagegen leichter die Bewertung vornehmen.

II. Anreize zur Durchsetzung

Nach dem ökonomischen Modell handelt ein Mensch nur, wenn die Kosten der Handlung geringer sind als der Nutzen, den er gewinnt. Dann hat er einen Anreiz zu handeln.

1) Anreize zur Erhebung von Beschlussmängelklagen

Für die private Durchsetzung in Form der Beschlussmängelklage bestehen zu niedrige Anreize, wenn ein Anteilsinhaber nicht über viele Anteile verfügt.[902]

Wenn der private Rechtsdurchsetzer im Verhältnis zum Aufwand sehr hoch entlohnt wird, kommt es ebenfalls zu suboptimalen Anreizen. Es lohnt sich für ihn, Rechtsverletzungen zu provozieren oder Rechtsverletzungen zu behaupten. Die Fehlerkosten (*errorcosts*) steigen und machen die private Rechtsdurchsetzung unattraktiv.

Genau dieses Phänomen lässt sich bei den „räuberischen Aktionären" beobachten. Sie provozieren formale Beschlussmängel durch exzessiven Gebrauch ihres Auskunfts- und Rederechts in der Hauptversammlung;[903] sie stören die Hauptversammlung durch Zwischenrufe, um einen Saalverweis heraufzubeschwören, den sie später gerichtlich angreifen können.[904] Die hohe Entlohnung, die dieses Verhalten attraktiv macht, liegt in der Möglichkeit, die Klage später gegen bare Münze zurückzunehmen.

---

[902] Ausführlich hierzu bereits oben S. 146f.

[903] Berichte über solche Fragenkataloge bei *Schiessl,* in: Gesellschaftsrechtliche Vereinigung (Hrsg.), Gesellschaftsrecht in der Diskussion 1999, 2000, S. 57 (58 f.); ausführlich *Waclawik*, DStR 2006, 2177 (2179f.).

[904] *Waclawik*, DStR 2006, 2177 (2180).

Bei der Beschlussmängelklage kommen so zwei negative Aspekte privater Rechtsdurchsetzung zusammen: Zu niedrige Anreize für Klagen, die mit dem Ziel erhoben werden, den Hauptversammlungsbeschluss zu beseitigen, und zu hohe Anreize, Klagen mit dem Ziel zu erheben, sie sich „abkaufen" zu lassen. Je weiter die Anteile gestreut sind, desto stärker werden diese Effekte.

2) Anreize zur Kontrolle des Registergerichts

Das Registergericht hat ein Anreizproblem, wie es bei jeder staatlichen Stelle vorkommt. Es partizipiert nicht direkt an den Gewinnen oder Verlusten, die durch eine sachgerechte Kontrolle entstehen. Anders als bei anderen staatlichen Stellen, die über ein Entschließungsermessen verfügen, ist das Registergericht aber verpflichtet eintragungsbedürftige Hauptversammlungsbeschlüssen zu prüfen. Das Registergericht kann also nicht untätig bleiben. Es stellt sich vielmehr die Frage, wie sorgfältig es prüft. Der Registerrichter genießt nicht das Spruchrichterprivileg. Ein gewisser Anreiz für Sorgfalt besteht deshalb, weil eine Haftungsklage bei Fehlverhalten droht. Da das Gericht umgekehrt für rechtmäßige Eintragung nicht gesondert entlohnt wird, besteht aus ökonomischer Sicht sogar eher die Gefahr des übervorsichtigen Verhaltens nach dem Motto: „im Zweifel nicht eintragen".

Einen begrenzenden Faktor stellen aber die Ressourcen dar, die der Staat den Registergerichten zur Verfügung stellt (Personal, Sachmittel etc.). Zu niedrige Haushalte führen damit zu niedriger Durchsetzungsaktivität. Die Justiz in Deutschland klagt besonders über Stellenkürzungen und Überlastung. Eine weitere knappe Ressource ist die Zeit. Die Gerichte stehen unter dem Druck möglichst zeitnah einzutragen.

Zusammenfassend lässt sich festhalten: Die private Rechtsdurchsetzung leidet unter erheblichen Fehlanreizen bei der Beschlussmängelkontrolle. Die Registergerichte haben bislang zu beschränkte Ressourcen, leiden unter Zeitdruck und sind zu risikoavers. Gleichwohl sind die dadurch entstehenden Fehlanreize leichter zu beheben als die der privaten Rechtsdurchsetzung.

III. Flexibilität der Durchsetzungsintensität

Die optimale Rechtsfolge ergibt sich teilweise erst aus der Kombination von Rechtsdurchsetzung und Sanktion.[905] Es muss deshalb geprüft werden, ob die Sanktion der Beschlussnichtigkeit für die Fälle der Rechtswidrigkeit immer optimal ist.

---

[905] Siehe hierzu die abstrakten Ausführungen zu Beginn dieses Kapitels S. 242.

Es ist offensichtlich, dass die Nichtigkeit bei geringfügigen Fehlern eine extrem harte Sanktion darstellt. Zudem ist die Rechtsfolge unflexibel. Denn unabhängig von dem Grad des Fehlers hat sie immer die gleichen Konsequenzen. Insbesondere bei Mängeln, die durch Fahrlässigkeit der Verwaltung herbeigeführt werden, kann ein optimales Ergebnis nur bei geringerer Durchsetzung erreicht werden. Unter diesem Aspekt ist die öffentliche Rechtsdurchsetzung überlegen.

Allerdings gilt dieser Vorteil der öffentlichen Durchsetzung nicht gegenüber der privaten Durchsetzung vor dem Prozessgericht beim Freigabeverfahren. Denn durch die Freigabe kann die hohe Sanktion bei geringfügigen Mängeln im Wege der Interessenabwägung überwunden werden.

IV. Abkauf der Klage

Wie herausgearbeitet wurde, besteht bei der privaten Durchsetzung der Nachteil, dass zwischen privaten Durchsetzungsagenten und dem Normverletzer die Klage abgekauft werden kann.[906] Dies ist dann problematisch, wenn der Abkauf negative Externalitäten für Dritte schafft.

Dies ist bei dem Abkauf der Anfechtungsklage der Fall. Denn die nicht klagenden, aber durch den Hauptversammlungsbeschluss benachteiligten Aktionäre werden hierdurch eine weiteres Mal benachteiligt. Sie tragen die Vergleichskosten mittelbar und müssen die Folgen des rechtswidrigen Beschlusses tragen.

Fälle von bestechlichen Registerrichtern sind nicht bekannt geworden. Deutschland leidet – im Gegensatz zu anderen Ländern – nicht unter einer korrupten Richterschaft und Verwaltung.

Die Gefahr des Auskaufs spricht für die öffentliche Rechtsdurchsetzung bei Beschlussmängeln.

V. Zwischenergebnis

Je größer die Zahl der Gesellschafter, desto stärker ist die öffentliche Durchsetzung der privaten Durchsetzung überlegen. Denn der Hauptvorteil der privaten Durchsetzung, der Informationsvorsprung, tritt hinter den Nachteilen zurück, wenn die Anteile weit gestreut sind: Dann bestehen nur geringe Anreize zur „redlichen“ Rechtsdurchsetzung. Die öffentliche Rechtsdurchsetzung ist flexibler und verhindert den schädlichen Abkauf von Klagen. Es wäre also durchaus zu überlegen, die aktienrechtliche Beschlussmängelklage abzuschaffen und die Beschlussmängelkontrolle vollständig in

---

[906] Siehe oben S. 244.

staatliche Hände zu geben. Allerdings müssten der öffentlichen Rechtsdurchsetzung mehr Ressourcen zur Verfügung gestellt werden, um eine umfassende Kontrolle zu ermöglichen. So wäre es denkbar, die Rechtmäßigkeitskontrolle nicht durch das Registergericht durchführen zu lassen, sondern bei einer anderen staatlichen Stelle wie der BaFin zu konzentrieren. Aus rechtsökonomischer Sicht sollte dies aber auf börsennotierte Aktiengesellschaften beschränkt sein: Denn diese verfügen meist über einen deutlich höheren Streubesitz. Bei nichtbörsennotierten Gesellschaften beschränkt sich die Anzahl der Anteilseigner dagegen regelmäßig auf eine geringe Anzahl; die Anreizproblematik ist deshalb nicht so ausgeprägt.

Trotz der allgemeinen Erwägungen, die für eine stärkere öffentliche Rechtsdurchsetzung sprechen, ist allerdings damit noch keine Aussage über den konkreten Untersuchungsgegenstand getroffen: Die Reduzierung der Kompetenz des Registergerichts zugunsten des Prozessgerichts steht scheinbar im Widerspruch zu den soeben entwickelten Grundsätzen. Allerdings darf diesbezüglich die private und öffentliche Durchsetzung nicht isoliert betrachtet werden. Denn im Fall des Freigabeverfahrens ergänzen sich private und öffentliche Rechtsdurchsetzung. Die Entscheidungskompetenz verlagert sich nur auf das Prozessgericht, wenn der Beschluss freigegeben wird.[907] Ein Freigabeverfahren ist allerdings nur möglich, wenn zuvor Anfechtungsklage erhoben wurde. Der größte Nachteil der privaten Rechtsdurchsetzung, der niedrige Anreiz zur Rechtsverfolgung, realisiert sich in diesem Fall gerade nicht. Denn denknotwendig muss ein Privater aktiv geworden sein. Kommt es zum Abkauf der Klage, wird die Prüfungskompetenz des Registergerichts nicht berührt, denn wenn die anhängige Anfechtungsklage durch einen Vergleich beendet wird, entsteht keine Bindungswirkung für das Registergericht. Wenn die private Rechtsdurchsetzung versagt, kommt die öffentliche zum Tragen und umgekehrt. Nicht gelöst ist dagegen der optimale Schutz rational apathisch bleibender Aktionäre, zukünftiger Aktionäre und der Gläubiger. Denn es besteht kein Anreiz für die klagenden Aktionäre ihre Prozessführung an diesen auszurichten. Das Prozessgericht kann diesen Schutz nicht vollständig übernehmen, weil die Dispositionsmaxime der ZPO gilt. Daher sollte die Kontrolle im Hinblick auf die Einhaltung der Vorschriften zum Schutz der Allgemeinheit und der am Rechtsstreit nicht beteiligten rational apathischen Aktionäre weiterhin durch das Registergericht vorgenommen werden.

---

[907] Zur Bindungswirkung ausführlich oben S. 33ff.

C. Ergebnis

Die rechtsökonomische Analyse ergibt, dass die Bindungswirkung des Freigabebeschlusses nur eingreifen sollte, soweit allein Individualinteressen der Aktionäre betroffen sind. Bei Verletzung der Interessen der nicht klagenden Aktionäre, der zukünftigen Aktionäre und der Gläubiger sollte es dagegen bei einer Restkompetenz des Registergerichts bleiben.

Darüber hinaus kann eine Abschaffung der Beschlussmängelklage in der börsennotierten Aktiengesellschaft erwogen werden, soweit eine staatliche oder halbstaatliche Stelle, die finanziell entsprechend ausgestattet wird, die Kontrolle übernimmt. So fordert etwa *Schiessl*, bei Verletzungen von Informationsbefugnissen (Vorstandsberichten, Auskunftsbegehren) die richterliche Ex-post-Kontrolle im Anfechtungsprozess durch eine behördliche Ex-ante-Kontrolle zu ersetzen.[908] Auch *Kallmeyer* sieht Raum für eine freiwillige Vorabprüfung von Berichten aus Anlass von Strukturänderungen, die eine Anfechtung wegen eines diesbezüglichen Mangels ausschließen.[909] *Hirte* hält ebenfalls eine präventive Kontrolle für möglich, jedenfalls bei Hauptversammlungsbeschlüssen über Kapitalmaßnahmen, die das Bezugsrecht ausschließen:[910] Dabei könnte nach Vorbild anderer Staaten beispielsweise eine Kontrolle der Angemessenheit durch die Prüfung einer Wertpapierbehörde sichergestellt werden, wie sie für den US-amerikanischen Raum in der Securities Exchange Commission existiert.[911] Für Deutschland käme deshalb eine Vorab-Kontrolle durch die BaFin infrage.[912] Am radikalsten ist der Vorschlag von *Waclawik*, der einen umfassende Substituierung der Anfechtungsklage durch eine staatliche Beschlusskontrolle erwägt.[913] Die entstehenden Kosten will er durch Umlagefinanzierung in Grenzen halten.[914] Dieses Kapitel zeigt, dass diese Schritte aus rechtsökonomischer Sicht durchaus erwägenswert sind.

---

[908] *Schiessl*, in: Gesellschaftsrechtliche Vereinigung (Hrsg.), Gesellschaftsrecht in der Diskussion 1999, 2000, S. 57 (69).

[909] *Kallmeyer*, in: Ständige Deputation des Deutschen Juristentages (Hrsg.), Verhandlungen des Dreiundsechzigsten Deutschen Juristentages, Bd. II/2, S. O 89 (O 91 f.).

[910] *Hirte*, ZIP 1994, 356 (360); *ders.*, WM 1994, 321 (323 f.); allgemein für die Satzungskontrolle *ders.*, in: Lutter/Wiedemann (Hrsg.), Gestaltungsfreiheit im Gesellschaftsrecht, 1997, S. 61 (93 f.).

[911] *Hirte*, ZIP 1994, 356 (361); *ders.*, WM 1994, 321 (323 f.).

[912] Aktuell dazu *Vetter*, AG 2008, 177 (182).

[913] *Waclawik*, DStR 2006, 2177 (2182).

[914] *Waclawik*, DStR 2006, 2177 (2182).

10. Kapitel: Berücksichtigung der Ergebnisse der rechtsökonomischen Analyse *de lege lata*

In diesem Kapitel zeigt der Verfasser, an welcher Stelle und in welcher Art und Weise die Erkenntnisse der ökonomischen Analyse bei der bestehenden Rechtslage berücksichtigt werden können. Anknüpfungspunkt sind dabei die unbestimmten Rechtsbegriffe, die die Voraussetzungen des Freigabebeschlusses normieren. Vor dem Hintergrund der Ergebnisse des zweiten Teils der vorliegenden Untersuchung wird zu den wesentlichen Streitfragen bei der Auslegung des § 246a AktG Stellung genommen.

In den vorangegangenen Kapiteln wurde das Freigabeverfahren aus rechtsökonomischer Sicht analysiert. Nunmehr müssen diese Erkenntnisse für die rechtswissenschaftliche Diskussion fruchtbar gemacht werden. Im 2. Kapitel der Untersuchung wurden die wesentlichen Streitfragen bei der Auslegung der Tatbestandsmerkmale und bei den Rechtsfolgen des Freigabeverfahrens erörtert.[915] Diese müssen nun erneut beleuchtet werden, um zu prüfen, inwieweit die ökonomische Analyse Argumente für eine Stellungnahme in dem jeweiligen Meinungsstreit liefert.

A. Die beschränkte Freigabe

I. Problem

Einige Stimmen in der rechtswissenschaftlichen Literatur schlagen vor, die Rechtsfolge der Freigabeentscheidung aufzuteilen. Die Freigabeentscheidung hat mehrere Folgen: Einerseits wird die vorzeitige Eintragung durch Bindung des Registergerichts ermöglicht. Andererseits wird der einmal eingetragene Beschluss dauerhaft bestandskräftig. Nunmehr stellt sich die Frage, ob auch ein Beschluss mit dem Inhalt ergehen kann, der lediglich die vorzeitige Eintragung herbeiführt ohne die Bestandskraft des Beschlusses herbeizuführen.[916]

II. Meinungsstand

Veil diskutiert die Möglichkeit eines beschränkten Freigabebeschlusses, hält sie aber nicht mit dem Willen des Gesetzgebers für vereinbar.[917] Nach seiner Ansicht sind

[915] Siehe hierzu oben S.15ff.

[916] Ausführlich zu diesem Problem S. 24f.

[917] *Veil*, AG 2005, 567 (573), vgl. ausführlich hierzu oben S. 24f.

„beide Elemente, die vorzeitige Eintragung und die Bestandskraft, [...] nach der Konzeption des UMAG wie Siamesische Zwillinge verwachsen".[918] Entweder stellt das Gericht auf Antrag der Gesellschaft fest, dass die Erhebung der Klage der Eintragung nicht entgegensteht und Mängel des Hauptversammlungsbeschlusses die Wirkung der Eintragung unberührt lassen, oder es weist den Antrag ab.[919]

Dagegen hält *Heidel* einen solchen Beschlussinhalt durchaus für möglich, da das Gesetz explizit zwischen der Erklärung der vorzeitigen Eintragung und der Erklärung, dass keine Mängel der dauerhaften Bestandskraft entgegenstehen, differenziert.[920]

III. Implikationen der rechtsökonomischen Analyse

Die rechtsökonomische Analyse der Klageanreize hat gezeigt, dass sich das Drohpotential, das sich „räuberische Aktionäre" zunutze machen, unterschiedliche Ursachen haben kann[921]:

- Das Drohpotential ist unterschiedlich hoch, je nach dem Gegenstand des Hauptversammlungsbeschlusses. So ist er beispielsweise für einen Beschluss über eine Kapitalmaßnahme, die der Sanierung dient, extrem groß. Dagegen ist es vergleichsweise niedrig, wenn mit dem Beschluss, genehmigtes Kapital geschaffen wird, aber der Vorstand noch keine konkreten Pläne hat, von der Ermächtigung Gebrauch zu machen.
- Auch ohne die Blockade der Eintragung besteht Erpressungspotential, weil im Erfolgsfalle die Pflicht zur Ex-nunc-Rückgängigmachung droht. Die Grundsätze der fehlerhaften Gesellschaft beseitigen zwar die Rechtsunsicherheit für den Bereich zwischen Eintragung und Anfechtungsurteil. Die Ex-nunc-Nichtigkeit stellt aber je nach Beschlussgegenstand eine erträgliche oder unerträgliche Sanktion dar: Die Hürden, einen Unternehmensvertrag zu beenden, sind vergleichsweise niedrig.[922] Dagegen können bei einer nichtigen Kapitalerhöhung Liquiditätsprobleme und Schwierigkeiten entstehen, weil der Kapitalmarkt zwischen mängelfreien Aktien und mängelbehafteten Aktien unterscheiden muss. Diese Gefahr wird durch die dauerhafte Bestandskraft weitgehend beseitigt.

---

[918] *Veil*, AG 2005, 567 (573).

[919] *Veil*, AG 2005, 567 (573).

[920] *Heidel*, in: Heidel, Aktienrecht und Kapitalmarktrecht, 2. Auflage (2007), § 246a Rn. 14.

[921] Vgl. ausführlich oben S. 148ff.

[922] Hierzu bereits oben S. 43.

Doch auch hinsichtlich der Wirkungen haben vorzeitige Eintragung und dauerhafte Bestandskraft unterschiedliche Anreize für den kontrollierenden Aktionär.

- Die vorzeitige Eintragung führt lediglich zur kurzfristigen Besserstellung eines kontrollierenden Aktionärs, wenn dieser nicht zugleich damit rechnen kann, dass eine rechtswidrige Maßnahme dauerhaften Bestand haben wird. Damit sinkt der Anreiz für opportunistisches Verhalten. Zwar kann eine Strukturmaßnahme unter Umständen nur teilweise rückgängig gemacht werden, gleichwohl ist die Gefahr für die Minderheit geringer, als wenn sie zugleich bestandskräftig wird.
- Die dauerhafte Bestandskraft „legalisiert" faktisch den Hauptversammlungsbeschluss, indem eine erfolgreiche Anfechtungs- oder Nichtigkeitsklage nicht den Vollzug eines Beschlusses verhindern kann. Durch die Beseitigung der Kassationswirkung der Anfechtungsklage steigt allerdings der Anreiz für opportunistisches Verhalten kontrollierender Aktionäre[923]. Die Präventivwirkung der Anfechtungsklage sinkt.[924] Der Schadenersatzanspruch gem. § 246a Abs. 4 AktG stellt nur eine unzureichende Abschreckung gegen opportunistischen Gebrauch des Freigabeverfahrens dar. Denn Schadenersatzforderungen werden durch die Gesellschaft und nicht durch den kontrollierenden Aktionär beglichen.[925] Des Weiteren wirkt der Schadenersatzanspruch nur individuell. Die ökonomische Analyse des Verlusts der kollektiven Wirkung zeigt, dass die Sanktionswirkung deutlich sinkt,[926] denn die rationale Apathie der Kleinaktionäre kann antizipiert werden. Dieses Problem wird deutlich abgemildert, wenn das materielle Recht Ausgleichsansprüche bereit hält, die sicherstellen, dass der kontrollierende Aktionär Schäden der Minderheit internalisieren muss.

Aus rechtsökonomischer Sicht ist es deshalb sinnvoll eine beschränkte Freigabe zuzulassen. Denn die damit einhergehende Flexibilität hilft, opportunistisches Verhalten sowohl des Mehrheitsaktionärs als auch der Minderheit zu verringern: „Räuberische Aktionäre" können dann nicht darauf spekulieren, dass sie die Eintragung insgesamt zu Fall bringen. Denn eine auf die Eintragung beschränkte Freigabe kann großzügiger gewährt werden. Umgekehrt müssen Mehrheitsaktionäre damit rechnen, dass die große Dringlichkeit einer Maßnahme nicht zugleich ein Freibrief ist, um die Minderheit zu

---

[923] Denn genau dieses soll aus ökonomischer Sicht verhindert werden, vgl. oben unter S. 143 f.

[924] Zur Ex-ante-Wirkung der Anfechtungsklage, vgl. oben S. 145ff.

[925] Ausführlich dazu das 7. Kapitel S. 183ff.

[926] Zur kollektiven Rechtsdurchsetzung, vgl. oben S. 203ff.

benachteiligen, weil das Prozessgericht beide Fragen getrennt voneinander beurteilen kann.

IV. Ergebnis

Aus rechtsökonomischer Sicht ist der Ansicht *Heidels* zu folgen. Dem Trade-off zwischen Schutz der Minderheit vor ausbeutenden Hauptversammlungsbeschlüssen auf der einen Seite und der Gefahr der Blockade wichtiger Entscheidungen durch opportunistische Kläger auf der anderen Seite wird dadurch besser Rechnung getragen. Das Prozessgericht kann eine abgestufte Freigabe erlassen, indem es lediglich die Feststellung trifft, dass „die Erhebung der Klage der Eintragung nicht entgegensteht", und im Übrigen den Antrag abweist.

B. Die Tatbestandsvoraussetzungen der Freigabeentscheidung

Wie im 2. Kapitel erörtert wurde, drehen sich zahlreiche Meinungsstreitigkeiten um die Frage, welche Faktoren bei dem Vollzugsinteresse der Gesellschaft und bei dem Aussetzungsinteresse des Klägers zu berücksichtigen sind. Auch bei diesen Problemstellungen kann die ökonomische Analyse Einsichten liefern.

I. Berücksichtigung der Erfolgsaussichten der Hauptsache

1) Problem

Bislang umstritten ist, inwieweit das Prozessgericht die Erfolgsaussichten der Hauptsache bei dem Aussetzungsinteresse des Klägers im Rahmen der Interessenabwägung gem. § 246a Abs. 2 Alt. 3 AktG berücksichtigen soll.[927]

2) Meinungsstand

Einerseits spricht die Norm die Erfolgsaussichten in der Hauptsache gerade nicht an. Darüber hinaus lässt sich mit der Gesetzesbegründung vertreten, dass der Erfolg in der Hauptsache unterstellt werden soll.[928]

Andererseits berücksichtigen einige Gerichte bei der Abwägung die Erfolgsaussichten der Hauptsache.[929] Diese Ansicht wird von Teilen der Literatur bestätigt, die die Er-

---

[927] Ausführlich zu diesem Problem oben unter S. 57ff.

[928] *Regierungsentwurf UMAG*, BT-Drucks. 15/5092, S. 29.

[929] Zu den schon vor dem UMAG existierenden Unbedenklichkeitsverfahren OLG Frankfurt ZIP 2000, 1928 (1933); im Übrigen vgl. oben S. 55f.

folgsaussichten im Tatbestandsmerkmal „Schwere der Rechtsverletzung" prüfen wollen.[930]

3) Implikationen der rechtsökonomischen Analyse

Mehrere Punkte der ökonomischen Analyse können für eine Stellungnahme berücksichtigt werden:

- Die ökonomische Analyse der Rechtsdurchsetzung hat gezeigt, dass der private Durchsetzungsagent den Anreiz hat, eine Rechtsverletzung zu provozieren oder das Vorliegen einer solchen zu simulieren.[931] Müssen die Gerichte das Vorliegen einer Rechtsverletzung im Rahmen der Abwägung unterstellen, wird es dadurch dem Kläger leichter gemacht, einen Rechtsverstoß zu simulieren, der tatsächlich nicht stattgefunden hat. Um die *errorcosts*[932] der privaten Rechtsdurchsetzung abzusenken, sollten die Erfolgsaussichten berücksichtigt werden.

- Aus ökonomischer Sicht ist es wünschenswert, dass ein kontrollierender Aktionär durch sein Abstimmungsverhalten möglichst keine Kosten auf die Minderheit externalisieren kann.[933] Dies muss aber auch umgekehrt gelten: Führt der Beschluss zu keinen negativen Externalitäten bei Dritten, sollte er in seiner Beschlussfassung frei sein. Wenn das Prozessgericht die gerügte Rechtsverletzung unterstellt, wird rechtmäßiges Verhalten weniger stark „belohnt" und damit weniger attraktiv. Um die Anreize für rechtmäßiges Verhalten zu erhöhen, sollte es deshalb nicht von vornherein die Rechtsverletzung unterstellen, sondern einen „Wahrscheinlichkeitsabschlag" im Rahmen der Abwägung vornehmen, wenn das Bestehen der gerügten Rechtsverletzung unsicher ist.

- Noch immer ist der Zeitraum bis zu einer Freigabeentscheidung durch das Gericht zu lang, weshalb die Beschlussmängelklage ein attraktives Mittel bleibt, um erpresserische Absichten zu verfolgen.[934] Eine Prüfung der Erfolgsaussichten im Rahmen der Abwägungsentscheidung erfordert einen zusätzlichen Aufwand, womit sich tendenziell das gerichtliche Verfahren verlängert. Die größere Verzögerung der Freigabeentscheidung, die sich aus der Prüfung der Hauptsache ergibt, spricht also eher dafür die Rechtsverletzung zu unterstellen.

---

[930] *Halfmeier*, WM 2006, 1465 ff.; *Heidel*, in: Heidel, Aktienrecht und Kapitalmarktrecht, 2. Auflage (2007), § 246a Rn. 19ff.

[931] Vgl. hierzu ausführlich oben unter S. 248f.

[932] Vgl. zum Begriff der *errorcosts*, S. 248.

[933] Vgl. hierzu das 7. Kapitel, S. 183ff.

[934] Vgl. oben S. 165.

4) Ergebnis

Die ökonomische Analyse spricht insgesamt eher dafür, die Erfolgsaussichten im Rahmen der Abwägung zu berücksichtigen: Zwar kann hierdurch ein zusätzlicher Prüfungsaufwand entstehen. Die Anreize zu opportunistischem Verhalten verringern sich jedoch sowohl auf Seiten eines kontrollierenden Aktionärs als auch auf Seiten des Klägers, wenn die Erfolgsaussichten im Rahmen der Abwägung ihren Niederschlag finden.

II. Berücksichtigung der Anteilshöhe und von Drittinteressen

1) Problem

Es wird kontrovers diskutiert, ob bei der Abwägung die Anteilshöhe des Anfechtungsklägers berücksichtigt werden darf. Eng damit verknüpft ist die Frage, ob das Gericht bei der Freigabeentscheidung aufgrund einer Interessenabwägung nach § 246a Abs. 2 Var. 3 AktG auch die Interessen von Personen, die nicht am Verfahren beteiligt sind, einbeziehen muss.[935]

2) Meinungsstand

Einerseits wird argumentiert, dass die Gesetzesbegründung darauf hindeute, dass allein das Interesse des Anfechtungsklägers zu berücksichtigen sei. So führt diese aus: „Bei der Abwägung sind alle der Gesellschaft im Falle der Nichteintragung drohenden Schäden und Nachteile zu berücksichtigen und gegen die Schwere der vom Kläger behaupteten Rechtsverletzung und die denkbaren Schäden *auf seiner Seite* abzuwägen“[936].

Die Gegner dieser Ansicht verweisen dagegen auf die institutionelle Funktion der Anfechtungsklage, die sich darin manifestiere, dass der Anfechtungskläger für seine Anfechtungsbefugnis keine subjektive Rechtsverletzung geltend machen müsse.[937]

3) Implikationen der rechtsökonomischen Analyse

Es stellt sich die Frage, welche Ansicht aus ökonomischer Sicht vorzuziehen ist.

- Das 5. Kapitel der Untersuchung hat gezeigt, dass für Kleinaktionäre nur geringe Anreize zur Klageerhebung bestehen:[938] Daraus ergibt sich das Problem

---

[935] Vgl. zu dieser Frage ausführlich bereits oben S. 59.

[936] *Regierungsentwurf UMAG*, BT-Drucks. 15/5092, S. 29. Hervorhebung durch den Verfasser.

[937] *Heidel*, in: Heidel, Aktienrecht und Kapitalmarktrecht, 2. Auflage (2007), § 246a AktG, Rn. 19; ausführlich zu dieser Funktion der Anfechtungsklage oben S. 59ff.

der rationalen Apathie. Ein großer Teil der Aktionäre bleibt passiv, wenn sie durch den Vollzug eines Hauptversammlungsbeschlusses benachteiligt werden. Ein kontrollierender Aktionär kann dies antizipieren und so Kosten externalisieren. Werden jedoch durch eine Klage auch die Kosten, die bei rational apathischen Aktionären entstehen, berücksichtigt, sinkt die Möglichkeit zu externalisieren. Das ökonomische Rational der kollektiven Rechtsdurchsetzung[939] spricht somit für eine Berücksichtigung der Drittinteressen.

- Auf der anderen Seite hat die Untersuchung gerade auch gezeigt, dass das Drohpotential der Anfechtungsklage, das sich „räuberische Aktionäre" zu nutze machen, in den asymmetrischen Erwartungswerten besteht.[940] Dieses Ergebnis hat die Analyse der kollektiven Rechtsdurchsetzung bestätigt.[941] Ein Quorum kann eine wirksame Strategie sein, um die Zahl erpresserischer Klagen zu verringern.[942] Berücksichtigt man eine besonders geringe Anteilshöhe des Klägers bei der Abwägung wird ein Quasi-Quorum eingeführt.[943] Der Missbrauch kann dadurch leichter reduziert werden.

Es besteht also ein Trade-off: Die Berücksichtigung der Drittinteressen verringert opportunistisches Verhalten eines kontrollierenden Aktionärs; zugleich erhöht es aber die Gefahr von erpresserischen Klagen, weil sich die Asymmetrie der Erwartungswerte vergrößert, die wiederum durch ein Quasi-Quorum verringert werden könnte. Diese negative wechselseitige Abhängigkeit lässt sich nicht vollständig aufheben. Eine Möglichkeit bestünde darin, dass die Höhe des Anteils des Klägers nur dann berücksichtigt wird, wenn der gerügte Mangel nur die individuellen Rechte des Klägers berührt. Diese Differenzierung ist allerdings nicht leicht zu treffen: Ein Auskunftsbegehren kann sowohl im alleinigen Interesse eines einzelnen Aktionärs bestehen, als auch Relevanz für dritte Aktionäre haben.[944] Gerade wenn das Auskunfts- und Rederecht jedoch zur Verfolgung von Partikularinteressen eingesetzt werden, entstehen bei der Ausübung keine positiven Externalitäten: So dienten beispielsweise Fragen der Anwälte des Medienunternehmers Kirch in der Hauptversammlung der Deutschen Bank

---

[938] Vgl. hierzu ausführlich oben S. 146ff.

[939] Siehe zum ökonomische Rational der kollektiven Rechtsdurchsetzung oben S. 204ff.

[940] Zu den asymmetrischen Erwartungswerten vgl. S. 148f.

[941] Vgl. hierzu ausführlich oben S. 208ff.

[942] Vgl. hierzu ausführlich oben S. 218f.

[943] So in den Vorarbeiten bereits *Bayer*, in: Gesellschaftsrechtliche Vereinigung (Hrsg.), Gesellschaftsrecht in der Diskussion 1999, 2000, S.35 (49).

[944] Zu der durch das UMAG normierten Einschränkung des Auskunftsrechts, die teilweise die Rechtsprechung aufgreift, vgl. § 243 Abs. 4 AktG.

AG zur Rolle der Bank bei der Insolvenz des Unternehmens in erster Linie dem Klienten, nicht jedoch im Rechtsstreit unbeteiligten Aktionären. Berücksichtigt werden kann schließlich auch noch, dass das Fragerecht der Aktionäre in der börsennotierten Aktiengesellschaft insgesamt nur geringe Relevanz als Rechtsschutzmittel hat. Denn nach der Effizienzmarkthypothese sind alle öffentlich zugänglichen Informationen bereits im Börsenkurs enthalten.[945] Dagegen haben materielle Mängel, wie ein Verstoß gegen § 255 Abs. 2 AktG, erhebliche Bedeutung auch für die nicht klagenden rational apathischen Aktionäre.

4) Ergebnis

Die ökonomische Analyse ergibt, dass eine geringe Anteilshöhe des Klägers bei dem Aussetzungsinteresses berücksichtigt werden sollte, wenn der gerügte Mangel auf einer Rechtsverletzung beruht, die in erster Linie zu einer alleinigen Benachteiligung des Klägers führt. Werden dagegen durch den gerügten Mangel auch die Interessen von anderen Aktionären, die nicht am Rechtsstreit beteiligt sind, in nicht nur unerheblicher Weise berührt, darf die Anteilshöhe des Klägers nicht im Rahmen des Aussetzungsinteresses zu seinen Lasten beachtet werden. Umgekehrt muss in diesen Fällen der potentielle Schaden bei den nichtbeteiligten Aktionären bei dem Aussetzungsinteresse berücksichtigt werden.

III. Berücksichtigung des Schadenersatzanspruchs gem. § 246a AktG und materiellrechtlicher Ausgleichsansprüche

1) Problem

Das Aktiengesetz sieht bei freigegebenen und eingetragenen Hauptversammlungsbeschlüssen finanzielle Kompensationsleistungen vor: Im Falle der eingetragenen Hauptversammlungsbeschlüsse entsteht gem. § 246a Abs. 4 AktG ein Schadenersatzanspruch für den Antragsgegner, wenn er in der Hauptsache Erfolg hat. Bei dem Abschluss von Beherrschungs- und Gewinnabführungsvertrag entstehen für die außenstehenden Aktionäre der beherrschten Gesellschaft konzernrechtliche Abfindungs- und Ausgleichsansprüche gem. §§ 304, 305 AktG. Für andere Unternehmensverträge, wie beispielsweise für Teilgewinnabführungsverträge, fehlt ein solcher Mechanismus. Ebenso fehlt es bei fehlerhaften Kapitalmaßnahmen an einem entsprechenden Anspruch. Bei einer überbewerteten Sachkapitalerhöhung besteht aber ein Anspruch der Gesellschaft (nicht der Gesellschafter) aus Differenzhaftung. Es stellt sich nunmehr

---

[945] Vgl. zur Effizienzmarkthypothese oben S. 120ff.

die Frage, ob die Existenz oder das Fehlen dieser flankierenden Schutzsysteme bei der Interessenabwägung beachtet werden sollten.[946]

2) Meinungsstand

Eine Ansicht lehnt es ab, die Kompensationsmöglichkeit des § 246a Abs. 4 AktG als Determinante bei der Interessenabwägung zu berücksichtigen.[947] Die Vertreter dieser Auffassung argumentieren, dass der Anspruch allein dem Antragsgegner zugute komme und damit der institutionellen Funktion der Anfechtungs- und Nichtigkeitsklage nicht gerecht werde.[948] Dieser Argumentation wird entgegengehalten, dass die nicht klagenden Aktionäre kaum schutzwürdig seien, weil sie darauf verzichtet haben gegen den Hauptversammlungsbeschluss vorzugehen.[949]

Darüber hinaus ist umstritten, ob die Existenz oder das Fehlen flankierender Schutzsysteme des materiellen Rechts für nicht am Rechtstreit beteiligte Aktionäre in der Abwägung beachtet werden müssen.[950]

3) Implikationen der rechtsökonomischen Analyse

Die ökonomische Analyse hat mehrere Erkenntnisse zu Tage gebracht, die an dieser Stelle beachtet werden können:

- Das Argument, jedem stehe es frei, selbst gegen den Hauptversammlungsbeschluss vorzugehen, kann aus ökonomischer Sicht aus mehreren Gründen nicht überzeugen: Die Vertreter dieser Ansicht übersehen das Phänomen der rationalen Apathie. Wie die Analyse der Klageanreize gezeigt hat, lohnt es sich für Kleinaktionäre nicht, gegen einen rechtswidrigen Hauptversammlungsbeschluss vorzugehen.[951] Das Kapitel über die ökonomische Theorie der kollektiven Rechtsdurchsetzung hat zudem gezeigt, dass dies auch deshalb nicht wünschenswert wäre, weil auf Skaleneffekte verzichtet würde[952]: Die

---

[946] Zu diesem Problemkreis siehe oben S. 59ff.

[947] *Heidel*, in: Heidel, Aktienrecht und Kapitalmarktrecht, 2. Auflage (2007), § 246a AktG, Rn. 20; zu § 16 Abs. 3 UmwG schon *Martens*, AG 2000, 301 (306).

[948] *Heidel*, in: Heidel, Aktienrecht und Kapitalmarktrecht, 2. Auflage (2007), § 246a AktG, Rn. 20; zu § 16 Abs. 3 UmwG schon *Martens*, AG 2000, 301 (306).

[949] *Volhard*, in: Semler/Stengel, UmwG, 2003, § 16 Rn. 39; *Rettmann*, Die Rechtmäßigkeitskontrolle von Verschmelzungsbeschlüssen, 1998, S. 139.

[950] Dies fordern: *Heidel*, in: Heidel, Aktienrecht und Kapitalmarktrecht, 2. Auflage (2007), § 246a Rn. 21; *Veil*, AG 2005, 567 (575 f.); implizit auch *Winter*, FS Ulmer, 2003, S. 699 (721f.).

[951] Hierzu oben S. 146f.

[952] Zu den Skaleneffekten vgl. oben S. 206.

Gesamtaufwendungen aller Beteiligten und damit die sozialen Kosten einer individuellen Rechtsdurchsetzung sind hoch, weil jeder Einzelne Zeit und Geld in die Rechtsdurchsetzung investieren muss. Zugleich steigt bei der individuellen Rechtsdurchsetzung die Gefahr rechtswidrigen Verhaltens des Mehrheitsaktionärs. Daraus folgt, dass der Schadenersatzanspruch gem. § 246a Abs. 4 AktG nicht das Aussetzungsinteresse mindern kann, wenn Drittinteressen berührt sind.

- Doch selbst wenn man das Problem der rein individuellen Rechtsdurchsetzung ausblendet, bleibt eine weitere Schwachstelle des Schadenersatzanspruches gem. § 246a Abs. 4 AktG bestehen: Dieser ist gegen die Gesellschaft und nicht gegen die beschlusstragende Mehrheit gerichtet. In dem Kapitel über die ökonomische Theorie der Haftung wurde gezeigt, dass hierdurch Externalitäten entstehen, die zu einer erhöhten Zahl rechtswidriger Beschlüsse führen würde.[953] Jedenfalls bei Mängeln, die potentiell zu einer Vermögensverschiebung zwischen den Aktionären führen können, ist der Schadenersatzanspruch gem. § 246a Abs. 4 AktG mithin eine ungeeignete Form der Internalisierung.
- Geringere Bedenken bestehen dagegen, materielle Ausgleichs- und Abfindungsanprüche, die im Fall der Bestandskraft des Beschlusses entstehen, zu berücksichtigen, soweit sie gegen die beschlusstragende Mehrheit gerichtet sind. Allerdings gilt dies unter einem Vorbehalt der Börsennotierung: Die Anwendung des Calabresi-Melamed-Konzepts auf das Beschlussmängelrecht hat gezeigt, dass monetäre Schadenersatzansprüche nur dort geeignet sind, Beschlussmängel zu sanktionieren.[954]

4) Ergebnis

Zugunsten des Aussetzungsinteresses darf die Kompensation des Anfechtungs- oder Nichtigkeitsklägers durch § 246a Abs. 4 AktG nicht berücksichtigt werden, soweit durch den gerügten Beschlussmangel auch die Interessen von benachteiligten Aktionären betroffen sind, die keine Klage eingereicht haben. Wenn dagegen allein individuelle Rechte des Anfechtungs- oder Beschlussmängelklägers verletzt werden, kann der Schadenersatzanspruch gem. § 246a Abs. 4 AktG das Aussetzungsinteresse mindern, wenn die Gesellschaft börsennotiert ist.

Das Aussetzungsinteresse des Beschlussmängelklägers verringert sich darüber hinaus in einer börsennotierten Aktiengesellschaft, wenn flankierende Schutzsysteme existie-

---

[953] Ausführlich oben S. 187ff.

[954] Siehe hierzu S. 177f.

ren, die sicherstellen, dass die Nachteile der dauerhaften Bestandskraft für alle Aktionäre ausgeglichen werden (also nicht nur der klagenden Aktionäre). Folgende Ansprüche kommen hierfür in Betracht:

- Die Ausgleichs- und Abfindungsansprüchen gem. §§ 304, 305 AktG entstehen bei allen außenstehenden Aktionären. Die gerichtliche Überprüfung der Höhe im Rahmen eines Spruchverfahrens wirkt gem. § 13 S. 2 SpruchG gegenüber allen Anfechtungsklägern, so dass die kollektive Rechtsdurchsetzung sichergestellt ist. Allerdings ist hervorzuheben, dass die Freigabeentscheidung des Prozessgerichts regelmäßig bereits auf die offensichtliche Unbegründetheit gem. § 246a Abs. 2 Alt 2 AktG gestützt werden kann, wenn der Abfindungs- oder Ausgleichsanspruch unangemessen ist. Denn diesbezüglich besteht gem. §§ 304 Abs. 3 S. 2, 305 Abs. 5 S. 1 AktG kein Anfechtungsrecht. Liegt der Mangel des Hauptversammlungsbeschlusses nicht in der fehlerhaften Höhe selbst, sondern in einer unrichtigen, unvollständigen oder verweigerten Information bezüglich der Höhe, wird das Gericht die Freigabe ebenfalls wegen offensichtlicher Unbegründetheit gem. § 246a Abs. 2 Alt. 2 AktG freigeben. Denn die Anfechtungsklage ist in diesem Fall gem. § 243 Abs. 4 S. 2 AktG ausgeschlossen. Nur wenn ein anderer Mangel gerügt wird – wie beispielsweise ein Ladungsfehler – und die Gefahr besteht, dass über die dauerhafte Bestandskraft der Entscheidung auch Bewertungsmängel legalisiert werden, wird die Kompensation der anderen am Rechtstreit nicht beteiligten Aktionäre im Rahmen der Interessenabwägung relevant.
- Auch die Ansicht des OLG Jena, dass der Schutz der Minderheitsaktionäre durch die Differenzhaftung des Einlegers bei der Kapitalerhöhung das Aussetzungsinteresse der Kläger absenkt, ist deshalb richtig.[955]

Wichtig ist jedoch die zurückhaltende Freigabe, wenn es an entsprechenden Ausgleichsmechanismen fehlt, zugleich aber Vermögensbeeinträchtigungen der nicht klagenden Aktionäre drohen. Hier ist insbesondere an folgende Fälle zu denken:

- Beschlüsse über die Zustimmung der Obergesellschaft zu Beherrschungs- und Gewinnabführungsverträgen gem. § 291 Abs. 1 AktG; denn die Anteilseigner der herrschenden Aktiengesellschaft können durch unangemessen hohe Ausgleichszahlungen an die außenstehenden Aktionäre geschädigt werden, ohne dass sie eine vom Angriff gegen den Beschluss isolierte Überprüfung der Angemessenheit anstrengen können.[956]

---

[955] OLG Jena, ZIP 2006, 1989 (1991).

[956] KK-AktG/*Koppensteiner,* § 304 Rn. 109; vgl. auch *Fritzsche/Dreier*, BB 2002, 737 (739).

- Beschlüsse über die Zustimmung zu anderen Unternehmensverträgen i. S. d. § 292 AktG. Denn die Ausgleichs- und Abfindungsansprüche gem. §§ 304, 305 AktG entstehen in diesem Fall nicht.
- Beschlüsse über Kapitalmaßnahmen, die zu einer Vermögens- und Machtverschiebung der Aktionäre führen. Hier ist insbesondere an Kapitalmaßnahmen zu denken, bei denen das Bezugsrecht gem. § 186 Abs. 3 AktG im Beschluss ausgeschlossen wird.

Das Aussetzungsinteresse mindert sich dagegen auch in diesen Fällen, wenn sich der begünstigte kontrollierende Aktionär verpflichtet, ein freiwilliges Spruchverfahren durchzuführen. Darunter wird ein vertraglicher Ausgleichsanspruch zugunsten Dritter verstanden, der in einem Schiedsverfahren ermittelt wird, das dem Spruchverfahren nachgebildet ist. Vereinbarungen mit einem solchen Inhalt wurden in der Vergangenheit bei Verschmelzungen zur Aufnahme zwischen der Deutschen Schutzvereinigung Wertpapierbesitz und aufnehmenden Gesellschaften getroffen, um Anfechtungsklagen zu vermeiden.[957] Denn gem. § 14 Abs. 2 UmwG ist die Überprüfung des Umtauschverhältnisses nur für die Aktionäre der übertragenden Gesellschaft vorgesehen, nicht aber für die der übernehmenden Gesellschaft. Diese Lücke kann ein „freiwilliges Spruchverfahren" schließen. Dieses sollte dementsprechend auch bei Kapitalmaßnahmen möglich sein, wobei hier der kontrollierende Aktionär die Verpflichtung übernehmen müsste.

C. Die Rechtsfolgen des Beschlusses

I. Inhalt und Umfang des Schadenersatzanspruchs gem. § 246a Abs. 4 AktG

1) Das Problem

Durch die Etablierung der Bestandskraft aufgrund der zuvor erfolgten Freigabe eines Hauptversammlungsbeschlusses droht die faktische Legalisierung rechtswidriger Inhalte. Gem. § 246a Abs. 4 AktG entsteht im Gegenzug ein Anspruch auf Ersatz des Schadens, der dem Antragsgegner „aus einer auf dem Beschluss beruhenden Eintragung des Hauptversammlungsbeschlusses entstanden ist". Nunmehr stellt sich die Frage, ob auch Wertverluste der Anteile, wie beispielsweise „Verwässerungsschäden", bei dem Bezugsrechtsausschluss abgedeckt werden.[958]

---

[957] Vgl. Homepage der DSW: www.dsw-info.de/Verschmelzung.160.0.html (Stand 20.6.2007).

[958] Siehe ausführlich oben S. 74ff.

2) *Meinungsstand*

Nach dem Willen des Gesetzgebers sollen auch Wertverluste des Anteils infolge des Vollzugs eines rechtswidrigen Hauptversammlungsbeschlusses von dem Schadenersatzanspruch umfasst sein. So heißt es in der Regierungsbegründung wörtlich zu dem Ersatzumfang: „Bei fehlerhaften Kapitalerhöhungen ist auch ein Verwässerungsschaden möglich, der sich freilich bei Kleinstaktionären weniger auswirken wird als bei nennenswert beteiligten Aktionären"[959]. Auch Teile der rechtswissenschaftlichen Literatur folgen diesem Ansatz.[960]

Dagegen wird eingewendet, dass es sich bei einem „Verwässerungsschaden" um einen mittelbaren Schaden (Reflexschaden) handele; es sei systemfremd einen solchen Ersatz zuzulassen.[961]

3) *Implikationen der rechtsökonomischen Analyse*

Die Untersuchung hat gezeigt, dass der Ersatz von „Verwässerungsschäden" durch § 246a Abs. 4 AktG in mehrfacher Hinsicht problematisch ist:

- Die Anwendung des Calabresi-Melamed-Konzepts hat hervorgebracht, dass die Beseitigung der kassatorischen Wirkung der Anfechtungsklage zugunsten einer monetären Kompensation nur in der börsennotierten Gesellschaft erfolgen sollte.[962]

- Die ökonomische Theorie zur kollektiven Rechtsdurchsetzung indiziert, dass ein rein individueller Anspruch ungeeignet ist für Schäden, die weit gestreut sind.

- Die Analyse mithilfe der ökonomischen Theorie zur Haftung hat ergeben, dass der Ersatz des „Verwässerungsschadens" durch die Gesellschaft nicht geeignet ist, rechtswidriges Verhalten der beschlusstragenden Mehrheit zu minimieren.[963] Denn einen Teil der Schadenssumme finanziert der Geschädigte selbst. Nur eine Kompensation, die auch die Verringerung des Gesellschaftsvermögens durch die Schadenszahlung berücksichtigt, kann dies verhindern. Jedoch entstehen dann Probleme des Gläubigerschutzes.

---

[959] *Regierungsentwurf UMAG*, BT-Drucks. 15/5092, S. 28.

[960] *Hüffer*, AktG, 7. Auflage (2006), § 246a Rn. 6; für § 16 Abs. 3 UmwG *Martens*, AG 2000, 301 (306), der allerdings den allein individuellen Ausgleich für nicht genügend hält.

[961] *Veil*, AG 2005, 567 (572).

[962] Vgl. oben S. 177ff.

[963] Vgl. oben S. 187ff.

- Aus der ökonomischen Theorie der Haftung lässt sich ableiten, dass kein Anspruch bestehen soll, wenn der gleiche Schaden durch einen Ausgleich auf Ebene der Gesellschaft (z. B. bei der Differenzhaftung) oder zwischen den Aktionären erfolgt, da diese Haftungsregime bessere Internalisierungsmöglichkeiten bieten. Diese sind mithin vorrangig.

Es stellt sich nun die Frage, ob der Ersatz von „Verwässerungsschäden" von vornherein ausgeschlossen sein sollte. Einerseits lässt sich dagegen einwenden, dass dadurch rechtswidrige freigegebene Hauptversammlungsbeschlüsse komplett unsanktioniert blieben und dies noch zu einer Verschärfung der Nachteile der Regelung führen würde. Andererseits könnte eine Auslegung, die keine Verwässerungsschäden zulässt, sicherstellen, dass das Prozessgericht nur dann eine Freigabe durchführt, wenn die rational apathischen Kläger durch flankierende materielle Ausgleichs- oder Abfindungsansprüche, die in einem Spruchverfahren überprüft werden können, geschützt werden. Da jedoch bislang die Gerichte die Eintragungen nur restriktiv freigegeben haben, ist dieser zusätzliche Druck nicht nötig. Dementsprechend kann der „Verwässerungsschaden" ersetzt werden, wenn ausnahmsweise zuvor eine Freigabe erfolgt ist. Dies kann beispielsweise der Fall sein, wenn alle benachteiligten Aktionäre gegen den Hauptversammlungsbeschluss vorgegangen sind und die Gesellschaft über viel Liquidität verfügt. Denn dann besteht weder eine Gefahr für rational apathische Aktionäre noch für Gläubiger. Freilich wird dies nur selten vorkommen, denn nach der hier vertretenen Auffassung sollte grundsätzlich keine Freigabe bei kleinen Aktiengesellschaften, die nicht an der Börse notiert sind, erfolgen.

4) Ergebnis

Auch der „Verwässerungsschaden" ist vom Schadenersatzanspruch gem. § 246a Abs. 4 AktG umfasst. Der Schadenersatz muss zugleich auch die anteilige Minderung des Gesellschaftsvermögens, die durch die Zahlung durch die Gesellschaft entsteht, mitberücksichtigen. Als Berechnungsgrundlage bietet sich die in dieser Untersuchung entwickelte Formel an.[964] Grundsätzlich ist der Anwendungsbereich allerdings sehr klein, weil bei der Freigabeentscheidung auch die Vermögensverluste berücksichtigt werden müssen, die bei nicht klagenden Aktionären entstehen, so dass es meist nicht zu einer Freigabeentscheidung kommen wird.[965]

---

[964] Vgl. oben S. 188f.

[965] Wenn man der hier vertretenen Auffassung folgt, dass das Prozessgericht auch eine „beschränkte Freigabe" durchführen kann, stellt sich die Frage, welche Konsequenzen dies für den Schadenersatzanspruch gem. § 246a Abs. 4 AktG hat. Ein „Verwässerungsschaden" kann in diesem Fall nicht entstehen. Denn die erfolgreiche Anfechtungsklage führt zur Ex-nunc-Nichtigkeit des Beschlusses, so dass die entsprechenden Folgen für die Zukunft beseitigt werden. Ein Schaden kann

II. Die Bindungswirkung des Freigabebeschlusses

1) Das Problem

Gem. § 246a Abs. 3 S. 5 AktG ist der rechtskräftige Freigabebeschluss für das Registergericht bindend. Es ist jedoch unklar, wie weit die Bindungswirkung reicht.[966]

2) Meinungsstand

Drei mögliche Auslegungen kommen in Betracht:

Zum einen lässt sich vertreten, dass die rechtskräftige Freigabeentscheidung den Registerrichter umfassend bindet: Sein Aussetzungsermessen gem. § 127 FGG reduziert sich auf Null. Er muss unverzüglich die Eintragung in das Register vornehmen.

Dagegen stellen die Regierungsbegründung und Teile der Literatur auf den Prüfungsumfang des Prozessgerichts bei der Freigabeentscheidung ab. Soweit das Prozessgericht auch die Verletzung der Normen geprüft hat, die im Interesse von Gläubigern, der Öffentlichkeit und zukünftiger Aktionäre stehen, entfaltet die rechtskräftige Entscheidung Bindungswirkung.[967] Dadurch soll eine doppelte Prüfung eines Lebenssachverhalts entfallen.

Schließlich kann auch noch argumentiert werden, dass die Prüfungskompetenz des Registergerichts nur insoweit präjudizielle Wirkung hat, als über die Verletzungen von individuellen Rechten des Beschlussmängelklägers entschieden wurde. Gestützt werden kann diese Ansicht auf die unterschiedlichen Verfahrensordnungen. Während für das Freigabeverfahren die Dispositionsmaxime der ZPO gilt, kommt bei der Prüfung durch den Registerrichter der Amtsermittlungsgrundsatz gem. § 12 FGG zum Tragen.

3) Implikationen der ökonomischen Analyse

Im 12. Kapitel wurde gezeigt, dass die registerrechtliche Prüfung der öffentlichen Rechtsdurchsetzung zuzuordnen ist, die gerichtliche Prüfung der Rechtslage im Rahmen einer Beschlussmängelklage dagegen der privaten Rechtsdurchsetzung zuzurechnen ist. Die Analyse hat gezeigt, dass der Beschlussmängelkläger keinen Anreiz hat, seine Prozessführung am Interesse der rational apathisch bleibenden Aktionäre, den zukünftigen Aktionären, den Gläubigern und der Öffentlichkeit auszurichten. Das Pro-

---

allenfalls darin liegen, dass zwischenzeitlich aufgrund der Grundsätze der fehlerhaften Gesellschaft wirksame Maßnahmen vorgenommen wurden, die zu einem mittelbaren Schaden geführt haben. Dieser müsste dann konsequenter Weise auch nach § 246a AktG Abs. 4 ersetzt werden.

[966] Vgl. oben S. 33ff.

[967] Vgl. oben S. 35f.

zessgericht kann diesen Schutz nicht vollständig übernehmen, denn es gilt die Dispositionsmaxime der ZPO. Soweit sich offensichtliche Rechtschutzdefizite aus den unterschiedlichen Verfahrensordnungen ergeben, sollte das Registergericht ebenfalls zur Prüfung befugt sein.

4) Ergebnis

Grundsätzlich verbleibt dem Registerrichter auch dann eine Restprüfungskompetenz, wenn das Prozessgericht einen stattgebenden Freigabebeschluss erlassen hat, soweit die Interessen von Aktionären, die nicht am Rechtsstreit beteiligt sind, von zukünftigen Aktionären, den Gläubigern und der Öffentlichkeit betroffen sind. Dies gilt auch dann, wenn das Prozessgericht diese Interessen bei der Abwägung gem. § 246a Abs. 2 Alt. 3 AktG berücksichtigt hat, aber die Gefahr besteht, dass das Prozessgericht den zugrundeliegenden Sachverhalt aufgrund der Dispositionsmaxime der ZPO nicht richtig ermittelt hat.

III. Beschränkung des einstweiligen Rechtsschutzes

1) Problem

Das Verhältnis zwischen § 246a AktG und einstweiligem Rechtschutz ist ungeklärt. Es stellt sich mithin die Frage, ob § 246a AktG lex specialis ist und somit den einstweiligen Rechtsschutz vollständig verdrängt.[968]

2) Meinungsstand

Zöllner vertritt die Ansicht, dass bei eintragungsbedürftigen Hauptversammlungsbeschlüssen, die in den Anwendungsbereich des § 246a AktG fallen, keine einstweilige Verfügung beantragt werden könne, die darauf abzielt die Eintragung gem. § 935 ff. ZPO, 16 Abs. 2 HGB zu untersagen.[969]

Dagegen meint *Kort*, dass eine einstweilige Verfügung noch solange beantragt werden kann, bis die Gesellschaft einen Antrag auf Freigabe des Beschlusses stellt. Er stützt seine Ansicht darauf, dass bei eintragungsbedürftigen Hauptversammlungsbeschlüssen, die in den Anwendungsbereich des § 246a Abs. 1 AktG fallen, keine Registersperre besteht. Deshalb könne der Registerrichter auch zuvor noch den angefochtenen Beschluss eintragen.[970]

---

[968] Hierzu oben S. 45f.

[969] *Zöllner*, in: Baumbach/Hueck, GmbHG, 18. Auflage (2006) Anh. § 47 Rn. 205.

[970] *Kort*, NZG 2007, 169 (171); *Kort*, BB 2005, 1577 (1581).

Schließlich lässt sich aber auch vertreten, dass auch nachdem die Gesellschaft eine Freigabeentscheidung beantragt hat, ein betroffener Aktionär einen Antrag auf einstweilige Verfügung auf Untersagung der Eintragung stellen kann. Denn auch nach Anhängigkeit des Freigabeverfahrens kann das Registergericht weiterhin die Eintragung vornehmen. Darüber hinaus ist die Gesellschaft durch den Anspruch gem. § 945 ZPO gegen den verzögerten Vollzug abgesichert. Das Gericht kann verhindern, dass dieser nicht leer läuft, indem die Verfügung von einer Sicherheitsleistung abhängig gemacht wird. Gegenläufige Entscheidungen sind auch ausgeschlossen, da für beide Verfahren das identische Gericht entscheidet.[971]

3) Implikationen der ökonomischen Analyse

Die ökonomischen Grundlagen zur Haftung haben gezeigt, dass missbräuchliche Klagen nicht attraktiv sind, wenn nicht asymmetrische Erwartungswerte zwischen Kläger und Beklagtem bestehen. Durch die Haftungsregel des § 945 ZPO werden jedenfalls die Kosten internalisiert, die der Gesellschaft durch die Verzögerung entstehen. Diese sehr weite Haftung hat selbst dann abschreckende Wirkung, wenn die Klage hohe Erfolgschancen hat.[972] Deshalb beantragt ein rationaler Kläger nur eine einstweilige Verfügung, wenn der Beschlussmängelkläger extrem hohe Erfolgschancen hat oder aber selbst eigene hohe Verluste im Falle des Vollzugs erleiden würde. Daraus folgt zugleich, dass der einstweilige Rechtsschutz mit dem Zweck des Freigabeverfahrens nicht kollidieren kann. Insbesondere können „räuberische Aktionäre" nicht den einstweiligen Rechtsschutz missbrauchen, um das Freigabeverfahren auszuhebeln.

4) Ergebnis

Es ist der dritten Ansicht zu folgen: Auch bei eintragungsbedürftigen Strukturmaßnahmen, die in den Anwendungsbereich des § 246a Abs. 1 AktG fallen, kann der Beschlussmängelkläger eine einstweilige Verfügung §§ 935 ff. ZPO, § 16 Abs. 2 HGB beantragen, die die Eintragung im Handelsregister untersagt. Dies gilt auch noch für den Zeitraum nach dem Antrag auf Freigabe und endet mit dem stattgebenden Freigabebeschluss durch das Prozessgericht.

---

[971] Vgl. hierzu ausführlich oben S. 46f.

[972] Siehe hierzu S. 199f.

11. Kapitel: Berücksichtigung der Ergebnisse der rechtsökonomischen Analyse *de lege ferenda*

In diesem Kapitel entwickelt der Verfasser aus den Ergebnissen der ökonomischen Analyse verschiedene Reformvorschläge, die der Gesetzgeber bei einer Reform der Beschlussmängelklage berücksichtigen könnte.

Es wird gezeigt, dass das Aktienrecht bereits mit der Substituierung des Anfechtungsrechts durch materiellrechtliche Ausgleichsansprüche, die in einem Spruchverfahren überprüfbar sind, den Anforderungen entspricht, die die ökonomische Analyse im zweiten Teil identifiziert hat. Die Ausweitung dieses Konzeptes auf Kapitalmaßnahmen in der börsennotierten Gesellschaft scheint deshalb geboten. Bis zur Etablierung einer solchen Lösung sollte der Freigabebeschluss in zwei Verfahren gegliedert werden – den Eintragungsfreigabebeschluss und den Bestandskraftfreigabebeschluss.

Der Eintragungsfreigabebeschluss beseitigt nicht die Kassationswirkung der Anfechtungsklage, sondern bindet nur den Registerrichter. Ist die Beschlussmängelklage erfolgreich, ist der Hauptversammlungsbeschluss ex nunc nichtig und die Strukturmaßnahme für die Zukunft rückgängig zu machen. Für den Zeitraum zwischen Eintragung und erfolgreicher Klage gelten die Grundsätze der fehlerhaften Gesellschaft. Durch die beschränkte Wirkung können geringere Anforderungen an den Rechtsschutz der Aktionäre gestellt werden, wodurch der Vollzug des Hauptversammlungsbeschlusses beschleunigt werden kann. Die Eingangsinstanz für das Eintragungs-Freigabeverfahren ist das OLG. Gegen die Entscheidung ist kein Rechtsmittel zulässig. Die Schäden, die der Gesellschaft durch die Verzögerung einer Maßnahme entstehen, sind gegen das Interesse des Klägers an einer Eintragungssperre abzuwägen.

Der Bestandskraftfreigabebeschluss beseitigt die kassatorische Wirkung der Anfechtungsklage. Hiermit sind höhere Gefahren für Minderheitsaktionäre verbunden, die durch strengere Kriterien ausgeglichen werden. Die Erklärung der Bestandskraft sollte auf börsennotierte Gesellschaften beschränkt sein und nur zulässig sein, wenn die vermögensmäßigen Interessen der nichtklagenden Minderheit durch einen gesetzlichen oder vertraglichen Ausgleichsanspruch gesichert werden können.

Des Weiteren könnte erwogen werden, die jeweiligen Freigabeverfahren als FGG-Verfahren auszugestalten, um auch Drittinteressen angemessen berücksichtigen zu können und die volle Bindungswirkung des Registergerichts zu etablieren.

A. Ausweitung des Spruchverfahrens

Fügt man die einzelnen Teile der rechtsökonomischen Analyse zusammen, lässt sich erkennen, dass mit den Ausgleichsansprüchen, die im Rahmen eines Spruchverfahrens überprüft werden können, bereits ein Modell existiert, das Beschlussmängel in der börsennotierten Gesellschaft angemessen sanktioniert. Es ist in mehrfacher Hinsicht besser geeignet, den Konflikt zwischen Mehrheit und Minderheit zu lösen, als dies im

Rahmen eines isolierten Freigabeverfahrens gelingen kann. Der Gesetzgeber will mit dem Spruchverfahren ebenfalls die Blockade von Strukturmaßnahmen durch das Anfechtungsrecht verhindern.[973] Wie mithilfe der Ergebnisse der rechtsökonomischen Analyse zu zeigen sein wird, treten zahlreiche Defizite des Freigabeverfahrens beim Konzept „Kompensation und Spruchverfahren" nicht auf. Das Spruchverfahren ist allerdings bislang in seinem Anwendungsbereich auf die in § 1 Nrn. 1-5 SpruchG genannten Fälle beschränkt und umfasst nicht alle Fälle von Strukturmaßnahmen.[974]

I. Calabresi-Melamed-Konzept

Die Sanktionierung von Beschlussmängeln durch Schadenersatz statt durch Beschlussnichtigkeit ist effizient, soweit es sich um börsennotierte Gesellschaften handelt, die von zahlreichen Aktionären gehalten werden. Umgekehrt sollte die Kassationswirkung der Anfechtungsklage bei nichtbörsennotierten Gesellschaften beibehalten werden.[975]

Der Höhe nach sollte der Ersatz ein hypothetisches Verhandlungsergebnis zwischen den durch den Beschluss benachteiligten Aktionären einerseits und der Gesellschaft bzw. ihrem kontrollierenden Aktionär reflektieren: Mindestens muss der Wertverlust der Aktionäre ausgeglichen werden; er darf nicht den Gewinn, den die Hauptversammlungsmehrheit durch die Strukturmaßnahme erzielt, übersteigen.

Von juristischer Seite wird diese Idee unter dem Begriff „Dulde und liquidiere" diskutiert.[976] Grundsätzlich muss eine belastende Maßnahme hingenommen werden; dafür

---

[973] Begr. RegE., BT-Drucks. 15/371, S. 11; *Fritzsche/Dreier/Verfürth*, SpruchG, 2004, Einl. Rn. 6.

[974] Im Einzelnen: gerichtliche Bestimmung der Ausgleichs- und Abfindungshöhe bei Beherrschungs- und Gewinnabführungsverträgen gem. §§ 304, 305 AktG (§ 1 Nr. 1 SpruchG); Abfindung bei Mehrheitseingliederungen gem. § 320 b AktG (§ 1 Nr. 2 SpruchG); Barabfindung von Aktionären, deren Aktien durch Beschluss der Hauptversammlung im Wege des Squeeze-out gem. §§ 327a ff. AktG (§ 1 Nr. 3 SpruchG); Zuzahlungen oder Barabfindungen bei Umwandlungen von Rechtsträgern nach dem UmwG (§ 1 Nr. 4 SpruchG); der Zuzahlung an Anteilsinhaber oder der Barabfindung von Anteilsinhabern bei der Gründung oder Sitzverlegung einer SE (§ 1 Nr. 5 SpruchG); neben diesem Katalog noch bei folgenden Strukturmaßnahmen: „Delisting", d.h. der freiwillige Rückzug von der Börse fordert nach der höchstrichterlichen Rechtsprechung ein Pflichtangebot an die außenstehenden Aktionäre, das im Spruchverfahren überprüft werden kann, vgl. BGH AG 2003, 273 – *Macroton*; der Gesetzgeber hat nun für das „Delisting" durch Verschmelzung in § 29 Abs. 1 UmwG eine gesetzliche Regelung getroffen.

[975] Vgl. oben S. 181.

[976] *K. Schmidt*, NZG 2003, 601 (603): „Da drängt sich ein Zitat aus dem Staatsrecht des Preußischen ALR auf: ‚Dulde und liquidiere', heißt die uns aus der jüngeren Entwicklung nur zu bekannte Devise. An die Stelle der Inhaltskontrolle treten das Pflichtangebot und dessen Überprüfung im Spruchverfahren. Rechtspolitisch überzeugt das Konzept. Das Spruchverfahren als Ersatz für die unchristlichen Anreize gehört zu den besten Erfindungen der jüngeren Gesetzgebung im Aktien-

entsteht ein Anspruch auf Kompensation. Dieses Konzept liegt nicht nur dem Freigabeverfahren zugrunde, sondern auch den Abfindungs- und Ausgleichsansprüchen des Aktien- und Konzernrechts, die in einem Spruchverfahren überprüft werden können. Die Anfechtung ist ausgeschlossen, soweit sich dieses auf die Unangemessenheit des Abfindungs- oder Ausgleichsanspruchs erstreckt (vgl. §§ 304 Abs. 3 S. 2, 305 Abs. 1 S. 2, 320 b Abs. 2 S. 1, 327 f Abs. 1 S. 1 AktG, § 14 Abs. 2 UmwG). Dieses im Folgenden „Konzept Spruchverfahren" genannte Regelungsmodell beseitigt damit auch die kassatorische Wirkung der Beschlussmängelklage und ersetzt sie durch ein Schadenersatzregime. Aus rechtsökonomischer Sicht ist dies für die börsennotierte Gesellschaft gleichermaßen gerechtfertigt, während dieses Konzept für die nichtbörsennotierte Gesellschaft abzulehnen ist.

II. Kollektive vs. individuelle Durchsetzung

Die Untersuchung hat ergeben, dass die kollektive Rechtsdurchsetzung von Vorteil ist, wenn gewisse Strategien zur Reduzierung der negativen Anreize existieren.

Die Kompensation durch den Anspruch gem. § 246a Abs. 4 AktG steht nur dem Antragsgegner, das heißt den Beschlussmängelklägern, nicht jedoch anderen benachteiligten Aktionären zu.

Dagegen sind alle außenstehenden Aktionäre Inhaber der konzern- und umwandlungsrechtlichen Abfindungs- und Ausgleichsansprüche (vgl. §§ 304 Abs. 1 S. 1, 305 Abs. 1, 320b Abs.1 S. 1, 327 Abs. 1 S. 1 AktG, § 2 UmwG). Die Überprüfung im Rahmen des Spruchverfahrens wirkt für und gegen jedermann, einschließlich gegenüber denjenigen Anteilsinhaber, die eine zuvor angebotene Barabfindung oder sonstige Abfindung angenommen haben (§ 13 SpruchG).[977] Es handelt sich somit um eine Form der kollektiven Rechtsdurchsetzung.

Die rechtsökonomische Analyse hat des Weiteren gezeigt, dass die Kosten der kollektiven Durchsetzung reduziert werden, wenn ein Vergleich zwischen Gesellschaft und Kläger von der Zustimmung Dritter abhängig gemacht wird.[978] Denn ein zentrales Problem kollektiver Rechtsdurchsetzung besteht darin, dass zwischen dem Kläger als Agenten und den übrigen Opfern der Rechtsverletzung ein Prinzipal-Agenten-Verhält-

---

recht."; so auch *Fritzsche/Dreier*, BB 2002, 737 (739); *Fritzsche/Dreier/Verfürth*, SpruchG, 2004, Einl. Rn. 6.

977 Zur Inter-omnes-Wirkung: *Fritzsche/Dreier/Verfürth*, SpruchG, 2004, § 13 Rn. 6ff.; KK-SpruchG/*Wilske*, § 13 Rn. 8ff.; *Wittgens*, Das Spruchverfahrensgesetz, 2005, S. 249 ff: „ […] entspricht in seiner Wirkung der dem deutschen Recht ansonsten fremden Sammelklage (*class action*)".

978 Vgl. zu dieser Strategie bereits oben S. 235f.

nis besteht. Daraus können Agency-Kosten resultieren, weil der Kläger sich kollusiv mit dem Täter zu Lasten seiner Prinzipale auf die Ablösung der Klage gegen eine Abstandszahlung verständigt. Die Kontrolle des Agenten durch seine Prinzipale scheitert regelmäßig daran, dass diese im Kontext der börsennotierten Aktiengesellschaft in rationaler Apathie verharren. Eine Lösung besteht aus rechtsökonomischer Sicht darin, die Rücknahme der Klage von der Zustimmung eines Treuhänders abhängig zu machen, der kein weiteres Eigeninteresse an dem Fall besitzt.

Im Spruchverfahren existiert ein solcher Treuhänder in der Gestalt des gemeinsamen Vertreters (§ 6 SpruchG). Dieser hat die Stellung eines gesetzlichen Vertreters für die Antragsberechtigten, die nicht selbst Antragsteller sind (§ 6 Abs. 1 S. 1 SpruchG). Er wird vom Gericht bestellt (§ 6 Abs. 1 S. 1 SpruchG). Hervorzuheben ist die Möglichkeit des gemeinsamen Vertreters, das Spruchverfahren auch nach der Rücknahme des Antrags durch die Antragsteller fortführen zu können (§ 6 Abs. 3 S. 1 SpruchG).

Diese Regelung wurde erstmals durch das Umwandlungsgesetz 1994 eingefügt (§ 306 Abs. 3 UmwG 1994). Der Gesetzgeber begründete diese Regelung damals ausdrücklich mit Erfahrungen der Praxis, die gezeigt hätten, dass die Gesellschaften dazu neigten, die Antragsteller zu Lasten der restlichen antragsberechtigten, aber nicht beteiligten Aktionäre auszukaufen.[979] Zwar prognostiziert die ökonomische Analyse, dass auch die Gefahr des Auskaufens des gemeinsamen Vertreters besteht. Jedoch wird diese Gefahr durch drei Hürden gemindert: Erstens erfolgt die Auswahl über das Gericht, so dass dieses bei der Auswahl darauf achten kann, nicht einen bekannten „Räuber" auszuwählen. Zweitens ist nahezu einhellig anerkannt, dass der gemeinsame Vertreter gegenüber den nichtbeteiligten Antragsberechtigten haftbar werden kann, wenn er ihre Interessen nicht sachgerecht verfolgt.[980] Drittens hat ein gemeinsamer Vertreter den Anreiz, Reputation aufzubauen, um erneut vom Gericht bestellt zu werden. Dies gelingt nicht, wenn er den Ruf erwirbt, nicht im Interesse der von ihm Vertretenen zu handeln. Die bisherigen Erfahrungen in der Praxis scheinen jedenfalls zu bestätigen, dass der Auskauf dadurch effektiv verhindert wird.[981]

Aus rechtsökonomischer Sicht ist das Spruchverfahren dem Freigabeverfahren deutlich überlegen: Es ermöglicht Skaleneffekte, hat eine höhere Sanktionswirkung, wodurch das *rent-seeking* reduziert wird. Zugleich vermindert es durch den gemeinsamen Vertreter Agency-Kosten, die zwischen Kläger bzw. Antragsteller und den übrigen rational apathischen Minderheitsaktionären entstehen.

---

[979] BT-Drucks. 12/6699, S. 170.

[980] KK-SpruchG/*Wasmann*, § 6 Rn. 22 m. w. Nachw., der allerdings die Durchsetzbarkeit infrage stellt.

[981] Begr. RegE BT-Drucks. 15/371, S.14.

III. Internalisierung von Externalitäten mithilfe eines Haftungsregimes

Die rechtsökonomische Untersuchung zeigt auf, dass der Schadenersatzanspruch gem. § 246a Abs. 4 AktG nicht zur optimalen Internalisierung führt. Denn Anspruchsgegner ist die Gesellschaft, womit der betroffene Beschlussmängelkläger einen Teil des Anspruchs mitfinanziert.[982]

Bei den bestehenden Ansprüchen einer benachteiligten Minderheit, die im Spruchverfahren überprüft werden können, ist nicht die Gesellschaft Schuldner der Ansprüche, sondern der Mehrheitsaktionär. Die Analyse hat gezeigt, dass hierdurch stärkere Anreize für rechtmäßiges Abstimmungsverhalten des Mehrheitsaktionärs gesetzt werden.

IV. Öffentliche vs. private Durchsetzung

Die Analyse der öffentlichen gegenüber der privaten Rechtsdurchsetzung hat ergeben, dass die öffentliche Rechtsdurchsetzung grundsätzlich in weit gestreuten börsennotierten Gesellschaften von Vorteil ist.[983] Denn in diesen Fällen leidet die private Rechtsdurchsetzung unter erheblichen Fehlanreizen. Je mehr Aktionäre an der Gesellschaft beteiligt sind, desto stärker ist die öffentliche der privaten Durchsetzung überlegen. Der Hauptvorteil der privaten Durchsetzung, nämlich der Informationsvorsprung der Akteure, verringert sich, denn der einzelne Aktionär hat nur geringe Anreize, Informationsaufwendungen zu tätigen und gegen rechtswidrige Beschlüsse vorzugehen. Die öffentliche Rechtsdurchsetzung ist flexibler und verhindert den schädlichen Auskauf von Klagen.

Im Anfechtungs- und Freigabeverfahren kommen die Vorschriften der ZPO zur Anwendung. Die Verfahren sind mithin der privaten Rechtsdurchsetzung zuzuordnen.

Das Spruchverfahren hat dagegen zwei Elemente der öffentlichen Rechtsdurchsetzung inkorporiert. Zum einen unterliegt das Spruchverfahren gem. § 17 Abs. 1 SpruchG der Verfahrensordnung der freiwilligen Gerichtsbarkeit. Mithin gilt grundsätzlich der Amtsermittlungsgrundsatz gem. § 12 FGG. Allerdings ist dabei zu berücksichtigen, dass dieser durch die Präklusion bei Fristverstößen und Verletzungen der allgemeinen Verfahrensförderungspflicht gem. § 10 Abs. 3 SpruchG und durch die Anwendbarkeit wichtiger ZPO-Vorschriften gem. § 8 Abs. 3 SpruchG mittlerweile erheblich eingeschränkt ist. Zum anderen kann auch im gerichtlich bestellten gemeinsamen Vertreter gem. § 6 SpruchG ein Element der öffentlichen Rechtsdurchsetzung gesehen werden.

---

[982] Hierzu vgl. oben S. 187f.

[983] Ausführlich zu den Vor- und Nachteilen der öffentlichen und privaten Rechtsdurchsetzung bezogen auf die Beschlussmängelkontrolle siehe oben S. 247ff.

Dagegen kann man einwenden, dass dieser nicht mit hoheitlichen Befugnissen ausgestattet ist. Jedoch darf nicht übersehen werden, dass dieser durch das Gericht bestellt wird und nicht auf eigene Initiative tätig werden kann, so dass er jedenfalls eine hybride Stellung einnimmt.

Insgesamt ist die Verfahrensgestaltung des Spruchverfahrens aus rechtsökonomischer Sicht bei börsennotierten Gesellschaften mit weitem Aktionärskreis dem Freigabeverfahren überlegen.

V. Schlussfolgerungen

Aus diesem Befund lassen sich zwei Reformansätze ableiten:

Der erste Weg könnte darin bestehen, das Freigabeverfahren der Konzeption des Spruchverfahrensgesetzes anzugleichen. Das würde beispielsweise bedeuten, dass der Schadenersatzanspruch gem. § 246a Abs. 4 AktG kollektiv für alle von einem rechtswidrigen Hauptversammlungsbeschluss benachteiligten Aktionäre entsteht, wenn ein bestimmtes Quorum erreicht wird. Er müsste gegen die Hauptversammlungsmehrheit gerichtet sein. Zugleich müssten die Interessen der rational apathischen Aktionäre im Rahmen des Freigabeverfahrens von einem gemeinsamen Vertreter wahrgenommen werden. Dieser Ansatz könnte als prozessrechtliche Ausgestaltung des Rechtsgedankens, der § 243 Abs. 2 S. 2 AktG zugrunde liegt, angesehen werden.

Der alternative Ansatz besteht darin, nicht das Freigabeverfahren dem Spruchverfahren nachzubilden, sondern das Konzept der im Spruchverfahren überprüfbaren Kompensation auf andere Hauptversammlungsbeschlüsse auszuweiten, so dass das Freigabeverfahren selbst nicht diese Kompensationsaufgabe übernehmen muss. Die Defizite des Freigabeverfahrens würden dann durch das flankierend existierende Spruchverfahren ausgeglichen.

Die besseren Argumente sprechen wohl für den zweiten Weg: Gegen die Freigabeverfahren-Lösung spricht insbesondere die Vielfalt der potentiellen Beschlussmängel. Manche dieser Mängel betreffen allein die Individualinteressen des Beschlussmängelklägers. In diesem Fall würde die Einführung der kollektiven Wirkung nicht nur überflüssig, sondern geradezu schädlich sein. Es erscheint deshalb sachgerecht, die Fälle, in denen Minderheitsaktionären Vermögensverluste durch Anteilsverwässerungen drohen, durch ein Spruchverfahren überprüfen zu lassen. Zudem erscheint es gesetzestechnisch einfacher, den Anwendungsbereich des Spruchverfahrens zu erweitern, als ein neues Verfahren zu etablieren. Insoweit liegt das hier im Wege der rechtsökonomischen Analyse gefundene Ergebnis auf Linie zahlreicher Arbeiten der traditionellen rechtswissenschaftlichen Literatur: Bereits seit geraumer Zeit wird gefordert, den Anwendungsbereich des Spruchverfahrens auf weitere Beschlussgegenstände auszudehnen.[984]

Dabei werden vor allem zwei Erweiterungen erwogen: erstens die Anwendung des Spruchverfahrens bei Bewertungsrügen der übernehmenden Rechtsträger bei Verschmelzungen und zweitens die Überprüfung der Angemessenheit des Ausgabebetrages bei der Kapitalerhöhung mit Bezugsrechtsausschluss. Vorliegend wird nur die zweite Überlegung diskutiert, denn allein Hauptversammlungsbeschlüsse über Kapitalmaßnahmen und Unternehmensverträge sind Gegenstand des aktienrechtlichen Freigabeverfahrens gem. § 246a Abs. 1 AktG, das das zentrale Thema dieser Untersuchung bildet.

Eine Barkapitalerhöhung, sei sie ordentlich oder genehmigt, birgt die Gefahr der Verwässerung, wenn der Ausgabebetrag der jungen Aktien unter dem Wert der Altaktien liegt.[985] Gleiches gilt für eine Sachkapitalerhöhung, wenn der Wert der Einlage nicht dem Wert der ausgegebenen Aktien entspricht.[986] Wollen sich Aktionäre gegen einen unangemessen niedrigen Ausgabebetrag wehren, können sie diesen lediglich mit der Anfechtungsklage gem. § 255 Abs. 2 AktG angreifen. Die überwiegenden Stimmen in der rechtswissenschaftlichen Literatur halten diese „Alles-oder-nichts"-Lösung für nicht sachgerecht und schlagen vor, den Anwendungsbereich des Spruchverfahrens zu erweitern. Die Analyse mithilfe des rechtsökonomischen Konzeptes der „*property rule vs. liability rule*" hat gezeigt, dass dieser Gedankengang nur im Falle der börsennotierten Gesellschaft zutreffend ist.[987] Denn bei einem kleinen Gesellschafterkreis kann eine Verhandlungslösung vor dem Hintergrund der Anfechtungsmöglichkeit erreicht werden („bargaining in the shadow of law"[988]). Die juristischen Konzepte wollen darüber hinaus allein die Geltendmachung von Vermögensrechten aus dem Anwendungsbereich der Anfechtungsklage herausnehmen. Die Verletzung von mitgliedschaftlichen

---

[984] Die gesamte Diskussion kann an dieser Stelle nur angerissen werden, insofern sei auf die reichhaltige Literatur verwiesen gl., *Baums*, Gutachten F für den 63. Deutschen Juristentag, in: Ständige Deputation des Deutschen Juristentages (Hrsg.), Verhandlungen des Dreiundsechzigsten Deutschen Juristentages, Bd. I, 2000, S. 120ff.; *Bayer*, ZHR 163 (1999), 505 (545ff.); *ders.*, ZHR 168 (2004), 132 (160); *Fritzsche/Dreier*, BB 2002, 737ff.; *Fritzsche/Dreier/Verfürth*, SpruchG, 2004, § 1 Rn. 139 ff; *Handelsrechtsausschuss des DAV*, NZG 2004, 555 (565); *Hirte*, AG 1990, 373 (375); *Hirte*, ZIP 1994, 356 (360); GroßkommAktG/*Hirte*, § 203 Rn. 10; *Martens*, AG 2000, 301 (308); *Schiessl*, AG 1999, 442 (446); *J.Vetter*, ZHR 168 (2004), 9ff.; *Veil*, AG 2005, 567 (572); *Wiesen*, ZGR 1990, 503 (506 f.); *Winter*, FS Ulmer, 2003, S. 699 (719ff.); *ders.*, in: FS Happ, 2006, S. 363 (372 ff.).

[985] Ausführlich hierzu *Hirte*, Bezugsrechtsauschluß und Konzernbildung, 1986, S. 7ff.

[986] *Fritzsche/Dreier/Verfürth*, SpruchG, 2004, § 1 Rn. 159; *Hirte*, Bezugsrechtsauschluß und Konzernbildung, 1986.

[987] Ausführlich oben S. 177ff.

[988] *Cooter/Ulen*, Law & Economics, 4. Auflage (2004), S. 101; *Cooter/Marks/Mnookin*, 11 J. Legal Stud. 225 (1982).

Rechten, die sich bei fehlender sachlicher Rechtfertigung aus der Verschiebung der Beteiligungsverhältnisse durch den Ausschluss des Bezugsrechts ergeben kann, dagegen weiterhin mit der Anfechtungsklage angegriffen werden können.[989] Nach dem Calabresi-Melamed-Konzept wäre dies nur dann richtig, wenn es den Gerichten nicht gelingt, den Schaden, der mit dem Verlust an Herrschaftsmacht einhergeht, zu quantifizieren.[990]

Die in den Rechtswissenschaften diskutierten Modelle unterscheiden sich jedoch auch darin, wie der Ausgleich der vom Bezugsrecht ausgeschlossenen Aktionäre erfolgen soll:

- *Hirte* hat ursprünglich vorgeschlagen, dass das Gericht bei einer Abweichung zu Lasten der Altaktionäre den Ausgabebetrag im Spruchverfahren neu festsetzen kann. Der vom Bezugsrechtsausschluss begünstigte Aktionär muss dann die Differenz zum richtigen Ausgabebetrag nachzahlen.[991]

- Dagegen wollen anderen Stimmen in der Literatur, dass die vom Bezugsrecht ausgeschlossenen Altaktionäre von der Gesellschaft einen Ausgleich erhalten. Sie begründen dies vornehmlich mit den praktischen Schwierigkeiten, die entstehen, wenn die Zeichner die neuen Aktien weiter transferieren wollen. Denn die Aktien sind dann mit dem Makel der potentiellen Zahlungsverpflichtung behaftet.[992]

Aus rechtsökonomischer Sicht ist der erste Ansatz unter Internalisierungsgesichtspunkten vorzuziehen. Gleichwohl kann nicht verkannt werden, dass dadurch die Transaktionskosten beim Handel der neuen Aktien steigen. Jedenfalls muss aber, wenn man dem zweiten Ansatz folgt, bei Bestimmung der Höhe der Zuzahlungungspflicht sichergestellt werden, dass jegliche Umverteilung zwischen den Aktionären nachträglich beseitigt wird.[993]

---

[989] *Fritzsche/Dreier/Verfürth*, SpruchG, 2004, § 1 Rn. 163.

[990] Siehe hierzu S. 178f.

[991] Vgl. mit Formulierungsvorschlag *Hirte*, AG 1990, 373 (375). An anderer Stelle weicht er jedoch von dieser Differenzhaftungs-Konzeption mit der Begründung ab, dass es vorkommen könne, dass die neuen Aktien bereits weitergegeben wurden, vgl. GroßkommAktG/*Hirte*, § 203 Rn. 10; *Hirte*, ZHR 167 (2004), 8, 34.

[992] *Baums*, Gutachten F für den 63. Deutschen Juristentag, in: Ständige Deputation des Deutschen Juristentages (Hrsg.), Verhandlungen des Dreiundsechzigsten Deutschen Juristentages, Bd. I, 2000, S. 123; *Bayer*, ZHR 163 (1999), 505 (548 f.); *J.Vetter*, ZHR 168 (2004), 9, 41; *Wittgens*, Das Spruchverfahrensgesetz, 2005, S. 304f.; a. A. *Lutter*, JZ 2000, 837 (839): Die benachteiligten Aktionäre würden den zu zahlenden Schadenersatz letztlich selbst finanzieren.

[993] Zu der Berechnung vgl. oben S. 188.

Für das Spruchverfahren bei der genehmigten Kapitalerhöhung ist zudem die Besonderheit zu berücksichtigen, dass die Ausnutzung des genehmigten Kapitals zu einem Zeitpunkt erfolgen kann, zu dem der Hauptversammlungsbeschluss längst bestandskräftig geworden ist. Zeitlicher Anknüpfungspunkt müsste deshalb die Eintragung der Durchführung im Handelsregister sein.[994]

Des Weiteren könnte erwogen werden, das Spruchverfahren auf Hauptversammlungsbeschlüsse im Zusammenhang mit Unternehmensverträgen auszuweiten, die bislang noch nicht im Anwendungsbereich liegen. Dies ist insbesondere relevant, wenn die Beherrschungs- und Gewinnabführungsverträge zu hohe Ausgleichs- oder Abfindungszahlungen vorsehen, womit die Rechte der Aktionäre der herrschenden Unternehmen verletzt werden.[995] Darüber hinaus könnte diskutiert werden, ob Hauptversammlungsbeschlüsse über die Zustimmung von anderen Unternehmensverträgen im Sinne von § 292 Abs. 1 AktG ebenfalls aus dem Anwendungsbereich der Anfechtungsklage herauszunehmen und stattdessen Ausgleichs- und Abfindungsansprüche zu schaffen, die in einem Spruchverfahren überprüft werden können.

Die Unternehmensbewertung, die im Spruchverfahren Ausgangspunkt für die Überprüfung der Angemessenheit der Abfindungs- und Ausgleichsansprüche ist, sollte dadurch erleichtert und beschleunigt werden, dass der Börsenkurs vor Ankündigung der Strukturmaßnahme als allein maßgeblicher Referenzwert hierfür herangezogen wird. Auf die Ertragswertmethode sollte nur zurückgegriffen werden, soweit die Aktie nicht auf einem effizienten Markt gehandelt wird.[996]

B. Neugestaltung des Freigabeverfahrens

Flankierend zur Ausweitung des Spruchverfahrens bei börsennotierten Gesellschaften sollte auch das Freigabeverfahren selbst reformiert werden. Die Untersuchung mithilfe der ökonomischen Analyse hat ergeben, dass das Freigabeverfahren in seiner derzeitigen Form unter Defiziten leidet, die durch einige Eingriffe gemindert werden können.

---

[994] *Bayer*, ZHR 163 (1999), 505 (551); *Fritzsche/Dreier/Verfürth*, SpruchG, 2004, § 1 Rn. 164.

[995] Ablehnend *J. Vetter*, ZHR 168 (2004), 9 (36f.): Es fehle ein Haftungssubjekt, wenn die Aktionäre gegen Abfindung aus der beherrschten Gesellschaft ausgeschieden seien.

[996] Dazu schon oben S. 178ff.

I. Beschränkung auf die börsennotierte Gesellschaft

Das Bedürfnis für ein Freigabeverfahren besteht vornehmlich in der börsennotierten Gesellschaft. In der kleinen nichtbörsennotierten Aktiengesellschaft, die regelmäßig über einen überschaubaren Kreis von Anlegern verfügt, ist der zusätzliche Nutzen eines weiteren Kontrollinstruments begrenzt. In diesen Fällen fehlt es meist an der erheblichen Asymmetrie der Erwartungswerte, die zu den Fehlanreizen im Beschlussmängelklageregime führt, so dass „räuberische Aktionäre" eine Ausnahmeerscheinung sind. Die Analyse mithilfe des Calabresi-Melamed-Konzepts hat darüber hinaus gezeigt, dass es vorzugswürdig ist, eine Vertragslösung zu unterstützen, indem die kassatorische Wirkung der Beschlussmängelklage erhalten bleibt.[997]

II. Trennung von Eintragung und Bestandskraft

Die Analyse der Anreize zu missbräuchlichen Klagen hat ergeben, dass die Verzögerungsmöglichkeit, die durch die faktische Registersperre ausgelöst wird, einen wesentlichen Faktor für „räuberische Klagen" darstellt. Auch die Gefahr der Ex-nunc-Rückabwicklung einer wichtigen Maßnahme kann eine erhebliche Drohkulisse aufbauen, die „Berufskläger" ausnutzen können. Allerdings sind diese beiden Problemkreise nicht unmittelbar miteinander verknüpft.[998] Sie sind auch je nach Beschlussgegenstand unterschiedlich stark ausgeprägt. Bei einer Sanierungskapitalmaßnahme ist meist eine schnelle Eintragung erforderlich, um die Insolvenz zu vermeiden. Umgekehrt entstehen bei einem Hauptversammlungsbeschluss über die Schaffung eines genehmigten Kapitals keine Kosten infolge der verzögerten Eintragung, jedenfalls wenn die Verwaltung ohnehin nicht plant, in naher Zukunft von der Ermächtigung Gebrauch zu machen.

Statt beide Problemkreise getrennt voneinander zu adressieren, führt der Freigabebeschluss sowohl die vorzeitige Eintragung als auch die dauerhafte Bestandskraft herbei. Ersteres bedeutet eine sehr viel geringere Herausforderung für den Rechtsschutz der Minderheit als Letzteres. Wie bereits erörtert wurde, schafft diese Konstruktion auf Seiten der Hauptversammlungsmehrheit den Anreiz, opportunistische Strukturmaßnahmen zu beschließen, die unter dem Deckmantel der Eilbedürftigkeit dauerhaft legalisiert werden. Der Schadenersatzanspruch gem. § 246a Abs. 4 AktG kann keine ausreichenden gegenläufigen Anreize setzen. Denn zum einen wirkt er nicht kollektiv, d.h. alle rational apathischen Minderheitsaktionäre müssen nicht entschädigt werden,

[997] Hierzu oben S. 177ff.

[998] Zur beschränkten Freigabe oben S.24, 253f.

zum anderen müssen etwaige Schadenersatzansprüche nicht von der Hauptversammlungsmehrheit, sondern aus dem Gesellschaftsvermögen bedient werden.

Die Verknüpfung führt dazu, dass die Prozessgerichte nicht großzügiger die Eintragung freigeben können, da sie – soweit man nicht den beschränkten Freigabebeschluss im Wege der Auslegung zulässt – immer zugleich den erheblichen Eingriff in die Rechtsposition der Minderheit vor Augen haben. Daraus folgt, dass das Freigabeverfahren den „räuberischen Aktionären" nicht das Handwerk legen kann. Diese können immer noch auf die Zurückweisung des Freigabeantrags spekulieren. Verstärkt wird dieser Effekt, durch den langen Zeitraum bis zur Eintragung, der auch bei erfolgreicher Freigabeentscheidung aufgrund des Rechtsmittels der sofortigen Beschwer noch immer bis zu einem Jahr beträgt.[999]

Nun stellt sich die Frage, welche Konsequenzen aus dieser Diagnose zu ziehen sind.

Veil analysiert, dass die vorzeitige Eintragung und die dauerhafte Bestandskraft nach der Konzeption des UMAG wie „siamesische Zwillinge" miteinander verwachsen sind.[1000] Um bei dieser Metapher zu bleiben, gilt es nun, den Geburtsfehler dieser Konstruktion zu beheben, die „siamesischen Zwillinge" also mit behutsamen Schnitten zu trennen. Am einfachsten ist dies möglich, indem die Freigabe der vorzeitigen Eintragung und die Erklärung der dauerhaften Bestandskraft getrennt voneinander beantragt werden müssen. Dann können die Freigabevoraussetzungen an das unterschiedliche Rechtsschutzbedürfnis der Minderheit einerseits und das Vollzugsinteresse der Mehrheit andererseits angepasst werden.

1) Beschluss über die vorzeitige Eintragung

Zunächst sollte ein Beschlussverfahren geschaffen werden, das lediglich die vorzeitige Eintragung herbeiführt. Der Eintragungs-Freigabebeschluss würde dann nur dazu führen, dass das Registergericht die Eintragung nicht mit dem Hinweis auf die anhängige Beschlussmängelklage verweigern könnte. Dagegen würde die folgende Eintragung automatisch bestandskräftig werden.

a) Wirkung bis zur Entscheidung in der Hauptsache

Hat der Beschlussmängelkläger also in der Hauptsache Erfolg, könnte er verlangen, dass die Strukturmaßnahme ex nunc rückgängig gemacht wird. Zur Klarstellung sollten die Grundsätze der fehlerhaften Gesellschaft für den Zwischenzeitraum gesetzlich normiert werden. Ein solches Verfahren wäre dem Aktiengesetz auch nicht fremd,

---

[999] Siehe dazu das 1. Kapitel.

[1000] *Veil*, AG 2005, 567 (573).

denn bei der vorzeitigen Eintragung einer Eingliederung oder des Übertragungsbeschlusses im Rahmen des Squeeze-Out aufgrund eines Unbedenklichkeitsverfahrens gem. §§ 319 Abs. 6, 327 e Abs. 2 AktG gilt dies schon heute. Nach h. M. kann dort die Rückgängigmachung der Eingliederung bei Erfolg in der Hauptsache verlangt werden.[1001]

b) *Geringere Erlassvoraussetzungen*

Im Falle einer solchen vorläufigen Eintragung droht den vom Hauptversammlungsbeschluss übergangenen Minderheitsaktionären eine deutlich geringere Gefahr für ihre Rechtspositionen.[1002] Denn der Eintragungsfreigabebeschluss schafft keine endgültigen Tatsachen, sondern regelt das Rechtsverhältnis nur für den Zeitraum bis zur Entscheidung in der Hauptsache. Auch hat ein Mehrheitsaktionär nur geringe Anreize, opportunistische Beschlüsse zu treffen, soweit gute Chancen bestehen, dass er im Hauptsacheverfahren unterliegt und der Beschluss mit *Ex-nunc*-Wirkung für nichtig erklärt wird. Das hat den Vorteil, dass das Interesse der Antragsteller in einem solchen bloß vorläufig wirkenden Eintragungsbeschluss höher gewichtet werden kann.[1003] In Frage käme deshalb, den Maßstab und die Beweislast umzukehren: Die Gesellschaft hätte lediglich die erhöhte Dringlichkeit zu beweisen, während der Antragsgegner die vorläufige Eintragung nur abwenden kann, indem er darlegt und beweist, dass die Anfechtungsklage zulässig und offensichtlich begründet ist und seine Interessen oder die Interessen anderer Aktionäre oder der Öffentlichkeit die Aussetzung der Eintragung bis zur Hauptsache erfordert. Ungewissheit über den Ausgang des Beschlussmängelprozesses ginge dann zu Lasten der Antragsgegner.

[1001] LG Mannheim AG 2002, 104; *Hüffer*, AktG, 7. Auflage (2006), § 319 Rn. 21; KK-AktG/*Koppensteiner*, § 319 Rn. 36; Münch.Hdb.GesR IV/*Krieger*, § 73 Rn. 25; *Noack*, ZHR 164 (2000), 274 (280); *Raiser/Veil*, Recht der Kapitalgesellschaften, 4. Auflage (2006), § 55 Rn. 4.

[1002] Dieser Zusammenhang wird auch an anderer Stelle erkannt, vgl. MünchKommAktG/*Grunewald*, § 327 e Rn. 7 zur Eintragung beim Sqeeze-Out: „Es sind aber auch Fallgestaltungen denkbar […], in denen die Interessen des Hauptaktionärs überwiegen, zumal bei Erfolg der Anfechtungsklage eine Rückabwicklung durchaus möglich und daher eine Eintragung der Minderheit auch eher zumutbar ist."

[1003] So bereits im Ansatz ein Reformvorschlag zur Prüfung des Registergerichts, *Noack*, ZHR 164 (2000), 274 (289): „Bei reversibler Eintragung soll gerade anders herum eine Blockade die Ausnahme sein. Daher sind die Prüfungskriterien inhaltlich umzudrehen. Nicht die offensichtliche Unbegründetheit beseitigt die Registersperre, sondern (nur und allein) die offensichtliche Begründetheit führt zu einer Registersperre."

c) *Schnellere gerichtliche Entscheidung*

Die niedrigeren materiellen Voraussetzungen der Freigabe der Eintragung würden die gerichtliche Entscheidung beschleunigen, denn die gerichtliche Prüfung könnte sich auf eine summarische Rechtsprüfung beschränken.

Zudem würde ein solches Verfahren erlauben, die Entscheidung des Gerichts aufgrund der weniger gravierenden Konsequenzen weiter zu beschleunigen. Dies wäre wichtig, denn die ökonomische Analyse der Klageanreize hat gezeigt, dass „räuberische Aktionäre" auch nach der Einführung des Freigabeverfahrens den Vollzug eines Hauptversammlungsbeschlusses erheblich verzögern können. Die Verfahrensverkürzung könnte dabei erreicht werden, indem die Rechtsmittel beschränkt werden und der Umfang der gerichtlichen Prüfung ausgedünnt wird.

Bislang sieht das Freigabeverfahren gem. § 246a Abs. 3 S. 3 AktG vor, dass die sofortige Beschwer gegen den Beschluss stattfindet. Aufgrund der bloß vorläufigen Wirkung der Erklärung der Eintragung nach dem hier vorgestellten Konzept wäre es denkbar, auf diese gesetzliche Anordnung zu verzichten. Entsprechend würde es an den gesetzlichen Zulässigkeitsvoraussetzungen gem. § 567 Abs. 1 Nr. 1 ZPO fehlen, so dass die sofortige Beschwerde nicht länger zulässig wäre. Im Hinblick auf die bloße Vorläufigkeit der Regelung ist dies unter Rechtsschutzgesichtspunkten wohl akzeptabel. Ein wichtiger Faktor, der missbräuchliche Klagen begünstigt, nämlich die Erpressung durch Verzögerung, wäre damit deutlich abgesenkt. Gerichte könnten allerdings dort, wo keine Dringlichkeit besteht, das Rechtsschutzinteresse der Aktionäre höher gewichten (z. B. bei einer Kapitalerhöhung aus genehmigtem Kapital).

Alternativ könnte erwogen werden, die Entscheidung im Freigabeverfahren bereits erstinstanzlich auf das OLG zu übertragen und die Rechtsbeschwerde gem. § 574 Abs. 1 Nr. 1 ZPO gesetzlich nicht zuzulassen. Freilich müsste man dann auch darüber nachdenken, ebenfalls in der Hauptsache die erstinstanzliche Zuständigkeit bei börsennotierten Gesellschaften bei dem örtlich zuständigen OLG anzusiedeln, um eine Divergenz bei der Zuständigkeit von Eilentscheidung und Hauptsacheentscheidung zu vermeiden. Unter prozessökonomischen Gesichtspunkten wäre dies wünschenswert, denn andernfalls würde das Verfahren zusätzlich dadurch komplizierter, dass sich in der Sache drei Gerichte mit dem Verfahren befassen müssten[1004]. Allerdings kann es schon nach derzeitiger Rechtslage zu diesem ungünstigen Fall kommen, wenn sich das OLG bereits im Rahmen der sofortigen Beschwerde gem. § 567 Abs. 1 Nr. 1 ZPO mit der Freigabeentscheidung befasst und das Hauptsacheverfahren noch beim LG anhängig ist. Gleichwohl sollte eine Übertragung der erstinstanzlichen Zuständigkeit auf das

---

[1004] Gericht der Hauptsache: zuständiges LG; Gericht, das über Antrag im Freigabeverfahren entscheidet: zuständiges OLG; Registergericht, das den Beschluss einzutragen hat.

OLG nur in Betracht gezogen werden, wenn zugleich die erstinstanzliche Zuständigkeit für die Anfechtungsklage auf das OLG übertragen wird. Letzteres ist bereits gefordert worden.[1005]

d) Formulierungsvorschlag

Eine Neufassung des Aktiengesetz könnte dementsprechend wie folgt formuliert werden:

§ 246a Freigabe der Eintragung

(1) Wird gegen einen Hauptversammlungsbeschluss einer börsennotierten Gesellschaft über eine Maßnahme der Kapitalbeschaffung, der Kapitalherabsetzung (§§ 182 bis 240) oder einen Unternehmensvertrag (§§ 291 bis 307) Klage erhoben, so kann das zuständige Landgericht auf Antrag der Gesellschaft durch Beschluss feststellen, dass die Erhebung der Klage der Eintragung nicht entgegensteht.

(2) Ein Beschluss nach Abs. 1 darf nur ergehen, wenn die Gesellschaft ohne das alsbaldige Wirksamwerden des Hauptversammlungsbeschlusses Nachteile erleidet. Der Beschluss darf nicht ergehen, wenn die Klage wegen eines nicht nur unerheblichen Mangels offensichtlich begründet ist oder wenn der vorläufige Aufschub der Eintragung nach freier Überzeugung des Gerichts unter Berücksichtigung der mit der Klage geltend gemachten Rechtsverletzung erforderlich erscheint.

(3) In dringenden Fällen kann auf eine mündliche Verhandlung verzichtet werden. Die vorgebrachten Tatsachen, auf Grund deren der Beschluss ergehen kann, sind glaubhaft zu machen. Der stattgebende Beschluss ist unanfechtbar und für das Registergericht bindend. Der Beschluss soll spätestens vier Wochen nach Antragstellung ergehen; Verzögerungen der Entscheidung sind durch unanfechtbaren Beschluss zu begründen.

(4) Erweist sich die Klage als begründet, so ist die Gesellschaft, die den Beschluss erwirkt hat, verpflichtet, dem Antragsgegner den Schaden zu ersetzen, der ihm aus einer auf dem Beschluss beruhenden Eintragung des Hauptversammlungsbeschlusses entstanden ist. Die Beseitigung der Eintragung kann jedoch nicht rückwirkend verlangt werden (Grundsätze der fehlerhaften Gesellschaft).

[1005] *Waclawik*, ZIP 2006, 1428 (1432ff.).

2) *Gesondertes Verfahren für die Herbeiführung dauerhafter Bestandskraft*

Die Gesellschaft sollte in einem gesonderten Verfahren die Erklärung der dauerhaften Bestandskraft beantragen können. Die Erlassvorausetzungen müssen die Wirkung eines solchen Beschlusses reflektieren. Denn die Anordnung der dauerhaften Bestandskraft wirkt endgültig. Es muss sichergestellt werden, dass die Legalisierung eines potentiell rechtswidrigen Hauptversammlungsbeschlusses über die dauerhafte Bestandskraft nicht zu Lasten der übergangenen Minderheitsaktionäre erfolgt. Ein solches Verfahren muss dabei einerseits dem Interesse der Hauptversammlungsmehrheit und der Verwaltung nach schneller Rechtssicherheit über den Bestand der beschlossenen Strukturmaßnahme Rechnung tragen. Andererseits muss der Anreiz für opportunistische Hauptversammlungsbeschlüsse minimiert werden, indem gewährleistet wird, dass die Minderheit nicht ohne Sanktion ausgeplündert werden kann.

a) *Erforderlichkeit dauerhafter Bestandskraft*

Die Untersuchung hat gezeigt, dass das Bedürfnis nach zügiger Feststellung der Bestandskraft unterschiedlich stark ausgeprägt ist: Es ist besonders hoch, wenn die Ex-nunc-Rückabwicklung mangels sinnvollem Reparaturkonzepts zu erheblichen Belastungen der Gesellschaft führt; es ist dagegen niedrig, wenn die Ex-nunc-Rückabwicklung juristisch und wirtschaftlich zu bewältigen ist. In der Regel ist die Rückabwicklung von durchgeführten Kapitalmaßnahmen schwierig, während die Beendigung des Unternehmensvertrages möglich bleibt. Deswegen kann überlegt werden, Hauptversammlungsbeschlüsse im Zusammenhang mit Unternehmensverträgen von diesem Verfahren auszunehmen.

b) *Flankierender Vermögensschutz der Minderheit*

Zudem muss das Interesse der Minderheit an einem entsprechenden Ausgleich beachtet werden. Wie am Anfang dieses Kapitels dargestellt wurde, ist dies in der börsennotierten Gesellschaft regelmäßig der Fall, wenn materiellrechtliche Abfindungs- und/oder Ausgleichsansprüche existieren, die im Rahmen eines Spruchverfahrens überprüft werden können.

Fehlt dagegen flankierender Vermögensschutz, darf die Beseitigung der Kassationswirkung der Anfechtungsklage nur in Ausnahmefällen erfolgen. Wenn sich der Mehrheitsaktionär (bzw. im Falle der Kapitalerhöhung der Zeichner der neuen Aktien) verpflichtet, den Minderheitsaktionären (oder der Gesellschaft) einen Ausgleich zu gewähren, der in einem dem Spruchverfahren nachgebildeten Schiedsverfahren überprüft werden kann, mindert sich die Gefahr der Ausbeutung.

c) *Beschränkung auf börsennotierte Gesellschaften*

Das Calabresi-Melamed-Konzept zu *property rules* und *liability rules* spricht dafür, die Kassationswirkung der Anfechtungsklage nur bei börsennotierten Gesellschaften zu beseitigen.[1006] Mithin sollten nur diese einen Freigabeantrag stellen dürfen.

d) *Keine dauerhafte Bestandskraft bei Ersatzpflicht des Antragsgegners*

Das 7. Kapitel dieser Untersuchung, das sich mit den ökonomischen Konsequenzen von Haftungsregeln befasst, hat gezeigt, dass eine Ersatzpflicht im Falle von ungerechtfertigten Klagen eine abschreckende Wirkung auf diese opportunistischen Klagen entwickelt. [1007] Es kann allerdings auch redliche Kläger daran hindern Rechtsmittel einzulegen, soweit sie nicht über einen hohen Anteilsbesitz verfügen oder von einer sehr hohen Erfolgswahrscheinlichkeit ausgehen.[1008] Wer trotz einer solchen Schadensersatzpflicht Klage erhebt, signalisiert glaubhaft, dass er „sich seiner Sache sehr sicher" ist und mithin keine unredlichen Motive hat.[1009] Dieser Effekt kann genutzt werden: Wenn sich der Antragsgegner freiwillig verpflichtet, die Schäden des Antragstellers zu ersetzen, für den Fall, dass die Beschlussmängelklage abgewiesen wird, sollte die Bestandskraft der Eintragung nur in Ausnahmefällen etabliert werden. Um sicherzustellen, dass sich der Antragsgegner seiner Verpflichtung nicht durch Einschalten eines Prozessvehikels entziehen kann (etwa indem eine GmbH als Klägerin auftritt), sollte er allerdings auch eine entsprechende Sicherheit leisten.

e) *Quorum und Individualinteressen*

Die ökonomischen Überlegungen zum *Signaling* legen nahe, die Anteilshöhe des Anfechtungsklägers als glaubhaftes Signal dafür zu nutzen, um zwischen redlichen und unredlichen Klagen zu differenzieren.[1010] Wenn der oder die Antragsgegner zusammen mit ihren Gesellschaftsanteilen einen bestimmten Schwellenwert erreichen, erhöht dies die Wahrscheinlichkeit, dass mit der Klage tatsächlich gegen einen rechtswidrigen Hauptversammlungsbeschluss vorgegangen wird. Deshalb sollte die Feststellung der dauerhaften Bestandskraft in diesen Fällen erschwert werden.

Des Weiteren sollte berücksichtigt werden, ob die gerügte Rechtsverletzung nur die Individualinteressen des Klägers oder aber auch die Interessen der rational apathischen

---

[1006] Siehe hierzu S.178.

[1007] Ausführlich S. 197 ff.

[1008] Ausführlich S. 197 ff.

[1009] Hierzu oben S. 221.

[1010] Zum Signaling ausführlich oben S. 215 ff; speziell zum Quorum vgl. S. 218.

Aktionäre oder der Öffentlichkeit betrifft. Wenn keine kollektiven Interessen berührt sind, kann die Bestandskraft großzügiger gewährt werden.

f) Formulierungsvorschlag

Eine Neufassung des Aktiengesetzes könnte dementsprechend folgendermaßen formuliert sein:

§ 246b Dauerhafte Bestandskraft der Eintragung

(1) Wird gegen einen Hauptversammlungsbeschluss einer börsennotierten Gesellschaft über eine Maßnahme der Kapitalbeschaffung oder der Kapitalherabsetzung (§§ 182 bis 240) Klage erhoben, so kann das Prozessgericht auf Antrag der Gesellschaft, vertreten durch Vorstand und Aufsichtsrat, durch Beschluss feststellen, dass Mängel des Hauptversammlungsbeschlusses die Eintragung unberührt lassen. Ist der Hauptversammlungsbeschluss noch nicht eingetragen, muss zugleich ein Antrag gem. § 246a gestellt werden.

(2) Der Beschluss nach Abs. 1 kann ergehen, wenn die Klage unzulässig oder offensichtlich unbegründet ist und durch die dauerhafte Bestandskraft die Interessen der am Rechtsstreit nicht beteiligten Aktionäre, zukünftiger Aktionäre oder der Öffentlichkeit nicht erheblich verletzt werden.

(3) Ein Beschluss nach Abs. 1 kann auch ergehen, wenn der Gesellschaft durch die Unsicherheit über den Bestand der Eintragung schwere Nachteile drohen und das Interesse der Gesellschaft an der Bestandskraft des Hauptversammlungsbeschlusses (Bestandskraftinteresse) gegenüber den Interessen der Antragsgegner und der durch die Rechtsverletzung benachteiligten Aktionäre an der Beseitigung der Rechtsverletzung (Kassationsinteresse) nach der freien Überzeugung des Gerichts wesentlich überwiegt. Das Kassationsinteresse erhöht sich insbesondere, wenn

1. der Hauptversammlungsbeschluss an einem Mangel gem. § 241 leidet,
2. Aktionären eine Benachteiligung droht, für die ein angemessener, in einem Spruchverfahren überprüfbarer Ausgleich nicht gewährt wird,
3. die Anteile der oder des Antragsgegners zusammen den einhundertsten Teil des Grundkapitals oder einen anteiligen Betrag von 100 000 Euro erreichen,
4. der Antragsgegner sich verpflichtet, den Schaden der Gesellschaft zu ersetzen, der dieser durch die Abweisung des Antrags entsteht, wenn

sich die Klage als unbegründet erweist und der Antragsgegner hierfür ausreichende Sicherheit leistet, oder

5. durch die dauerhafte Bestandskraft Interessen der am Rechtsstreit nicht beteiligten Aktionäre, zukünftiger Aktionäre oder der Öffentlichkeit erheblich verletzt werden.

(4) In dringenden Fällen kann auf eine mündliche Verhandlung verzichtet werden. Die vorgebrachten Tatsachen, auf Grund deren der Beschluss ergehen kann, sind glaubhaft zu machen. Gegen den Beschluss findet die sofortige Beschwerde statt. Der rechtskräftige Beschluss ist für das Registergericht bindend. Der Beschluss soll spätestens drei Monate nach Antragstellung ergehen; Verzögerungen der Entscheidung sind durch unanfechtbaren Beschluss zu begründen.

(5) Erweist sich die Klage als begründet, so ist die Gesellschaft, die den Beschluss erwirkt hat, verpflichtet, dem Antragsgegner den Schaden zu ersetzen, der ihm aus der Feststellung der Bestandskraft des Hauptversammlungsbeschlusses erwachsen ist. Nach der rechtskräftigen Feststellung der Bestandskraft lassen Mängel des Beschlusses seine Durchführung unberührt; die Beseitigung dieser Wirkung der Feststellung der Bestandskraft kann auch nicht als Schadensersatz verlangt werden.

3) Verfahrensordnung FGG

Schließlich könnte überlegt werden, hinsichtlich des Verfahrens statt auf die Vorschriften der ZPO auf die Vorschriften des FGG zurückzugreifen. Denn über den Amtsermittlungsgrundsatz gem. § 12 FGG kann der rationalen Apathie der Aktionäre Rechnung getragen werden. Die ökonomische Analyse der Rechtsdurchsetzung hat gezeigt, dass die öffentliche Rechtsdurchsetzung jedenfalls bei börsennotierten Aktiengesellschaften mit einem großen Gesellschafterkreis Vorteile besitzt.[1011] Vor dem Hintergrund, dass im Freigabeverfahren das Prozessgericht eine Aufgabe übernimmt, die originär dem Registergericht zugewiesen ist, wäre ein solche Reform nicht bereits aus rechtssystematischen Gründen abzulehnen. Insbesondere könnte dadurch die Bindungswirkung der Freigabeentscheidung noch umfassender ausgestaltet sein, weil Drittinteressen, die das Gericht zu berücksichtigen hat, nicht durch die Dispositionsmaxime der ZPO beschränkt werden.

Gegen eine solche Erweiterung spricht allenfalls der Eilcharakter des Freigabeverfahrens. Wie die vorliegende Untersuchung ergeben hat, resultiert ein Teil des Erpressungswertes, den „räuberische Aktionäre“ sich zunutze machen, aus der Verzögerung

[1011] Siehe oben S.250.

wichtiger Strukturmaßnahmen. Der Amtsermittlungsgrundsatz führt in der Tendenz eher zu einer Verfahrensverlängerung.

C. Ergebnis

Der Gesetzgeber sollte zwei Maßnahmen bei einer weiteren Reform des Beschlussmängelrechts anstreben:

Zum ersten sollten bei börsennotierten Gesellschaften verstärkt Hauptversammlungsbeschlüsse aus dem Anwendungsbereich der Anfechtungsklage herausgenommen werden und stattdessen ein Ausgleichsanspruch geschaffen werden, der in einem Spruchverfahren überprüft werden kann. Denn die Konzeption des Spruchverfahrens adressiert zahlreiche Probleme, die die ökonomische Analyse identifiziert hat. Die Sanktion in Form von monetären Ausgleichsansprüchen ist in der börsennotierten Gesellschaft der Beschlussvernichtung überlegen (Calabresi-Melamed-Konzept). Die Ausgleichsansprüche stehen allen Minderheitsaktionären zu, und der gerichtliche Beschluss im Spruchverfahren wirkt *inter omnes*. Dadurch werden Defizite individueller Rechtsdurchsetzung vermieden. Der gemeinsame Vertreter reduziert die Kosten der kollektiven Rechtsdurchsetzung. Schließlich hat das Spruchverfahren den Vorteil, dass der Amtsermittlungsgrundsatz gilt. Das Verfahren ist damit im ökonomischen Sinne der öffentlichen Rechtsdurchsetzung angenähert, die im Falle eines weit gestreuten Aktionärskreises vorzuziehen ist.

Zum zweiten sollte das bestehende Freigabeverfahren dahingehend modifiziert werden, dass die Eintragung im Handelsregister und die Feststellung der dauerhaften Bestandskraft an unterschiedliche Voraussetzungen geknüpft werden. Durch die Trennung kann die Freigabe der Eintragung, die im Falle des Obsiegens des Klägers im Hauptsacheverfahren rückgängig zu machen ist, schneller erfolgen, ohne dass erhebliche Rechtsschutzdefizite entstehen. Dagegen sollte die Erklärung der dauerhaften Bestandskraft nur in Ausnahmefällen erfolgen, so dass opportunistische Hauptversammlungsbeschlüsse entsprechend hoch sanktioniert bleiben. Zudem könnte erwogen werden, die Verfahrensordnung des FGG im Freigabeverfahren anzuwenden, um Drittinteressen besser bei der Freigabeentscheidung berücksichtigen zu können.

12. Kapitel: Annex - Aktuelle Entwicklung

Der Gesetzgeber plant aus Anlass der Umsetzung der sogenannten Aktionärsrechterichtlinie zugleich das Freigabeverfahren zu modifizieren. Der nun vorliegende Referentenentwurf sieht drei Änderungen vor, die in diesem Kapitel bewertet werden:

- Erleichterung der Zustellung zur Verfahrensverkürzung

- Konkretisierung der Interessenabwägungsklausel

- Einführung eines Bagatellquorums

Die geplanten Änderungen werden vor dem Hintergrund der Ergebnisse der vorangegangenen Kapitel analysiert.

A. Der Referentenentwurf zum ARUG

Am 6. Mai 2008 hat das Bundesjustizministerium einen Referentenentwurf eines Gesetzes zur Umsetzung der Aktionärsrichtlinie (ARUG) vorgelegt.[1012] Der Gesetzgeber nimmt die Umsetzung der Richtlinie 2007/36/EG[1013] zum Anlass, um das Freigabeverfahren zu reformieren, nachdem empirische Untersuchungen gezeigt haben, dass das Freigabeverfahren in der derzeitigen Form nur teilweise seinen Zweck erfüllt hat.[1014]

Den Forderungen der Literatur und Praxis, die im Vorfeld deutlich stärkere Reformen angestrebt hatten, wurde dabei zu großen Teilen nicht gefolgt:

- Viele Stimmen hatten sich für ein deutlich höheres Quorum ausgesprochen[1015], das zum Teil nicht nur für das Freigabeverfahren, sondern auch für die Anfechtungsklage gelten sollte.
- Einige Autoren sprechen sich insbesondere für eine Regulierung der Vergleichsstreitwerte aus, um den Anreiz für Klagen professioneller Beschlussmängelkläger zu verringern;[1016]

[1012] *Referentenentwurf ARUG,* download über http://www.jura.uni-augsburg.de/prof/moellers/materialien/materialdateien/040_deutsche_gesetzgebungsgeschichte/umsetzungsgesetz_aktionaersrechterichtlinie/pdf/refE_ARUG.pdf (Stand: 10.8.2008).

[1013] Abl. EU Nr. L 184, S. 17ff.

[1014] *Baums/Keinath/Gajek*, ZIP 2007, 1629ff.; *Theisen/Raßhofer,* Der Aufsichtsrat 2007, 107ff.; *Vetter,* AG 2008, 177 (178f.).

[1015] *Vetter,* AG 2008, 177 (188).

[1016] *Schwintowski*, DB 2007, 2695 (2698).

- Diskutiert wird auch eine präventive staatliche Kontrolle, die an die Stelle des nachträglichen Anfechtungsrechts treten soll.[1017]

- Des Weiteren wurde gefordert, jegliche Form der Registersperre abzuschaffen und bei einer erfolgreichen Anfechtungsklage nur noch Abfindungs- und Schadenersatzansprüche zu gewähren.[1018] Einige Autoren propagieren diesen „Dulde und Liquidiere"-Ansatz auch in der Form einer Erstreckung des Spruchverfahrens auf weitere Beschlussgegenstände.[1019]

- Schließlich wird vorgeschlagen, die Eingangszuständigkeit für Anfechtungsklagen auf das zuständige OLG zu verlagern, um die gerichtliche Entscheidung zu beschleunigen.[1020]

B. Überblick

§ 246a AktG würde danach in der Form des RefE wie folgt lauten[1021]:

(1) Wird gegen einen Hauptversammlungsbeschluss über eine Maßnahme der Kapitalbeschaffung, der Kapitalherabsetzung (§§ 182 bis 240) oder einen Unternehmensvertrag (§§ 291 bis 307) Klage erhoben, so kann das Prozessgericht auf Antrag der Gesellschaft durch Beschluss feststellen, dass die Erhebung der Klage der Eintragung nicht entgegensteht und Mängel des Hauptversammlungsbeschlusses die Wirkung der Eintragung unberührt lassen. Auf das Verfahren finden die §§ 82, 83 Abs.1 und § 84 der Zivilprozessordnung entsprechende Anwendung.

(2) Ein Beschluss nach Absatz 1 darf nur ergehen, wenn

1. die Klage unzulässig oder offensichtlich unbegründet ist oder
2. die Anteile des Klägers seit Bekanntmachung der Einberufung einen anteiligen Betrag von 100 Euro unterschritten haben oder
3. das alsbaldige Wirksamwerden des Hauptversammlungsbeschlusses vorrangig erscheint, weil die vom Antragsteller dargelegten wesentlichen Nachteile für die Gesellschaft und ihre Aktionäre nach freier Überzeugung des Gerichts die Nachteile für den Antragsgegner überwiegen und

---

[1017] Vgl. hierzu auch oben S. 250; *Vetter,* AG 2008, 177 (182).

[1018] *Assmann*, AG 2008, 208 (212).

[1019] *Vetter,* AG 2008, 177 (183); so auch der Verfasser, vgl. oben S. 270ff.

[1020] Gesetzesantrag der Länder Baden-Württemberg und Sachsen, BR-Drucks. 901/07;

[1021] *Referentenentwurf ARUG*, S. 19. Hervorhebung der neugeregelten Passagen durch den Verfasser.

der Eintragung nicht die Schwere der mit der Klage geltend gemachten Rechtsverletzungen entgegensteht.

(3) In dringenden Fällen kann auf eine mündliche Verhandlung verzichtet werden. Die vorgebrachten Tatsachen, auf Grund deren der Beschluss ergehen kann, sind glaubhaft zu machen. Gegen den Beschluss findet die sofortige Beschwerde statt. Die Rechtsbeschwerde ist ausgeschlossen. Der rechtskräftige Beschluss ist für das Registergericht bindend; die Feststellung der Bestandskraft wirkt für und gegen jedermann. Der Beschluss soll spätestens drei Monate nach Antragstellung ergehen; Verzögerungen der Entscheidung sind durch unanfechtbaren Beschluss zu begründen.

(4) Erweist sich die Klage als begründet, so ist die Gesellschaft, die den Beschluss erwirkt hat, verpflichtet dem Antragsgegner den Schaden zu ersetzen, der ihm aus einer auf dem Beschluss beruhenden Eintragung des Hauptversammlungsbeschlusses entstanden ist. Nach der Eintragung lassen Mängel des Beschlusses seine Durchführung unberührt; die Beseitigung dieser Wirkung kann auch nicht als Schadenersatz verlangt werden.

C. Die vorgeschlagenen Modifikationen im Einzelnen

Im Kern ändert der Referentenentwurf das Freigabeverfahren in dreierlei Hinsicht:

- Beschleunigung durch erleichterte Zustellung;
- Einführung eines Bagatellquorums;
- Konkretisierung der Abwägungskriterien.

I. Beschleunigung durch erleichterte Zustellung

1) Regelungsgehalt

Nach dem Referentenentwurf verzögerten einige Antragsgegner das Freigabeverfahren dadurch, dass sie mit ausländischen Klagevehikeln arbeiteten und für das Freigabeverfahren keinen (deutschen) Prozessbevollmächtigten benannten.[1022] Insoweit konnten die Gerichte nicht an den für das Anfechtungsverfahren bestellten Prozessbevollmächtigten gemäß § 172 Abs. 1 Satz 1 ZPO zustellen, sondern mussten eine Zustellung durch die Behörde im Ausland anstrengen (§ 183 Abs. 1 ZPO), wodurch das gesamte Ver-

[1022] RefE ARUG, S.62.

fahren erheblich verzögert wurde. Nach dem Referentenentwurf sollen nun §§ 82, 83 Abs.1, 84 ZPO ausdrücklich für anwendbar erklärt werden. Dadurch erstreckt sich die Prozessvollmacht des Anfechtungsverfahrens qua Gesetz auch auf das Freigabeverfahren.[1023]

2) Bewertung aus rechtsökonomischer Sicht

Die rechtsökonomische Analyse hat gezeigt, dass die Verzögerungsmöglichkeit opportunistische Klagen begünstigt.[1024] Jede Reform sollte deshalb auch eine beschleunigte Eintragung ermöglichen.[1025] Insofern ist das Vorhaben zu begrüßen. Auch begründet diese Modifikation keinen Trade-off. Die Begrenzung der Prozessvollmacht ausschließlich auf das Anfechtungsverfahren unter Ausschluss des Freigabeverfahrens lässt sich mit Motiven, die nicht opportunistischer Natur sind, kaum erklären.

II. Einführung eines Bagatellquorums

1) Regelungsgehalt

Der Referentenentwurf schlägt vor, einen eigenen Freigabetatbestand für die Fälle zu schaffen, in denen der Anfechtungskläger mit seinen Aktien ein „Bagatellquorum“ von 100 Euro Nennbetrag nicht erreicht. Im Referentenentwurf wird davon ausgegangen, dass der Börsenwert bei dieser Anzahl von Anteilen nicht 2000 Euro überschreitet. Ausdrücklich wendet sich der Referentenentwurf gegen die Forderung die Anfechtungsklagebefugnis von einem allgemeinen Quorum abhängig zu machen.

Der Referentenentwurf schlägt einen Weg ein, der dem italienischen Modell ähnelt, das bei geringem Anteilsbesitz nur einen Schadenersatzanspruch gewährt, der Anfechtungskläger aber nicht die Beseitigung des Beschlusses verlangen kann.[1026] Ähnlich nun auch der Vorschlag des Referentenentwurfs: Verfügt der Kläger lediglich über einen geringen Anteilsbesitz, kann das beklagte Unternehmen die Freigabe verlangen. Durch die Bestandskraft der Eintragung nach rechtskräftiger Freigabe verliert das stattgebende Anfechtungsurteil seine kassatorische Wirkung.

[1023] Der Vorschlag geht zurück auf *Baums*, vgl. *Kosters*, BB 2007, 2525.

[1024] Siehe hierzu ausführlich, S.149ff.

[1025] Vgl. oben S. 163ff.

[1026] Zum italienischen Modell ausführlich oben S. 218ff.

2) *Bewertung aus rechtsökonomischer Sicht*

Die Vor- und Nachteile eines Quorums, die aus wirtschaftswissenschaftlicher Sicht bestehen, sind bereits im Rahmen des Kapitels zur kollektiven Wirkung der Anfechtungsklage diskutiert worden:[1027]

- Ein Quorum kann grundsätzlich als nützliches *Signal* fungieren, damit die Gerichte ohne hohe Informationsaufwendungen zwischen „redlichen" und „unredlichen" Klägern differenzieren können. Dem liegt die Überlegung zu Grunde, dass ein rationaler Aktionär mit geringem Anteilsbesitz grundsätzlich den Aufwand einer Klage mit dem Ziel der Beseitigung des Hauptversammlungsbeschlusses scheut (rationale Apathie), denn der Aufwand steht in keinem Verhältnis zum tatsächlich erzielbaren Gewinn.[1028] Erhebt er trotz dieses Umstandes eine Klage, spricht einiges für „räuberische" Absichten. Allerdings ist vorliegend fraglich, ob die anvisierte Höhe tatsächlich das Ziel erreicht. Denn mit zunehmender Professionalisierung opportunistischer Kläger lohnt sich für diese auch ein Portfolio mit Aktien börsennotierter Aktiengesellschaften anzulegen, das jeweils genügend Anteile deutscher börsennotierten Gesellschaften enthält, um das Quorum zu erfüllen.
- Je geringer der Anteilsbesitz des Klägers ausfällt, desto größer fällt die Asymmetrie der Erwartungswerte aus. Das bedeutet, dass die Hebelwirkung der Klage steigt und die Erpressung attraktiver wird.[1029] Die vorliegend vorgeschlagene niedrige Quorumsschwelle verringert die Asymmetrie der Erwartungswerte allerdings nur geringfügig.
- Der grundsätzliche Nachteil eines Quorums liegt darin, dass die „selbstlosen" Kläger mit geringem Anteilsbesitz ignoriert werden, die aufgrund nonmonetärer Anreize (z. B. intrinsische Motivation durch Gerechtigkeitserwägungen) mit dem Ziel der Beseitigung eines rechtswidrigen Hauptversammlungsbeschlusses klagen und nicht auf einen lukrativen Vergleich abzielen. Dieser Kontrollbeitrag der „altruistischen Kläger" geht also verloren. Insoweit erhöht sich die Gefahr, dass die Hauptversammlungsmehrheit dies antizipiert und benachteiligende Maßnahmen beschließt. Besonders gravierend wirkt sich dies aus, wenn es sich um eine schwere Rechtsverletzung handelt. Denn anders als in der 3. Variante gibt es keine Ausnahme, die die Eintragung im Falle einer schweren Rechtsverletzung untersagt.

Der eingeschlagene Weg macht faktisch die Wirkung der Anfechtungsklage von der Höhe der Beteiligung abhängig. Bei geringem Anteilsbesitz wirkt die Beschlussmän-

---

[1027] Vgl. zu diesem Themenbereich bereits ausführlich S. 218ff.

[1028] Zur rationalen Apathie bereits oben S. 146f.

[1029] Zur Asymmetrie vgl. S. 148f.

gelklage nur noch individuell. Unter Rechtsschutzgesichtspunkten ist der Eingriff schonender, als wenn die Klagebefugnis der Beschlussmängelklage nur im Falle des Erreichens eines Quorums gewährt wird.

Der Referentenentwurf folgt nicht dem vom Verfasser vorgeschlagenen Weg, bei der Anteilshöhe danach zu differenzieren, ob es sich in erster Linie um eine im Raum stehende Verletzung einer Rechtsnorm handelt, die allein den Kläger schützt oder auch andere (Minderheits-) Aktionäre.[1030]

III. Konkretisierung der Interessenabwägung

1) Regelungsgehalt

Der Referentenentwurf schlägt des Weiteren eine Konkretisierung der abwägungsrelevanten Elemente vor, die sich an den in der Gesetzesbegründung zum UMAG formulierten Grundsätzen orientiert, diese aber nun positivrechtlich normiert.[1031]

Ein Freigabebeschluss kann auch ergehen, wenn das „alsbaldige Wirksamwerden des Hauptversammlungsbeschlusses vorrangig erscheint, weil die vom Antragssteller dargelegten wesentlichen Nachteile für die Gesellschaft und ihre Aktionäre nach freier Überzeugung des Gerichts die Nachteile für den Antragsgegner überwiegen und der Eintragung nicht die Schwere der mit der Klage geltend gemachten Rechtsverletzungen entgegensteht."[1032] Nach dem Referentenentwurf soll damit zwischen dem Interesse des Beschlussmängelklägers auf der einen Seite und den Interessen der Gesellschaft und der restlichen Aktionäre andererseits abgewogen werden. Diese Abwägung zugunsten der Gesellschaft und der Hauptversammlungsmehrheit soll jedoch bei besonderer Schwere der Rechtsverletzung ausgeschlossen sein. Die Schwere soll sich nach der Bedeutung der verletzten Norm und dem Ausmaß der Rechtsverletzung bemessen.[1033]

2) Bewertung aus rechtsökonomischer Sicht

Hinsichtlich dieser Neuregelung sei insbesondere auf die Ausführungen zu der bisherigen Gesetzesbegründung verwiesen, die nun lediglich positivrechtlich ausgestaltet wird.[1034]

[1030] Vgl. oben S. 61f., 260f.

[1031] Dazu *Regierungsentwurf UMAG*, BT-Drucks. 15/5092, S. 29.

[1032] Referentenentwurf ARUG, S. 63.

[1033] Referentenentwurf ARUG, S. 63.

[1034] Vgl. oben S. 61f., 258ff.

Grundsätzlich handelt es sich bei der vorgeschlagenen Abwägungsregel um ein über das Bagatellquorum hinausgehendes weiteres Quorum „durch die Hintertür". Denn es werden nicht die Interessen aller Aktionäre, sondern nur die derAnfechtungskläger berücksichtigt. Ein höherer Anteilsbesitz des Anfechtungsklägers erhöht deshalb das Gewicht im Rahmen der Abwägung. Erst ab einer besonderen Schwere der Rechtsverletzung kommt es auf die Interessen der Anfechtungskläger nicht mehr an.

Der Entwurf des ARUG propagiert mithin zwei Quoren: Eine Bagatellquorum, das absolut gilt und damit auch bei schwersten Rechtsverletzungen zum Tragen kommt; des Weiteren eine Berücksichtigung der Anteilshöhe bei der Abwägung, die jedoch bei schweren Rechtsverletzungen ausgesetzt wird. Die „Polizeifunktion" der Anfechtungsklage, die in der kollektiven Wirkung des Anfechtungsurteils liegt, bleibt damit nur für schwere Rechtsverletzungen erhalten.

Aus rechtsökonomischer Sicht gilt das bereits soeben unter 2 b gesagte: Durch die Berücksichtigung der Anteilshöhe verringern sich die asymmetrischen Erwartungswerte. Darüber hinaus fungiert die Anteilshöhe als *Signaling Device.*

Der Hauptnachteil, der Verlust der kollektiven Wirkung bei begründeten „altruistischen" Klagen, wird jedoch abgemildert, indem die Freigabe bei schweren Rechtsverletzungen auch bei geringem Anteilsbesitz ausgeschlossen ist. Aus rechtsökonomischer Sicht sollten dabei insbesondere Rechtsverletzungen als schwer gewertet werden, die auch andere Minderheitsaktionäre oder die Öffentlichkeit betreffen. Denn in diesen Fällen ist die kollektive Rechtsverletzung von Bedeutung, um die rationale Apathie der ebenfalls benachteiligten Personen auszugleichen.[1035]

D. Gesamtbewertung des Referentenentwurfs

Die nun vorgeschlagenen Änderungen des Referentenentwurfs gehen in die richtige Richtung. Jedoch bleiben die Reformvorschläge weit hinter den Forderungen des Verfassers zurück:[1036] Die Eintragung des Hauptversammlungsbeschlusses und die Feststellung der Bestandskraft sollten insbesondere an unterschiedliche Voraussetzungen geknüpft werden, um eine zusätzliche Beschleunigung der Eintragung unter Wahrung des Rechtschutzes der Minderheitsgesellschafter zu ermöglichen.[1037]

[1035] Zur kollektiven Rechtsdurchsetzung vgl. das 8. Kapitel, S. 203ff.

[1036] Vgl. ausführlich hierzu das 11. Kapitel, S. 278ff.

[1037] Vgl. oben S.279ff.

Zusammenfassung

Die vorliegende Arbeit untersucht mithilfe rechtsökonomischer Methodik die Auswirkungen des durch das am 1. November 2005 in Kraft getretene Gesetz zur Unternehmensintegrität und Modernisierung des Anfechtungsrechts (UMAG) Freigabeverfahrens gem. § 246a AktG. Das Freigabeverfahren wird von Teilen der rechtswissenschaftlichen Literatur als großer Fortschritt im Kampf gegen „räuberische Aktionäre" begrüßt, während andere Stimmen hierdurch eine Verkürzung von Aktionärsrechten befürchten. Zugleich ist die Diskussion über weitere Maßnahmen gegen missbräuchliche Klagen trotz der Gesetzesreform nicht abgerissen. Die vorliegende Untersuchung analysiert aus diesem Anlass, inwiefern die beiden primären Ziele des Gesetzgebers erreicht wurden, nämlich räuberische Klagen zu verringern und trotzdem das Beschlussmängelrecht zu erhalten. Die Ergebnisse der ökonomischen Analyse werden genutzt, um die Tatbestandsvoraussetzungen der Freigabeentscheidung einzugrenzen. Zudem entwickelt der Verfasser aus den wirtschaftswissenschaftlichen Erkenntnissen ein alternatives Regelungskonzept, mit dem Effizienzgewinne erzielt werden können. Die Arbeit teilt sich in drei Abschnitte: In den ersten beiden Kapiteln wird das Freigabeverfahren aus juristischer Sicht dargestellt. Die darauf folgenden sieben Kapitel widmen sich der ökonomischen Analyse. Im letzten Teil der Untersuchung, bestehend aus dem 10. und 11. Kapitel, wird ein eigener Ansatz für die Auslegung (*de lege lata*) und Reform (*de lege ferenda*) entwickelt. Das 12. Kapitel geht auf die aktuelle Entwicklung ein. Im Folgenden soll ein knapper Überblick über die einzelnen Kapitel gegeben werden:

Das 1. Kapitel widmet sich der gesetzgeberischen Intention für das Freigabeverfahren. Durch die Neuregelung soll die faktische Registersperre überwunden werden, die bei eintragungsbedürftigen Hauptversammlungsbeschlüssen zu erpresserischen Blockaden durch Anfechtungs- und Nichtigkeitsklagen führt. Neben dem Freigabeverfahren werden auch andere Ansätze, die im Zusammenhang mit der Reform diskutiert wurden, betrachtet. Des Weiteren wird das UMAG-Freigabeverfahren mit den bereits zuvor existierenden Unbedenklichkeitsverfahren des Umwandlungs- und Aktienrechts verglichen.

Das 2. Kapitel diskutiert die Voraussetzungen und Rechtsfolgen des Freigabeverfahrens. Strittige Auslegungsfragen werden dargestellt, jedoch an dieser Stelle noch nicht entschieden. Es wird gezeigt, dass das neue Freigabeverfahren faktisch vier Wirkungen hat. Erstens wird die kassatorische Wirkung der erfolgreichen Beschlussmängelklage beseitigt. An die Stelle der Beschlussvernichtung tritt ein Anspruch auf Schadenersatz. Zweitens verlagert sich die Haftung für fehlerhafte Beschlüsse von der Hauptversammlungsmehrheit auf die Gesellschaft, die Anspruchsgegner für den Schadenersatzanspruch des Freigabeverfahrens ist. Drittens wird die kollektive Wirkung der Beschlussmängelklage beseitigt. Denn die Beschlussvernichtung durch das Anfechtungsurteil wirkt inter omnes, wohingegen der Schadenersatzanspruch allein dem Antragsgegner im Freigabeverfahren zusteht. Viertens wird ein Teil der Kontrollkompetenz des Registergerichts, das den Hauptversammlungsbeschluss einzutragen hat, auf das Prozessgericht verlagert.

Das 3. Kapitel erläutert den methodischen Ansatz der ökonomischen Analyse, die die Grundlage der Untersuchung bildet. Diese besteht aus zwei Stufen, der positiven und der normativen Analyse. Die positive Analyse prognostiziert mithilfe des ökonomischen Modells des *homo oeconomicus* das Entscheidungsverhalten von Normadressaten. Die zugrundeliegenden Annahmen werden von Vertretern der Neuen Institutionenökonomik neuerdings erweitert. Die normative Analyse untersucht mithilfe des so genannten Effizienzkriteriums, ob Ressourcen verschwendet werden. Der Verfasser zeigt, dass die inhaltlichen Vorbehalte gegen die ökonomische Analyse entkräftet werden können.

Das 4. Kapitel befasst mit den Grundlagen der ökonomischen Analyse der Unternehmung und der Kapitalgesellschaft. Der Verfasser zeigt, dass keine einheitliche wirtschaftswissenschaftliche Theorie existiert. Vielmehr haben sich unterschiedliche Theoriestränge herausgebildet, die jeweils einzelne Aspekte der Kapitalgesellschaft beleuchten. So beschreibt die *Prinzipal-Agenten-Theorie* das Verhältnis von Aktionären und Managern als ein Geschäftsbesorgungsverhältnis, in dem Informationsasymmetrien dazu führen, dass das Management nicht im Interesse der Aktionäre handelt. Der *Transaktionskostenansatz* erklärt die Existenz von Unternehmungen mit den Kosten, die bei der Nutzung eines Marktes entstehen können. Der *Nexus-of-Contract-Ansatz* lehnt dagegen eine getrennte Betrachtung von Markt und Organisation ab. Die Gesellschaft ist lediglich ein Geflecht aus expliziten und impliziten relationalen Verträgen, mit deren Hilfe die Produktion zwischen den Akteuren koordiniert wird. Gesellschaftsrecht ist nach diesem Verständnis nur ein standardisierter Vertrag, der die Transaktionskosten absenken soll. Der *Property-Rights-Ansatz* sieht in der Gesellschaft dagegen einen Mechanismus, um gemeinschaftlich Ressourcen zu erwerben und zu nutzen, und sucht nach der optimalen Zuordnung dieser Verfügungsrechte. Neben der Neuen Institutionenökonomik, der diese Theorien zuzurechnen sind, spielt zunehmend die *Corporate-Finance-Literatur* für das Verständnis von Kapitalgesellschaften eine große Rolle. So zeigt die *Portfoliotheorie*, dass die Kapitalgesellschaften notwendig sind, um diversifiziert investieren zu können. Die *Effizienzmarkthypothese* hebt die Bedeutung des Kapitalmarkts für die Corporate Governance der Gesellschaft hervor.

Der Markt bildet danach alle öffentlichen Informationen im Preis einer Aktie ab und kontrolliert so die Akteure der Gesellschaft. Von Vertretern der *Noise-Theorie* wird die Effizienzmarkthypothese allerdings in Frage gestellt. Theoretische Konzepte der politischen Ökonomie, der so genannten *Public-Choice-Literatur*, beleuchten schließlich die Kosten, die durch kollektive Entscheidungen entstehen. Sie erklären, warum ineffiziente Beschlüsse entstehen können, und unterstreichen die hohen Kosten einer „Aktionärsdemokratie".

Das 5. Kapitel wendet diese Erkenntnisse auf das deutsche Aktienrecht an. Es wird gezeigt, dass die Hauptversammlungszuständigkeit dazu dient, Agency-Kosten zu verringern. Die Anfechtungs- und die Nichtigkeitsklage sollen wiederum die Verluste minimieren, die durch die kollektive Entscheidung in der Hauptversammlung entstehen. Die Wirkung einer Beschlussmängelklage erschöpft sich nicht in der gerichtlichen Ex-post-Kontrolle, sondern erzeugt bereits bei der Beschlussfassung präventive Effekte. Allerdings leidet die Funktionsfähigkeit der Beschlussmängelklage unter erheblichen Fehlanreizen: Einerseits bestehen Probleme der kollektiven Aktion, namentlich rationale Apathie und Trittbrettfahrerverhalten, die redliche Klagen abschrecken. Andererseits bestehen Anreize, Klagen mit missbräuchlicher Zielsetzung zu erheben. Die Möglichkeit, mithilfe einer Klage einen lukrativen Vergleich zu erzielen, resultiert aus den asymmetrischen Erwartungswerten, die eine Klage bei dem Beschlussmängelkläger und bei der Gesellschaft verursacht. Sodann wird mithilfe eines spieltheoretischen Modells untersucht, ob das Verhalten „räuberischer Aktionäre" zumindest aufgrund der abschreckenden Wirkung wohlfahrtsökonomischen Nutzen stiftet. Im nächsten Schritt wird die Funktion des Freigabeverfahrens untersucht. Es ist ein Instrument zur Reduzierung der unerwünschten Folgen, die durch die Fehlanreize der Beschlussmängelklage entstehen. Dazu wird analysiert, wie sich die wesentlichen Faktoren, die missbräuchliche Klagen begünstigen, durch die Reform verändert haben. Das Bild ist gemischt: Die zeitliche Verzögerung der Beschlüsse durch Klageerhebung wird verringert, aber nicht beseitigt. Die Gefahr der Ex-nunc-Nichtigkeit der Beschlüsse wird durch die Etablierung dauerhafter Bestandskraft im Falle der Freigabe aufgehoben. Das Freigabeverfahren begrenzt die Asymmetrie der Erwartungswerte dadurch, dass lediglich Schadenersatz an den Anfechtungskläger, nicht jedoch an die restlichen Kläger im Falle der erfolgreichen Klage zu leisten ist.

Das 6. Kapitel untersucht, welche ökonomischen Folgen die Substituierung der Kassationswirkung des Anfechtungsurteils durch den monetären Schadenersatzanspruch des Freigabeverfahrens hat. Zur Analyse greift der Autor auf ein Konzept der *Property-Rights-Literatur* zurück: *Calabresi/Melamed* unterteilen Normen in *property rules* und *liability rules*. Eine *property rule* verbietet ein bestimmtes Verhalten, soweit keine Zustimmung des Rechtsinhabers vorliegt. Eine *liability rule* erlaubt dagegen einen

Rechtseingriff gegen die Gewährung von Schadenersatz. Die *property rule* ist nach der ökonomischen Theorie überlegen, wenn die Transaktionskosten niedrig sind und der Schaden schwer zu quantifizieren ist. Die *liability rule* ist von Vorteil, wenn die Transaktionskosten hoch sind und sich der Schaden leicht bestimmen lässt. Die Untersuchung zeigt, dass die erfolgreiche Beschlussmängelklage bei eintragungsbedürftigen Beschlüssen ohne Freigabe wie eine *property rule* wirkt. Durch den Freigabebeschluss wird das Anfechtungsrecht zu einer *liability rule* modifiziert. Daraus lässt sich folgern, dass die Beseitigung der kassatorischen Wirkung auf die börsennotierte Gesellschaft beschränkt werden sollte. Denn die Transaktionskosten zwischen den Gesellschaftern steigen, während im Gegenzug die Bewertungsschwierigkeiten aufgrund der Preisinformationen durch den Kapitalmarkt sinken. Daneben wird gezeigt, dass das gleiche Ergebnis erzielt wird, wenn der *Nexus-of-Contract-Ansatz* als analytischer Ausgangspunkt gewählt wird. Die unterschiedliche Terminologie, die die rechtsökonomische Analyse bei vertraglichen Vereinbarungen gebraucht, hat keine Auswirkungen auf das Ergebnis.

Das 7. Kapitel zeigt, dass die Ersetzung der kassatorischen Wirkung der Anfechtungsklage durch ein monetäres Schadenersatzregime zu einer Haftungsverschiebung führt. Die Erklärung der Nichtigkeit und damit die Unvollziehbarkeit eines Beschlusses ohne Freigabe bestraft primär den von der Beschlussfassung ursprünglich Begünstigten (typischerweise die Hauptversammlungsmehrheit). Wird dagegen ein rechtswidriger Beschluss rechtskräftig freigegeben, tragen die Gesellschaft und damit mittelbar auch die benachteiligten Aktionäre die Kosten hierfür. Der Verfasser zeigt, dass hierdurch *Externalitäten* entstehen, die zu unerwünschten Anreizen bei der Beschlussfassung führen. Es werden zwei Lösungen angeboten: Zum einen könnte stattdessen eine Kompensation zwischen den Aktionären stattfinden, indem der kontrollierende Aktionär direkt Entschädigung an die Minderheitsaktionäre leistet. Alternativ wäre es denkbar, die Kostentragung der Minderheitsaktionäre bei Schadenersatzzahlungen der Gesellschaft zu berücksichtigen, indem man eine „Überkompensation" zulässt. Die Untersuchung kommt zu dem Schluss, dass dadurch die Umverteilung zwischen den Aktionären vermieden wird, zugleich aber die Gefahr besteht, dass der Gesellschaft in großem Maße Liquidität zu Lasten der Gläubiger entzogen wird. Die Internalisierung kann auch erreicht werden, wenn die Gesellschaft selbst Ansprüche gegen die Hauptversammlungsmehrheit realisiert oder wenn ein Ausgleich zwischen den Aktionärsgruppen stattfindet. Ferner wird erörtert, inwieweit umgekehrt auf Seiten der klagenden Aktionäre eine Internalisierung der Verluste, die der Mehrheit entstehen, über eine Haftung der Aktionäre für die Verzögerung der Eintragung erreicht werden könnte. Allerdings hätte eine solche Norm eine so hohe Abschreckungswirkung, dass sie im Ergebnis nicht empfohlen werden kann.

Das 8. Kapitel befasst sich mit den Folgen der Beseitigung der kollektiven Wirkung des Anfechtungsurteils durch den Freigabebeschluss. Der Verfasser vertritt die Ansicht, dass dadurch der Charakter der Beschlussmängelklage grundlegend verändert wird: Sie wandelt sich von einem Instrument der kollektiven zu einem Instrument der individuellen Rechtsdurchsetzung. Sodann werden die wesentlichen Vor- und Nachteile der individuellen und der kollektiven Rechtsdurchsetzung unter ökonomischen Gesichtspunkten herausgearbeitet: Bei weit gestreuten Schäden entsteht bei individueller Rechtsdurchsetzung das Problem der rationalen Apathie. Außerdem erhöhen sich die Rechtsverfolgungskosten, weil jedes Opfer klagen muss. Die kollektive Rechtsdurchsetzung kann dagegen Skaleneffekte erzielen, indem Ansprüche gebündelt werden. Allerdings weist die kollektive Rechtsdurchsetzung auch schwerwiegende Nachteile auf: Die Beziehung zwischen dem Kläger und den restlichen Opfern hat den Charakter einer Prinzipal-Agenten-Beziehung, die zu erheblichen Agency-Kosten führt. Zudem besteht die Gefahr des Trittbrettfahrerverhaltens zwischen den Opfern. Der Verfasser zeigt, dass sich diese Phänomene bei der Anfechtungs- und Nichtigkeitsklage wiederfinden. Er empfiehlt jedoch, die kollektive Wirkung nicht gänzlich abzuschaffen, sondern ihre negativen Folgen mit anderen Instrumente zu reduzieren. Dazu wird auf Strategien zurückgegriffen, die die *Prinzipal-Agenten-Theorie* entwickelt hat, um opportunistisches Verhalten des Agenten zu minimieren. Zum einen wird vorgeschlagen, die kollektive Wirkung des Rechtsbehelfs von einem Anteils-Quorum abhängig zu machen. Erreicht der Beschlussmängelkläger die notwendige Schwelle nicht, erhält nur er einen Anspruch auf Schadenersatz. Darüber hinaus diskutiert der Verfasser, ob auch das Prozessgericht einen gemeinsamen Vertreter im Beschlussmängel- und Freigabeverfahren zum Schutz der rational apathischen Aktionäre bestellen können sollte.

Das 9. Kapitel beschäftigt sich mit der Frage, welche Konsequenzen die Bindungswirkung der Freigabeentscheidung für das Registergericht aus ökonomischer Sicht hat. Der Verfasser vertritt die Ansicht, dass die Beschlussmängelkontrolle vor dem Prozessgericht der *privaten Rechtsdurchsetzung* zuzuordnen ist, während die registergerichtliche Prüfung eine Form der *öffentlichen Rechtsdurchsetzung* darstellt. Sodann wird auf das rechtsökonomische Schrifttum zurückgegriffen, das die Vor- und Nachteile der öffentlichen gegenüber der privaten Rechtsdurchsetzung identifiziert. Die relativen Informationskosten der öffentlichen Rechtsdurchsetzung, die Anreize zur Rechtsdurchsetzung, die Möglichkeit von Skaleneffekten, die Flexibilität der Rechtsdurchsetzung und die Folgen der Beilegung im Wege des Vergleichs bilden aus volkswirtschaftlicher Sicht die relevanten Faktoren für die Entscheidung, ob die Rechtsdurchsetzung aufgrund privater oder öffentlicher Initiative erfolgen sollte. Im Anschluss werden diese Kriterien auf das Beschlussmängelsystem übertragen. Es wird gezeigt, dass die private Rechtsdurchsetzung geringere Informationskosten generiert, soweit der Anfechtungskläger an der Hauptversammlung teilgenommen hat. Hinsichtlich der anderen Faktoren ist die öffentliche Rechtsdurchsetzung jedenfalls dann geeigneter, wenn die Anteile an der Gesellschaft weit gestreut sind. Allerdings zeigt der Verfasser, dass im Freigabeverfahren private Rechtsdurchsetzung und öffentliche Rechtsdurchsetzung dergestalt zusammenspielen, dass ungünstige Effekte weitgehend ausgeschlossen werden. Jedoch kann in der börsennotierten Gesellschaft eine Substituierung der Anfechtungs- und Nichtigkeitsklage durch eine präventive staatliche Beschlusskontrolle erwogen werden.

Im 10. Kapitel diskutiert der Verfasser, an welcher Stelle und in welcher Art und Weise die Erkenntnisse der ökonomischen Analyse bei der bestehenden Rechtslage berücksichtigt werden können (*de lege lata*). Anknüpfungspunkt sind dabei die unbestimmten Rechtsbegriffe, die die Voraussetzungen des Freigabebeschlusses normieren. Vor dem Hintergrund der Ergebnisse des zweiten Teils der vorliegenden Untersuchung wird zu den wesentlichen Streitfragen bei der Auslegung des § 246a AktG Stellung genommen. Es wird gezeigt, dass Drittinteressen von nicht beteiligten Aktionären und von der Öffentlichkeit ebenso wie flankierender vermögensrechtlicher Schutz der Aktionäre im Rahmen der Interessenabwägung berücksichtigt werden sollten.

Im 11. Kapitel entwickelt der Verfasser aus den Ergebnissen der ökonomischen Analyse verschiedene Reformvorschläge, die der Gesetzgeber bei einer Reform des Beschlussmängelrechts berücksichtigen könnte (*de lege ferenda*). Es wird gezeigt, dass das Aktienrecht bereits mit der Substituierung des Anfechtungsrechts durch materiellrechtliche Ausgleichsansprüche, die in einem Spruchverfahren überprüfbar sind, den Anforderungen entspricht, die die ökonomische Analyse im zweiten Teil identifiziert hat. Die Ausweitung dieses Konzeptes auf Kapitalmaßnahmen in der börsennotierten Gesellschaft scheint deshalb geboten. Bis zur Etablierung einer solchen Lösung sollte der Freigabebeschluss in zwei Verfahren gegliedert werden – den *Eintragungsfreigabebeschluss* und den *Bestandskraftfreigabebeschluss*. Der *Eintragungsfreigabebeschluss* beseitigt nicht die Kassationswirkung der Anfechtungsklage, sondern bindet nur den Registerrichter. Ist die Beschlussmängelklage erfolgreich, ist der Hauptversammlungsbeschluss ex nunc nichtig und die Strukturmaßnahme für die Zukunft rückgängig zu machen. Für den Zeitraum zwischen Eintragung und erfolgreicher Klage gelten die Grundsätze der fehlerhaften Gesellschaft. Durch die beschränkte Wirkung können geringere Anforderungen an den Rechtsschutz der Aktionäre gestellt werden, wodurch der Vollzug des Hauptversammlungsbeschlusses beschleunigt werden kann. Die Eingangsinstanz für das Eintragungs-Freigabeverfahren ist das OLG. Gegen die Entscheidung ist kein Rechtsmittel zulässig. Die Verzögerungsschäden der Gesellschaft sind gegen das Interesse des Klägers an einer Eintragungssperre abzuwägen. Der *Bestandskraftfreigabebeschluss* beseitigt die kassatorische Wirkung der Anfechtungsklage. Hiermit sind höhere Gefahren für Minderheitsaktionäre verbunden, die durch strengere Kriterien ausgeglichen werden. Der *Bestandskraftfreigabebeschluss* ist auf börsennotierte Gesellschaften beschränkt und nur zulässig, wenn die vermögensmäßigen Interessen der nichtklagenden Minderheit durch einen gesetzlichen oder vertraglichen Ausgleichsanspruch gesichert werden können. Des Weiteren könnte erwogen werden, die Freigabeverfahren als FGG-Verfahren auszugestalten, um auch Drittinteressen angemessen berücksichtigen zu können und die volle Bindungswirkung des Registergerichts zu etablieren.

Die Untersuchung schließt mit dem 12. Kapitel, in dem auf aktuelle Reformvorschläge und den Referentenentwurf ARUG eingegangen wird. Unter rechtsökonomischen Gesichtspunkten gehen die vorgeschlagenen Änderungen nicht weit genug.

Literaturverzeichnis

Adams, Michael, Ökonomische Analyse der Verschuldens- und Gefährdungshaftung, Heidelberg 1985.

ders., Ökonomische Theorie des Rechts, Frankfurt a. Main 2002.

ders., Reform des Kostenersatzrechts bei Klagen mit Drittwirkung, AG 2000, 396-412.

Akerlof, George A., The Market for "Lemons":Quality Uncertainty and the Market Mechanism, 84 Quartely Journal of Economics 488-500 (1970).

Amihud, Yakov / Lev, Baruch, Risk Reduction as a Managerial Motive for Conglomerate Mergers, 12 Bell Journal of Economics 605-617 (1981).

Arnold, Michael / Born, Felix, Rechts-Report HV-Praxis, AG 2005, R 198-R 202.

Arrow, Kenneth J., Social Choice and Individual Values, 3. Auflage, 1966.

ders., Wo Organisation endet. Management an den Grenzen des Machbaren, Wiesbaden 1980.

Assmann, Heinz-Dieter, Trojaner (vulgo: Räuberische Aktionäre) ohne Ende? Ein Plädoyer für ein neuartiges Antivirenprogramm im Kampf gegen missbräuchliche Anfechtungsklagen, AG 2006, 208-212.

Ayres, Ian / Gertner, Robert H., Filling Gaps in Incomplete Contracts: An Economic Theory of Default Rules, 99 Yale Law Journal 87-129 (1989).

Azfar, Omar, The logic of collective action, in: Shughart, William F./Razzolini, Laura (Hrsg.), The Elgar Companion to Public Choice, Cheltenham u.a. 2001, S. 59-82.

Bainbridge, Stephen, Corporation Law and Economics, New York 2002.

ders., Director Primacy and Shareholder Disempowerment, 119 Harvard Law Review 1735 -1758 (2006).

Baird, Douglas G. / Gertner, Robert H. / Picker, Randal C., Game Theory and the Law, Cambridge (MA) 1994.

Bak, Jacek, Aktienrecht zwischen Markt und Staat. Eine ökonomische Kritik des Prinzips der Satzungsstrenge, Wiesbaden 2003.

Balser, Heinrich / Bokelmann, Gunther / Ott, Hans / Piorreck, Karl Friedrich, Die Aktiengesellschaft. Umfassende Erläuterungen, Beispiele und Musterformulare für die Rechtspraxis, Freiburg im Breisgau u.a. 2002.

Bannier, Christina E., Vertragstheorie. Eine Einführung mit finanzökonomischen Beispielen und Anwendungen, Heidelberg 2005.

Baumbach, Adolf / Hueck, Alfred, GmbH-Gesetz. Gesetz betreffend die Gesellschaften mit beschränkter Haftung, 18. Auflage, München 2006.

Baums, Theodor, Eintragung und Löschung von Gesellschafterbeschlüssen, 1980.

ders., Empfiehlt sich eine Neuregelung des aktienrechtlichen Anfechtungs- und Organhaftungsrechts, insbesondere der Klagemöglichkeiten von Aktionären? Gutachten F für den 63. Deutschen Juristentag , in: Ständige Deputation des Deutschen Juristentages (Hrsg.), Verhandlungen des Dreiundsechzigsten Deutschen Juristentages Leipzig 2000, München 2000.

ders., Registerrechtliche Fragen bei mißbräuchlicher Anfechtung, in: *Timm, Wolfram* (Hrsg.), Mißbräuchliches Aktionärsverhalten, Köln 1990, S. 85-88.

ders., Fortschritte bei Klagen gegen Hauptversammlungsbeschlüsse? Eine empirische Studie, ZIP 2007, 1629-1650.

Baums, Theodor / Vogel, Hans-Gert / Tacheva, Maja, Rechtstatsachen zur Beschlusskontrolle im Aktienrecht, ZIP 2000, 1649-1655.

Baums, Theodor / Keinath, Astrid /Gajek, Daniel, Fortschritte bei Klagen gegen Hauptversammlungsbeschlüsse? Eine empirische Studie, ZIP 2007, 1629-1650.

Bayer, Walter, Aktionärsklagen de lege lata und de lege ferenda, NJW 2000, 2609 -2619.

ders., Die Kontrollfunktion der aktienrechtlichen Anfechtungsklage, in: Gesellschaftsrechtliche Vereinigung (Hrsg.), Gesellschaftsrecht in der Diskussion, Köln 2000, S. 35-56.

ders., Kapitalerhöhung mit Bezugrechtsausschluß und Vermögensschutz der Aktionäre nach § 255 Abs. 2 AktG, 163 ZHR 505-553 (1999).

ders., Kein Abschied vom Minderheitenschutz durch Information. Ein Plädoyer für eine restriktive Anwendung des § 16 Abs. 3 UmwG, ZGR 1995, 613-625.

ders., Materielle Schranken und Kontrollinstrumente beim Einsatz des genehmigten Kapitals mit Bezugsrechtsausschluss, ZHR 2004, 132-172.

Bebchuk, Lucian Arye, The Case for Increasing Shareholder Power, 118 Harv. L. Rev 833-914 (2005).

ders., Suits with Negative Expected Value, in: Newman, Peter (Hrsg.), The New Palgrave Dictionary of Economics and the Law, London, New York 1998, S. 551-554.

Behrens, Peter, "Corporate Governance", in: Festschrift für Ulrich Drobnig zum siebzigsten Geburtstag, Tübingen 1998, S. 491-506.

ders., Die ökonomischen Grundlagen des Rechts, Tübingen 1986.

Bezzenberger, Tilman / Lutter, Marcus, Für eine Reform des Spruchverfahrens im Aktien- und Umwandlungsrecht, AG 2000, 433-447.

Bison, Hildegard, Mißbrauch der Anfechtungsklage durch den Aktionär, Frankfurt a. Main 1997.

Bokelmann, Gunther, Eintragung eines Beschlusses: Prüfungskompetenz des Registerrichters bei Nichtanfechtung, rechtsmissbräuchlicher Klage und bei Verschmelzung, DB 1994, 1341ff.

ders., Rechtsmissbrauch durch den Aktionär, ohne Ort 1970.

ders., Rechtsmissbrauch durch den Aktionär, BB 1972, 733-737.

Bork, Reinhard, Das Unbedenklichkeitsverfahren nach § 16 Abs. 3 UmwG, in: Lutter, Marcus (Hrsg.), Kölner Umwandlungsrechtstage. Verschmelzung, Spaltung, Formwechsel nach neuem Umwandlungsrecht und Umwandlungssteuerrecht, 1995, S. 261ff.

Buchanan, James M. / Tullock, Gordon, The Calculus of Consent. Logical Foundations of Constitutional Democracy, Ann Arbor 1962.

ders., Eine allgemeine ökonomische Theorie der Verfassung, in: Widmaier, Hans Peter (Hrsg.), Politische Ökonomie des Wohlfahrtstaates. Eine kritische Darstellung der Neuen Politischen Ökonomie, Frankfurt a. Main 1974, S. 67-87.

Büchel, Helmut, Vom Unbedenklichkeitsverfahren nach § 16 Abs. 3 UmwG, 319 Abs. 6 AktG zum Freigabeverfahren nach dem UMAG, in: Liber amicorum Wilhelm Happ, Köln 2006, S. 1-13.

Buchta, Jens / Sasse, Marc, Freigabeverfahren bei Anfechtungsklagen gegen Squeeze-out-Beschlüsse, DStR 2004, 958-962.

Bungert, Hartwin, Die UMAG Hauptversammlung aus Sicht des Praktikers, in: Gesellschaftsrechtliche Vereinigung (Hrsg.), Gesellschaftsrecht in der Diskussion 2004, Köln 2005, S. 59-101.

Boujong, Karlheinz, Rechtsmissbräuchliche Aktionärsklagen vor dem BGH: Eine Zwischenbilanz, in: Festschrift für Alfred Kellermann zum 70. Geburtstag am 29. November 1990, Berlin 1991, S. 1-14.

Cain, Michael J. G., Social Choice Theory, in: Shughart, William F. / Razzolini, Laura (Hrsg.), The Elgar Companion to Public Choice, Cheltenham u.a. 2001, S. 83-114.

Calabresi, Guido, The Cost of Accidents. A Legal and Economic Analysis, 1972.

Calabresi, Guido / Melamed, A. Douglas, Property Rules, Liability Rules, and Inalienability. One View of the Cathedral, 85 Harvard Law Review 1090-1128 (1972).

Coase, Ronald H., Das Problem der sozialen Kosten, in: Assmann, Heinz-Dieter / Kirchner, Christian / Schanze (Hrsg.), Ökonomische Analyse des Rechts, 2. Auflage 1960/1993, S. 129-183.

ders., The Nature of the Firm, 4 Economica 1937, 386-405.

ders., The Problem of Social Cost, 3 J. Law and Economics 1-44 (1960).

Coffee, John C., Understanding the Plaintiffs Attorney: The implications of economic theory for private enforcement of law through class and derivative action, 86 Columbia Law Review 669-724 (1986).

Cooter, Robert / Marks, Stephen / Mnookin, Robert, Bargaining in the Shadow of the Law: A Testable Model of Strategic Behavior, 11 The Journal of Legal Studies 225-251 (1982).

Cooter, Robert / Ulen, Thomas, Law & Economics, 4. Auflage, Boston (MA) u.a. 2004.

Cunnigham, Lawrence A., From Random Walks to Chaotic Chrashes. The Linear Genealogy of the Efficient Market Hypothesis, 62 George Washington Law Review 546-608 (1994).

DAV, Stellungnahme zum Referentenentwurf eines Gesetzes zur Unternehmensintegrität und Modernisierung des Anfechtungsrechts (UMAG), NZG 2004, 555-567.

Decher, Christian, Die Überwindung der Registersperre nach § 16 Abs. 3 UmwG, AG 1997, 388-395.

Dehmer, Hans, Umwandlungsgesetz - Umwandlungssteuergesetz, 2. Auflage, München 1996.

Denkhaus, Wolfgang, Die neue Institutionenökonomik und das Governancekonzept: Zum Wandel der ökonomischen Theorie und ihren Implikationen für die Verwaltungswissenschaften, in: Bungenberg, Marc / Danz, Stefan u.a. (Hrsg.), 44. Assistentagung Öffentliches Recht: Recht und Ökonomik, München 2004, S. 33-60.

Diekgräf, Robert, Sonderzahlungen an opponierende Kleinaktionäre im Rahmen von Anfechtungs- und Spruchstellenverfahren, Heidelberg 1990.

Diekmann, Hans / Leuering, Dieter, Der Referentenentwurf eines Gesetzes zur Unternehmensintegrität und Modernisierung des Anfechtungsrechts, NZG 2004, 249-257.

Downs, Anthony, An Economic Theory of Democracy, New York 1957.

Easterbrook, Frank H. / Fischel, Daniel R., The Corporate Contract, 89 Columbia Law Review (1416-1448)1989

dies., The Economic Structure of Corporate Law, Cambridge, London 1991.

dies., Optimal Damages in Securities Cases, 52 University of Chicago Law Review 611-651 (1985).

dies., Voting in Corporate Law, 26 Journal of Law and Economics 395-427 (1983).

Eger, Thomas, Was heißt und zu welchem Ende studiert man "Ökonomische Analyse des Rechts"?, in:- Festschrift für Hans G. Nutzinger, Marburg 2005, S. 177-197.

Eidenmüller, Horst, Effizienz als Rechtsprinzip, 2. Auflage, Tübingen 1998.

ders., Kapitalgesellschaftsrecht im Spiegel der ökonomischen Theorie, JZ 2001, 1041-1051.

ders., Rechtswissenschaften als Realwissenschaften, JZ 1999, 53-61.

Emmerich, Volker / Sonnenschein, Jürgen / Habersack, Mathias, Konzernrecht: das Recht der verbundenen Unternehmen bei Aktiengesellschaft, GmbH, Personengesellschaft, Genossenschaft, Verein und Stiftung, 7. Auflage, München 2001.

Endres, Alfred, Ökonomische Grundlagen des Haftungsrechts, Heidelberg 1991.

Erhardt, Olaf / Nowak, Eric, Die Durchsetzung von Corporate-Governance-Regeln, AG 2002, 336-345.

Fama, Eugene F, Efficient Capital Markets. A Review of Theory and Empirical Works, 25 Journal of Finance 383-417 (1970).

Faßbender, Karl-Josef, Das Freigabeverfahren nach § 246a AktG. Offene Fragen und Gestaltungsmöglichkeiten, AG 2006, 872-882.

Feltkamp, Harald, Anfechtungsklage und Vergleich im Aktienrecht, Berlin 1991.

Fezer, Karl-Heinz, Aspekte einer Rechtskritik an der economic analysis of law und am property rights approach, JZ 1986, 817-824.

ders., Nochmals: Kritik an der ökonomischen Analyse des Rechts, JZ 1988, 223-228.

Fleischer, Holger, Behavioral Law and Economics im Gesellschafts- und Kapitalmarktrecht. Ein Werkstattbericht, in: Festschrift für Ulrich Immenga zum 70. Geburtstag, München 2004, S. 575-586.

ders., Das Gesetz zur Unternehmensintegrität und Modernisierung des Anfechtungsrechts, NJW 2005, 3525-3530.

ders., Informationsasymmetrien im Vertragsrecht. Eine rechtsvergleichende und interdisziplinäre Abhandlung zur Reichweite und Grenzen vertragschlussbezogener Aufklärungspflichten, München 2001.

Friedman, David D., Making Sense of English Law Enforcement in the Eighteenth Century, University of Chicago Law School Roundtable 1995, 475-505.

ders., Why Not Hang Them All. The Virtues of Inefficient Punishment, 107 Journal of Political Economy S259-S260 (1999).

Fritzsche, Michael / Dreier, Peter, Spruchverfahren und Anfechtungsklage im Anfechtungsrecht: Vorrang oder Ausnahme des Anfechtungsausschlusses gemäß §14 Abs. 2 UmwG, BB 2002, 737-744.

Fritzsche, Michael / Dreier, Peter / Verfürth, Ludger C., SpruchG. Kommentar zum Spruchverfahrensgesetz, Berlin 2004.

Fuhrmann, Lambertus / Linnerz, Markus, Die überwiegenden Vollzugsinteressen im aktien- und umwandlungsrechtlichen Freigabeverfahren, ZIP 2004, 2306-2311.

Gilson, Ronald J. / Kraakman, Reinier, The Mechanisms of Market Efficiency, 70 Virginia Law Review 549-642 (1984).

Godin, Freiherr von / Wilhelmi, Hans, Aktiengesetz, 4. Auflage, Berlin u.a.1971.

Gordon, Jeffrey N., The Mandatory Structure of Corporate Law, 89 Columbia Law Review 1549-1598 (1989).

ders., Shareholder Initiative. A Social Choice and Game Theoretic Approach to Corporate Law, 60 University of Cincinatti Law Review 347-385 (1991).

Gordon, Jeffrey N. / Kornhauser, Lewis A., Efficient Markets, Costly Information, and Securities Research, 60 New York University Law Review 761-849 (1985).

Götz, Hans Norbert, Zum Mißbrauch aktienrechtlicher Anfechtungsklagen, DB 1989, 261-267.

Göz, Philipp / Holzborn, Timo, Die Aktienrechtsreform durch das Gesetz für Unternehmensintegrität und Modernisierung des Anfechtungsrechts - UMAG, WM 2006, 157-164.

Großkommentar zum Aktiengesetz, 4. Auflage, Berlin 1992ff.

Grossman, Sanford J. / Stiglitz, Joseph E., On the Impossibility of Informationally Efficient Markets, 70 American Economic Review 393-408 (1980).

Grundmann, Stefan, Europäisches Gesellschaftsrecht. Eine systematische Darstellung unter Einbeziehung des Europäischen Kapitalmarktrechts, Heidelberg 2004.

Guntz, Peter, Treubindungen von Minderheitsaktionären. Eine vergleichende Analyse im deutschen und US - amerikanischen Recht, dargestellt am Phänomen der treuwidrigen Aktionärsklage, Berlin 1997.

Haas, Jeffrey J., Corporate Finance in a Nutshell, St. Paul 2004.

Halfmeier, Axel, Sind die Erfolgsaussichten der Anfechtungsklage bei der Interessenabwägung im Freigabeverfahren der §§ 16 Abs.3, 246 a AktG zu berücksichtigen?, WM 2006, 1465.

Hansmann, Henry, The Ownership of Enterprise, Cambridge (MA) 1996.

Hansmann, Henry / Kraakman, Reinier, Agency Problems and Legal Strategies, in: Kraakman, Reinier / Davies, Paul / Hansmann, Henry / Hertig, Gerard / Hopt, Klaus J. / Kanda, Hideki / Rock, Edward B. (Hrsg.), The Anatomy of Corporate Law, Oxford u. a. 2004, S. 21-31.

dies.., The Basic Governance Structures, in: Kraakman, Reinier / Davies, Paul / Hansmann, Henry / Hertig, Gerard / Hopt, Klaus J. / Kanda, Hideki / Rock, Edward B. (Hrsg.), The Anatomy of Corporate Law, Oxford u. a. 2004, S. 32-70.

dies., What is Corporate Law?, in: Kraakman, Reinier / Davies, Paul / Hansmann, Henry / Hertig, Gerard / Hopt, Klaus J. / Kanda, Hideki / Rock, Edward B. (Hrsg.), The Anatomy of Corporate Law, Oxford u. a. 2004, S. 1-19.

Harbarth, Stephan, Freigabeverfahren für strukturändernde Gesellschafterbeschlüsse in der GmbH, GmbHR 2005, 966-971.

Hardin, Garett, The Tragedy of the Commons, 162 Science 1243-1248 (1968).

Hart, Oliver, An Economist Perspective on the Theory of the Firm, 89 Columbia Law Review 1757-1774 (1989).

Hazen, Thomas Lee, Rational Investments, Speculation, or Gambling? Derivative Securities and Financial Futures and their Effect on Underlying Capital Markets, 86 Northwestern University Law Review 987-1037 (1992).

Heermann, Peter W., Auswirkungen der Behebbarkeit oder nachträglichen Korrektur von gerügten Verfahrensmängeln auf das Unbedenklichkeitsverfahren nach §16 Abs. 3 UmwG, ZIP 1999, 1861-1871.

Heidel, Thomas, Aktienrecht und Kapitalmarktrecht, 2. Auflage, Baden Baden 2007.

Heinze, Meinhard, Einstweiliger Rechtsschutz in aktienrechtlichen Anfechtungs- und Nichtigkeitsverfahren, ZGR 1979, 293.

Hirschberger, Max / Weiler, Lothar, Das Freigabeverfahren für Hauptversammlungsbeschlüsse nach dem UMAG - Entwurf (§ 246 AktG-E). Ein Aus für räuberische Aktionäre?, BB 2004, 1137-1139.

Hirte, Heribert, Anmerkungen und Anregungen zur geplanten gesetzlichen Neuregelung des Bezugsrechts, ZIP 1994, 356-363.

ders., Berufshaftung, München 1996.

ders., Beteiligung und Sacheinlage im Entwurf des Umwandlungsgesetzes, AG 1990, 373-376.

ders., Bezugsrechtsausschluss und Konzernbildung, Köln u. a. 1986.

ders., Bezugsrechtsfragen bei Optionsanleihen, WM 1994, 321-329.

ders., Die aktienrechtliche Satzungsstrenge: Kapitalmarkt und sonstige Legitimationen versus Gestaltungsfreiheit, in: Lutter, Marcus / Wiedemann, Herbert (Hrsg.), Gestaltungsfreiheit im Gesellschaftsrecht, Berlin u. a.1997, S. 61-102.

ders., Die Behandlung unbegründeter oder missbräuchlicher Gesellschafterklagen im Referentenentwurf eines Umwandlungsgesetzes, DB 1993, 77-80.

ders., Die Reform der Anfechtungsklage im italienischen Recht. Vorbild für das UMAG?, ZIP 2004, 1091-1093.

ders., Geldausgleich statt Inhaltskontrolle. Vermögensbezogener Aktionärsschutz in der börsennotierten Aktiengesellschaft, WM 1997, 1001-1008.

ders., Informationsmängel und Spruchverfahren. Anmerkung zu den Urteilen des BGH vom 18.12.2000 - ZR 1/99 - (MEZ) und vom 29.1.2001-II ZR 368/98 - (Aqua Butzke-Werke), 167 ZHR 8-34 (2003).

ders., Kapitalgesellschaftsrecht, 5. Auflage, Köln 2006.

ders., Mißbrauch der Anfechtungsklage. Vom Querulieren und seinen Grenzen, BB 1988, 1469-1477.

ders., Mißbrauch von Anfechtungsklagen. Allgemeine Abwägung oder konkrete Definition?, DB 1989, 267-269.

Holler, Manfred J. / Illing, Gerhard, Einführung in die Spieltheorie, 6. Auflage, Berlin u. a. 2006.

Holzborn, Timo / Bunnemann, Jan, Änderungen im AktG durch den Regierungsentwurf für das UMAG, BKR 2005, 51-58.

Hommelhoff, Peter, Zum vorläufigen Bestand fehlerhafter Strukturänderungen in Kapitalgesellschaften, 158 ZHR 11-34 (1994).

Hommelhoff, Peter / Timm, Wolfram, Aufwandspauschalen für Anfechtungskläger, AG 1989, 168 - 170.

Hoor, Gerd, Die Präzisierung der Sorgfaltsanforderungen nach § 93 Abs. 1 AktG durch den Entwurf des UMAG, DStR 2004, 2104-2108.

Hüffer, Uwe, Aktiengesetz, 7. Auflage, München 2006.

ders., Anfechtungsbefugnis und Mindestanteilbesitz. Vorschläge und Überlegungen zur Neuorientierung, in: Festschrift für Hans Erich Brandner zum 70. Geburtstag, Köln 1996, S. 57.

Ihrig, Hans-Christoph / Erwin, Holger, Zur Anwendung des aktienrechtlichen Freigabeverfahrens nach § 246 a AktG auf "Altbeschlüsse" und bereits eingetragene Beschlüsse, BB 2005, 1973-1978.

Jahn, Joachim, UMAG: Das Aus für "räuberische Aktionäre" oder neues Erpressungspotential, BB 2005, 5-12.

Janson, Gunnar, Ökonomische Theorie im Recht. Anwendbarkeit im allgemeinen und am Beispiel des Arbeitsrechts, Berlin 2004.

Jensen, Michael C., The Agency Costs of Free Cash Flow, Corporate Finance, and Takeovers, 76 American Economic Review 323-329 (1986).

ders., Takeovers: Their Causes and Consequences, 2 Journal of Economic Perspective 21-28 (1988).

Jensen, Michael C. / Meckling, William H., Theory of the Firm. Managerial Behavior, Agency Costs and Ownership Structure, 3 J. Fin. Econ. 305-360 (1976).

Kahneman, Daniel / Tversky, Amos, Prospect Theory: An Analysis of Decision under Risk, 47 Econometrica 263-291 (1979).

Kallmeyer, Umwandlungsgesetz, 3. Auflage, Köln 2006.

Kaplow, Luis / Shavell, Steven, The Conflict between Notions of Fairness and the Pareto Principle, 64 American Law and Economics Review 63-77 (1999).

ders., Fairness versus Welfare, 114 Harvard Law Review 961-1388 (2001).

ders., Property Rules versus Liability Rules. An Economic Analysis, 109 Harvard Law Review 713-775 (1996).

Keidel, Theodor / Kuntze, Joachim / Winkler, Karl, Freiwillige Gerichtsbarkeit. Kommentar zum Gesetz über die Angelegenheiten der freiwilligen Gerichtsbarkeit, München 2003.

Keilbach, Heinz, Die Prüfungsaufgaben der Registergerichte, Mitteilungen der Rheinischen Notarkammern 2000, 365-379.

Keynes, John Maynard, The General Theory of Employment, Interest and Money, New York u.a.1935.

Kiem, Roger, Die schwebende Umwandlung, ZIP 1999, 174-181.

Kiethe, Kurth, Abkauf von Anfechtungsrechten der Aktionäre. Neuere Tendenzen rechtsmissbräuchlichen Verhaltens räuberischer Aktionäre, NZG 2004, 489-494.

Kirchgässner, Gebhard, Führt der homo oeconomicus das Recht in die Irre? Zur Kritik an der ökonomischen Analyse des Rechts, JZ 1991, 104-111.

Kirchner, Christian, The Difficult Reception of Law and Economics in Germany, 11 International Review of Law and Economics 277-292 (1991).

Klausner, Michael, The Contractarian Theory of Corporate Law. A Generation Later, 31 Journal of Corporation Law 779-797 (2006).

Kolb, Andreas, Unternehmensintegrität, Minderheitenrechte und Corporate Governance. Die Änderungen des Aktiengesetzes durch das UMAG und deren Auswirkungen, DZWIR 2006, 50-57.

Kort, Michael, Aktien aus vernichteten Kapitalerhöhungen, ZGR 1994, 291-324.

ders., Bestandschutz fehlerhafter Strukturänderungen im Kapitalgesellschaftsrecht, München 1998.

ders., Die Registereintragung gesellschaftsrechtlicher Strukturänderungen nach dem Umwandlungsgesetz und nach dem Gesetz zur Unternehmensintegrität und Modernisierung des Anfechtungsrechts (UMAG), BB 2005, 1577-1582.

ders., Einstweiliger Rechtsschutz bei eintragungspflichtigen Hauptversammlungsbeschlüssen, NZG 2007, 169-171.

Koster, Martina, Reformvorschläge zum Anfechtungsrecht. Interview mit Professor Dr. Dr. h.c. Baums, BB 2007, 2525.

Kölner Kommentar zum Aktiengesetz, hrsg. v. Zöllner, Wolfgang u.a., 2. Auflage, Köln 1986ff.; 3. Auflage, Köln 2004ff.

Kölner Kommentar zum Spruchverfahrensgesetz, hrsg. v. Riegger, Bodo / Wasmann, Dirk, Köln 2005.

Kölner Kommentar zum Wertpapier- und Übernahmegesetz, hrsg. v. Hirte, Heribert / v. Bülow, Christoph, Köln 2003.

Kösters, Friedrich, Das Unbedenklichkeitsverfahren nach § 16 Abs. 3 UmwG, WM 2000, 1921.

Kötz, Hein / Schäfer, Hans-Bernd, Schadensverhütung durch ökonomische Anreize. Eine empirische Untersuchung, 189 AcP 501-525 (1989).

Kropff, Bruno, Aktiengesetz. Textausgabe des Aktiengesetzes vom 6.9.1965 mit Begründung des Regierungsentwurfs und Bericht des Rechtsausschusses des Deutschen Bundestages, Düsseldorf 1965.

Krüger, Hans Wilhelm, Öffentliche und private Durchsetzung des Kartellverbots gem. Art. 81 EG, Diss. Hamburg 2007 noch unveröffentl.

La Porta, Rafael / Lopez-de-Silanes, Florencio / Shleifer, Andrei / Vishny, Robert W., Legal Determinants of External Finance, 52 Journal of Finance 1131-1150 (1997).

Landes, William M. / Posner, Richard A., The Private Enforcement of Law, 4 Journal of Legal Studies 1-46 (1975).

Langenbucher, Katja, Vorstandshandeln und Kontrolle. Zu einigen Neuerungen durch das UMAG, DStR 2005, 2083-2090.

Langevoort, Donald C., Theories, Assumptions, and Securities Regulation. Market Efficiency Revisited, 140 University of Pennsylvania Law Review 851-920 (1992).

Langlois, Richard N., Transaction Costs, Production Costs, and the Passage of Time, in: Medema, Steven G. (Hrsg.), Cosean Economics. Law and Economics and the New Institutional Econonomics, Boston u. a. 1998, S. 1-12.

Larenz, Karl / Canaris, Claus-Wilhelm, Methodenlehre der Rechtswissenschaften, 3. Auflage, Berlin 1995.

Lewinson-Zamir, Daphna, The Choice between Property Rule and Liability Rules Revisited. Critical Observations from Behavioral Studies, 80 Texas Law Review 219-253 (2001).

Lieth, Oliver, Die ökonomische Analyse des Rechts im Spiegelbild klassischer Argumentationsrestriktionen des Rechts und seiner Methodenlehre, Baden-Baden 2007.

Littbarski, Sigurd, Einstweiliger Rechtsschutz im Gesellschaftsrecht, München 1996.

Lüke, Wolfgang, Das Verhältnis von Auskunfts-, Anfechtungs- und Registerverfahren im Aktienrecht, ZGR 1990, 657-681.

Lutter, Marcus, 25 Jahre Aktiengesetz. Ein Symposium der Deutschen Schutzvereinigung für Wertpapierbesitz e.V. (DSW) am 30. Oktober 1990 in Bonn, Düsseldorf 1990.

ders., Aktionärsklagerechte, JZ 2000, 837-841.

ders., Die Eintragung anfechtbarer Hauptversammlungsbeschlüsse im Handelsregister, NJW 1969, 1873-1879.

ders., Die entgeltliche Ablösung von Anfechtungsrechten: Gedanken zur aktiven Gleichbehandlung, ZGR 1978, 347 - 372.

ders, Ich nenne diese Aktionäre schlicht und einfach Räuber, WP 1988, 292-294.

ders., Materielle und förmliche Erfordernisse des Bezugsrechtsausschlusses: Besprechung der Entscheidung BGHZ 71, 40 (Kali und Salz), ZGR 1979, 401-418.

ders., Zur Abwehr räuberischer Aktionäre, in: Festschrift 40 Jahre der Betrieb, 1988, S. 193-210.

Lutter, Marcus / Bayer, Walter, Umwandlungsgesetz, 3. Auflage, Köln 2004.

Lutter, Marcus / Hommelhoff, Peter, GmbHG, 16. Auflage, Köln 2004.

Luttermann, Claus, Der "durchschnittliche" Börsenkurs bei Barabfindung von Aktionären und Verschmelzungswertrelation, ZIP 2001, 869-872.

ders., Recht als Produktions- und Mehrwertfaktor im Wirtschaftsleben, WiSt 2007, 137-140.

ders., Zum Börsenkurs als gesellschaftsrechtliche Bewertungsgrundlage, ZIP 1999, 45-52.

Macey, Jonathan R. / Miller, Geoffrey P., The Plaintiffs' Attorney's Role in Class Action and Derivative Litigation. Economic Analysis and Recommendations for Reform, 58 University of Chicago Law Review 1-117 (1991).

Malkiel, Burton G., A Random Walk Down Wall Street. The Time-tested Strategy for Successful Investing, New York 2003.

Manne, Henry G., Mergers and the Market for Corporate Controle, 73 Journal of Political Economy 110 -120 (1965).

Martens, Klaus-Peter, Die Vergleichs- und Abfindungsbefugnis des Vorstands gegenüber opponierenden Aktionären, AG 1988, 118-126.

ders., Mißbrauch des Auskunfts-, Frage- und Rederechts sowie im Spruchstellenverfahren, in: Timm, Wolfram (Hrsg.), Mißbräuchliches Aktionärsverhalten, Köln 1990, S. 63-84.

ders., Verschmelzung, Spruchverfahren und Anfechtungsklage in Fällen eines unrichtigen Umtauschverhältnisses, AG 2000, 301.

Masten, Scott E, Case Studies in Contracting and Organization, New York u. a. 1996.

McConnell, John / Muscarella, Chriss, Corporate Capital Expenditure Decisions and the Market Value of the Firm, 14 Journal of Financial Economics 399-422 (1985).

McKelvey, Richard D., Intransitivities in Multidimensional Voting Models and Some Implications for Agenda Control, 12 Journal of Economic Theory 472-482 (1976).

Meilicke, Wienand / Heidel, Thomas, UMAG: "Modernisierung" des Aktienrechts durch Beschränkung des Eigentumsschutzes der Aktionäre, Der Betrieb 2004, 1479-1487.

Mertens, Hans-Joachim, Der Aktionär als Wahrer des Rechts?: Aktuelle Probleme der Durchsetzung von Aktionärsrechten, AG 1990, 49-55.

Mestmäcker, Ernst - Joachim, Verwaltung, Konzerngewalt und Rechte des Aktionärs, Karlsruhe 1958.

ders., Zur aktienrechtlichen Stellung der Verwaltung bei Kapitalerhöhungen, BB 1961, 945-954.

Miceli, Thomas J., Economics of the Law. Torts, Contracts, Property, Litigation, New York u. a. 1997.

Milgrom, Paul / Roberts, John, Economics, Organization and Management, Englewood Cliffs 1992.

Miller, Geoffrey P., Class Actions, in: Newman, Peter (Hrsg.), The New Palgrave Dictionary of Economics and the Law, New York u.a.1998, Volume I, S. 257-261.

Miller, Nicholas R., Voting, in: Eatwell, John/Milgate, Murray/Newman, Peter (Hrsg.), The New Palgrave: A Dictionary of Economics, Volume IV, New York u. a.1988, S. 826-828.

Mueller, Dennis C., Public Choice III, Cambridge 2003.

Mülbert, Peter O., Abschwächung des mitgliedschaftlichen Bestandschutzes im Aktienrecht, in: Festschrift für Peter Ulmer zum 70. Geburtstag am 2. Januar 2003, Berlin 2003, S. 434-450.

ders., Aktiengesellschaft, Unternehmensgruppe und Kapitalmarktrecht. Die Aktionärsrechte bei Bildung und Umbildung einer Unternehmensgruppe zwischen Verbands- und Anlegerschutzrecht, 2. Auflage, München 1996.

Münchener Handbuch zum Gesellschaftsrecht, Band 4. Aktiengesellschaft, hrsg. v. Hoffman-Becking, Michael, 2. Auflage, München 1999.

Münchener Kommentar zum Aktiengesetz, hrsg. v. Kropff, Bruno / Semler, Johannes, 2. Auflage, München 2000ff.

Münchener Kommentar zum Bürgerlichen Gesetzbuch, hrsg. v. Säcker, Franz Jürgen / Rixeker, Roland, 5. Auflage, München 2006ff.

Münchener Kommentar zum Handelsgesetzbuch, hrsg. v. Schmidt, Karsten, 2. Auflage, München, 2005ff.

Munger, Michael C., Voting, in: Shughart, William F. / Razzolini, Laura (Hrsg.), The Elgar Companion to Public Choice, Cheltenham, UK u. a. 2001, S. 197-239.

Musielak, Kommentar zur Zivilprozessordnung. Mit Gerichtsverfassungsgesetz, 4. Auflage, München 2004.

Neus, Werner, BWL aus institutionenökonomischer Sicht, 3. Auflage, Tübingen 2003.

Noack, Ulrich, Der Widerspruch des Aktionärs in der Hauptversammlung, AG 1990, 78-87.

ders., Freigabeverfahren bei Umwandlungsbeschlüssen, 164 ZHR 274-294 (2000).

Nowak, Eric / Rott, Roland / Mahr, Till G., Wer den Kodex nicht einhält, den bestraft der Kapitalmarkt?, ZGR 2005, 252-279.

Olson, Mancur, The Logic of Collective Action. Public Goods and the Theory of Groups, Cambridge (MA) 1965.

Orts, Eric W., Shirking and Sharking. A Legal Theory of the Firm, 16 Yale Law and Policy Review 265-327 (1998).

Ott, Claus, Allokationseffizienz, Rechtsdogmatik und Rechtsprechung. Die immanente ökonomische Rationalität des Zivilrechts, in: Ott, Claus / Schäfer, Hans-Bernd (Hrsg.), Allokationseffizienz in der Rechtsordnung, Berlin u. a.1989, S. 25-44.

Paefgen, Walter G., Dogmatische Grundlagen, Anwendungsbereich und Formulierung einer Business Judgement Rule im künftigen UMAG, AG 2004, 245-259.

Parisi, Francesco, Private Property and Social Costs, European Journal of Law and Economics 1995, 149-153.

Picot, Arnold / Dietl, Helmut, Neue Institutionenökonomie und Recht, in: Ott, Klaus/Schäfer, Hans-Bernd (Hrsg.), Ökonomische Analyse des Unternehmensrechts: Beiträge zum 3. Travemünder Symposium zur ökonomischen Analyse des Rechts, 1993, S. 306.

Pindyck, Robert S. / Rubinfeld, Daniel S., Microeconomics, 5. Auflage, Upper Saddle River (NJ) u. a. 2001.

Pinner, Albert, Soll bei einer künftigen Reform des Aktienrechts eine Annäherung an das englisch-amerikanische Recht in grundlegenden Fragen stattfinden?, in: Ständige Deputation des Deutschen Juristentages (Hrsg.), Verhandlungen des Vierundreißigsten Deutschen Juristentages zu Köln vom 12. - 15. September 1926, 1927, S. 615-678.

Polinsky, A. Mitchell, Private versus Public Enforcement of Fines, 9 Journal of Legal Studies 105-126 (1980).

Polinsky, A. Mitchell / Posner, Richard A., The Economic Theory of Public Enforcement of Law, 38 Journal of Economic Literature 45-76 (2000).

Polinsky, A. Mitchell / Shavell, Steven, Corruption and Optimal Law Enforcement, 81 Journal of Public Economics 1-24 (2001).

Posner, Richard A., Economic Analysis of Law, 6. Auflage, Cambridge (MA) u. a.2005.

Raiser, Thomas / Veil, Rüdiger, Recht der Kapitalgesellschaften. Ein Handbuch für Praxis und Wissenschaft, 4. Auflage, München 2006.

Rettmann, Stephanie, Die Rechtmäßigkeitskontrolle von Verschmelzungsbeschlüssen: Das Unbedenklichkeitsverfahren nach § 16 Abs. 3 UmwG, Köln 1998.

Reul, Jürgen, Die Pflicht zur Gleichbehandlung der Aktionäre bei privaten Kontrolltransaktionen. Eine juristische und ökonomische Analyse, Tübingen 1991.

Richter, Rudolf / Furubotn, Eirik, Neue Institutionenökonomik. Eine Einführung und kritische Würdigung, Tübingen 2003.

Riegger, Bodo / Schockenhoff, Martin, Das Unbedenklichkeitsverfahren zur Eintragung der Umwandlung ins Handelsregister, ZIP 1997, 2105-2113.

Riley, John G., Signaling, in: Eatwell, John / Milgate, Murray / Newman, Peter (Hrsg.), The New Palgrave: A Dictionary of Economics, Volume IV, London u. a.1991, S. 330-333.

Röckrath, Luidger, Kausalität, Wahrscheinlichkeit und Haftung: Rechtliche und ökonomische Analyse, München 2004.

Roe, Mark J., The Institutions of Corporate Governance, Working Paper, download www.law.harvard.edu/programs /olin_center/papers/Roe_488.pdf (Stand: 20.7.2007) 2004, 1-24.

Romano, Roberta, After the Revolution in Corporate Law, 55 Journal of Legal Education 342-359 (2005).

dies., Foundations of Corporate Law, Oxford u. a.1993.

dies., A Guide to Takeovers: Theory, Evidence, and Regulation, 9 Yale Journal of Regulation 119-179 (1992).

Rosenberg, David / Shavell, Steven, A Model in which Suits are brought for their Nuisance Value, 5 International Review of Law and Economics 3-13 (1985).

dies., A solution to the problem of nuisance suits: The option to have the court bar settlement, 26 International Review of Law and Economics 42-51 (2006).

Ross, Stephen A. / Westerfield, Randolph W. / Jaffe, Jeffrey, Corporate Finance, Boston u.a. 2005.

Roth, Markus, Das unternehmerische Ermessen des Vorstands. Neuerungen durch den Referentenentwurf eines Gesetzes zur Unternehmensintegrität und zur Modernisierung des Anfechtungsrechts, BB 2004, 1066-1068.

Rothschild, Michael / Stiglitz, Joseph E., Equilibrium in Competitive Insurance Markets. An Essay of the Economics of Imperfect Information, 80 Quartely Journal of Economics 629-649 (1976).

Rubinstein, Ariel, Dilemmas of an Economic Theorist, 74 Econometrica 865-883 (2006).

Rudolph, Bernd, Unternehmensfinanzierung und Corporate Governance. Entwicklung und weiterer Anpassungsbedarf, BB 2003, 2053-2060.

Ruffner, Markus, Die ökonomischen Grundlagen eines Rechts der Publikumsgesellschaft. Ein Beitrag zur Theorie der Corporate Governance, Zürich 2000.

Sauerbruch, Florens, Kein Freigabeverfahren bei strukturändernden Gesellschafterbeschlüsse in der GmbH, GmbHR 2007, 189 - 194.

Schäfer, Hans-Bernd, Anreizwirkungen bei der Class Action und der Verbandsklage, in: Basedow, Jürgen/Hopt, Klaus J./Koetz, Hein/Baetge, Jörg (Hrsg.), Die Bündelung gleichgerichteter Interessen im Prozess: Verbandsklage und Gruppenklage, Tübingen 1999, S. 67-99.

Schäfer, Hans-Bernd / Ott, Klaus, Lehrbuch der ökonomischen Analyse des Zivilrechts, 4. Auflage, Berlin u. a. 2005.

Schelling, Thomas C., Commitment, in: Newman, Peter (Hrsg.), The New Palgrave Dictionary of Economics and the Law ,Volume I, London u.a. 1998, S. 295-300.

ders., The Strategy of Conflict, Cambridge (MA) 1960.

Schiessl, Maximilian, Die Kontrollfunktion der aktienrechtlichen Anfechtungsklage: Erwiderung aus der Praxis, in: Gesellschaftsrechtliche Vereinigung (Hrsg.), Gesellschaftsrecht in der Diskussion 1999, Köln 2000, S. 57 - 80.

ders., Ist das deutsche Recht kapitalmarkttauglich?, AG 1999, 442-452.

Schlaus, Wilhelm, Auskauf opponierender Aktionäre, AG 1988, 113-117.

Schmid, Christoph, Das umwandlungsrechtliche Unbedenklichkeitsverfahren und die Reversibilität registrierter Verschmelzungsbeschlüsse, ZGR 1997, 493-521.

Schmidt, Karsten, Drittbeteiligung und Drittschutz im Freigabeverfahren, in: FS Wilhelm Happ: zum 70. Geburtstag am 30. April 2006, 2006, S. 259-275.

Schmidt, Karsten / Lutter, Marcus (Hrsg.), Aktiengesetz, Köln 2008.

ders., Macroton oder: weitere Ausdifferenzierung des Aktionärsschutzes durch den BGH, NZG 2003, 601-606.

Schnurbein, Caspar Freiherr von, Anfechtung von Sqeeze-out-Beschlüssen und Registersperre, AG 2005, 725-734.

ders., Missbrauch von Minderheitsrechten im deutschen und italienischen Aktienrecht, Frankfurt a. M. u. a. 2005.

Schulz, Stephan, Kollektive Entscheidungen in der Aktiengesellschaft. Eine sozialwahltheoretische Analyse ausgewählter Probleme des Aktienrechts, Wiesbaden 2005.

Schütz, Carsten, Neuerungen im Anfechtungsrecht durch den Referentenentwurf des Gesetzes zur Unternehmensintegrität und Modernisierung des Anfechtungsrechts (UMAG), DB 2004, 419-426.

ders., UMAG Reloaded. Der Regierungsentwurf eines Gesetzes zur Unternehmensintegrität und Modernisierung des Anfechtungsrechts (UMAG), NZG 2005, 5.

Schwab, Martin, Zum intertemporalen Anwendungsbereich des § 243 IV 2 AktG. Zugleich ein Beitrag zur rechtsdogmatischen Einordnung der Vorschrift, NZG 2007, 521-527.

Schwintowski, David, Räuberische Aktionäre: Konsequenzen der empirischen Forschung, DB 2007, 2695-2700.

Seibert, Ulrich / Schütz, Carsten, Der Referentenentwurf eines Gesetzes zur Unternehmensintegrität und Modernisierung des Anfechtungsrechts: UMAG, ZIP 2004, 252-258.

Semler, Johannes / Stengel, Arndt (Hrsg.), Umwandlungsgesetz, München 2003.

Shavell, Steven, Foundations of Economic Analysis of Law, Cambridge (MA) u. a. 2004.

ders., The Optimal Structure of Law Enforcement, 36 Journal of Law and Economics (255-287) 1993.

ders., The Social versus the Private Incentive to Bring Suit in a Costly Legal System, 11 J. Legal Studies 55-82 (1982).

Shiller, Robert. J, Do Stock Prices Move Too Much to be Justified by Subsequent Changes in Dividends, 71 American Economic Review 421-436 (1981).

ders., Irrationaler Überschwang. Warum eine lange Baisse an der Börse unvermeidlich ist, Frankfurt a. Main u. a. 2001.

Simon, Herbert A., Theories of Decision Making in Economics and Behavioral Science, 49 American Economic Review 253-258 (1959).

Sosnitza, Olaf, Das Unbedenklichkeitsverfahren nach § 16 III UmwG. Bestandsaufnahme eines gesellschaftsrechtlichen Rechtschutzinstruments im Lichter der jüngsten Rechtsprechung, NZG 1999, 965-975

Spence, A. Michael, Market Signaling: Information Transfer in Hiring and Related Processes, Massachusetts 1973.

Spindler, Gerald, Die Reform der Hauptversammlung und der Anfechtungsklage durch das UMAG, NZG 2005, 825-831.

ders., Haftung und Aktionärsklage nach dem neuen UMAG, NZG 2005, 865-872.

Spindler, Gerald/Stilz, Eberhard (Hrsg.), Kommentar zum Aktiengesetz, München 2007

Steinhauer, Carsten, Der Börsenpreis als Bewertungsgrundlage für den Abfindungsanspruch von Aktionären, AG 1999, 299-308.

Stevens, Joe B., The Economics of Collective Choice, Boulder u. a. 1993.

Stout, Lynn A., Are Stock Markets Costly Casinos? Disagreement, Market Failure, and Securities Regulation, Virginia Law Review 611-712 (1995).

dies., The Mechanisms of Market Inefficiency: An Introduction to the New Finance, 28 Journal of Corporation Law 635-669 (2003).

Theisen, Manuel R. / Raßhofer, Martin, Anfechtungsklagen unter der Lupe. Räuber oder Wohltäter, Der Aufsichtsrat 2007, 107-109.

Timm, Wolfram, Mißbräuchliche Aktionärsklagen einschließlich Abfindungsregeln, in: Timm, Wolfram (Hrsg.), Mißbräuchliches Aktionärsverhalten, Köln 1990, S. 1-33.

Tversky, Amos / Kahneman, Daniel, Advances in Prospect Theory: Cumulative Representation, 5 Journal of Risk and Uncertainty 1992, 297-323.

dies., Judgement under uncertainty. Heuristics and biases, 185 Science 1124-1131 (1974).

Ulen, Thomas, The Efficiency of Specific Performance. Toward a Unified Theory of Contract Remedies, 83 Michigan Law Review 341-401 (1984).

ders., Specific Performance, in: Newman, Peter (Hrsg.), The New Palgrave Dictionary of Economics and the Law, Volume 3, London u. a. 1988, S. 481-485.

van Aaken, Anne, "Rational Choice" in der Rechtswissenschaft. Zum Stellenwert der ökonomischen Theorie im Recht, Baden Baden 2003.

dies., Vom Nutzen der ökonomischen Theorie für das öffentliche Recht: Methode und Anwendungsmöglichkeiten, in: Bungenberg, Marc / Danz, Stefan u. a. (Hrsg.), 44. Assistentagung Öffentliches Recht: Recht und Ökonomik, München 2004, S. 1-31.

Veil, Rüdiger, Klagemöglichkeiten bei Beschlussmängeln nach dem UMAG, AG 2005, 567-576.

Vetter, Jochen, Ausweitung des Spruchverfahrens. Überlegungen de lege lata und de lege ferenda, ZHR 2004, 8-54.

ders., Modifikationen der aktienrechtlichen Anfechtungsklage, AG 2008, 177-196.

Wackerbarth, Ulrich, Investorenvertrauen, Corporate Governance und die Abschaffung des Konzernrechts, 2005 German Working Papers in Law and Economics, www.bepress.com , 2005, 1-48 (Stand 20.7.2007).

Waclawik, Erich, Zur Fortsetzung der Reform des aktienrechtlichen Anfechtungsprozesses, DStR 2006, 2177-2185.

ders., Zur höchstrichterlichen Freigabe des aktien- und umwandlungsrechtlichen Freigabeverfahren. Zugleich Besprechung BGH v. 29.5.2006, ZIP 2006, 1151, ZIP 2006, 1428-1433.

Walz, Rainer, Privatautonomie oder rechtliche Intervention bei der Ausstattung und Änderung von Gesellschafterrechten, in: Ott, Klaus / Schäfer, Hans-Bernd (Hrsg.), Ökonomische Analyse des Unternehmensrechts: Beiträge zum 3. Travemünder Symposium zur ökonomischen Analyse des Rechts, Heidelberg 1993.

Weigel, Wolfgang, Rechtsökonomik. Eine methodologische Einführung für Einsteiger und Neugierige, München 2002.

Weiler, Lothar, Aktienrechtliches Anfechtungsrecht und Rechtsmissbrauch. Eine juristisch-ökonomische Betrachtung unter besonderer Berücksichtigung der Beschlusskontrolle des neuen UmwG, München 1996.

Weise, Peter / Brandes, Wolfgang / Eger, Thomas / Kraft, Manfred, Neue Mikroökonomie, 4. Auflage, Heidelberg 2002.

Widmann, Siegfried / Mayer, Dieter, Umwandlungsrecht. Umwandlungsgesetz , Umwandlungssteuerrecht, Bonn, Loseblattsammlung 2000ff..

Wiesen, Heinrich, Der materielle Gesellschafterschutz. Abfindung und Spruchverfahren, ZGR 1990, 503-510.

Williamson, Oliver E., The Economic Institutions of Capitalism, New York u. a. 1985.

Wilsing, Hans-Ulrich, Neuerungen des UMAG für die aktienrechtliche Beratungspraxis, ZIP 2004, 1082-1090.

Windbichler, Christine, Mißbräuchliche Aktionärsklage einschließlich Abfindungsregeln, in: Timm, Wolfram (Hrsg.), Mißbräuchliches Aktionärsverhalten, Köln 1990, S. 35-50.

Winter, Martin, Die Anfechtung eintragungsbedürftiger Strukturbeschlüsse de lege lata und de lege ferenda, in: Festschrift für Peter Ulmer zum 70. Geburtstag am 2. Januar 2003, 2003, S. 699-723.

ders., Die Reform des Beschlussanfechtungsrechts: eine Zwischenbilanz, in: FS Wilhelm Happ zum 70. Geburtstag am 30. April 2006, 2006, S. 363-368.

Wittgens, Jonas, Das Spruchverfahrensgesetz, Berlin 2005.

Zingales, Luigi, Corporate Governance, in: Newman, Peter (Hrsg.), The New Palgrave Dictionary of Economics and the Law, Volume I, London u .a. 1998, S. 497-503.

Zöllner, Wolfgang, Folgen der Nichtigerklärung durchgeführter Kapitalerhöhungsbeschlüsse, AG 1993, 68-79.

ders., Zur Problematik der aktienrechtlichen Anfechtungsklage, AG 2000, 145-157.

SPRINGER NATURE

GPSR Compliance

The European Union's (EU) General Product Safety Regulation (GPSR) is a set of rules that requires consumer products to be safe and our obligations to ensure this.

If you have any concerns about our products, you can contact us on ProductSafety@springernature.com

In case Publisher is established outside the EU, the EU authorized representative is:

Springer Nature Customer Service Center GmbH
Europaplatz 3
69115 Heidelberg, Germany

Kolibri 360 GmbH
Ferdinand-Jühlke-Straße 7
99095 Erfurt, Deutschland
produktsicherheit@kolibri360.de